# 供需适配视角下
# 消费帮扶的长效机制研究

王瑞 ◎ 著

四川大学出版社
SICHUAN UNIVERSITY PRESS

图书在版编目（CIP）数据

供需适配视角下消费帮扶的长效机制研究 / 王瑞著. -- 成都：四川大学出版社，2024.8. -- ISBN 978-7-5690-6943-3

Ⅰ．F126

中国国家版本馆CIP数据核字第2024FL2365号

书　　名：供需适配视角下消费帮扶的长效机制研究
　　　　　Gongxu Shipei Shijiao xia Xiaofei Bangfu de Changxiao Jizhi Yanjiu
著　　者：王　瑞
--------------------------------------------------------------------------
选题策划：梁　平　李　梅
责任编辑：陈克坚
责任校对：杨　果
装帧设计：裴菊红
责任印制：李金兰
--------------------------------------------------------------------------
出版发行：四川大学出版社有限责任公司
　　　　　地址：成都市一环路南一段24号（610065）
　　　　　电话：（028）85408311（发行部）、85400276（总编室）
　　　　　电子邮箱：scupress@vip.163.com
　　　　　网址：https://press.scu.edu.cn
印前制作：四川胜翔数码印务设计有限公司
印刷装订：成都金阳印务有限责任公司
--------------------------------------------------------------------------
成品尺寸：170 mm×240 mm
印　　张：19
字　　数：389千字
--------------------------------------------------------------------------
版　　次：2024年10月 第1版
印　　次：2024年10月 第1次印刷
定　　价：98.00元
--------------------------------------------------------------------------

扫码获取数字资源

四川大学出版社
微信公众号

本社图书如有印装质量问题，请联系发行部调换

版权所有 ◆ 侵权必究

# 序

  党的二十大报告指出："中国式现代化是全体人民共同富裕的现代化。"[①] 2020年我国历史性地消除了绝对贫困，但相对贫困问题将长期存在。消费帮扶既能发挥我国社会主义集中力量办大事的体制优势，也尊重市场规律，能够充分激发、调动最广泛的社会力量，是我国先富带动后富、实现共同富裕的中国特色举措。消费帮扶是脱贫地区农产品参与国内大循环的重要途径，在促农增收、防止返贫等方面有独特功能。从短期来看，很多脱贫地区的脱贫产业还处于起步阶段，比较弱小，需要消费帮扶为产业前期发展赢得资金和时间。从长远来看，以消费端的稳定需求拉动脱贫地区生产端供给力提升，能够促进帮扶产品融入社会再生产循环，增强脱贫地区和脱贫群众内生发展动力，发挥"授之以渔"的功效。

  本书着力解决消费帮扶如何从政府主导转向政府、市场和社会有机结合的问题。脱贫攻坚期间，在以脱贫攻坚统揽经济社会发展全局的背景下，我国依托脱贫攻坚体制机制，形成了以驻村工作队制度、结对帮扶制度、行政动员制度这三大制度为支撑的政府主导型消费帮扶模式。脱贫攻坚收官后，原有的脱贫攻坚体制机制开始进行新一轮的转型，政府主导型消费帮扶赖以存在的基础发生变化，原有的支撑制度难以继续维持消费帮扶的有效运行，需要向市场主导型消费帮扶转型。基于此，本书以消费帮扶供给和需求失配这一主要矛盾为切入口，旨在构建和阐释供需适配视角下，政府、市场和社会有机结合的消费帮扶长效机制。

  本书主要研究了四个方面的内容。第一部分阐明消费帮扶长效机制的理论依据并对消费帮扶的演进历程进行系统分析，解决为什么消费帮扶要从政府主导转向政府、市场和社会有机结合的问题。第二部分为构建消费帮扶长效机制面临的主要矛盾及其原因，从现实维度分析构建消费帮扶长效机制的切入点和

---

  ① 习近平：《高举中国特色社会主义伟大旗帜　为全面建设社会主义现代化国家而团结奋斗——在中国共产党第二十次全国代表大会上的报告》，人民出版社，2022年，第22页。

主要任务。第三部分是本书的主体部分，着眼解决新发展阶段构建消费帮扶长效机制该怎么办的问题。这一部分构建并阐释供需适配视角下消费帮扶长效机制的总体分析框架，并分别对消费帮扶供给优化机制、需求扩大机制和供需匹配机制三大机制展开具体研究。第四部分是研究结论及展望。

本书有以下四方面鲜明特点。一是提出供需适配的分析视角。既有对消费帮扶的研究，大多仅基于消费帮扶需求侧或供给侧的某一方面展开分析，本书则提出供需适配的研究视角，将供给侧、需求侧和供需对接环节有机联系，对消费帮扶展开系统研究。二是构建和阐释市场主导下"政府－市场－社会耦合"的消费帮扶模式。当前阶段，尽管我国消费帮扶从政府主导型向市场主导型迈出了坚实的步伐，但是，现有的市场主导型消费帮扶模式还是不成熟的，需要构建成熟的市场主导型消费帮扶模式。本书构建和阐释了市场主导下"政府－市场－社会耦合"的消费帮扶模式，对政府、市场和社会力量的分工进行详细研究和阐述。三是构建和阐释供需适配视角下消费帮扶长效机制的分析框架。既有对消费帮扶的研究，大多较为分散，或仅从具体操作层面进行分析。但新发展阶段的新形势下，单纯依靠"摸着石头过河"探索消费帮扶的优化路径存在局限性，需要更加系统的顶层设计。四是资料翔实。为了更加全面地把握消费帮扶全产业链的真实情况，本书作者在研究过程中开展了广泛的田野调查、座谈以及问卷调查，对典型脱贫地区脱贫户、非贫困户、一线帮扶干部、扶贫产品供应商、消费者等多种类型相关利益主体，消费帮扶生产、分配、流通、消费各个环节进行了充分调研，获得翔实的一手数据，为本书研究提供了坚实支撑。

王瑞在跟着我攻读硕士和博士学位期间，参与了多项研究课题，本书正是依托我的国家社科基金重大招标项目"精准扶贫思想：生成逻辑、内容体系和实践效果研究"（18ZDA035）完成的。在研究课题过程中，王瑞博士对消费帮扶产生了浓厚兴趣，并以此作为她的博士论文选题。本书正是在其博士论文的基础上修改而成的。当前，消费帮扶正处于从政府主导向市场主导的转化阶段，本书的出版恰逢其时，对消费帮扶转型升级有重要理论价值和现实意义。

最后，我要对本书的出版表示衷心的祝贺。这部专著是王瑞博士多年学术研究的结晶和成果，也是她个人努力的最好证明。当然，一本书不可能研究所有的问题。希望她在未来的学术道路上再接再厉，继续保持研究热情，将论文写在祖国大地上，为学术界和社会作出更大的贡献。

**2024 年 9 月**

# 前　言

消费是人类社会最重要的经济活动之一，贯穿于整个人类历史。消费帮扶是以消费为手段解决社会问题的一种实践，在人类社会步入商品经济时代后长期存在。自2021年实现全面建成小康社会的第一个百年奋斗目标之后，我国进入新发展阶段，"三农"工作重心历史性地转向乡村振兴，反贫困重点由绝对贫困转换为相对贫困，消费帮扶也迎来新的历史使命。

本书立足新发展阶段下预防和治理相对贫困成为长期性任务的宏观背景，以"新发展阶段如何构建消费帮扶长效机制"、实现消费帮扶从政府主导转向政府、市场和社会有机结合为研究重点，以破解消费帮扶供给和需求失配这一主要矛盾为切入点，从理论和实践两方面探讨新发展阶段消费帮扶的长效机制，提出新发展阶段构建消费帮扶长效机制的目标模式和基本路径。

本书总体由四部分构成。第一部分阐明消费帮扶长效机制的理论依据并对消费帮扶的演进历程进行系统分析，解决为什么消费帮扶要从政府主导转向政府、市场和社会有机结合的问题，包括第一章、第二章和第三章。这一部分从理论与历史两个维度分析了消费帮扶从政府主导转向政府、市场和社会有机结合的必要性。在理论维度，从马克思主义政治经济学和西方经济学两个层面，分别溯源经济理论中关于供需适配和消费等相关理论的思想。在历史维度，分析了消费帮扶的演进历程，将消费帮扶的演进历程划分为社会主导型、政府主导型和市场主导型三个阶段。脱贫攻坚期间，在以脱贫攻坚统揽经济社会发展全局的背景下，我国依托脱贫攻坚体制机制，形成了以驻村工作队制度、结对帮扶制度、行政动员制度这三大制度为支撑的政府主导型消费帮扶模式。脱贫攻坚收官后，原有的脱贫攻坚体制机制开始进行新一轮的转型，政府主导型消费帮扶赖以存在的基础发生变化，原有的支撑制度难以继续维持消费帮扶的有效运行，需要向市场主导型消费帮扶转型。

第二部分为构建消费帮扶长效机制面临的主要矛盾及其原因，从现实维度分析构建消费帮扶长效机制的切入点和主要任务，即第四章的内容。这一部分详细阐述了当前阶段建立消费帮扶长效机制面临的主要矛盾是供给和需求失配，具体体现在消费帮扶供给和需求规模、空间结构、品类结构、质量结构和时间结构五方面。并进一步依托对脱贫地区和脱贫人口生产力发展水平、一线帮扶干部和消费帮扶消费者进行调研所获得的翔实的一手调研数据展开分析，认为消费帮扶供给和需求失配的原因主要有帮扶对象有效供给水平低、政府性消费比例过高和供需匹配机制不完善三个方面，分别对应着消费帮扶供给侧、需求侧和供需对接环节。解决这三方面的问题，是化解消费帮扶供需失配矛盾、构建消费帮扶长效机制的着力点和主要任务。

第三部分是本书的主体部分，解决新发展阶段构建消费帮扶长效机制该怎么办的问题，包括第五章至第九章。

第五章构建并阐释供需适配视角下消费帮扶长效机制的总体分析框架。该章内容紧紧围绕新发展阶段建立消费帮扶长效机制的主要矛盾——供给和需求失配，针对造成这一矛盾的三大原因，构建了以消费帮扶供给优化机制、需求扩大机制和供需匹配机制为主要内容，以市场主导下"政府－市场－社会耦合"为核心模式的消费帮扶长效机制。其中，供给优化机制对缓解消费帮扶供需失配问题的作用是全面的，能够全方位促进消费帮扶供给和需求规模、空间结构、品类结构、质量结构和时间结构适配，需求扩大机制有助于缓解供给和需求的总量失配矛盾和空间结构失配矛盾，供需匹配机制对缓解消费帮扶供需失配问题的作用则主要体现在结构方面，其能够促进供给侧和需求侧的空间结构、品类结构、质量结构、时间结构适配。

第六至八章分别对消费帮扶供给优化机制、需求扩大机制和供需匹配机制三大机制展开具体研究。这三章分别详细阐述了供给优化机制、需求扩大机制和供需匹配机制的运行机理，以及各个机制中政府、市场和社会的具体分工和耦合，并在丰富的一手调研数据和资料的基础上，分别围绕相关重点、难点和争议点展开实证分析，根据研究结果提出完善相关机制的路径建议。研究发现，构建供给优化机制的重点是壮大脱贫地区市场主体，构建需求扩大机制的重点是扩大非政府性消费，构建供需匹配机制的重点是加强市场化供需平台建设。

第九章提出了构建消费帮扶长效机制的配套措施。这一章分析了构建消费帮扶长效机制，除解决供需失配问题外，还需要什么样的配套措施，以保证消费帮扶对弱势群体的帮扶作用、避免"精英俘获"，以及为消费帮扶长效机制提供良好的宏观运行环境等。构建消费帮扶长效机制的配套措施要点包括完善消费帮扶供应商和脱贫户利益联结关系、协调企业类供应商和其他类型供应商之间的关系，以及增强消费帮扶区域合作关系等。

第四部分是本书的研究结论及展望，即第十章，主要总结本书的研究结论，以及对未来需要进一步研究的问题进行展望。

本书的创新之处：一是提出供需适配的分析视角。既有对消费帮扶的研究，大多仅基于消费帮扶需求侧或供给侧的某一方面展开分析，本书则提出供需适配的研究视角，将供给侧、需求侧和供需对接环节有机联系，对消费帮扶展开系统研究。二是构建和阐释市场主导下"政府－市场－社会耦合"的消费帮扶模式。当前阶段，尽管我国消费帮扶从政府主导型向市场主导型迈出了坚实的步伐，但是，现有的市场主导型消费帮扶模式还是不成熟的，需要构建成熟的市场主导型消费帮扶模式。本书构建和阐释了市场主导下"政府－市场－社会耦合"的消费帮扶模式，对政府、市场和社会力量的分工进行详细研究和阐述。三是旨在构建和阐释供需适配视角下消费帮扶长效机制的分析框架。既有对消费帮扶的研究，大多较为分散，或仅从具体操作层面进行分析。但新发展阶段的新形势下，单纯依靠"摸着石头过河"探索消费帮扶的优化路径存在局限性，需要更加系统的顶层设计。本书以消费帮扶供给和需求失衡这一主要矛盾为切入口，旨在构建和阐释供需适配视角下消费帮扶长效机制的分析框架，包括长效机制的目标、基本原则、构成要素、构建模式和具体内容。其中供需适配视角下消费帮扶的具体内容表现为供给优化机制、需求扩大机制和供需匹配机制三大机制，本书第六、七、八章依托翔实的一手调研数据和素材，对这三大机制中的重点问题进行了实证研究。

著　者

# 目 录

第一章 导 论…………………………………………………………（1）
　第一节 选题背景及意义……………………………………………（1）
　第二节 核心概念界定………………………………………………（4）
　第三节 研究综述……………………………………………………（13）
　第四节 研究思路和方法……………………………………………（32）
　第五节 可能的创新之处……………………………………………（36）

第二章 理论基础………………………………………………………（40）
　第一节 马克思主义政治经济学的相关思想………………………（40）
　第二节 西方经济学的相关思想……………………………………（55）
　第三节 相关思想对本研究的支撑作用……………………………（61）

第三章 我国消费帮扶的演进历程与发展成效………………………（64）
　第一节 消费帮扶的演进历程………………………………………（64）
　第二节 消费帮扶的发展成效………………………………………（79）

第四章 构建消费帮扶长效机制面临的主要矛盾及其原因…………（86）
　第一节 构建消费帮扶长效机制面临的主要矛盾：供给和需求失配
　　　　………………………………………………………………（86）
　第二节 消费帮扶供给和需求失配的原因…………………………（92）

第五章 新发展阶段消费帮扶长效机制的总体分析框架：基于供需适配
　　　 视角……………………………………………………………（112）
　第一节 新发展阶段对构建消费帮扶长效机制的要求……………（113）

1

第二节　供需适配视角下消费帮扶长效机制的目标……………………(115)
第三节　供需适配视角下构建消费帮扶长效机制的基本原则…………(117)
第四节　供需适配视角下消费帮扶长效机制的构成要素………………(118)
第五节　供需适配视角下消费帮扶长效机制的构建模式："政府－市场－社会耦合"……………………………………………………………(126)
第六节　供需适配视角下消费帮扶长效机制的具体内容………………(138)

第六章　供需适配消费帮扶长效机制一：供给优化机制……………(142)
第一节　消费帮扶供给优化机制的运行机理……………………………(142)
第二节　消费帮扶供给优化机制中政府、市场和社会的耦合…………(147)
第三节　消费帮扶供应商有效供给能力影响因素的实证分析…………(163)
第四节　完善消费帮扶供给优化机制的主要路径………………………(178)

第七章　供需适配消费帮扶长效机制二：需求扩大机制……………(182)
第一节　需求侧扩大机制的运行机理……………………………………(182)
第二节　消费帮扶需求扩大机制中政府、市场和社会的耦合…………(187)
第三节　消费帮扶需求侧消费者购买意愿及行为影响因素的实证分析
　　　　……………………………………………………………………(190)
第四节　构建消费帮扶需求扩大机制的主要路径………………………(213)

第八章　供需适配消费帮扶长效机制三：供需匹配机制……………(218)
第一节　消费帮扶供需匹配机制的运行机理……………………………(218)
第二节　消费帮扶供需匹配机制中政府、市场和社会的耦合…………(224)
第三节　消费帮扶供需匹配市场平台建设的典型实践…………………(235)
第四节　完善消费帮扶供需匹配机制的主要路径………………………(245)

第九章　消费帮扶长效机制的配套措施………………………………(250)
第一节　完善消费帮扶供应商和脱贫户利益联结关系…………………(250)
第二节　协调企业类供应商和其他类型供应商之间的关系……………(253)
第三节　增强消费帮扶区域合作关系……………………………………(257)
第四节　其他主要配套措施………………………………………………(259)

**第十章　研究结论及展望** …………………………………………（262）
　第一节　主要研究结论 ……………………………………………（262）
　第二节　未来研究展望 ……………………………………………（264）

**附　录** ………………………………………………………………（265）
　附录一　脱贫地区脱贫户/非贫困户农业生产情况问卷 …………（265）
　附录二　消费帮扶供应商有效供给水平情况调查问卷 …………（270）
　附录三　消费者消费帮扶意愿和行为调查问卷 …………………（275）
　附录四　脱贫地区农业生产情况村问卷 …………………………（278）
　附录五　脱贫地区一线帮扶干部关于消费帮扶的调研问卷 ……（281）

**主要参考文献** ………………………………………………………（283）
**后　记** ………………………………………………………………（288）

# 第一章 导 论

## 第一节 选题背景及意义

### 一、选题背景

消费是人类社会最重要的经济活动之一，贯穿于整个人类历史。消费关系是经济关系的有机组成部分，"狭义的生产关系、流通关系、分配关系与消费关系"构成了"广义的生产关系，即经济关系"[①]。随着生产力的发展，消费在经济中的地位越来越重要。到 21 世纪，在资本的推波助澜下，消费主义文化席卷全球，深刻地改变了人们的生活方式。消费主义消极的一面被广为诟病[②]，人们认为过度消费造成了人与社会、人与自身以及人与自然关系的异化。然而，必须指出的是，过度消费虽然会造成社会关系的异化，但消费作为一种解决经济社会发展问题路径所具备的重要性是不能否认的[③]。

消费帮扶是以消费为手段解决社会问题的一种实践，在人类社会步入商品经济时代后长期存在。根据资源配置方式，可以分为社会主导型消费帮扶、政府主导型消费帮扶和市场主导型消费帮扶三大类。我国脱贫攻坚所开展的消费扶贫属于消费帮扶，是政府主导型消费帮扶的典型表现。2019 年初，国务院办公厅发布《国务院办公厅关于深入开展消费扶贫助力打赢脱贫攻坚战的指导

---

[①] 王学文：《"资本论"的研究对象》，《经济研究》，1961 年第 1 期，第 38 页。
[②] 陈昕：《救赎与消费——当代中国日常生活中的消费主义》，江苏人民出版社，2003 年，第 7~8 页。
[③] Micheletti M: Reflections on "Political Virtue and Shopping", Journal of Consumer Ethics, 2017, 1 (1): 30.

意见》，标志着消费帮扶正式纳入国家脱贫攻坚政策体系[①]，此后，习近平总书记在多个场合反复强调消费帮扶的重要性[②]。为贯彻习近平总书记关于"开展消费扶贫行动"的讲话精神，有关部门密集出台消费帮扶政策，社会各界踊跃开展产销对接。据统计，2020年我国消费帮扶金额超过3000亿元[③]，为助力打赢疫情防控和脱贫攻坚两场硬仗作出了积极贡献。

2021年起，我国进入新发展阶段，消费帮扶迎来新的历史使命。随着脱贫攻坚任务全面完成，"三农"工作重心历史性地转向乡村振兴，反贫困重点由绝对贫困转换为相对贫困。新发展阶段，预防和治理相对贫困是长期性任务，无论是巩固拓展脱贫攻坚成果，还是乡村振兴，抑或是构建新发展格局，乃至实现共同富裕，消费帮扶都大有可为。2021年3月中共中央、国务院印发的《关于实现巩固拓展脱贫攻坚成果同乡村振兴有效衔接的意见》及2022年5月由国家发展改革委等30个部门联合印发的《关于继续大力实施消费帮扶巩固拓展脱贫攻坚成果的指导意见》，均明确要求继续大力实施消费帮扶。

然而，新发展阶段下，简单沿用脱贫攻坚期间消费帮扶的做法并不可取，构建适应新形势的消费帮扶长效机制迫在眉睫。原因如下：其一，政府主导型消费帮扶在新发展阶段不可持续。全面建成小康社会之前，以脱贫攻坚统揽经济社会发展全局的特殊历史背景下，依托脱贫攻坚体制机制，我国形成了以驻村工作队制度、结对帮扶制度、行政动员制度这三大制度为支撑的政府主导型消费帮扶模式，消费帮扶主要依靠行政力量推动。这一模式在短期内具备可行性，但脱贫攻坚收官之后，解决相对贫困和乡村振兴是长期任务，主要依靠行政力量推动的策略在新发展阶段难以为继。其二，政府主导型消费帮扶适用于解决绝对贫困，新发展阶段反贫困的重点是预防和治理相对贫困，除了政府力量，还需要市场机制和社会力量的更多参与。在解决绝对贫困阶段，原贫困地区产业发展薄弱、市场化程度低、市场主体羸弱，需要依靠政府主导帮助解决产品销路。到了新发展阶段，预防和治理相对贫困具有长期性，就需要市场机制和社会力量逐步发挥更重要作用。从消费帮扶全产业链发展来看，供给和需求失配矛盾导致消费帮扶不具备长效性，这一矛盾无法依靠行政指令扩大需求

---

① 陆娅楠：《城里来消费　乡村得实惠》，《人民日报》，2019年1月21日第10版。
② 2019年4月，习近平总书记在重庆考察期间召开的解决"两不愁三保障"突出问题座谈会上所作的讲话指出，要探索建立稳定脱贫长效机制，"组织消费扶贫"，让脱贫具有可持续的内生动力。新冠疫情防控期间，消费帮扶在"救急"方面显示出了巨大优势，并得到进一步重视。2020年3月上旬，习近平总书记在决战决胜脱贫攻坚座谈会上的讲话两次提到消费扶贫，指出要"组织好产销对接，开展消费扶贫行动""在消费扶贫上帮"。
③ 杜海涛：《让消费扶贫行稳致远》，《人民日报》，2021年2月3日第19版。

规模实现，需要充分发挥市场机制对供求的调节作用，但又无法完全依靠市场力量自发解决，因此需要加强顶层设计，构建市场主导下政府、市场和社会耦合的消费帮扶新模式。

本书立足全面建成小康社会、实现第一个百年奋斗目标之后我国进入新发展阶段这一宏观背景，以"新发展阶段如何构建消费帮扶长效机制"、实现消费帮扶从政府主导转向政府、市场和社会有机结合为研究重点，以破解消费帮扶供给和需求失配这一主要矛盾为切入点，从理论上探讨新发展阶段消费帮扶的长效机制，提出新发展阶段构建消费帮扶长效机制的目标模式和基本路径。

## 二、研究意义

区域间发展不均衡是制约中国现代化转型进一步发展的重要因素，而欠发达地区经济发展薄弱的直接表现是产业不兴，因此，无论是巩固拓展脱贫攻坚成果，还是乡村振兴，抑或是构建新发展格局，乃至实现共同富裕，都离不开欠发达地区产业对全国性大市场的融入。消费帮扶是帮扶脱贫人口和脱贫地区产业融入全国性大市场的重要创新，但还处于探索阶段，在理论和实践方面均需要完善。

供需适配视角下研究新发展阶段消费帮扶的长效机制，具有一定的理论意义。第一，丰富了市场、政府、社会三者之间关系的理论研究。既有的理论研究对政府和市场的关系研究较为充分，但对社会力量在经济发展中的作用关注相对不足。本书借助消费帮扶兼具市场行为、慈善行为和政府行为三重属性的特殊性质，对市场、政府和社会的协同耦合作用展开研究，丰富了市场、政府、社会三者之间关系的理论研究。第二，丰富和拓展了中国特色社会主义政治经济学供给需求理论。供给和需求理论是经济学中的基本理论，解决供给和需求失衡难题是经济学科基本研究任务之一，依托中国特色社会主义经济体制优势，我国在供给和需求理论方面已有诸多创新。本书将社会再生产四环节理论与供给需求理论进行勾连，从供需适配视角研究消费帮扶长效机制，是对供给侧结构性改革、需求侧管理，以及需求牵引供给、供给创造需求高水平动态平衡等中国特色社会主义政治经济学理论思想的继承和发展。

同时，供需适配视角下研究新发展阶段消费帮扶的长效机制，也具有一定的现实意义。第一，研究消费帮扶的长效机制，是预防和治理相对贫困，巩固拓展脱贫攻坚成果，实现脱贫地区产业高质量发展的现实需要，也是构建新发展格局、推进乡村振兴和共同富裕的内在要求。第二，当前消费帮扶处于转型升级的关键时期，迫切需要构建成熟的市场主导型消费帮扶模式，本书提出市场主导下"政府-市场-社会耦合"的消费帮扶模式，能够为完善消费帮扶政策体系提供参考。

## 第二节 核心概念界定

### 一、消费帮扶

尽管消费帮扶在事实上长期存在，但在理论上提出这一范畴的时间却比较短。在我国当前的政策话语体系中，消费帮扶是脱贫攻坚中的消费扶贫在新发展阶段的升级版本。笔者认为，有必要从更长的历史时期来看待消费帮扶，认清脱贫攻坚期间的消费扶贫只是消费帮扶在特殊历史时期的特殊表现形式，提出更加一般化的消费帮扶概念。而在界定消费帮扶概念之前，首先要了解消费。

#### （一）消费

马克思主义政治经济学侧重于从社会生产总过程来理解消费。马克思（1857）认为，社会生产总过程包括生产、分配、交换、消费四个环节。受古典政治经济学的影响，马克思将消费分为两种：一种是生产消费，"把直接与消费同一的生产，直接与生产合一的消费，称做生产的消费"[1]；另一种是生活消费，也就是马克思笔下"原来意义上的消费"[2]。

也有部分学术著作以生活性消费为主要内涵来定义消费，这一定程度上受到了西方经济学影响。《大英百科全书》官方网站对消费在经济学中的定义是"家庭对货品和服务的最终消费"[3]。此外，也有研究从广义与狭义两个视角对消费进行定义。如《辞海》对消费的定义是"人们消耗物质资料以满足物质和文化生活需要的过程。……广义的消费还包括属于生产本身的生产消费"[4]。这是一个集广义消费和狭义消费于一体的综合定义。

---

[1] 中共中央马克思恩格斯列宁斯大林著作编译局：《马克思恩格斯选集（第二卷）》，人民出版社，2012年，第690页。
[2] 中共中央马克思恩格斯列宁斯大林著作编译局：《马克思恩格斯选集（第二卷）》，人民出版社，2012年，第690页。
[3] Consumption, https://www. britannica. com/topic/consumption.
[4] "消费", https://www. cihai. com. cn/baike/detail/72/5594762?q=%E6%B6%88%E8%B4%B9.

尽管消费帮扶中的消费是以生活性消费为主，但并不排斥一部分生产性消费。因此，本书采用广义消费的定义，即消费是社会再生产过程中，对生产要素和生活资料的消耗行为和过程，包括生活性消费和生产性消费。

## （二）消费帮扶

从消费的一般含义出发，凡通过消费对弱势群体进行帮扶的行为，都可以视为消费帮扶，这是广义的消费帮扶。与广义消费帮扶相对的范畴是慈善捐赠，即直接通过捐钱捐物来对弱势群体进行自愿、无偿的帮扶，二者的区别在于，消费帮扶可以直接从消费行为中获得使用价值，而慈善捐赠不能直接从捐赠行为中获得使用价值。

当前我国政策话语体系中使用的消费帮扶多采用狭义的消费帮扶内涵。脱贫攻坚收官以来，消费扶贫升级为消费帮扶，这一范畴就是狭义的消费帮扶，指特殊历史时期社会各界通过消费落后地区或弱势群体的服务与产品，为弱势群体提供接触市场的通道，将其纳入市场体系，从而实现资源优化配置的帮扶方式。狭义的消费帮扶是广义的消费帮扶在特定历史背景下特殊的表现形式。脱贫攻坚期间，社会各界包括学术界主要使用消费扶贫的概念。政策文件对消费扶贫的定义是"社会各界通过消费来自贫困地区和贫困人口的产品与服务，帮助贫困人口增收脱贫的一种扶贫方式"[1]。学者的讨论也基本沿用了这一定义（见表1-1）。这一定义阐明了特殊时期狭义消费帮扶的主体、手段、客体、作用机制和目的。

表1-1　学者对消费帮扶/消费扶贫的概念界定

| 作者 | 时间 | 观点 |
| --- | --- | --- |
| 李军 | 2019 | 通过线上和线下多元渠道购买贫困户的农特产品和服务，将爱心行为、慈善行为与经济行为、消费行为有机结合 |
| 龙少波、陈路、张梦雪 | 2021 | 消费扶贫是一种道义经济行为，在遵循市场规则基础上借助政府和社会多元主体力量，通过消费带动贫困地区供给提质升级以增加贫困户收入，从而达到扶贫目的 |
| 陈前恒 | 2019 | 消费扶贫本质上是消费者和贫困地区生产者之间的商品和服务的买卖行为 |

---

[1]《国务院办公厅关于深入开展消费扶贫助力打赢脱贫攻坚战的指导意见》，http://www.gov.cn/gongbao/content/2019/content_5361792.htm。

续表1—1

| 作者 | 时间 | 观点 |
|---|---|---|
| 洪涛 | 2020 | 消费扶贫就是消费者购买和消费来自贫困地区的产品，帮助建档立卡贫困户通过销售增收摆脱贫困的行为 |

资料来源：根据公开文献整理所得。

关于广义的消费帮扶，有以下几点需要进一步说明。

第一，消费帮扶的方式有多种，根据消费主体，可以具体划分为政府消费、市场消费和慈善消费等。党的十九届四中全会在关于中国特色社会主义分配制度体系的构建上分了三个层次，即初次分配、再次分配与第三次分配。初次分配主要按要素分配，强调市场机制的作用，行为主体是参与社会经济活动的各类主体；再次分配是以财政转移支付，对初次分配的不平衡加以调节，行为主体是政府；第三次分配与初次分配、再次分配不同，是以友善道德为支撑的志愿性的捐助分配，行为主体是社会慈善力量[①]。消费扶贫是初次分配、再次分配和第三次分配的结合，只是不同模式下涉及的主要分配方式不同。帮扶主体既包括参与社会经济活动的各类主体，也包括政府采购和社会慈善力量。

第二，消费帮扶的客体会随着具体情况的变化而变化。脱贫攻坚期间，消费帮扶的客体主要是"贫困地区和贫困人口的服务与产品"。在当前实现巩固拓展脱贫攻坚成果同乡村振兴有效衔接的特殊历史阶段，消费帮扶对象也有特定群体，即脱贫地区和脱贫人口。2021年3月公开发布的《中共中央国务院关于实现巩固拓展脱贫攻坚成果同乡村振兴有效衔接的意见》明确要求："继续大力实施消费帮扶。"[②] 这里的消费帮扶是狭义的消费帮扶，是广义消费帮扶在当前阶段的具体表现形式，也是脱贫攻坚中消费扶贫的延续和升级。在未来，消费帮扶的客体还会随着经济社会目标变化而变化。

第三，消费帮扶的直接手段是"消费"，但并不只是涉及消费环节，帮助帮扶对象进入市场体系的行为都属于消费帮扶范畴，除了涉及消费环节的倾斜，还包括与消费密切相关的生产、流通、分配环节的帮扶。可以说，电商帮扶、旅游帮扶等都属于广义上的消费帮扶。消费帮扶需要跳出就消费论消费，外生力量凭借自身的经济优势帮助欠发达地区建设生产流通基础设施、搭建消

---

[①] 杨卫：《中国特色社会主义分配制度体系的三个层次》，《上海经济研究》，2020年第2期，第36~42页。

[②] 《中共中央国务院关于实现巩固拓展脱贫攻坚成果同乡村振兴有效衔接的意见》，人民出版社，2021年，第10页。

费帮扶市场渠道、促进消费规模扩大等都属于消费帮扶。

第四，需要特别说明的是，在当前巩固拓展脱贫攻坚成果同乡村振兴有效衔接阶段，不发生规模性返贫是"三农"工作的底线任务[①]，消费帮扶的主要目的是巩固拓展脱贫攻坚成果，提高脱贫人口收入，促进脱贫地区发展，因而狭义消费帮扶是广义消费帮扶的主体内容，也是本书主要的研究对象。为了表达的一贯性，本书对消费帮扶和消费扶贫的使用不进行严格区分，在既可以使用消费帮扶，也可以使用消费扶贫的地方，主要使用消费帮扶。

## 二、长效机制

### （一）机制及其相关概念

准确理解"长效机制"，首先要了解"机制"的含义。"机制"一词最早源于希腊语，本意是指机器或机体的构造、功能及其相互关系。机制可以理解为自动发挥作用，即只要启动就能自动朝着预期目标运行。当把"机制"一词的本义引申到不同领域，会相应产生不同的含义，现已广泛应用于自然现象和社会现象。《辞海》中对"机制"的解释有多种：①用机器制造的，如机制纸；②指有机体的构造、功能和相互关系，如生理机制；③指一个工作系统的组织或部分之间相互作用的过程和方式，如竞争机制、市场机制[②]。本书要研究的机制主要是经济机制，因此，最契合本书对机制定义的是最后一个含义。

在经济学中，经济机制、经济制度和经济体制是紧密联系而又有区别的概念。经济机制的运行与经济制度、经济体制密切相关。经济制度是人类社会一定发展阶段上的生产关系的总和。经济制度有基本经济制度和具体制度之分，基本经济制度是对一个国家占主导地位的所有制形式、产品分配形式的规定，具体制度则是"要求大家共同遵守的办事规程或行动准则"[③]。经济体制"是指在一定的基本经济制度基础上进行资源配置的具体方式和规则"[④]，是基本

---

① 《中共中央国务院关于做好二〇二二年全面推进乡村振兴重点工作的意见》，人民出版社，2022年，第8页。

② "机制"，https://www.cihai.com.cn/yuci/detail?docLibId=1107&docId=5688650&q=%E6%9C%BA%E5%88%B6。

③ "制度"，https://www.cihai.com.cn/yuci/detail?docLibId=1107&docId=5755447&q=%E5%88%B6%E5%BA%A6。

④ 《马克思主义政治经济学概论》编写组：《马克思主义政治经济学概论》（第二版），人民出版社、高等教育出版社，2021年，第281页。

经济制度的外在表现形式。经济机制是指在一定的经济制度和经济体制下，社会经济体系中各类构成要素之间的有机联系和相互作用，及对资源配置、利用的调节。经济机制侧重于强调经济活动的具体运行过程。

### （二）长效机制

"长效机制"与"机制"密切相关，但又不完全相同。所谓长效机制，是指能够按照设定的程序、模式持久运行，保证某项工作或者任务持续有效发挥作用的机制。长效的经济机制指经济社会的各个组成部分以及经济要素能够协调地发挥作用，使经济机制能够持续有效，长期保证经济制度正常运行并发挥预期功能。长效机制的建立需要一系列制度的支撑，与建立长效机制相对的是短期调控。值得注意的是，长效机制并不是永久不变的，而是要随着机制的外部环境的变化而不断进行丰富和完善。

## 三、供需适配

### （一）供给和需求

本书中的"供需"是"供给和需求"的简称，在某些研究中，"供给和需求"也简称"供求"。世界范围内，"供给"一词的出现可追溯到春秋战国以前，《国语·周语上》："事之供给，于是乎在。"韦昭注："供，具也；给，足也。"[①] 但是，将供给和需求直接联系起来使用是近几百年才出现的。根据《新帕尔格雷夫经济学大辞典》对"供给与需求"词条的介绍，直到17世纪末，经济学家都没有使用过"供给和需求"这一表述，尽管当时这一思想已经出现在部分研究中。1767年，英国经济学家詹姆斯·斯图尔特第一次明确把供给和需求结合起来，使用了"供给和需求"这一术语[②]。

庸俗经济学家认为市场价格决定供给和需求，马克思对这一观点进行了十分彻底的批判。马克思在《资本论》第三卷第十章"一般利润率通过竞争而平均化"中，对供给和需求的内涵进行了详细解剖。《新帕尔格雷夫经济学大辞典》对"供给与需求"词条的介绍指出，马克思对供给和需求所作的区分是有

---

[①] 韦昭注：《国语》，商务印书馆，1958年，第5页。
[②] ［英］约翰·伊特韦尔、默里·米尔盖特、彼得·纽曼：《新帕尔格雷夫经济学大辞典（第四卷）》，陈岱孙等译，经济科学出版社，1996年，第597~598页。

趣的。① 本书对供给和需求的概念界定沿用马克思所持的观点。

### 1. 供给

马克思从自然属性和社会属性方面分别对供给进行了定义。从自然属性看，供给是市场上具有物质形态的商品，即"处在市场上的产品，或者能提供给市场的产品"②。从社会属性上看，供给代表着生产者和买者，体现了人与人之间的关系，"供给等于某种商品的卖者或生产者的总和"③。自然属性反映了供给的物质形态，社会属性表明供给体现的是生产关系，同时也受到一定社会关系的影响。

供给有量和质的内在规定性。一方面，从量看，供给"首先表现为一定的量"④，其不仅是满足人类需要的使用价值，而且这种使用价值还以一定的量出现在市场上。另一方面，从质看，供给是由社会必要劳动时间决定的价值量。马克思认为，供给的质和量之间"没有必然的联系"⑤。

### 2. 需求

马克思从自然属性和社会属性分别对需求进行了定义。从社会属性上看，需求代表着消费者和买者，"需求等于这同一种商品的买者或消费者（包括个人消费和生产消费）的总和"⑥。从自然属性看，需求是社会需要的商品量。需求不等于需要。需求可以分为生产者的需求和消费者的需求，如果商品被买来当作生产资料，进入生产消费，则满足的是生产者的需求；如果商品被买来当作生活资料，进入个人消费，则满足的是消费者的需求。

需求同样有质和量的内在规定性。从需求质的规定性来看，需求的质等于社会愿意为这种商品支付的社会必要劳动决定的价值量。"社会需要"是"调节需求原则的东西，本质上是由不同阶级的互相关系和它们各自的经济地位决

---

① ［英］约翰·伊特韦尔、默里·米尔盖特、彼得·纽曼：《新帕尔格雷夫经济学大辞典（第四卷）》，陈岱孙等译，经济科学出版社，1996年，第597~598页。
② 中共中央马克思恩格斯列宁斯大林著作编译局：《马克思恩格斯文集（第七卷）》，人民出版社，2009年，第207页。
③ 中共中央马克思恩格斯列宁斯大林著作编译局：《马克思恩格斯文集（第七卷）》，人民出版社，2009年，第215页。
④ 中共中央马克思恩格斯列宁斯大林著作编译局：《马克思恩格斯文集（第七卷）》，人民出版社，2009年，第207页。
⑤ 中共中央马克思恩格斯列宁斯大林著作编译局：《马克思恩格斯文集（第七卷）》，人民出版社，2009年，第207页。
⑥ 中共中央马克思恩格斯列宁斯大林著作编译局：《马克思恩格斯文集（第七卷）》，人民出版社，2009年，第215页。

定的"①。从需求量的规定性来看，需求具有很大的弹性和变动性，"存在着某种数量的一定社会需要，要满足这种需要，就要求市场上有一定量的某种物品"②。

3. 供给和需求、生产与消费两对范畴的关系

对于供给和需求、生产和消费这两对范畴之间的关系，学术界有不同理解。第一种观点认为，生产即为供给，消费即为需求。如王伟（2013）等认为"生产即为供给，消费即为需求，流通与分配则是连接供给与需求的中间环节"③。范欣和蔡孟玉（2021）认为，生产阶段属于供给端，消费阶段属于需求端，分配和交换属于流通领域④。周绍东和陈艺丹（2021）认为，在生产和再生产活动中，一方面，产品和服务被源源不断地生产出来，形成供给侧；另一方面，生产性消费和生活性消费共同构成了经济的需求侧⑤，并以此为依据，结合社会再生产四环节理论，论证了供给和需求的辩证统一性。第二种观点认为，生产不等于供给。如孙小兰等（2017）认为，供给不同于生产，供给端不等于生产端，供给侧结构性改革的重点在供给端而非生产端⑥。此外，还有学者采取模糊化处理，不对这两对范畴进行详细的区分。

笔者认为，第一种简单将生产等同于供给、消费等同于需求的观点是不准确的，第二种观点尽管指出了生产不等于供给，但对于马克思的本意没有进行深入挖掘。通过查阅《新帕尔格雷夫经济学大辞典》中"消费和生产""供给和需求"术语，并结合对马克思原著的文本研究，本书尝试将两对范畴的区别和联系进行分析，以实现对社会再生产四环节理论和供给需求理论的勾连。

从两对范畴区别来看，其最大的区别在于提出逻辑不同，供给和需求是对市场交易而言的，简单说，供给是"处在市场上的产品，或者能提供给市场的

---

① 中共中央马克思恩格斯列宁斯大林著作编译局：《马克思恩格斯选集（第七卷）》，人民出版社，2012年，第202页。

② 中共中央马克思恩格斯列宁斯大林著作编译局：《马克思恩格斯文集（第七卷）》，人民出版社，2009年，第209页。

③ 王伟、贾红果、林莹：《区域煤炭有效供给能力研究框架探讨》，《中国煤炭》，2013年第12期，第13页。

④ 范欣、蔡孟玉：《"双循环"新发展格局的内在逻辑与实现路径》，《福建师范大学学报（哲学社会科学版）》，2021年第3期，第20~21页。

⑤ 周绍东、陈艺丹：《新发展格局与需求侧改革：空间政治经济学的解读》，《新疆师范大学学报（哲学社会科学版）》，2021年第6期，第105页。

⑥ 孙小兰：《资源配置中市场决定性作用的倒逼机制研究》，中国社会科学出版社，2017年，第183页。

产品"①，需求是"市场上出现的对商品的需要"②。而生产和消费是对经济循环中经历的环节而言的，生产、分配、交换、消费共同构成社会再生产四环节。值得特别说明的是，根据《新帕尔格雷夫经济学大辞典》对"消费和生产"词条的介绍，将生产与消费同交换和分配的概念联系起来并形成社会再生产四环节理论是马克思的首创③。可以看出，两对范畴之间存在区别，但现实中，两对范畴却又常常混用，之所以如此，是因为它们之间确实有紧密联系。第一，需求的外延与广义的消费相同。需求是投资和消费的总称，投资是生产性消费，狭义的消费指生活性消费，因此需求也是生产性消费和生活性消费的总称，等于在外延上广义的消费。第二，生产阶段属于供给，但供给不止包含生产阶段。那么问题是，供给到底包含哪些环节呢？笔者认为，要解决这一问题，关键是要对社会再生产四环节中的"交换"环节进行分解，将其分解为商品交易和实物流通。商品交易是实现商品所有权转换的交易，可以通过线上进行，也可以线下进行。实物流通就是物品的流动，从一地转移到另一地。在过去一手交钱一手交货的时代，商品交易和实物流通总是同时发生，二者的总和构成交换；在电子商务时代，商品交易和实物流通的分离成为普遍现象。根据这一划分，社会再生产环节包括生产、分配、商品交易/实物流通、消费，其中，生产、分配和实物流通的总和构成供给。但商品交易既不属于供给，也不属于需求，而是对应着连接供给和需求的供需对接。因而，将交换分解为商品交易和实物流通后，社会生产四环节对应于供给（生产、分配、实物流通）、供需对接（商品交易）和需求（消费）。

### （二）供需适配

供需平衡④是经济系统孜孜以求的目标，但是，这并不能准确刻画本书想要描述的状态。马克思曾对供求一致的内涵进行过深刻分析，并认为政治经济学上"假定供求是一致"⑤，只是出于理论研究的需要。事实上，市场经济条

---

① 中共中央马克思恩格斯列宁斯大林著作编译局：《马克思恩格斯文集（第七卷）》，人民出版社，2009年，第207页。
② 中共中央马克思恩格斯列宁斯大林著作编译局：《马克思恩格斯文集（第七卷）》，人民出版社，2009年，第210页。
③ [英] 约翰·伊特韦尔、默里·米尔盖特、彼得·纽曼：《新帕尔格雷夫经济学大辞典（第一卷）》，陈岱孙等译，经济科学出版社，1996年，第663页。
④ 或者说"供需一致""供求平衡""供求一致""供给和需求平衡""供给和需求一致"。
⑤ 中共中央马克思恩格斯列宁斯大林著作编译局：《马克思恩格斯选集（第二卷）》，人民出版社，2012年，第489页。

件下，追求绝对的平衡或者绝对的供求一致是不切实际的幻想，"供求实际上从来不会一致；如果它们达到一致，那也只是偶然现象，所以在科学上等于零"①。

与供需平衡相比，市场经济条件下，供给与需求力求相互适配的过程更具有普遍性。因此，相较于供需平衡或供需一致，本书更倾向于使用供需适配的视角。尽管"供需适配"这一概念提出时间并不长，但现有研究中已经有不少学者直接使用了这一概念，或者在其研究中体现了"供需适配"的思路。比如，在2020年10月21日《人民日报》刊载的《以数字经济促供需适配》②一文中，作者使用了"供需适配"这一概念，遗憾的是作者并没有对这一概念进行详细阐释；2020年12月20日，中国人民大学副校长刘元春教授在接受采访时，曾提出"供需应具有动态适配性"③；2021年1月11日，四川大学蒋永穆教授在《四川日报》发文《统筹兼顾供需两侧 让扩大内需成为强力引擎》，使用了"统筹兼顾供需两侧"④的提法；谢艳乐和祁春节使用了"供需适配性"概念，并分析了"菜篮子"产品供需适配性的机理和治理路径⑤；肖诗依等基于供需适配性视角，分析了突发公共卫生事件信息公开融合的关键要素⑥。

笔者认为，供需适配是一个动态的概念，指系统内各主体在其行为逻辑指引下，通过市场、政府和社会这三类力量的共同作用，实现供给侧和需求侧的有机互动，最终达到需求牵引供给、供给创造需求的更高水平动态平衡的状态。供需适配包含两个层面的内容：其一，供给和需求总量的适配；其二，供给和需求结构的适配，包括供需空间结构、品类结构、质量结构和上市时间结构等。供需适配和供需匹配是相联系但又有区别的概念，供需适配范围更广，包括总量和结构两方面相对平衡，而供需匹配更侧重于供给和需求结构的相对平衡。

---

① 中共中央马克思恩格斯列宁斯大林著作编译局：《马克思恩格斯选集（第二卷）》，人民出版社，2012年，第489页。

② 林丽鹏：《以数字经济促供需适配》，《人民日报》，2020年10月21日第19版。

③ 刘元春：《供需应具有动态适配性》，https://m.yicai.com/video/100883413.html。

④ 蒋永穆：《统筹兼顾供需两侧 让扩大内需成为强力引擎》，《四川日报》，2021年1月11日第10版。

⑤ 谢艳乐、祁春节：《"菜篮子"产品供需适配性：机理、效应与治理路径》，《农业经济问题》，2021年第12期，第55~68页。

⑥ 肖诗依、文庭孝、朱红灿：《突发公共卫生事件信息公开融合关键要素研究：供需适配性视角》，《情报理论与实践》，2022年第9期，第75页。

供需适配的表现形式主要为供给侧和需求侧的有机互动。一方面，供给推动需求，包括供给创造新的需求和供给适应需求变化两种表现形式；另一方面，需求拉动供给，包括需求牵引供给和需求适应供给两种表现形式。因此，更具体地看，供需适配有供给创造需求、供给适应需求、需求牵引供给和需求适应供给四种表现形式，这四种表现形式并非彼此孤立，而是相互交织。在当前总体处于买方市场的市场经济条件下，供给创造需求、供给适应需求、需求牵引供给这三种表现形式比较常见，当市场经济体制比较完善时，可以通过市场机制自发完成。需求适应供给是需求对供给的一种妥协，在当前买方市场条件下，难以通过市场自发完成，需要政府和社会干预才能进行，这也正是消费帮扶中供需适配的特色所在。历史地看，需求适应供给是早于供给适应需求的，比如在短缺经济条件下的供求关系，较为极端的例子便是计划经济条件下供给短缺时的配给制。

供需适配的结果，不是静态绝对一致，而是动态适配。笔者认为，这种动态适配应该是一种供给略大于需求的"紧平衡"，消费帮扶在供给略大于需求的"紧平衡"的买方市场格局下，众多供给主体平等竞争，产品供给略有过剩，实际上就是承认了买方主权，商品生产者会想方设法在市场上尽快找到买主，竞相实现供需衔接，保持供给适应需求的速度，市场供求机制良性运转。同时，供给略大于需求的买方市场发出的各种供求信息比较客观，使市场供求关系在动态中不断调整趋于适配。

## 第三节　研究综述

### 一、国内外研究概览

#### （一）国内研究概览

本书从国家社科基金立项、专著出版、期刊论文发表情况三个方面，考察国内消费帮扶研究概况。

就国家社科基金立项情况而言，在国家社科基金项目数据库中，在"项目名称"一栏分别输入"消费帮扶"和"消费扶贫"，其他选项默认进行查询，截至2022年5月4日，检索得到两项与消费帮扶/消费扶贫直接相关的研究获批立项，一项为湖南商学院刘国权教授2019年获批立项的国家社科基金管理学科一般项目"深度贫困地区创业扶贫与消费扶贫的协同机制及对策研究",另一项为贵州大学李晓红教授2020年获批立项的社科基金重点项目"消费扶贫引致交易扩展的稳定脱贫机制研究"。

就著作而言,通过在中国高等教育文献保障系统(CALIS)、读秀学术搜索平台和有关网络购书平台进行检索,截至2022年5月4日,已出版的关于消费帮扶/消费扶贫的研究专著还比较少,仅有《生鲜农产品供应链信息溯源、网购意愿与消费扶贫研究》一书在书名中出现了消费帮扶/消费扶贫字样。该书研究了生鲜农产品网购意愿对于消费扶贫的作用与传导效应,以及生鲜农产品消费扶贫的影响因素[①]。此外,在国务院扶贫开发领导小组办公室综合司和国务院研究室农村经济研究司联合编写,由中国言实出版社出版的专著《电商扶贫添动能》中设有单篇《消费扶贫篇》,对2019—2020年脱贫攻坚中消费扶贫的成功经验和典型问题进行了梳理与总结[②]。

就期刊论文而言,截至2022年5月4日,在中国知网旗下《中国学术期刊(网络版)》[③]中,以"消费帮扶""消费扶贫"为主题词(两个主题词之间为"或者"关系)、其他为默认设置的条件下进行检索,检索结果中最早的文献是1997年的《办好职工消费合作社是工会扶贫帮困的好形式》[④]。该文章主要介绍的是西安某厂职工消费合作社通过与厂家直接建立供销关系以降低商品售价,从而缓解困难职工贫困的典型案例。该文中"消费帮扶"的帮扶对象是消费者,与本书所研究的消费帮扶有显著差异。观察检索结果,发现与本书相关的文献集中在2016年以后,为了更好更准确地了解消费帮扶研究概况,本书将检索日期限制在"2016-01-01"至"2022-05-04"之间,检索得到文献1040篇。将检索条件中的"来源期刊"进一步限定于"CSSCI来源期刊"后,得到文献58篇,人工剔除与消费扶贫不直接相干文献后,如帮扶产品推介广告等,得到目标文献51篇,各年份发文量分布如表1-2所示。从发文量可以发现,与消费扶贫/消费帮扶相关的期刊论文逐步成为学术界研究热点,尽管脱贫攻坚收官后,总体研究热度有所下降,这表现为期刊论文总量由

---

[①] 冯燕芳:《生鲜农产品供应链信息溯源、网购意愿与消费扶贫研究》,经济科学出版社,2021年。

[②] 国务院扶贫开发领导小组办公室综合司、国务院研究室农村经济研究司:《电商扶贫添动能》,中国言实出版社,2021年。

[③] 《中国学术期刊(网络版)》是具有全球影响力的连续动态更新的中国学术期刊全文数据库,是中国知识基础设施工程(China National Knowledge Infrastructure,CNKI)的重要组成部分。

[④] 《办好职工消费合作社是工会扶贫帮困的好形式》,《中国兵工》,1997年第4期,第35~36页。

2020年的472篇下降至2021年的276篇，但以CSSCI来源期刊文章为代表的高质量论文却不降反升，呈现出显著上升趋势，从2020年的16篇上升到2021年的22篇①，涨幅达37.50%，表明了高水平学术研究工作者对这一主题方兴未艾的研究热情。

表1-2　2016年以来消费帮扶相关文献发文量

| 年份（年） | 2016 | 2017 | 2018 | 2019 | 2020 | 2021 | 2022 | 共计 |
| --- | --- | --- | --- | --- | --- | --- | --- | --- |
| 期刊论文（篇） | 11 | 17 | 33 | 191 | 472 | 276 | 40 | 1040 |
| CSSCI来源期刊（篇） | 2 | 2 | 1 | 6 | 16 | 22 | 2 | 51 |

数据来源：根据笔者在中国知网检索结果整理所得。

### （二）国外研究概览

国外也有消费帮扶/消费扶贫的提法，但与国内有明显的区别。例如，美国经济学家、2015年诺贝尔经济学奖获得者安格斯·迪顿在收入基础上拓展了贫困研究的视野，指出减贫政策的制定首先必须考虑个体的消费选择，考察家庭在消费品上不同的预算决策②。与国内所提的消费扶贫相比，二者虽然在反贫困目标上具有一致性，但反贫困思路截然不同，前者将贫困人口作为消费主体，反贫困思路为通过改善贫困人口本身的消费状况从而缓解贫困；后者将非贫困人口作为消费主体，反贫困思路为通过非贫困人口消费贫困人口或欠发达地区的企业生产的具有减贫功能的产品从而实现反贫困目标。

国外研究中，与消费帮扶理念更为接近的研究主题是慈善消费。从学术论文来看，截至2022年5月4日，在Web of Science核心合集中，以"philanthropic consumption""charitable consumption"为主题词③（两个主题词之间为"或者"关系）、其他为默认设置的条件下进行检索，得到检索结果211篇。通过阅读文献发现，2001年前的文献不仅数量少，累计仅10篇，且内容上主要是将慈善捐赠本身看作一种消费行为进行研究，关注的重点在于税收优惠对于慈善捐赠的影响，2001年及之后的研究才具体到消费具有慈善属性的商品的行为，更符合本书的研究主题。鉴于此，在其他检索条件不变的情

---

① 由于2022年只统计到5月初，加上期刊发文到收录入电子数据库可能存在时滞，因此在考虑发文趋势时只重点考虑2021年及其之前的发文情况。

② ［英］安格斯·迪顿、约翰·米尔鲍尔：《经济学与消费者行为》，龚志民、宋旺、解垣等译，中国人民大学出版社，2005年，第238~245页。

③ 慈善消费的英文翻译主要有"philanthropic consumption"和"charitable consumption"两种。

况下，将文献检索时间限定为 2000 年之后，检索得文献 201 篇，文献年份分布如图 1-1 所示。可以看出，慈善消费相关研究发文量呈波动上升趋势，目前发文量最高的是 2020 年，达 29 篇，展现了国外研究对慈善消费这一新兴主题日趋浓厚的研究兴趣。

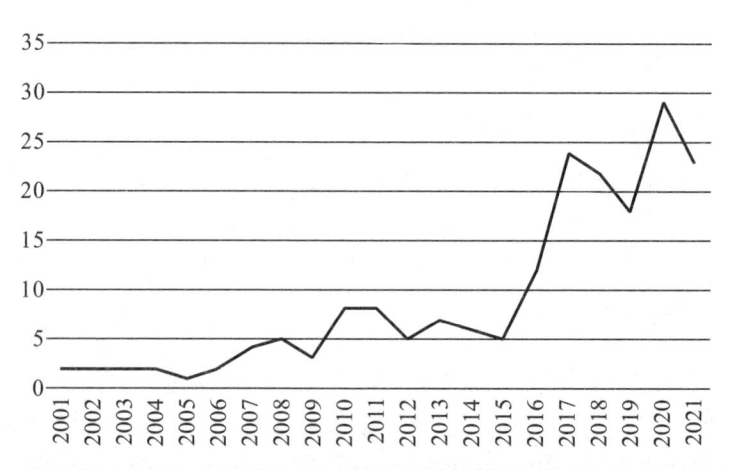

**图 1-1　2001 年以来国际 SSCI 来源期刊论文中慈善消费相关研究文献年份分布（篇）**

此外，国外实践中与消费帮扶密切相关的另一个内容是通过采购欠发达地区农产品来促进当地发展，典型案例是联合国世界粮食计划署（WFP）自 2008 年以来实施的"当地采购促进发展"（P4P）计划。该计划致力于解决小农难以进入正规市场的问题，即类似于国内"小农户"与"大市场"的矛盾。WFP 的主要做法是通过采用对小农有利的购买方式，帮助他们提高收入和改善生计[①]。2019 年，该计划成功入选"全球减贫最佳案例"[②]。虽然 P4P 计划不是直接解决贫困问题，而针对的是小农户的发展问题，但正如西奥多·W. 舒尔茨（Theodore W. Schultz）在 1979 年获诺贝尔经济学奖的演说中所提到的，世界上大多数贫穷的人靠农业为生，所以，懂得了农业的经济学也就懂得了许多贫穷的经济学[③]。小农户是最大的贫困人口群体，中国脱贫人口尤其是原深度贫困地区的脱贫人口绝大部分也是以小农户的形态存在的，所以"当地采购促进发展"（P4P）计划与我国的消费帮扶政策有异曲同工之妙。所不同

---

[①] 《当地采购促进发展计划》, https://zh.wfp.org/purchase-for-progress。
[②] 《当地采购促进发展——帮助小农走向正规市场》, http://www.cnafun.moa.gov.cn/kx/gj/201912/t20191203_6332766.html。
[③] Theodore W. Schultz: Nobel Lecture: The Economics of Being Poor, Journal of Political Economy, 1980, 88 (4): 639.

的是，中国消费帮扶无论是推行力度，还是涉及范围广度，以及政策手段的丰富程度，都要远胜于P4P计划。但在文献数量上，通过在Web of Science核心合集中检索，发现该内容相关的研究寥寥，仅检索出4篇与该主题直接相关的研究论文，其中2016年2篇，2018年和2020年各1篇。这表明该领域的研究可能还有较大提升空间。

## 二、重点问题探讨

### （一）消费帮扶的必要性和可能性

从消费帮扶必要性来看，学术界普遍认可消费帮扶的重要意义。国家层面开展消费帮扶的逻辑起点是脱贫攻坚期间如期全面脱贫的时代要求，在当时贫困村扶贫产业缺乏销路且产品竞争力低下的背景下，帮扶单位的支持和购买活动确保了产业早期的生存（姚忠阳，2020[1]；刘学敏，2020[2]）。由于产业发展是脱贫地区长期面临的全局性问题，而脱贫地区产业发展最大的瓶颈又在于小农户和大市场难以对接产生的"卖难"问题，因此，消费帮扶对于脱贫地区全局发展具有重要意义。除了促进脱贫地区产业发展、助力全面脱贫，在脱贫攻坚收官以后，消费帮扶在深化脱贫地区供给侧结构性改革、建立解决相对贫困长效机制、加快推进乡村振兴战略、推动城乡要素双向流动、促进城乡融合等方面也具有重大价值，将发展成为"三农"领域的长效政策工具（龙少波等，2021[3]；陈宝玲等，2020[4]；曾寅初等，2021[5]）。

从消费帮扶的可能性来看，消费帮扶并非天然具备可操作性，但我国已总体具备开展消费帮扶的条件。一是技术条件。我国拥有完善的物流体系网络和电子商务交易网络以及日益完善的互联网基础设施，这些都为脱贫地区小农户与亿万城市消费者跨越时空"产销对接"提供了可能性（葛建华，2019[6]）。

---

[1] 姚忠阳：《北京双创中心的消费扶贫"五字诀"》，《前线》，2020年第11期，第74页。
[2] 刘学敏：《贫困县扶贫产业可持续发展研究》，《中国软科学》，2020年第3期，第79页。
[3] 龙少波、陈路、张梦雪：《基于可持续生计分析框架的消费扶贫质量研究——以国家扶贫开发工作重点县绿春县为例》，《宏观质量研究》，2021年第1期，第15页。
[4] 陈宝玲、罗敏、国万忠：《从失衡到均衡：消费扶贫进程中商品供需关系的变迁研究——以宁夏L县实践为例》，《理论月刊》，2020年第12期，第60页。
[5] 曾寅初、丁烨、曾起艳：《消费者参与消费扶贫的意愿与行为：影响因素及其差异性分析》，《世界农业》，2021年第7期，第35页。
[6] 葛建华：《"一站式"消费扶贫电商平台的构建及运营研究》，《广东社会科学》，2019年第3期，第43页。

二是经济条件。我国拥有最大规模的中等收入群体,消费者对美好生活向往日益强烈,对食品品质提出了更高要求,形成了大量市场需求,为脱贫地区的农产品和服务提供了变现潜在可能性(原贺贺,2020[①])。三是制度条件。我国是社会主义国家,始终坚持以人民为中心的发展思想,具备集中力量办大事的制度优势,消费扶贫本身具备"中国之治"的内在属性(刘天佐等,2021[②])。以上条件中,一些条件是发达国家不具备的,尤其是制度条件,这也被发达国家的经济学者所认同,如扬·杜威·范德普勒格(Jan Douwe van der Ploeg)在《新小农阶级:帝国和全球化时代为了自主性和可持续性的斗争》中提出,通过政府采购的方案来帮助小农这一思路"在政治上不太可行,但在理论上更有吸引力"[③]。

### (二)消费帮扶的优点和创新

与其他帮扶方式相比,国内学术界认为消费帮扶总体提高了扶贫的质量和效率,其主要优点和创新性可以总结为"五性":一是互利性。消费帮扶注重发挥市场机制作用,找到了帮扶者和被帮扶对象之间的利益连接点,能将人民日益增长的美好生活需要和脱贫地区产业发展连接起来,是可持续的帮扶方式。二是社会性。消费帮扶可以最大范围动员社会力量参与帮扶,政府通过整合盘活现有的公益组织、机关单位食堂和工会等社会资源,能够广泛动员社会力量参与,将帮扶主体从政府、企业、社会组织拓展至全民,减小政府财政压力,提高帮扶资金使用效率(邢东田,2016[④];李军,2019[⑤])。三是自主性。消费帮扶可以激活脱贫人口内生动力,将传统扶贫工作从输血式扶贫转为造血式扶贫、从单向受益转为双向受益、从不可持续转为可持续,实现了"授人以

---

[①] 原贺贺:《消费扶贫的实践进展与机制创新——以广东清远市为例》,《农村经济》,2020年第12期,第69页。

[②] 刘天佐、廖湘莲:《消费扶贫协同治理研究——基于"制度—结构—过程"分析框架》,《世界农业》,2021年第3期,第46页。

[③] [荷]扬·杜威·范德普勒格:《新小农阶级:帝国和全球化时代为了自主性和可持续性的斗争》,潘璐、叶敬忠译,社会科学文献出版社,2013年,第330页。

[④] 邢东田:《拉动绿色消费实现生态扶贫》,《中国环境报》,2016年3月7日第3版。

[⑤] 李军:《海南省消费扶贫的创新实践》,《农村·农业·农民(B版)》,2019年第6期,第18页。

渔"（缪军翔等，2020[①]；韩喜红、成党伟，2020[②]）。四是全链条性。消费帮扶打通了帮扶产业链条，在产业帮扶重视生产和加工环节的基础上纳入了消费环节，在利益分配上将脱贫人口的收益从生产环节延伸至加工和销售环节，真正意义上实现了全产业链帮扶。五是互动性。消费帮扶推动城乡要素双向流动，糅合了政策、项目、土地、信息、生态、市场等资源，促进城乡关系从单向反哺到双边互动（彭小兵等，2021[③]）。消费帮扶"五性"之间具有内在联系，正是因为消费帮扶具备互利性的内在特征，才能最广泛地调动社会成员的参与积极性，实现社会性，同时，让被帮扶对象感受到自身价值，提升自主性。从整体来看，消费帮扶打通了脱贫地区产品销售环节，与产业帮扶一起构成了全产业链帮扶，实现全产业链性。上升到区域和宏观层面，推动了城乡要素双向流动，构成城乡互动性。

国外学术界对消费帮扶的认知与研究主要体现在慈善消费领域，他们对于慈善消费的优点和创新性的总结是在和以捐赠为主的传统慈善行为的比较中得出的。与传统慈善捐赠方式相比，西方学者认为慈善消费的优点和创新主要体现在：其一，慈善消费体现了慈善理念的变革。"为变革而购物"成为加拿大世界宣明会和慈善资本主义时代消费导向型慈善事业的口号[④]。慈善消费既反映又强化了慈善和福利合法性的持续转变，即从国家主导的福利解决方案转向通过消费和大众文化领域，实现更加个性化和市场驱动的行动形式。这种市场化慈善方式比单纯刺激公共捐款更加有效[⑤]。其二，慈善消费是慈善事业新的增长动力，消费者有更强的支付意愿。西方慈善事业规模很大，如美国慈善捐赠数额占年度 GDP 的 2%[⑥]，但增长空间显得乏力，需要新的增长动力支撑。研究者发现，消费者对向慈善机构捐赠的相对成本的变化比对购买 cookie 相

---

[①] 缪军翔、张钦成、郑甜甜等：《基于脱贫攻坚视角的消费扶贫路径研究》，《特区经济》，2020年第1期，第57页。

[②] 韩喜红、成党伟：《消费扶贫机遇下陕南小农户与现代农业有机衔接模式研究》，《江苏农业科学》，2020年第9期，第11页。

[③] 彭小兵、龙燕：《基于政策工具视角的我国消费扶贫政策分析》，《贵州财经大学学报》，2021年第1期，第95页。

[④] Li V："Shopping for Change"：World Vision Canada and Consumption-Oriented Philanthropy in the Age of Philanthrocapitalism，VOLUNTAS：International Journal of Voluntary and Nonprofit Organizations，2017，28（2）：455-417.

[⑤] Jones A：Band Aid revisited：humanitarianism，consumption and philanthropy in the 1980s，Contemporary British History，2017，31（2）：189.

[⑥] Park H：Giving and volunteering over a lifecycle，Review of Economics of the Household，2023，21（1）：335.

关的慈善相对成本的变化更敏感①。有学者运用行为实验数据研究了慈善消费偏好，发现消费或捐赠偏好的模型比不纯净利他主义的标准模型具有更大的解释力②。其三，是慈善行为与消费行为的结合。1947年，乐施会在牛津布洛德街开设了第一家永久性慈善商店。这很快成为乐施会商店全国特许经营权的原型，标志着以消费形式与慈善事业广泛接触的开端。在这个二手商店空间里，捐赠和购买商品不仅仅是人道主义目的的财政手段，这些商店还提供了与慈善机构的积极接触。这些活动塑造了捐赠者和购物者对组织的认识，并巩固了特定形式的慈善参与。这种跨学科的分析有助于新兴的历史和地理学术机构建设，通过填补慈善购物作为大众慈善行动关键形式发展研究的空白，探索慈善行动与消费之间的交叉点③。

### （三）消费帮扶的减贫机理

国内学术界中对于消费帮扶的减贫机理有多种认识，总结起来，基本思路可以归纳为以下两种。两种思路不是非此即彼的关系，而是互为补充，因为脱贫地区产业发展情况各异、发展阶段多样。尽管两种思路略有差异，但具有内在的一致性。

一种是消费帮扶通过倒逼机制促进脱贫地区产业发展，其隐含的前提假设是脱贫地区产品目前不具备竞争力，但是具备产业发展的要素潜力。消费帮扶能够扩大脱贫地区产品和服务需求规模，倒逼脱贫地区产业结构优化和产品质量升级，驱动脱贫人口和脱贫地区增加要素投入，改进生产技术，助推脱贫地区供给侧结构性改革，提升脱贫人口收入（曾寅初等，2021④）。消费帮扶的作用体现为：其一，对生产者个人能力的提升。在市场机制作用下，消费者消费需求转型升级可以倒逼贫困地区产品结构优化、提升市场竞争力。其二，提高资本形成，打破贫困循环累积。龙少波等（2021）基于可持续生计构建了消

---

① Owens M F, Rennhoff A D, Baum C L: Consumer demand for charitable purchases: Evidence from a field experiment on Girl Scout Cookie sales, Journal of Economic Behavior & Organization, 2018, 152: 47.

② Deb R, Gazzale R S, Kotchen M J: Testing motives for charitable giving: A revealed–preference methodology with experimental evidence, Journal of Public Economics, 2014, 120: 181.

③ Field J A: Consumption in lieu of Membership: Reconfiguring Popular Charitable Action in Post–World War Ⅱ Britain, VOLUNTAS: International Journal of Voluntary and Nonprofit Organizations, 2016, 27 (2): 979.

④ 曾寅初、丁烨、曾起艳：《消费者参与消费扶贫的意愿与行为：影响因素及其差异性分析》，《世界农业》，2021年第7期，第35页。

费扶贫分析框架，认为消费扶贫增加了贫困户的物质资本、金融资本、人力资本、自然资本、社会资本等生计资本①。其三，提高要素使用效率以扩大消费需求，盘活沉睡的闲置资源，改变低利用率的使用方式，推动一、二、三产业融合，激发农户内生动力（厉亚等，2019②）。

另一种是消费帮扶为脱贫地区和贫困人口生产的产品和服务提供了销路，从而促进其产业发展，其隐含的前提假设是脱贫地区产品本身有市场空间，但是缺乏销路。其一，消费扶贫本质上是为脱贫地区带来消费市场，为地处偏远、物流成本高、缺乏品牌知名度的农产品提供融入全国统一大市场的可能性（韩喜红等，2020③；黄宸杰等，2020④）。其二，促进信息共享（宋乐等，2020⑤）。为拓宽脱贫地区产品和扶贫提供销售渠道，具体操作方法如知名人物或领导干部直播带货等（孟娜等，2020⑥）。其三，提供较稳定的市场需求，整合供给侧和需求侧形成"1+1>2"的合力，减少市场波动的影响。

在国外研究中，由于慈善消费往往是通过购买企业的商品而间接实现的，因而学术界普遍认为慈善消费的减贫作用是通过企业实现的。消费者认为企业应负担起社会责任⑦，社会责任会增加消费者对企业的消费忠诚度⑧⑨。换言之，消费者在消费时常常关注企业慈善行为，当消费者认为公司具有利他动机时，就会对公司表现出积极态度⑩。也就是说，慈善企业的社会责任会对产品

---

① 龙少波、陈路、张梦雪：《基于可持续生计分析框架的消费扶贫质量研究——以国家扶贫开发工作重点县绿春县为例》，《宏观质量研究》，2021年第1期，第15页。

② 厉亚、宁晓青：《消费扶贫赋能脱贫攻坚的内在机理与实现路径》，《湖南科技学院学报》，2019年第2期，第3页。

③ 韩喜红、成党伟：《消费扶贫机遇下陕南小农户与现代农业有机衔接模式研究》，《江苏农业科学》，2020年第9期，第11页。

④ 黄宸杰、廖灵芝：《扶贫绩效研究综述》，《经济研究导刊》，2022年第5期，第22页。

⑤ 宋乐、倪向丽：《电商消费扶贫助力农产品走出困境》，《人民论坛》，2020年第29期，第88页。

⑥ 孟娜、赵凤卿：《县长电商直播在农村消费扶贫中的作用研究》，《新媒体研究》，2020年第9期，第47页。

⑦ Kolk A, Dolen W, Ma L: Consumer perceptions of CSR: (how) is China different?, International Marketing Review, 2015, 32 (5): 492.

⑧ Yusof J M, Manan H A, Karim N A, et al: Customer's Loyalty effects of CSR Initiatives, Procedia-Social and Behavioral Sciences, 2015, 170: 109.

⑨ Louis D, Lombart C, Durif F: Impact of a retailer's CSR activities on consumers' loyalty, International Journal of Retail & Distribution Management, 2019, 47 (8): 793.

⑩ Bae J, Cameron G T: Conditioning effect of prior reputation on perception of corporate giving, Public Relations Review, 2006, 32 (2): 144.

市场价值产生积极影响，提升消费者购买产品的意愿①。

此外，国外学者也对通过采购欠发达地区农产品而促进当地发展的减贫机理进行了研究。穆甘加（Muganga）等（2018）的研究表明，世界粮食计划署在乌干达开展的"当地采购促进发展"（P4P）计划对于将农民与市场联系起来是有效的②。也有学者利用参与P4P计划成员的面板数据，使用倾向得分匹配法研究了消费需求扩大对小农户的影响。研究发现，与控制组农户相比，处于消费需求扩大的处理组的农户增加了他们的商业活动，但是，收入却没有明显增加，其原因在于该计划是有利于农民组织而非小农。换句话说，农民组织的"精英俘获"效应导致小农收入没有明显增加③。继此之后，杰洛（Gelo）等（2020）利用埃塞俄比亚农户的微观面板数据，使用双重差分模型（DID），估计了埃塞俄比亚P4P干预对小农户的影响。他们的研究发现，与控制组相比，P4P干预可以显著提高处理组小农的消费水平和对儿童的投资水平，并能够促进小农投资。也就是说，扩大对贫困地区产品和服务的消费需求不仅可以提高小农户短期福利，还可能改善小农户的长期生活水平④。此外，国外研究者还发现，交易市场会对小农户福利产生影响。萨瓦拉（Zavala）的研究表明，下游流通环节市场集中度越高，分享给上游生产者的收益份额就越低，平均而言，这个差额可以达到20%左右，即一个控制了所有市场的出口商向农民支付的报酬比一个不控制任何市场的出口商少20个百分点。基于此，萨瓦拉等提出，引入"公平交易"（fair trade）出口商会对小农户有利⑤。

---

① Kim J H, Yoon K C, Lee C S: The Impact of Corporate Social Responsibility Activity on Product Purchase Intention: An Empirical Study in Korea, The Journal of Asian Finance, Economics and Business, 2021, 8 (9): 219.

② Muganga Kizito A, Kato E: Does linking farmers to markets work? Evidence from the World Food Programme's Purchase for Progress satellite collection points initiative in Uganda, African Journal of Agricultural and Resource Economics, 2018, 13 (2): 169.

③ Erin Lentz, Joanna Upton: Benefits to smallholders? Evaluating the World Food Programme's Purchase for Progress pilot, Global Food Security, 2016, 11: 54.

④ Gelo D, Muchapondwa E, Shimeles A, et al: Aid, collective action and benefits to smallholders: Evaluating the World Food Program's purchase for progress pilot, Food Policy, 2020, 97: 101911.

⑤ Unfair Trade? Market Power in Agricultural Value Chains, https://economics.princeton.edu/wp-content/uploads/2022/01/Zavala220126_draft.pdf.

### （四）消费帮扶的性质

国内学术界关于消费扶贫的性质问题一直存在争议（见表1—3）。第一类学者持"慈善论"，侧重于从慈善角度来认识消费帮扶，将消费扶贫看作伦理消费（周业安，2020[①]）、道德消费（胡磊、刘亚军，2020[②]）、道义经济行为（杨文杰、韦玮，2020[③]）等，认为应从伦理角度理解消费帮扶（朱迪等，2022[④]）。第二类观点为"市场论"，侧重于将消费帮扶看作市场行为，其"特点是运用市场机制"（顾仲阳，2019）[⑤]、基本逻辑是尊重市场规律。消费扶贫本质上是消费者和贫困地区生产者之间以市场为导向的经济行为，买卖双方需要遵循市场规则。第三类观点"政府论"，侧重于认为消费扶贫是政府行为，这既体现在对口帮扶制度主要是行政力量干预的行为，又体现在消费帮扶中的政府采购是财政手段（陈月敏，2019[⑥]；丁好武，2020[⑦]）。此外，还有部分学者持"多重属性论"，即认为，消费帮扶具有两种或两种以上的属性，如时任中共海南省委副书记李军（2019）认为，消费帮扶是慈善行为与经济行为的有机结合[⑧]；龙少波等（2021）认为消费帮扶既不是纯粹的经济行为，也不完全是一种道义行为，而是两者的结合[⑨]；王刚等（2020）认为，消费帮扶不同于市场完全竞争市场下的供需交易，而是政府行为和市场行为的结合[⑩]。

---

[①] 周业安：《2010—2019：消费主义的这十年》，《人民论坛》，2020年第3期，第57页。

[②] 胡磊、刘亚军：《互联网背景下消费扶贫的商业模式创新机理》，《管理案例研究与评论》，2020年第1期，第118页。

[③] 杨文杰、韦玮：《如何下好消费扶贫这盘棋》，《人民论坛》，2020年第15期，第104页。

[④] 朱迪、郭冉、章超：《伦理消费视角下的我国新消费实践——对疫情间电商助农的评估分析》，《新视野》，2022年第2期，第122页。

[⑤] 顾仲阳：《消费扶贫，在共赢中谋长远》，《人民日报》，2019年2月19日第5版。

[⑥] 陈月敏：《消费扶贫 政采同行 政府采购助力贫困地区农副产品"上行"》，《中国政府采购》，2019年第11期，第7页。

[⑦] 《央视〈朝闻天下〉栏目再推"扶贫832平台"》，http://www.ccoopg.com/index/index/position_listval/aid/4679.html。

[⑧] 李军：《海南省消费扶贫的创新实践》，《农村·农业·农民（B版）》，2019年第6期，第18页。

[⑨] 龙少波、陈路、张梦雪：《基于可持续生计分析框架的消费扶贫质量研究——以国家扶贫开发工作重点县绿春县为例》，《宏观质量研究》，2021年第1期，第17页。

[⑩] 王刚、廖和平、洪惠坤等：《秦巴山区消费扶贫的益贫性空间分异》，《农业工程学报》，2020年第6期，第309页。

表 1-3　国内学者对消费帮扶性质认识的争鸣

| 观点 | 观点内容 | 代表性作者 |
| --- | --- | --- |
| "慈善论" | 消费帮扶主要是道德行为或慈善行为，侧重于从善角度来认识消费扶贫 | 周业安，2020；胡磊、刘亚军，2020；杨文杰、韦玮，2020；朱迪，2022；等等 |
| "市场论" | 消费帮扶主要是市场行为，侧重从市场角度理解消费帮扶 | 顾仲阳，2019；厉亚、宁晓青，2019；等等 |
| "政府论" | 消费帮扶主要是政府行为，财政采购是政府财政调控手段 | 陈月敏，2019；丁好武，2020；等等 |
| "多重属性论" | 消费帮扶是慈善行为与经济行为的结合 | 李军，2019；龙少波，2021；等等 |
| | 消费帮扶是政府行为和市场行为的结合 | 王刚、廖和平，2020；等等 |

资料来源：根据相关文献整理所得。

在国外研究中，与消费帮扶性质的讨论相近的研究主要有对慈善消费性质的讨论。主流观点认为，慈善消费是一种伦理消费，应从伦理视角看待慈善消费。伦理消费这一词汇是西方舶来品，又可称为道德消费，由"ethics consume"翻译而来，由于英语中"ethics"既可以翻译为"伦理"，也可以翻译为"道德"，所以国内学者往往未将伦理消费和道德消费进行区分。但也有观点认为，道德研究的是具体的道德现象，伦理是从哲学高度去揭示道德的本质、功能及规律，二者是表现形式与理论的关系。伦理消费除了慈善消费，还包括关注公平贸易、可持续/绿色消费、本地消费、动物福利等主题的消费。从慈善消费的动机来看，一类观点认为，慈善消费主要是以利他主义的道德原因而形成的支付意愿[1]；一类观点认为，慈善消费主要是由利己动机驱动，而不是由利他主义动机驱动的[2]。还有一类观点更倾向于认为慈善消费具有利他与利己的双重动机，是一种非纯粹利他主义行为[3]，不仅产生利他效果，而且产生利己效果[4]。

---

[1] Park K C：Understanding ethical consumers：Willingness-to-pay by moral cause，Journal of Consumer Marketing，2018，35（2）：157.

[2] Dubé J P，Luo X，Fang Z：Self-signaling and prosocial behavior：A cause marketing experiment，Marketing Science，2017，36（2）：161.

[3] Bowman W：Confidence in charitable institutions and volunteering，Nonprofit and Voluntary Sector Quarterly，2004，33（2）：247.

[4] Huang M H，Rust R T：Sustainability and consumption，Journal of the Academy of Marketing Science，2011，39（1）：40.

### （五）消费帮扶的模式

学术界对消费帮扶模式类型划分依据多样，本书根据消费帮扶产业链不同环节，对消费帮扶的模式进行梳理（见表1-4），总体可分为以下几种类型：

表1-4 消费帮扶主要模式类型一览

| 模式类型 | 具体模式 | | 代表性作者 |
| --- | --- | --- | --- |
| 供给推动模式 | "公司+合作社+贫困户"模式 | | 李艳芳，2020 |
| | 电商带动农产品供应链模式、批发市场带动农产品供应链模式、超市带动农产品供应链模式、农产品直销供应链模式、休闲旅游带动销售供应链模式、物流带动农产品供应链模式 | | 张喜才，2020 |
| 需求拉动模式 | "直播+消费扶贫"模式 | | 谢灯明，2020；等 |
| 市场建设模式 | 构建一站式消费帮扶平台 | 双重"五位一体"的"一站式"消费扶贫电商平台模式，核心在于构建统一的交易平台，形成线上线下融合的消费扶贫O2O商业模式 | 葛建华，2019 |
| | | 一站式消费扶贫电商平台 | 宋乐、倪向丽，2020 |
| | 直播带货模式 | 京东"百大县长直播团"模式、农产品直播带货模式 | 洪涛，2020；等等 |
| | 消费帮扶巢状市场 | 以小农户生计资源为基础，在农村生产者和城市消费者之间形成的直接对接、实名、有相对固定边界以及具有一定认同和信任的相对于主流市场的另一种市场 | 叶敬忠、贺聪志，2019；韩喜红，2020；等等 |
| 综合模式 | "终端订单+批发市场中转集配+合作社绑定建档立卡贫困户"模式 | | 张晓颖、王小林，2021；等等 |
| | "互联网+农户+第三方平台+慈善消费"模式 | | 胡磊、刘亚军，2020 |
| 其他模式 | 根据组织者的性质，将消费扶贫实践划分为企业主导式、政府主导式和社会组织主导式三种模式 | | 原贺贺，2020 |
| | 根据经营主体的不同，分为电商平台主导型、新农商主导型和生产性合作组织主导型三种超短链模式 | | 朱海波、汪三贵，2020；等等 |

资料来源：根据相关文献整理所得。

第一类模式着眼于消费帮扶供应链建设，可概括为供给推动模式。如中粮集团主导打造的"公司+合作社+贫困户"，让贫困户当"股东"的产业扶贫新模式（李艳芳，2020[①]）；张喜才（2020）将消费扶贫根据供应链不同划分为电商带动农产品供应链模式等六种模式[②]。

第二类模式着眼于消费帮扶需求侧管理，可概括为需求拉动模式。谢灯明等（2020）[③] 分析了"直播＋消费扶贫"模式中主播、贫困人口、互联网平台、供应链环节中其他企业、消费者这五大利益相关主体的行为逻辑。其中，互联网线上直播在扩大需求的过程中发挥了举足轻重的作用。例如，广东清远市通过抓品质提升、抓溯源管理和抓品牌建设这三个方面发动农业生产龙头企业采取"企业＋合作社＋农户"方式，构建大湾区"菜篮子"项目"一个标准供湾区"的高标准，倒逼农产品质量和水平不断提高。而清远市拓"销"渠道，则是通过高标展销、线下直销、线上云销来实现[④]。

第三类模式着眼于供需对接，以市场建设为重点，可概括为市场建设模式。这类模式又可以分为三种具体思路：一是构建一站式消费帮扶平台。葛建华（2019）[⑤]、宋乐和倪向丽（2020）认为消费扶贫的核心在于需求与供给的充分对接，并构建了一站式消费扶贫电商平台模式[⑥]。二是直播带货模式，如京东"百大县长直播团"模式、农产品直播带货模式（洪涛，2020）[⑦]。三是从根本上改变消费帮扶市场设计思路，代表性观点是打造消费帮扶巢状市场。巢状市场理论由叶敬忠等与国外学者合作于2010年率先提出[⑧]，韩喜红等（2020）受该理论启发，构建了小农户、村集体经济组织与扶贫消费者通过精品农产品直接对接的巢状市场消费扶贫模式。巢状市场创造了新的经济空间和

---

[①] 李艳芳：《中粮集团：依托农业产业链 探索消费扶贫新模式》，《可持续发展经济导刊》，2020年第6期，第39页。

[②] 张喜才：《农产品消费扶贫的供应链模式及优化研究》，《现代经济探讨》，2020年第9期，第125页。

[③] 谢灯明、何彪、杨璇：《"直播＋消费扶贫"模式的多主体行为逻辑与扶贫效应研究》，《新媒体研究》，2020年第1期，第125页。

[④] 原贺贺：《消费扶贫的实践进展与机制创新——以广东清远市为例》，《农村经济》，2020年第12期，第69页。

[⑤] 葛建华：《"一站式"消费扶贫电商平台的构建及运营研究》，《广东社会科学》，2019年第3期，第42页。

[⑥] 宋乐、倪向丽：《电商消费扶贫助力农产品走出困境》，《人民论坛》，2020年第29期，第88~89页。

[⑦] 洪涛：《电商消费扶贫的模式创新》，《群言》，2020年第8期，第17~19页。

[⑧] 叶敬忠、贺聪志：《基于小农户生产的扶贫实践与理论探索——以"巢状市场小农扶贫试验"为例》，《中国社会科学》，2019年第2期，第137页。

分配机制，提供了小农户和大市场对接的新思路①。

第四类模式着眼于全产业链，可概括为综合模式。张晓颖、王小林等（2021）将上海市东西扶贫协作和对口支援的消费帮扶总结为"终端订单+批发市场中转集配+合作社绑定建档立卡贫困户"模式②。该模式的优势在于促进贫困地区产业结构从生产导向转向需求导向。胡磊和刘亚军（2020）③采用扎根理论，提炼出互联网消费背景下"互联网+农户+第三方平台+慈善消费"的消费扶贫种子商业模式，并认为该模式兼具价值性、易模仿性、可容纳性、优势性四个特征。

除了根据产业链环节分类，还有一些其他的模式划分依据。如原贺贺（2020）根据组织者的性质，将消费扶贫实践划分为企业主导式、政府主导式和社会组织主导式三种模式④；朱海波、汪三贵等（2020）根据经营主体的不同，将原深度贫困地区农产品流通分为电商平台主导型、新农商主导型和生产性合作组织主导型三种超短链模式⑤。而国外学者对慈善消费模式的研究，除常规的购买慈善商品模式外，还发展出了"人道主义旅游"慈善消费模式、"贫民窟旅游"慈善消费模式⑥。

（六）消费者参与消费帮扶的意愿和行为

国内学术界对消费帮扶购买意愿和行为已经有一些开创性探索，主要以理性行为理论和计划行为理论为基本分析框架。张红霞（2022）运用结构方程模型，将技术接受模型和计划行为理论进行整合作为研究框架，经研究发现，行为态度、主观规范、信任等变量会影响消费者对电商扶贫农产品的购买意愿⑦。曾寅初等（2021）的研究发现，理性行为理论和计划行为理论只能对消

---

① 韩喜红、成党伟：《消费扶贫机遇下陕南小农户与现代农业有机衔接模式研究》，《江苏农业科学》，2020年第9期，第11页。

② 张晓颖、王小林：《东西扶贫协作：贫困治理的上海模式和经验》，《甘肃社会科学》，2021年第1期，第27页。

③ 胡磊、刘亚军：《互联网背景下消费扶贫的商业模式创新机理》，《管理案例研究与评论》，2020年第1期，第118页。

④ 原贺贺：《消费扶贫的实践进展与机制创新——以广东清远市为例》，《农村经济》，2020年第12期，第69页。

⑤ 朱海波、熊雪、汪三贵等：《深度贫困地区农产品电商发展：问题、趋势与对策》，《农村金融研究》，2020年第10期，第49页。

⑥ Tzanelli R: Slum tourism: A review of state-of-the-art scholarship, Tourism Culture & Communication, 2018, 18 (2): 149.

⑦ 张红霞：《消费者对电商扶贫农产品的购买意愿及其影响因素研究》，《兰州学刊》，2022年第3期，第120页。

费帮扶意愿形成起到较好的解释作用，但对于帮扶产品实际购买行为的解释力有限，引入经济因素后的模型对购买行为有更强的解释力。从具体影响因素来看，购买意愿主要受消费者对扶贫产品质量、特色和扶贫功能属性评价的影响，而购买行为的影响来源则更侧重于价格、收入等经济因素[1]。该团队的另一项研究也佐证了这一研究结论[2]。此外，全世文（2021）构建了一个说明消费者购买扶贫产品的决策机制和支付意愿的理论框架，并比较了渠道化和标签化两种扶贫产品识别策略下消费者的决策差异[3]。总体来看，国内目前关于消费帮扶意愿和行为的研究还有较大提升空间。

在国外学术研究中，对于慈善消费意愿和行为的研究较为丰富，尤其是影响因素方面，涉及多个学科视角。第一，营销学视角。营销学注意到，在消费品中增加慈善元素对于消费者缓解因享乐型消费造成的内疚情绪具有独特作用[4]，契合慈善理念的消费活动可以减少消费者内疚感，从而增加消费者享乐型消费。研究者发现，慈善因素在消费者进行奢侈消费时更被看重[5]。事业相关营销（Cause-related marketing）是一种流行企业营销策略，指企业承诺消费者购买特定产品时会将部分利润捐赠给慈善机构，1983年，美国运通公司首次创造了此词，用来描述其为自由女神像筹集修复资金的项目。从具体运作方式来看，消费者每使用一次美国运通信用卡，运通公司都会捐赠1美分修复基金用于修复自由女神像，最终，该项目筹集资金超过170万美元，而美国运通信用卡使用量也增长了27%，取得巨大成功。此后，这一营销策略也流行开来，且对高端品牌产品尤其有效。第二，心理学视角。心理学研究者提出心理账户理论，并在这一理论基础上提出心理预算概念。研究发现，心理账户和心理预算都会对慈善消费行为产生影响[6]。此外，研究者发现，内疚和道德认

---

[1] 曾寅初、丁烨、曾起艳：《消费者参与消费扶贫的意愿与行为：影响因素及其差异性分析》，《世界农业》，2021年第7期，第35页。

[2] 曾起艳、丁烨、曾寅初：《消费扶贫的购买者动机与偏好——基于选择实验方法的检验和分析》，《农业技术经济》，2021年第12期，第76~91页。

[3] 全世文：《消费扶贫：渠道化还是标签化？》，《中国农村经济》，2021年第3期，第24~45页。

[4] Zemack-Rugar Y, Rabino R, Cavanaugh L A, et al: When donating is liberating: The role of product and consumer characteristics in the appeal of cause-related products, Journal of Consumer Psychology, 2016, 26 (2): 213.

[5] Savary J, Goldsmith K, Dhar R: Giving against the odds: When tempting alternatives increase willingness to donate, Journal of Marketing Research, 2015, 62 (1): 27.

[6] Sussman A B, Sharma E, Alter A L: Framing charitable donations as exceptional expenses increases giving, Journal of Experimental Psychology: Applied, 2015, 21 (2): 130.

同感会促使消费者消费道德品牌的产品[1]。第三,社会学视角。研究发现,宗教组织、宗教信仰[2]、社交网络、社会地位、社会排斥[3]、个人习惯等都可能影响消费者慈善消费意愿和行为,如有研究发现,消费者年老时的慈善消费行为与年轻时参与慈善行为有显著的正相关关系[4];消费者的慈善消费体验也会影响未来慈善消费行为[5];模式或制度设计会影响慈善消费行为,如认证机制会提高慈善消费的激励[6]。

### (七)消费帮扶存在的主要问题

消费帮扶作为我国的一项系统性创新举措,目前仍处于探索之中,不可避免存在这样或那样的问题和困境。

第一,政府、市场和社会关系问题。原贺贺(2020)认为,我国对于消费帮扶的顶层设计还不足,消费帮扶在形式上表现为市场自由交易,其实质却是行政力量强制驱动,行政力量的干预消解了市场机制对消费帮扶供给侧优化的倒逼机制,不利于消费帮扶的可持续发展[7]。彭小兵等(2021)通过对已有的消费帮扶政策工具的分析,发现当前消费帮扶政策中,政府部门的行动措施在总体政策工具中占比44.9%,处于主导地位,而社会力量和多元主体协同扶贫的措施行动较少,市场、社会力量微弱[8]。

第二,供给和需求问题。供给和需求问题又可以进一步细分为:其一,供给侧问题,贫困县重点支持发展的产业扶贫项目同质性明显(左停,2019)[9],

---

[1] Newman K P, Trump R K: When are consumers motivated to connect with ethical brands? The roles of guilt and moral identity importance, Psychology & Marketing, 2017, 34 (6): 597.

[2] Hrung W B: After-life consumption and charitable giving, American Journal of Economics and Sociology, 2004, 63 (3): 731.

[3] Lee J, Shrum L J: Conspicuous consumption versus charitable behavior in response to social exclusion: A differential needs explanation, Journal of Consumer Research, 2012, 39 (3): 530.

[4] Meer J: The habit of giving, Economic Inquiry, 2013, 51 (4): 2002.

[5] Ho C M, Lin S H, Wyer Jr R S: The downside of purchasing a servant brand: The effect of servant brand consumption on consumer charitable behavior, Psychology & Marketing, 2021, 38 (11): 2019.

[6] Svitková K: Certification and its impact on quality of charities, Prague Economic Papers, 2013, 22 (4): 542.

[7] 原贺贺:《消费扶贫的实践进展与机制创新——以广东清远市为例》,《农村经济》,2020年第12期,第73页。

[8] 彭小兵、龙燕:《基于政策工具视角的我国消费扶贫政策分析》,《贵州财经大学学报》,2021年第1期,第99页。

[9] 左停:《升级扶贫产业价值链是高质量减贫的关键》,《人民论坛·学术前沿》,2019年第23期,第35页。

同时，消费帮扶供给侧还面临产品标准化程度较低、产品缺乏市场竞争力、电商支撑环境相对滞后、难以打入主流消费市场等发展困境。其二，需求侧问题。一方面，强制摊派消费现象大量存在，行政力量干预下，一些地方为完成扶贫目标而任务摊派，制造"数字脱贫"（龙少波、陈路、张梦雪，2021）[①]，甚至形成消费扶贫依赖症[②]；另一方面，消费者的消费帮扶意愿却很难转化成购买行为，存在"意愿-行为"差距，如有研究表明，扶贫产品的扶贫功能属性评价能显著影响消费者购买意愿，但对实际购买行为的影响并不显著[③]。其三，供给和需求矛盾。陈宝玲等（2020）的文章提出消费扶贫供给需求将经历从失衡到均衡的演变历程[④]，厉亚等（2019）通过研究发现，脱贫地区和脱贫人口提供的产品与服务存在严重的供需结构性矛盾[⑤]，葛建华（2019）提出可运用"长尾理论"解决消费帮扶供需匹配困境[⑥]。

国外学者对慈善消费问题的研究内容与国内相差较大，主要集中在对将慈善作为商业资本营销手段的批判方面。2009年，耐克公司发起"Lace Up, Save Lives"红丝带运动，承诺将该活动利润的100%用于艾滋病毒/艾滋病的治疗和预防，有学者以耐克公司该活动为案例，运用超现实理论对这种商业化的慈善消费行为进行了批判，认为这种行为让耐克鞋产生了超现实意义，导致消费品本身变得比艾滋病毒/艾滋病更重要的错位[⑦]。

## （八）其他相关问题的研究

除了以上基本问题外，学者们还探讨了关于消费帮扶产品对一般农产品的挤出效应、伦理消费者培育等问题。

关于消费帮扶产品对一般农产品市场的挤出效应，冯春等（2023）考虑消

---

[①] 龙少波、陈路、张梦雪：《基于可持续生计分析框架的消费扶贫质量研究——以国家扶贫开发工作重点县绿春县为例》，《宏观质量研究》，2021年第1期，第15页。

[②] 郑生竹、陆华东、李雄鹰：《求"包圆"，消费扶贫依赖症》，《半月谈》，2020年第15期，第36页。

[③] 曾寅初、丁烨、曾起艳：《消费者参与消费扶贫的意愿与行为：影响因素及其差异性分析》，《世界农业》，2021年第7期，第35页。

[④] 陈宝玲、罗敏、国万忠：《从失衡到均衡：消费扶贫进程中商品供需关系的变迁研究——以宁夏L县实践为例》，《理论月刊》，2020年第12期，第60页。

[⑤] 厉亚、宁晓青：《消费扶贫赋能脱贫攻坚的内在机理与实现路径》，《湖南科技学院学报》，2019年第2期，第5页。

[⑥] 葛建华：《"一站式"消费扶贫电商平台的构建及运营研究》，《广东社会科学》，2019年第3期，第44页。

[⑦] Szto C: Saving lives with soccer and shoelaces: The hyperreality of Nike (RED), Sociology of Sport Journal, 2013, 30 (1): 41.

费者质量感知，建立了零售商渠道下的两级农产品供应链模型，发现引入扶贫农产品不一定会对市场中原有农产品销售产生挤出效应，反而还可能提高市场整体覆盖率。无论引入何种质量结构的扶贫农产品，零售商与消费者都愿意主动参与扶贫，在一定条件下社会总福利也会增加。但是两种产品的价格差距必需限定在某个范围之内，否则高价格产品将被排挤出市场[1]。

关于伦理消费者培育问题，巴伊德（Bajde）等（2021）研究了消费者心甘情愿地赋予自己解决贫困等社会问题的责任的原因，重点探讨了情感因素在消费者责任感和负责任主体形成中的作用，并对慈善消费体验式营销和消费者主体意识培育进行了批判性反思[2]。

### 三、研究述评

纵观已有研究，学者们对消费帮扶进行的探索性研究为本书深入研究提供了重要借鉴和参考。国外对慈善消费的研究主要集中在营销学领域和伦理学领域，前者将慈善消费作为营销手段进行研究，后者关注慈善消费的伦理意义。这些研究对于构建消费帮扶长效机制有一定参考价值。但是，由于消费帮扶对中国本土来说是一个全新的概念，且提出时间较短，故而国外对于中国的消费帮扶还缺乏专门研究，因此在参考国际研究的同时，需要更充分关注国内研究，突出中国特色。国内外学者对消费帮扶的研究为本书的研究奠定了基础，但同时也存在一些不足，为本书进一步研究提供了创新和突破空间。总体来看，其不足之处集中体现在以下几方面：

第一，从研究主题来看，有关"为什么"要进行消费帮扶的研究相对较多，而有关新发展阶段消费帮扶"怎么办"的研究相对较少。既有的研究中，学者们对消费帮扶的必要性、可能性、优点和创新等进行了充分论证，但对于新发展阶段消费帮扶"怎么办"的研究还不充分，故本书选择消费帮扶长效机制为研究对象，重点关注新发展阶段如何构建和完善消费帮扶政策体系，实现消费帮扶从政府主导转向政府、市场和社会有机结合。

第二，从研究定位来看，将消费帮扶视为短期行为的研究相对较多，而对消费帮扶长期性的认识稍显不足。尽管学者们对于消费帮扶的必要性、优点和

---

[1] 冯春、何征、郭倩芸等：《零售商引入扶贫产品的策略研究》，《中国管理科学》，2023年第6期，第25~38页。

[2] Bajde D, Rojas – Gaviria P：Creating responsible subjects：The role of mediated affective encounters，Journal of Consumer Research，2021，48（3）：492.

创新性等给予了充分肯定，但不少研究者将消费帮扶视为一种短期应急性政策，更有部分研究者对消费帮扶可持续性存疑。因此，提升各界对消费帮扶可持续性的认识和信心非常有必要。本书旗帜鲜明地将消费帮扶视为一种长期政策，并提出构建消费帮扶长效机制的总体分析框架。

第三，从研究视角来看，既有的研究从消费帮扶供给侧、需求侧或供需对接的某个方面切入得多，对消费帮扶进行系统研究较少。既有对消费帮扶的研究总体较为分散，系统性较为薄弱，而消费帮扶涉及脱贫地区全产业链，需要结合供给侧、需求侧和供需对接环节展开系统研究，这是本书将要重点解决的问题。

第四，从理论基础来看，以西方经济学为理论基础的研究较多，而以马克思主义政治经济学为理论基础的研究的少。由于消费帮扶提出时间较短，又是在实践中形成的创新概念，因而其学理支撑较为匮乏。与此同时，有学理支撑的文献往往基于西方经济学框架进行研究，尽管西方经济学对我们理解消费帮扶有诸多有益启示，但也极有必要发挥马克思主义政治经济学对我国经济实践的指导作用，这是目前研究需要改进的内容，也是本书的创新所在。

## 第四节 研究思路和方法

### 一、研究思路

本书紧紧围绕新发展阶段建立消费帮扶长效机制面临的主要矛盾——供给和需求失配，针对造成这一矛盾的三大原因，构建了以消费帮扶供给优化机制、需求扩大机制和供需匹配机制为主要内容，以市场主导下"政府－市场－社会耦合"为核心模式的消费帮扶长效机制。本书研究的总体思路如图1－2所示。

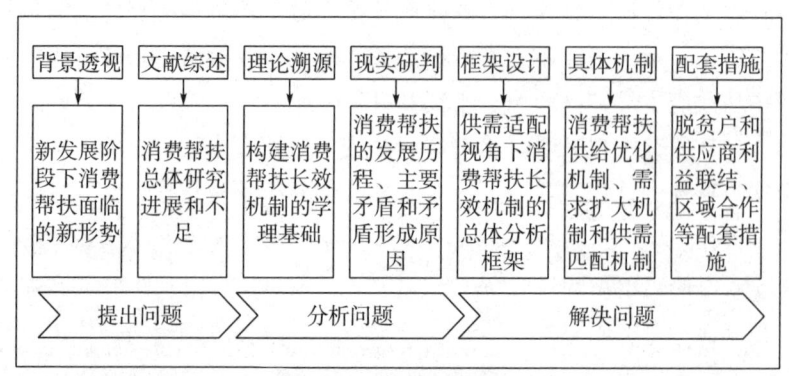

**图1－2 研究总体思路**

本书各章具体内容安排如下：

第一章为导论。阐述了本书的选题背景和研究意义，界定了消费帮扶、长效机制、供需适配等核心概念，综述现有文献，总结研究进展和不足，概述研究思路、研究方法，以及本书研究内容可能的创新与不足。

第二章为理论基础。从马克思主义政治经济学中马克思主义经典作家和中国共产党人的相关思想，以及西方经济学中主流经济学和西方非主流经济学多个层面，分别溯源经济理论中关于供需适配和消费等相关理论的思想。

第三章为消费帮扶的演进历程和发展成效。首先，分析了消费帮扶的演进历程，将我国消费帮扶的演进历程划分为社会主导型、政府主导型和市场主导型三个阶段，对每个阶段的形成背景和主要做法进行了总结。其次，总结了我国消费帮扶取得的主要发展成效，具体体现为交易规模越来越大、交易渠道日趋多元、消费主体日益壮大和供给主体日臻完善。

第四章为构建消费帮扶长效机制面临的主要矛盾及其原因。首先，提出当前阶段建立消费帮扶长效机制面临的主要矛盾是消费帮扶供给和需求失配，具体体现在消费帮扶供给和需求规模、空间结构、品类结构、质量结构和时间结构五方面失配。其次，在掌握脱贫地区和脱贫人口生产力发展水平实地调研的数据、一线帮扶干部问卷数据和消费帮扶消费者数据等大量一手资料的基础上，分析得出消费帮扶供给和需求失配的原因，主要有帮扶对象有效供给水平低、政府性消费比例过高和供需匹配机制不完善三个方面，分别对应着消费帮扶供给侧、需求侧和供需对接环节。明确解决这三方面的问题，是化解消费帮扶供需失配矛盾、构建消费帮扶长效机制的着力点和主要任务。

第五章为供需适配视角下构建消费帮扶长效机制的总体分析框架。首先，概述了构建消费帮扶长效机制的目标和基本原则；其次，阐述了供需适配视角下消费帮扶长效机制的构成要素，包括实施主体、运行动力、实现工具、作用客体和实现形态五个方面；再次，构建和阐释了市场主导下"政府－市场－社会耦合"的消费帮扶模式；最后，根据消费帮扶长效机制的作用客体，将消费帮扶长效机制解构为供给优化机制、供需匹配机制和需求扩大机制三大具体机制，为后续第六至第八章进一步展开研究奠定基础。

第六章为长效机制一：供给优化机制。首先，阐述了消费帮扶供给侧优化机制的运行机理，包括供给类型和特征、构建供给优化机制的重点以及供给优化机制的运行；其次，阐述了消费帮扶供给优化机制中政府、市场和社会的具体分工和耦合；再次，实证研究了供给侧政策对供给主体有效供给水平的路径和作用；最后，提出了完善消费帮扶供给侧优化机制的对策建议。

第七章为长效机制二：需求扩大机制。首先，阐述了消费帮扶需求扩大机制的运行机理，包括需求的类型和特征、构建需求扩大机制的重点以及需求扩大机制的运行；其次，阐述了消费帮扶需求扩大机制中政府、市场和社会的具体分工和耦合；再次，根据消费者消费帮扶意愿和行为一手调研数据，对消费帮扶消费者购买意愿及行为的实证分析；最后，提出完善消费帮扶需求扩大机制的主要路径。

第八章为长效机制三：供需匹配机制。首先，阐述了消费帮扶供需匹配机制的运行机理，包括供需匹配的类型、构建供需匹配机制的重点以及供需匹配机制的运行；其次，阐述了消费帮扶供需匹配机制中政府、市场和社会的具体分工和耦合；再次，对实践中消费帮扶供需匹配市场平台建设的典型实践进行分析；最后，提出了完善消费帮扶供需匹配机制的主要路径。

第九章为构建消费帮扶长效机制的配套措施。阐述了从完善消费帮扶供应商和脱贫户利益联结关系、协调企业类供应商和其他类型供应商之间的关系、加强消费帮扶区域合作关系等方面建立消费帮扶长效机制的配套制度和措施。

第十章为研究结论及展望。主要总结本书的研究结论，以及对未来需要进一步研究的问题进行展望。

## 二、研究方法

本书坚持以马克思主义政治经济学的分析方法为指导，合理吸收和借鉴国内外学者的研究方法，对供需适配视角下消费帮扶的长效机制展开系统研究。

### （一）矛盾分析法

矛盾分析法是马克思主义政治经济学最基本分析方法之一。"事物的矛盾法则，即对立统一的法则，是唯物辩证法的最根本的法则。"[①] 矛盾分析法的运用贯穿于全书研究。具体来看，在本书第二章理论基础溯源中，运用矛盾分析法的体现是经济社会矛盾变化引发经济学思潮的演变；在第三章历史演进研究中，是经济基础和上层建筑的矛盾推动消费帮扶不断演进、转型；第四章对构建消费帮扶长效机制面临的主要矛盾及其原因的分析，是本书矛盾分析法最集中的体现，通过剖析构建消费帮扶长效机制面临的主要矛盾及矛盾的主要方面，找到构建消费帮扶长效机制的切入点和主要任务，为后文研究奠定基础；

---

① 毛泽东：《毛泽东选集（第一卷）》，人民出版社，1991年，第299页。

在第六、七、八章对供给优化机制、需求扩大机制和供需匹配机制的具体研究中，继续运用矛盾分析法，找到需要完成的重点任务，集中力量对重点任务进行重点研究。

### （二）理论逻辑、历史逻辑和实践逻辑相统一的方法

理论逻辑、历史逻辑和实践逻辑相统一的方法是对马克思逻辑和历史相统一的方法的传承和发展[①]，本书在研究中使用了这一方法。比如，从整体结构来看，全书遵循了理论逻辑、历史逻辑和实践逻辑辩证统一的研究框架，第二章和第三章从理论与历史两个维度分析了消费帮扶从政府主导转向政府、市场和社会有机结合的必要性，第四章从现实维度分析构建消费帮扶长效机制的切入点和主要任务，为后文构建消费帮扶长效机制总体分析框架提供了理论、历史和实践依据。

### （三）归纳分析与演绎分析相结合的方法

归纳分析和演绎分析是两种相互区别又相互联系的方法。本书运用归纳分析方法，对消费帮扶长效机制的构成要件、核心模式及主要内容进行系统归纳，构建了消费帮扶长效机制的总体分析框架。之后，运用演绎分析方法，根据总体分析框架，阐释消费帮扶供给优化机制、需求扩大机制和供需匹配机制的具体运行机理以及政府、市场和社会的分工等。

### （四）规范分析与实证分析相结合的方法

规范分析法与实证分析法是现代经济学研究方法的两个重要分支，本书运用了规范分析与实证分析相结合的研究方法。运用规范分析方法，构建供需适配视角下消费帮扶长效机制，阐述供给优化机制、需求扩大机制和供需匹配机制的运行机理，以及各个机制中政府、市场和社会的分工，在此基础上，运用实证分析方法，分别对各类因素如何影响脱贫地区和脱贫户生产力水平、消费帮扶供应商有效供给能力以及消费者扶贫产品购买意愿和行为等展开实证分析。

### （五）定性分析与定量分析相结合的方法

在进行实证分析的过程中，本书运用了定性分析与定量分析相结合的研究

---

[①] 张雷声：《关于理论逻辑、历史逻辑、实践逻辑相统一的思考——兼论马克思主义整体性研究》，《马克思主义研究》，2019年第9期，第48页。

方法。在考察消费帮扶供应商有效供给能力影响因素时，首先，定性分析内因和外因对消费帮扶供应商有效供给能力的影响，并提出研究模型和假说；其次，再通过问卷调查，收集消费帮扶供应商一手调研数据，运用结构方程模型方法（SEM）[①]进行定量分析。与此相类似，在研究消费帮扶消费者购买意愿及行为时，首先，定性分析影响消费帮扶消费者购买意愿及行为的因素，并提出研究模型和假说；其次，再通过问卷调查，收集消费帮扶消费者购买意愿和购买行为等相关变量的一手调研数据，运用有序 Probit 模型（Ordered Probit Model）进行定量估计。

## 第五节　可能的创新之处

本书通过考察消费帮扶的演进历程和现实情况，认为供给和需求失配是制约当前阶段建立消费帮扶长效机制的主要障碍，围绕解决消费帮扶供给和需求失配、实现消费帮扶从政府主导转向政府、市场和社会有机结合等破题方向，本书可能有以下三方面的创新。

### 一、提出供需适配的分析视角

既有对消费帮扶的研究，大多仅基于消费帮扶需求侧或供给侧的某一方面展开分析，本书提出供需适配的研究视角，将供给侧和需求侧有机联系，对消费帮扶展开系统研究。现有国内外理论中，为了解决供给和需求失配问题，有针对供给侧的改革方案，也有针对需求侧的管理措施。2020 年我国中央经济工作会议还提出，兼顾供给侧与需求侧，形成需求牵引供给、供给创造需求的更高水平动态平衡的发展思路，这些都为本书研究提供了参考。本书基于对消费帮扶全产业链翔实的一手调研数据的系统分析，认为导致消费帮扶供需失配矛盾的原因主要包括帮扶对象有效供给水平低、政府性消费比例过高和供需匹配机制不完善三个方面，并分别对应着消费帮扶供给侧、需求侧和供需对接环节，因而解决消费帮扶供需失配不能仅关注其中某个方面，而需要供给侧和需求侧有效联动。针对供给和需求失配矛盾的三大原因，本书构建了以消费帮扶

---

[①] 该方法是用来检验关于观察变量和潜变量及潜变量与潜变量之间假设关系的一种多重变量统计分析方法，即以所收集的数据来检验基于理论所建立的假设模型，是管理学、心理学和社会性等领域主流的实证研究方法。

供给优化机制、需求扩大机制和供需匹配机制为主要内容的消费帮扶长效机制。

## 二、提出和阐释市场主导下"政府－市场－社会耦合"的消费帮扶模式

既有对消费帮扶的研究，大多将消费帮扶视为精准扶贫以来政府干预下的短期行为，有部分文献甚至明确表示对消费帮扶的可持续性持怀疑态度。笔者认为，消费帮扶自人类社会步入商品经济时代以来长期存在，在市场经济发达的今天，消费帮扶将继续长期存在，并发挥帮扶弱势群体的作用。问题的难点在于如何实现市场主导。脱贫攻坚期间，在以脱贫攻坚统揽经济社会发展全局的政策背景下，我国依托脱贫攻坚体制机制，形成了以驻村工作队制度、结对帮扶制度、行政动员制度这三大制度为支撑的政府主导型消费帮扶模式，这也是部分学者认为消费帮扶不可持续的原因。当前阶段，尽管我国消费帮扶从政府主导型向市场主导型迈出了坚实的步伐，但是，现有的市场主导型消费帮扶模式还是不成熟的，一定程度上是由于原有模式难以为继而被动地从政府主导型转向市场主导型。因此，需要进一步加强顶层设计，构建成熟的市场主导型消费帮扶模式。本书构建和阐释了市场主导下"政府－市场－社会耦合"的消费帮扶模式，并在后续分析中，进一步对消费帮扶供给优化机制、需求扩大机制和供需匹配机制中政府、市场、社会的分工和耦合进行了具体研究。

## 三、构建和阐释供需适配视角下消费帮扶长效机制的分析框架

既有对消费帮扶的研究大多较为分散，或仅从具体操作层面进行分析。但新发展阶段的新形势下，单纯依靠"摸着石头过河"探索消费帮扶的优化路径存在局限性，需要更加系统的顶层设计。本书以消费帮扶供给和需求失配这一主要矛盾为切入口，构建和阐释供需适配视角下消费帮扶长效机制的分析框架，包括长效机制的目标、基本原则、构成要素、构建模式和具体内容。供需适配视角下消费帮扶的作用机制具体包括供给优化机制、需求扩大机制和供需匹配机制三大机制，其中，供给优化机制对缓解消费帮扶供需失配问题的作用是全面的，能够全方位促进消费帮扶供给和需求规模、空间结构、品类结构、质量结构和时间结构适配；需求扩大机制有助于缓解供给和需求的总量失配矛盾和空间结构失配矛盾；供需匹配机制对缓解消费帮扶供需失配问题的作用则

主要体现在结构方面，其能够促进供给侧和需求侧的空间结构、品类结构、质量结构、时间结构适配。在后续章节中，本书进一步具体阐述了消费帮扶供给优化机制、供需匹配机制和需求扩大机制的运行机理，各个机制中政府、市场和社会的具体分工和耦合，并在实证分析的基础上，提出完善相关机制的对策建议，力图为新发展阶段实现消费帮扶可持续运行提供理论参考。

  在对供给优化机制、需求扩大机制和供需匹配机制展开实证分析时，为了更加全面地把握消费帮扶全产业链的真实情况，笔者开展了广泛的田野调查、座谈以及问卷调查，对消费帮扶相关利益主体、相关环节进行了充分调研，获得大量的一手调研数据，为本书研究提供了坚实支撑。调研主体包括典型脱贫地区脱贫户、非贫困户、一线帮扶干部、扶贫产品供应商、消费者等多种类型，涉及消费帮扶生产、分配、流通、消费各个环节，样本来源覆盖国内28个省级行政单位。从问卷数量及其主要用途来看，收集脱贫地区县问卷8份、村问卷32份，用于分析脱贫地区生产力发展总体状况；收集脱贫地区农户问卷1016份，其中脱贫户524份，非贫困户492份，为了解脱贫地区和脱贫户生产力水平提供了宝贵资料；收集一线扶贫干部问卷244份，为掌握当前消费帮扶困境和短板提供了重要参考；收集消费帮扶供应商有效问卷209份，为实证分析消费帮扶供应商有效供给能力影响因素提供了素材；收集消费者问卷589份，为研究消费者参与消费帮扶意愿和行为奠定了基础。此外，笔者还依托中国社会帮扶网[①]，整理了国务院扶贫办认定的《扶贫产品名录》中第一至第十批次的消费扶贫产品，涉及5.38万家生产单位、17.67万款扶贫产品，产品价值总量达1.32万亿元；依托脱贫地区农副产品网络销售平台，整理该平台2020年全年完整的交易明细并制成小型数据库，整理出的企业日交易数据达25.8万余条，涉及23个省份、725个国家级贫困县、6847家贫困地区市场主体，交易额超过80亿元，为了解消费帮扶市场平台运营及各类扶贫产品供应商竞争力情况提供了难得的资料。本书使用的主要数据及其作用如表1-5所示。

---

[①] 原中国社会扶贫网，脱贫攻坚收官后更名为中国社会帮扶网。

表1-5 本书使用的主要数据及其作用

| 数据来源 | 问卷类型 | 问卷数量（份） | 主要作用 |
| --- | --- | --- | --- |
| 一手调研数据 | 县问卷 | 8 | 分析脱贫地区生产力发展总体状况 |
| | 村问卷 | 32 | |
| | 脱贫户问卷 | 524 | 分析脱贫地区和脱贫农户生产力发展详细情况 |
| | 非贫困户问卷 | 492 | |
| | 干部问卷 | 244 | 为掌握当前消费帮扶困境和短板提供参考 |
| | 消费帮扶供应商问卷 | 209 | 定量分析消费帮扶供应商有效供给能力影响因素 |
| | 消费者问卷 | 589 | 定量分析消费者参与消费帮扶意愿和行为 |
| 其他数据 | 《扶贫产品名录》前十个批次的17.67万款扶贫产品基本信息 | | 了解消费帮扶供给侧总体规模、产品类型等情况 |
| | 脱贫地区农副产品网络销售平台中25.8万余条交易明细 | | 分析消费帮扶平台中各类扶贫产品供应商竞争力情况 |
| | 各类消费帮扶平台准入规则、收费标准、监督机制等 | | 了解消费帮扶市场平台运营规则，比较不同类型消费帮扶市场平台的特征 |

# 第二章　理论基础

尽管消费帮扶这一概念提出时间不长，国内外经济学理论中尚无系统的、专门的消费帮扶理论，但供给和需求问题、消费问题都是经济学中的重要研究内容，其中包含着诸多可以提供参考的理论成果。本书从马克思主义政治经济学和西方经济学两个层面，对相关理论进行梳理，其中，马克思主义政治经济学的相关思想是本书研究的主要理论基础。

## 第一节　马克思主义政治经济学的相关思想

马克思主义政治经济学中有关供需适配和消费的思想，是本书研究的理论基础。以马克思为主要代表的马克思主义经典作家和中国共产党人，在理论研究与对实践探索的总结中形成的相关思想具有丰富的理论价值和实践意义。

### 一、马克思主义经典作家的相关思想

马克思主义经典作家的学术思想中，对本书研究起主要参考作用的是马克思的学术思想。除了消费理论外，本书还对马克思供需适配的相关理论进行了总结。尽管马克思没有直接系统地研究供需适配的理论，但其价值规律理论、社会再生产四环节理论、市场竞争理论、供求一致实现条件理论都对消费帮扶供需适配问题有指导意义。其中，价值规律是实现供需适配的内在规律，社会再生产四环节是供需适配的实现过程，市场竞争是供需适配的实现机制，供求一致实现条件理论也对研究供需适配实现条件有重要的指导意义。

## （一）供需适配的相关理论

马克思的供求理论有微观、中观和宏观三个层次[①]：微观层次的供求理论基于单个商品视角，对供给和需求的内涵和外延、单个商品的买和卖的行为、商品社会必要劳动时间进行了分析；中观层次供求理论主要对部门内部供给和需求的关系、市场价格和市场价值的形成等问题进行了研究；宏观层次的总供求理论基于社会再生产视角，对社会总产品的供给和需求、总供求平衡等问题进行了分析。本书研究的消费帮扶主要涉及脱贫地区产业发展问题，因此关注的主要是马克思中观层次的供求理论。在马克思笔下，"不同的生产领域经常力求保持平衡"[②] 就是一种供需适配的状态，并且这种供需适配的过程恰恰是对平衡遭到破坏的一种反作用力，"不同生产领域的这种保持平衡的经常趋势，只不过是对这种平衡经常遭到破坏的一种反作用"[③]。

### 1. 价值规律理论

价值规律是关于价值如何决定和如何实现的规律，是商品经济的基本规律。劳动价值论是马克思供需适配思想的逻辑起点，价值规律是实现供需适配的内在规律。但同时，单纯通过价值规律调节供求也存在一定局限性。

价值规律让商品有趋于互相适配的内在动力。商品的价值量由生产该商品的社会必要劳动时间决定，以该价值量为基础，商品交换遵循等价交换原则进行。价格围绕价值上下波动，是价值规律发挥作用的形式。马克思指出："不同的生产领域经常力求保持平衡……一种内在联系把各种不同的需要量联结成一个自然的体系；……商品的价值规律决定社会在它所支配的全部劳动时间中能够用多少时间去生产每一种特殊商品。"[④]

尽管价值规律调节供求存在诸多优点，但同时，价值规律在调节供求中也存在一定的局限性。微观个体行为的自发性、盲目性和价值规律在资源配置中的滞后性，导致供给和需求趋于适配只是一种趋势，而失衡才是常态，供求一致只能在理论上存在，在现实中转瞬即逝。在发达资本主义市场经济条件下，

---

[①] 也有观点认为，马克思的供求理论只有微观和宏观两个层次。
[②] 中共中央马克思恩格斯列宁斯大林著作编译局：《马克思恩格斯文集（第五卷）》，人民出版社，2009年，第412页。
[③] 中共中央马克思恩格斯列宁斯大林著作编译局：《马克思恩格斯文集（第五卷）》，人民出版社，2009年，第412页。
[④] 中共中央马克思恩格斯列宁斯大林著作编译局：《马克思恩格斯文集（第五卷）》，人民出版社，2009年，第412页。

价值规律的局限性会放大,"资产阶级社会的症结正是在于,对生产自始就不存在有意识的社会调节"①。

2. 社会再生产四环节理论

马克思是在研究资本主义生产过程的基础上研究供给和需求的,对供给和需求的分析离不开对社会生产过程的分析。连续不断的社会生产就是再生产,马克思始终坚持从社会再生产的视角研究经济规律。再生产在一切社会经济形态中都存在②。唯物辩证法告诉我们,任何事物内部的不同部分和要素都是相互联系的,具有内在的结构性。马克思对社会再生产四环节即生产、分配、交换和消费对立统一关系的分析,是唯物辩证法在经济学中经典的运用。消费帮扶供需适配只有在生产、分配、交换和消费相互作用的过程中才能实现,本书尤其关注消费与生产、交换、分配之间辩证统一的关系。

根据《新帕尔格雷夫经济学大辞典》对"消费和生产"词条的介绍,与新古典主义经济分析的框架把经济过程看成是从"生产要素"通向"消费品"的"单行道"不同,古典政治经济学把消费和生产系统看成循环的过程。这种观点最早由魁奈提出,并由马克思在一般经济分析中确立发展起来③。马克思对生产和消费进行了区分,并进一步将生产与消费同交换和分配的概念联系起来,形成了社会再生产四环节理论。

社会再生产包括生产、分配、交换(流通)、消费四个环节。马克思在《〈政治经济学批判〉导言》中,对社会生产总过程的生产、分配、交换、消费四个环节及其相互关系做了全面、精辟的阐释。社会再生产四环节之间既有区别又有联系,总体关系为:生产起着主导的决定作用;分配和交换是联结生产与消费的桥梁和纽带,对生产和消费有重要影响;消费是社会再生产过程的最终目的和动力。供需适配是在社会再生产四环节的过程中实现的。

3. 市场竞争理论

马克思对市场竞争理论的探讨,集中在《资本论》第三卷第十章,此外,《资本论》第一卷第三章、第一卷第四篇和第五篇等也有涉及。私人生产者的

---

① 中共中央马克思恩格斯列宁斯大林著作编译局:《马克思恩格斯选集(第四卷)》,人民出版社,2012年,第474页。
② 中共中央马克思恩格斯列宁斯大林著作编译局:《马克思恩格斯选集(第二卷)》,人民出版社,2012年,第254页。
③ [英]约翰·伊特韦尔、默里·米尔盖特、彼得·纽曼:《新帕尔格雷夫经济学大辞典(第一卷)》,陈岱孙等译,经济科学出版社,1996年,第663页。

联系是通过交换来实现的,供需适配的过程,实质就是竞争的过程①。马克思对完全竞争市场中供给和需求互相适配过程的分析较为详细,揭示了完全竞争市场条件下,产业内如何通过竞争性的价格机制实现供给和需求的趋向一致的趋势,即供需适配的趋势。此外,在《资本论》第二卷和第三卷第十一章,马克思也论述了资本主义市场经济条件下,市场竞争内在的局限性。

在前资本主义社会,小农自给自足的情况下可能会在较长的时间内让生产和消费处于相对平衡和简单再生产的状态。在市场经济条件下,生产者具有追逐超额剩余价值的动力,其目标在于追求价值而不是使用价值,所以生产就从有限走向了无限,供求相等就成了短暂的偶然,但这并不妨碍供给和需求趋于一致的趋势,这种趋势的内在动力是竞争机制。"竞争,同供求比例的变动相适应的市场价格的波动,总是力图把耗费在每一种商品上的劳动的总量归结到这个标准上来。"②

在市场条件下,竞争表现为供给和需求的相互作用。从供给看,即通过部门同种商品生产者之间的内竞争,把社会需要的商品量提供到同一个市场上来,使商品供给符合社会有支付能力的需求。"独立的商品生产者互相对立,他们不承认任何别的权威,只承认竞争的权威,只承认他们互相利益的压力加在他们身上的强制……"③

从需求看,即通过同种商品的购买者之间的竞争,使供给与需求大体一致。在生产量不变的前提下④,马克思假定供给与需求的对比有三种情况:第一种情况,如果对该商品总量的需求等于所生产的商品的量,供给和需求是一致的,则该商品会按照它的市场价值出售。它既满足了某种特定需要,而且满足了社会范围内对该商品的需要。第二种情况,如果对该商品总量的需求小于所生产的商品的量,买者之间互相施加的竞争压力大,市场价值就由最坏条件下生产的商品来调节,市场价格与市场价值产生偏离,买者所支付的价格高于生产该商品的社会必要劳动时间的量,生产者能够获得超额剩余价值,其他部门的资本就有涌入该部门的冲动,使供给增大,供给和需求趋于一致。第三种情况,如果对该商品总量的需求大于所生产的商品的量,卖者之间互相施加的

---

① 中共中央马克思恩格斯列宁斯大林著作编译局:《马克思恩格斯选集(第二卷)》,人民出版社,2012年,第480页。
② 中共中央马克思恩格斯列宁斯大林著作编译局:《马克思恩格斯文集(第七卷)》,人民出版社,2009年,第214页。
③ 中共中央马克思恩格斯列宁斯大林著作编译局:《马克思恩格斯文集(第五卷)》,人民出版社,2009年,第412页。
④ 马克思在此处进一步假定了不存在"所生产的商品的一部分会暂时退出市场的可能性"。

竞争压力大，市场价值就由最好条件下生产的商品来调节，市场价格与市场价值产生偏离，买者所支付的价格低于生产该商品的社会必要劳动时间的量，生产者不能够获得正常的剩余价值或社会平衡利润，就会产生退出该部门的冲动，部分生产者退出后，供给会缩小，供给和需求趋于一致①。可见，在市场竞争机制的作用下，供给和需求有趋于一致的经常性趋势。

除了充分论述竞争对刺激生产力发展的积极作用之外，马克思也揭示了资本主义市场竞争内在的局限性。资本主义市场经济条件下，存在生产资料的私有制和社会化大生产之间的根本矛盾。在《资本论》第三卷第三篇《利润率趋向下降的规律》的第十五章《规律的内部矛盾展开》中，马克思详细论述了资本主义市场竞争条件下，资本主义根本矛盾是如何展开的②。从剩余价值生产和剩余价值实现来看，资本主义市场经济条件下，二者的矛盾体现在：第一，在时间和空间上不一致；第二，在目的上不一致，供给是为了获得价值，需求是为了获得使用价值；第三，剩余价值生产只受社会生产力的限制，而剩余价值实现要受不同生产部门的比例和社会消费力的限制。发达资本主义市场经济条件下，这种矛盾最终表现为经济危机，甚至"必定引起一场社会革命"③。

4. 供求一致实现条件理论

在《资本论》第三卷第一篇第十章中，马克思分析了利润到一般利润的平均化进行过程，集中论述了市场价格和市场价值。尽管这一章对市场竞争的分析是围绕着利润平均化展开的，旨在说明利润平均化是通过资本竞争实现的，但其中的原理具有普遍性，因而也是马克思竞争理论的重要组成部分。事实上，也正是在这一部分，马克思分析了商品能够按照其市场价值出售的条件，也就是供给与需求一致的实现条件。供求一致实现条件对研究消费帮扶供需适配的实现条件具有重要指导意义。

马克思认为，当商品能够按照其市场价值出售，那么供求就是一致的④。马克思进一步分析了要使商品按照其价值出售的条件，同时也是实现供给和需

---

① 中共中央马克思恩格斯列宁斯大林著作编译局：《马克思恩格斯选集（第二卷）》，人民出版社，2012年，第482～484页。
② 中共中央马克思恩格斯列宁斯大林著作编译局：《马克思恩格斯选集（第二卷）》，人民出版社，2012年，第505～512页。
③ 中共中央马克思恩格斯列宁斯大林著作编译局：《马克思恩格斯选集（第一卷）》，人民出版社，2012年，第36页。
④ 中共中央马克思恩格斯列宁斯大林著作编译局：《马克思恩格斯选集（第二卷）》，人民出版社，2012年，第488页。

求大致平衡的条件。"要使生产部门相同、种类相同、质量也接近相同的商品按照它们的价值出售，必须具备两个条件：第一，不同的个别价值，必须平均化为一个社会价值……为此就需要在同种商品的生产者之间有一种竞争，并且需要有一个可供他们共同出售自己商品的市场。"[1] 第二，"市场价值的确定……在实际市场上是通过买者之间的竞争来实现的"[2]。

可以看出，马克思认为商品按照其价值出售或者供给和需求实现大体平衡的条件有两个，一个是生产者之间的竞争，让市场上有足够的商品供给量；另一个是买方之间的竞争，即消费者之间的竞争。事实上，马克思所说的"两个条件"[3] 也可以分解为三个条件，因为第一个条件中明确指出"并且需要有一个可供他们共同出售自己商品的市场"[4]，这就是第三个条件，即一个可供商品出售的市场。马克思之所以没有将之单独列为一个条件，是因为马克思分析的是资本主义生产方式及其相适应的生产关系，已经将市场的存在作为其前提。

通过以上分析，可以认为，在马克思供给和需求相关思想中，要使供给和需求趋于一致，需要具备三个条件：第一，生产者之间的竞争；第二，买者之间的竞争；第三，可以共同出售商品的市场。

### （二）消费理论

马克思的消费理论主要体现在对社会四环节理论的研究之中，可以拆解为消费在社会再生产中的地位和作用，以及生产、分配、交换对消费的作用两个方面。

#### 1. 消费在社会再生产中的地位和作用

消费是社会再生产总过程中的一个重要环节，有重要的地位和作用。正是因为马克思把消费置于社会再生产总过程中来观察，才让消费成为一个动态的过程，而不是一条单行道的尽头。

---

[1] 中共中央马克思恩格斯列宁斯大林著作编译局：《马克思恩格斯选集（第二卷）》，人民出版社，2012年，第480页。

[2] 中共中央马克思恩格斯列宁斯大林著作编译局：《马克思恩格斯选集（第二卷）》，人民出版社，2012年，第483~484页。

[3] 中共中央马克思恩格斯列宁斯大林著作编译局：《马克思恩格斯选集（第二卷）》，人民出版社，2012年，第480页。

[4] 中共中央马克思恩格斯列宁斯大林著作编译局编译：《马克思恩格斯选集（第二卷）》，人民出版社，2012年，第480页。

第一，消费是社会再生产的起点，创造出生产的动力。消费"在观念上提出生产的对象"①，"没有消费，也就没有生产，因为如果没有消费，生产就没有目的"②。"没有需要，就没有生产。而消费则把需要再生产出来。"③ 从单个生产过程来看，生产是起点，消费是终点，但是从周期性的社会再生产过程来看，消费既是终点又是下一个生产过程的起点。许崇正等（2006）分析了市场经济下社会再生产的一般规律，认为商品消费是社会再生产的前提，是一般规律之一，且消费是再生产的目的和前提④。

第二，消费再生产出生产要素。一方面，生产过程本身就是劳动对象和劳动资料的消费过程，所以生产性消费与生产是同一的。另一个方面，生活性消费可以实现劳动力的再生产，即单个主体"作为生产的个人和自我再生产的个人"⑤。消费不仅决定着生产劳动力的数量，还"生产出生产者的素质"⑥。

第三，消费是交换和分配的目的。消费是生产环节存在分配的原因，"如果说他是在社会中生产，那么直接占有产品也不是他的目的。在生产者和产品之间出现了分配，分配借社会规律决定生产者在产品世界中的份额，因而出现在生产和消费之间"⑦。消费是交换的目的，消费通过交换作用于生产，"消费者花费自己收入的方式以及收入的多少，会使经济生活过程，特别是资本的流通和再生产过程发生极大的变化"⑧。分配和交换表现为生产和消费的中间环节，交换是生产和消费的媒介，社会再生产四环节共同构成一个有机整体。

第四，消费使再生产得以完成，是再生产过程现实的终点。产品在消费中才成为现实的产品，"产品不同于单纯的自然对象，它在消费中才证实自己是

---

① 中共中央马克思恩格斯列宁斯大林著作编译局：《马克思恩格斯选集（第二卷）》，人民出版社，2012年，第691页。

② 中共中央马克思恩格斯列宁斯大林著作编译局：《马克思恩格斯选集（第二卷）》，人民出版社，2012年，第691页。

③ 中共中央马克思恩格斯列宁斯大林著作编译局：《马克思恩格斯选集（第二卷）》，人民出版社，2012年，第691页。

④ 许崇正、柳荫成：《马克思再生产理论与社会主义市场经济》，《经济学家》，2006年第4期，第21~26页。

⑤ 中共中央马克思恩格斯列宁斯大林著作编译局：《马克思恩格斯选集（第二卷）》，人民出版社，2012年，第694页。

⑥ 中共中央马克思恩格斯列宁斯大林著作编译局：《马克思恩格斯选集（第二卷）》，人民出版社，2012年，第692页。

⑦ 中共中央马克思恩格斯列宁斯大林著作编译局：《马克思恩格斯选集（第二卷）》，人民出版社，2012年，第694页。

⑧ 中共中央马克思恩格斯列宁斯大林著作编译局：《马克思恩格斯全集（第三十四卷）》，人民出版社，2008年，第559页。

产品，才成为产品"①。消费使产品得以实现，也就使得再生产过程得以最终完成。

2. 生产、分配、交换对消费的作用

尽管消费在社会再生产四环节之中有重要作用，但消费并不能脱离生产、分配、交换而独立存在，尤其是不能脱离生产。

第一，生产决定消费。马克思认为，资产阶级经济学家割裂了生产、分配、交换、消费的内在联系。同资产阶级政治经济学家相反，马克思认为生产不是某种抽象的永恒不变的东西，它是由特定的社会历史条件决定的，生产是一定社会性质的生产。他把一定社会发展阶段上的生产、一定生产关系下的生产当作自己的研究对象，指出他所研究的是现代资本主义生产。他阐明了生产、分配、交换、消费的辩证统一和相互作用，明确它们是一个总体的各个环节，其中生产是出发点和决定因素，其他环节也会作用和反作用于生产②。生产创造出消费的材料和对象；生产制造出消费的用具和手段，决定消费的方式；生产领域的拓展和水平的提高导致生产能力的扩展，带来消费的扩展。

第二，分配会作用和反作用于生产，产品分配处于生产和消费之间。生产要素的分配形成于生产之前，决定生产结构③。本书主要研究产品的分配，产品在社会成员之间的分配形成于生产之后，由生产决定，并反作用于生产。在商品货币关系存在的条件下，这种分配关系也表现为收入分配。产品的分配服从于社会成员所处的生产关系，分配的结果取决于各社会成员在具体生产关系中所处的地位。产品的分配对生产者具有一定的激励作用，对市场经济条件下生产要素的流动和配置也起一定的引导作用，影响着生产的效率。分配关系会直接影响消费关系。

第三，交换会作用和反作用于生产，交换是生产和消费的媒介。当交换的范围扩大时，生产的规模也就扩大，生产的分工也就更细，消费关系也就随之发生变化。"当市场扩大，即交换范围扩大时，生产的规模也就增大，生产也

---

① 中共中央马克思恩格斯列宁斯大林著作编译局：《马克思恩格斯选集（第二卷）》，人民出版社，2012年，第691页。

② 中共中央马克思恩格斯列宁斯大林著作编译局：《马克思恩格斯选集（第二卷）》，人民出版社，2012年，第923页。

③ 中共中央马克思恩格斯列宁斯大林著作编译局：《马克思恩格斯选集（第二卷）》，人民出版社，2012年，第696~697页。

就分得更细。"① 商品流通是以货币为媒介的商品交换，区别于直接的物物交换，公式为"商品—货币—商品"，商品的出卖（商品—货币）和商品的购买（货币—商品）在时间和空间上相互独立，即买和卖分离。如果商品交换（流通）中断，整个再生产过程也会中断，消费也就无法进行。

## 二、中国共产党人的相关思想

以马克思主义思想为指导，中国共产党人在继承马克思主义思想精髓的同时，将马克思主义同中国具体实践相结合，形成了中国化和时代化的经济理论。其中，对本书起直接指导作用的主要有供给和需求调控思想，以及消费相关思想等。

### （一）供给和需求调控思想

社会产品供给和需求的总量和结构相对平衡是宏观经济有序运行的重要条件，也是政府在宏观经济治理中最基本的任务②。围绕供给和需求调控问题，中国共产党人的相关经济思想主要体现在两个方面：其一，调控供需的思路不是一成不变的，要具体情况具体分析；其二，调控供需的关键是要处理好政府/计划和市场的关系。

#### 1. 调控供需的思路不是一成不变的，要根据具体情况具体分析

社会产品的总供给和总需求的平衡是偶然的，不平衡才是常态。与此同时，不同的经济社会历史条件下，造成供给和需求不平衡的原因千差万别。正因为如此，中国共产党人调控供需的思路不是一成不变的，总是针对具体情况进行具体分析，在不同时代提出了不同的调控思路。

（1）毛泽东思想中有计划的供求平衡思想。我国是在生产力落后的条件下建立的社会主义，新中国成立初期，生产力水平低下，甚至连温饱问题都得不到保障，处于供给普遍不足的短缺经济状态。同时，国际形势严峻，西方国家阵营试图将社会主义新中国扼杀在摇篮中。为了迅速提升经济水平，实现供需总体平衡，毛泽东形成了有计划的供求平衡思想。其一，建立统购统销体制，解决供给严重不足条件下的供求失衡问题。其二，农业、轻工业、重工业按比

---

① 中共中央马克思恩格斯列宁斯大林著作编译局：《马克思恩格斯选集（第二卷）》，人民出版社，2012年，第699页。

② 张宇、谢地、任保平等：《中国特色社会主义政治经济学（第三版）》，高等教育出版社．2021年，第183页。

例发展，以解决供给和需求品类结构失衡问题。其三，沿海和内地综合平衡发展，以解决供给和需求空间结构失衡问题。这些思想集中体现在《论十大关系》中，尤其是在对"重工业和轻工业、农业的关系"[①]"沿海工业和内地工业的关系"[②]"国家、生产单位和生产者个人的关系"[③] 这几对关系的论述中。

(2) 邓小平理论中以解放生产力促进供给的思想。社会主义改造完成后，错把平均主义当社会主义，加上十年"文化大革命"的影响，忽视经济建设，不利于生产发展，造成群众普遍贫困，人民群众对经济发展状况感到不满。邓小平同志重新出来工作后，及时将工作重心转移到经济建设上来，明确指出，中国搞社会主义"归根结底，就是要发展生产力"[④]。一方面，以解放生产力促进供给。通过实行家庭联产承包责任制、进行国有企业改革、变革分配方式，解放生产力，促进供给。另一方面，放松需求管制。计划经济时期，统购统销体制是解决当时农产品供求问题的重要手段，购买商品都需要凭票，群众的生活消费经常得不到满足，需求被长期抑制。改革开放后，在需求端进行了大胆改革，逐步放弃统购统销体制，进行了价格改革，以市场定价取代计划价格，出现了"双轨制"时期，经历了"价格闯关""过五关斩六将"等惊险时刻。在农业方面，进行了农产品流通体制改革。1993 年 4 月，以粮票和食用油票的全面取消为标志，中国以票证管制需求的时代终结。

(3) 江泽民"三个代表"重要思想中需求拉动供给的思想。到 20 世纪 90 年代中期，国内市场供给和需求形势发生历史性转折，摆脱了短缺经济，主要生产资料和消费品从卖方市场转向买方市场，出现生产相对过剩现象。1997 年 7 月，亚洲金融危机爆发，出口下滑，进一步冲击了需求总规模，供需结构的变化对我国变革供求调控思路提出了新要求。为了稳定经济，以江泽民同志为主要代表的中国共产党人提出了"扩大内需，发挥国内市场的巨大潜力"[⑤] 的经济决策，体现了江泽民"三个代表"重要思想中需求拉动供给的供求调控思想。与供求调控思路转折相对应，经济战略也发生了重大变化，我国开始把扩大内需作为我国经济发展的长期战略方针和基本立足点，并把消费作为扩大内需的主要着力点。此外，把扩大内需与对外开放相结合，通过外需拉动经济增长。

---

① 中共中央文献研究室：《毛泽东文集（第七卷）》，人民出版社，1999 年，第 24 页。
② 中共中央文献研究室：《毛泽东文集（第七卷）》，人民出版社，1999 年，第 25 页。
③ 中共中央文献研究室：《毛泽东文集（第七卷）》，人民出版社，1999 年，第 28 页。
④ 邓小平：《邓小平文选（第三卷）》，人民出版社，1993 年，第 117 页。
⑤ 江泽民：《江泽民文选（第二卷）》，人民出版社，2006 年，第 103 页。

（4）胡锦涛科学发展观中的供需调控思想。到 21 世纪初，我国经济实力明显增强，外向型经济带来了巨大的国际需求，但同时，粗放型经济增长导致资源环境约束增强。胡锦涛同志立足新的背景，在传承前人理论的基础上，提出"坚持以人为本，树立全面、协调、可持续的发展观"①，强调供给要着眼于满足人民群众全面发展的需求，改进供给生产方式，注重经济增长"速度和结构质量效益相统一、经济发展与人口资源环境相协调"②，并提出"两个趋向"③论断，开启了我国工业反哺农业、城市支持农村的历史进程，为解决城乡二元结构中的供需宏观调控问题提供了契机。

（5）习近平新时代中国特色社会主义思想中供给侧和需求侧相结合的供需调控思想。2010 年，中国国内生产总值（GDP）超过日本，成为世界第二大经济体，但新的挑战接踵而至。党的十八大以后，我国经济进入增长速度换挡期、结构调整阵痛期和前期刺激政策消化期"三期叠加"阶段，供给侧矛盾凸显。2015 年 11 月，习近平总书记首次提出供给侧结构性改革，并在党的十九大报告中进一步明确，"以供给侧结构性改革为主线，推动经济发展质量变革、效率变革、动力变革"④。此后几年，供给侧结构性改革在提高经济效率、缓解房地产库存压力等方面取得了明显成效。但与此同时，美国挑起中美贸易战，并在 2018 年以后进一步升级，导致国际需求锐减，加上世界范围内的新冠疫情，以国际大循环拉动中国经济的模式难以为继。在供给侧供给体系灵活性不足、企业负担较重等问题还未得到根本解决的情况下，需求侧有效需求不足、供需结构失衡的弊端日益明显，供给侧和需求侧存在的问题都是制约宏观经济进一步发展的因素。以习近平同志为核心的党中央审时度势，着力解决供给和需求结构性矛盾，要求"推动供需结构有效匹配、消费升级和有效投资良性互动、城乡区域协调发展，进一步释放国内需求潜力"⑤。2020 年中央经济工作会议提出，将需求侧管理和供给侧结构性改革相结合，从而形成"需求牵

---

① 中共中央文献研究室：《十六大以来重要文献选编（上）》，中央文献出版社，2005 年，第 465 页。

② 中共中央文献研究室：《十七大以来重要文献选编（中）》，中央文献出版社，2011 年，第 956 页。

③ 刘国新：《胡锦涛两个趋向思想与构建社会主义和谐社会》，《科学社会主义》，2008 年第 6 期，第 107 页。

④ 中共中央党史和文献研究院：《十九大以来重要文献选编（上）》，中央文献出版社，2019 年，第 21 页。

⑤ 李涛：《中央经济工作会议在北京举行》，《人民日报》，2016 年 12 月 17 日第 1 版。

引供给、供给创造需求"的更高水平动态平衡[1]，并在党的十九届五中全会中进一步提出要加快构建以国内大循环为主体、国内国际双循环相互促进的新发展格局，为如何处理供需问题中国际市场和国内市场的关系指明了方向。

2. 调控供需的关键是要处理好政府/计划和市场的关系

中国是社会主义国家，与资本主义国家宏观经济运行有本质不同，尤其是针对社会产品供给和需求调控问题，由于国家的宏观调控代替了资本主义社会生产的无政府状态，因此能够在大多数情况下保持平衡，并对供需失衡状态做出主动调整[2]。中国共产党人关于供需调控的思想是和中国特色社会主义市场经济理论紧密结合在一起的，调控供需的关键是要处理好政府/计划和市场的关系。

（1）毛泽东思想中以计划平衡供需的思想。新中国成立初期，我国追求"经典"的或"理想"的社会主义制度，面对内忧外患和供给严重不足问题，我国实行单一的公有制和高度集中的计划经济体制，由中央集中地、有计划地安排供给和需求，由指令性计划配置资源。这套体制机制以人民公社、户籍制度和统购统销为三大支柱。1956年，我国完成社会主义三大改造，建立了高度集中的计划经济体制，市场被当作资本主义的特有物而被否定乃至消灭。尽管如此，市场仍以或明或暗的形式存在于计划经济体制之外。

（2）承认市场和计划一样都是资源配置方式，是中国共产党人对国内供需调控方式认识的第一次突破，也是邓小平理论的重要贡献。20世纪70年代末，中国开启了改革开放的大幕。在社会主义中国搞市场经济并不容易，党的十一届三中全会以后，邓小平在思考用什么方法才能更有效地发展生产力时，就已经认真考虑了市场经济与社会主义的关系问题，并率先提出"社会主义也可以搞市场经济"[3]的观点。这在理论上突破了计划体制与商品经济相对立的观念，为在实践中强化市场调节的地位和作用提供了思想基础。此后，市场在调节供求中的地位逐步得到确立。1982年9月，党的十二大明确了"计划经济为主、市场调节为辅"[4]的经济管理原则，即市场在资源配置中发挥辅助性作用。1987年10月，党的十三大报告指出，"计划和市场的作用范围都是覆

---

[1] 《改革开放简史》编写组：《改革开放简史》，人民出版社、中国社会科学出版社，2021年，第256页。

[2] 张宇、谢地、任保平等：《中国特色社会主义政治经济学（第三版）》，高等教育出版社，2021年，第184～185页。

[3] 邓小平：《邓小平文选（第二卷）》，人民出版社，1994年，第231页。

[4] 中共中央文献研究室：《十二大以来重要文献选编（上）》，人民出版社，1986年，第22页。

盖全社会的"①。这一论断强调了市场和计划一样都是资源配置的一种方式。

（3）使市场在资源配置中发挥基础性作用，是中国共产党人对供需调控方式认识的第二次突破，也是江泽民"三个代表"重要思想中建立社会主义市场经济体制的重要内容。党的十四大指出，"我国经济体制改革确定什么样的目标模式，是关系整个社会主义现代化建设全局的一个重大问题"②，并鲜明提出，"经济体制改革的目标是建立社会主义市场经济体制"③。到2003年前后，我国成功实现了由计划经济体制向社会主义市场经济体制的转变，社会主义市场经济体制框架初步建立。此后，胡锦涛的科学发展观巩固完善了社会主义市场经济体制。2003年，党的十六届三中全会进一步细化了完善社会主义市场经济体制改革的主要任务。其中，要素市场发展主要锁定在资本市场，国家宏观调控体系则强调财政政策、货币政策的配合。为了匹配市场在资源配置中发挥基础性作用，政府作用也被限定在中长期和指导性措施上，因此，每五年制订的"计划"在"十一五"时期被改称为"规划"。2012年，党的十八大明确了"经济体制改革的核心问题是处理好政府和市场的关系"④，以此为标志，我国话语体系中"计划和市场的关系"转变为"政府和市场的关系"，社会主义市场经济条件下政府调控与纯计划经济区别所造成的术语混乱问题得到解决。

（4）使市场在资源配置中起决定性作用、更好发挥政府作用，是中国共产党人对供需调控方式认识的第三次突破，也是习近平新时代中国特色社会主义思想对社会主义市场经济体制理论的重要贡献。党的十八届三中全会首次鲜明提出，"使市场在资源配置中起决定性作用和更好发挥政府作用"⑤。市场从"基础型作用"到"决定性作用"和"更好发挥政府作用"的转变，是我们党在经济理论上的又一次重大理论突破。从理论上明确回答了社会主义市场经济体制中最核心的问题，即资源配置中究竟是由市场起决定性作用还是政府起决定性作用，答案是前者，"理论和实践都证明，市场配置资源是最有效率的形式"⑥。但同时，"市场在资源配置中起决定性作用，并不是起全部作用"⑦，更

---

① 中共中央文献研究室：《十三大以来重要文献选编（上）》，人民出版社，1991年，第27页。
② 江泽民：《江泽民文选（第一卷）》，人民出版社，2006年，第225页。
③ 江泽民：《江泽民文选（第一卷）》，人民出版社，2006年，第226页。
④ 中共中央文献研究室：《十八大以来重要文献选编（上）》，中央文献出版社，2014年，第16页。
⑤ 习近平：《习近平谈治国理政（第一卷）》，外文出版社，2018年，第75页。
⑥ 习近平：《习近平谈治国理政（第一卷）》，外文出版社，2018年，第77页。
⑦ 习近平：《习近平谈治国理政（第一卷）》，外文出版社，2018年，第77页。

好发挥政府作用就是要在社会主义市场经济中，依靠政府弥补市场的先天不足和市场失灵情况，政府的职责和作用主要是保持宏观经济稳定，加强和优化公共服务，保障公平竞争，加强市场监管，维护市场秩序，推动可持续发展，促进共同富裕，弥补市场失灵。

（二）消费相关思想

消费是社会再生产四环节中的重要一环，随着中国经济的发展，历代中国共产党人形成了与时俱进的消费理论。归纳起来，主要体现在消费在经济发展中的地位日益得到强调、正确处理积累和消费的关系、生产和消费的辩证关系三个方面。

（1）消费在经济发展中的地位日益得到强调。新中国成立初期，在生产力水平落后的情况下，毛泽东对消费的定位是"使一般人民的生活有所改善"[1]。1978年以后，党的工作重心转移到经济建设上来，拉开了改革开放大幕，生产力水平提高，居民收入水平提升，消费开始得到重视，但仍强调需要适度消费，邓小平指出"要注意消费不要搞高了，要适度"[2]。20世纪90年代中后期，生产过剩现象开始出现，江泽民指出"要把促进消费需求的增长作为拉动经济增长的一项重大措施"[3]。此后，胡锦涛进一步强调消费在拉动经济增长中的作用，要求"促进经济增长由主要依靠投资、出口拉动向依靠消费、投资、出口协调拉动转变"[4]。党的十八大后，经济进入新常态，2012年中央经济工作会议首次提出"增强消费对经济增长的基础性作用"[5]，此后党的十九大报告等重要文件多次强调这一论断，习近平总书记明确指出"中国将增强国内消费对经济发展的基础性作用"[6]，意味着消费尤其是国内消费在经济发展中的地位进一步提升。

（2）正确处理积累和消费的关系。新中国成立之初，以毛泽东同志为主要代表的中国共产党人采取了"重积累、轻消费"的政策取向，从而实现了在短

---

[1] 中共中央文献研究室：《毛泽东年谱（1893—1949）（下卷）》，人民出版社、中央文献出版社，1993年，第464页。

[2] 中共中央文献研究室：《邓小平年谱（1975—1997）（下卷）》，中央文献出版社，2004年，第1160页。

[3] 中共中央文献研究室：《十五大以来重要文献选编（上）》，人民出版社，2000年，第659页。

[4] 胡锦涛：《胡锦涛文选（第三卷）》，人民出版社，2016年，第3页。

[5] 《中央经济工作会议举行 习近平温家宝李克强讲话》，https://www.gov.cn/ldhd/2012-12/16/content_2291602.htm。

[6] 习近平：《习近平谈治国理政（第三卷）》，外文出版社，2020年，第211页。

缺经济条件下建成了较为完整的工业体系的成果。党的十一届三中全会后，以邓小平同志为主要代表的中国共产党人调整了"重积累、轻消费"的政策取向，明确提出要"使积累和消费保持恰当的比例"①。20世纪90年代，伴随着经济体制改革的推进，中国经历了一轮高积累并开始出现产能过剩，加上1997年亚洲金融危机导致的外需锐减，经济循环受阻，以江泽民同志为主要代表的中国共产党人运用需求管理政策，通过西部大开发、加大对外开放、大力培育农村消费市场等策略稳住了经济形势，消费在拉动经济增长"三驾马车"中的地位得到重视。党的十八大以来，消费逐步成为拉动经济增长的主要力量，以习近平同志为主要代表的中国共产党人，根据时代变化，形成了积累与消费并重思想，并侧重于通过构建促进消费的体制机制来释放消费潜力。

（3）生产和消费的辩证关系。毛泽东同志认识到生产和消费的辩证关系，指出"生产与消费，建设与破坏，都是对立的统一，是互相转化的"②，并进一步强调刺激生产可以促进消费。党的十一届三中全会后，我国开启了有计划的商品经济阶段，但生产力仍不发达，邓小平同志强调"只能在发展生产的基础上逐步改善生活"③。到20世纪90年代，生产力大幅提升，我国从短缺经济迈向过剩经济，江泽民同志开始把消费作为生产和消费这对矛盾的主要方面，并提出"扩大国内需求、开拓国内市场"的战略方针④。党的十八大以来，我国社会主义市场经济比以往任何时候都更为发达，流通在经济发展中的作用日益重要。在此背景下，习近平总书记更侧重于从经济循环视角看待消费，将生产和消费的关系置于生产、分配、流通、消费体系中研究，在多个重要场合反复强调"着力打通生产、分配、流通、消费各个环节"⑤。在这一阶段，消费与新时代社会主要矛盾——人民日益增长的美好生活需要和不平衡不充分的发展之间的矛盾直接联系，"消费是最终需求，既是生产的最终目的和动力，也是人民对美好生活需要的直接体现"⑥。

---

① 中共中央文献研究室：《改革开放三十年重要文献选编（上）》，中央文献出版社，2008年，第408页。

② 中共中央文献研究室：《毛泽东文集（第七卷）》，人民出版社，1999年，第373页。

③ 中共中央文献研究室：《十一届三中全会以来重要文献选读（上册）》，人民出版社，1987年，第145页。

④ 中共中央文献研究室：《十五大以来重要文献选编（上）》，人民出版社，2000年，第658~659页。

⑤ 习近平：《论把握新发展阶段、贯彻新发展理念、构建新发展格局》，中央文献出版社，2021年，第352页。

⑥ 中共中央党史和文献研究院：《十九大以来重要文献选编（上）》，中央文献出版社，2019年，第625页。

## 第二节　西方经济学的相关思想

西方经济学源远流长，门派众多，主流经济学与非主流经济学之间存在一定差异。本书分别从西方主流经济学与非主流经济学两个方面对相关思想进行梳理。特别说明的是，本书对于西方经济学相关思想，不是直接照搬，而是有选择地借鉴。

### 一、西方主流经济学中的相关思想

所谓西方主流经济学，是指在一定历史时期和西方世界的地域范围内，在繁芜丛杂的经济学说中占有主导和支配地位的理论派别①。尽管学术界对于西方主流经济学的具体外延存在一定争议，但总体而言，西方主流经济学沿着重商主义、古典经济学、新古典经济学、凯恩斯主义、新古典综合派演进②。

#### （一）消费理论

重商主义和古典经济学代表人物总体主张抑制消费、节欲。在早期资本主义社会中，资本积累是处于加速发展阶段的资本主义的首要任务，而消费在早期西方经济学理论中被当作生产的对立面来看待，因而重商主义和古典经济学总体主张节制消费，消费在经济学中也只是处于从属地位。尽管如此，也有学者发出不同的声音，英国经济学家曼德维尔在18世纪初出版的《蜜蜂的寓言》中，讲述了蜜蜂王国最初奢侈挥霍，社会百业兴旺，后来改变生活习惯，简朴节欲，反而经济凋敝的故事，以此提出主张奢侈消费、反对节俭的观点。他认为个体追求消费在道德上是恶行，但对社会经济发展却大有裨益③。

新古典经济学开始注重研究消费问题。19世纪末20世纪初，资本主义社会生产力大幅提高，资本主义生产关系得到长足发展。马歇尔对前人的理论兼收并蓄，集成出版《经济学原理》，建立了以均衡价格论为核心的完整经济学体系。其在消费方面的观点主要有：一是效用价值论，在需求方面接受了边际

---

① 杜恂诚：《论中国的经济史学与西方主流经济学的关系》，《中国经济史研究》，2019年第5期，第5页。
② 蔡景庆：《西方主流经济学脉络透析与重要支撑析辩》，《学术探索》，2020年第1期，第111页。
③ ［荷］B. 曼德维尔：《蜜蜂的寓言（第一卷）》，肖聿译，商务印书馆，2016年，第1~27页。

效用价值论，用效用范畴把生产和消费联系起来，随着消费商品数量增多，边际效用递减。二是消费需求函数。马歇尔接受了经济人效用最大化假设，即消费者在既定预算约束下会追求最大效用，假定其他条件不变，那么消费者所购买的商品数量与商品价值会呈反向变动关系。此外，他还阐述了需求弹性的概念。三是消费者剩余理论。消费者从购买一物得到的满足，超过他因付出此物的代价而放弃的满足，这种剩余满足的经济衡量就是消费者剩余[①]。值得说明的是，马歇尔的大部分观点都非原创，而是对前人观点的总结。

凯恩斯主义学派对消费问题的研究达到新的高度。20世纪30年代美国经济大萧条要求经济理论直面当时已有的经济学无法解释的生产过剩危机，进行理论创新。以凯恩斯为代表的凯恩斯主义学派学者形成了相对系统的消费理论。一是消费函数理论，又被称为绝对收入假说，即某一时期总消费是总收入较为稳定的函数，可表示为：$C_t=a+bY_t$。其中，$C_t$为当期总消费；$Y_t$为当期总收入；$a$为常数，代表收入为零时的必要消费；$b$为边际消费倾向，是介于0到1之间的正数。二是把消费量与就业量联系起来，认为就业量是社会总供给函数和总需求函数的交点。三是消费不足是有效需求不足的根源。此外，凯恩斯还在边际消费倾向递减原理的基础上建立了乘数理论，为后续经济学家分析经济增长和经济周期理论奠定了基础[②]。

20世纪60年代末70年代初，凯恩斯主义由于不能解决滞胀现象而被新古典综合派取代。新古典综合派在凯恩斯宏观分析的基础上，纳入了理性预期、货币主义等方面理论，对消费也有进一步研究，主要体现为：一是序数效用论。序数效用论是研究消费者行为的理论，用消费者偏好的高低来表示满足程度的高低，与基数效用论相对。二是生命周期假说。与凯恩斯绝对收入假说不同，生命周期假说以动态的跨期消费为研究对象，认为个人的消费行为不仅与当期收入有关，还总是试图按照一生的总收入水平安排投资和消费。三是公共物品的消费。萨缪尔森提出公共物品具有非排他性和非竞争性，需要政府参与公共物品的供给[③]。

---

[①] ［英］阿尔弗雷德·马歇尔：《马歇尔文集（第二卷）》，朱志泰译，商务印书馆，2019年，第113~158页。

[②] ［英］凯恩斯：《就业、利息和货币通论》，徐毓枬译，商务印书馆，1983年，第24页。

[③] ［美］保罗·A. 萨缪尔森：《经济分析基础》，何耀、傅征、刘生龙等译，东北财经大学出版社，2006年，第55~74页。

## （二）供给和需求理论

1767年，西方经济学家第一次明确使用"供给和需求"[①]这一术语，此后数百年间，供给和需求也成为西方经济学研究的核心问题。关于供给和需求问题最大的争议是政府在经济运行中的角色。

早期西方经济学家中对供给和需求问题研究影响最大的是萨伊，他提出了供给"创造需求"[②]论断，认为不可能发生普遍生产过剩。萨伊十分反对政府干预经济活动，认为干涉本身就是坏事，且利己主义是最好的教师，这与萨伊所代表的资产阶级阶级立场相关。供给创造需求是西方经济学反对政府干预的重要论据之一，在经济思想史上产生了深远影响。

新古典经济学在供需问题上最大的成就是形成了均衡价格理论。马歇尔综合吸收古典经济学和边际学派的主要理论成果，建立了以均衡价格论为核心、以供给和需求为分析框架的新古典经济学体系。这一理论体系中供需问题的主要观点有：一是价格机制是调节供需的核心。将供给曲线和需求曲线置于同一坐标体系内，供给曲线和需求曲线的交点就是均衡点，在这一点上，市场完全出清，如果市场价格不等于均衡价格，在完全竞争条件下，价格就会自发变动从而调节供需直至供需相等。二是供给和需求共同决定商品的价格。当供给和需求趋于一致时所确定的商品价格就是均衡价格。这一理论体系中，自由市场被神圣化，市场可以自动调节供需，不会发生普遍性经济危机，因而政府只能充当"守夜人"角色，不能过度干预经济。

凯恩斯主义经济学在供需问题上最大的成就是提出了需求不足论，奠定了西方宏观经济学的基础。20世纪30年代资本主义世界大危机粉碎了自由市场的神话，凯恩斯主义登上历史舞台，此后，总供求理论作为西方经济学基础性理论之一的地位得到确立。这一理论体系中关于供需问题的主要观点：一是三大基本心理规律。造成有效需求不足的原因主要是三大基本心理规律，即边际消费倾向递减、资本边际效率递减和流动性偏好规律。二是有效需求不足理论。有效需求对国民收入水平有决定性影响，而三大心理规律的存在导致市场必然会出现有效需求不足。凯恩斯进一步把有效需求不足分为消费不足和投资不足，并认为消费不足是有效需求不足的根源[③]。基于这一理论体系，凯恩斯

---

[①] ［英］约翰·伊特韦尔、默里·米尔盖特、彼得·纽曼：《新帕尔格雷夫经济学大辞典（第四卷）》，陈岱孙等译，经济科学出版社，1996年，第597~598页。

[②] ［法］萨伊：《政治经济学概论》，陈福生、陈振骅译，商务印书馆，1963年，第152页。

[③] ［英］凯恩斯：《就业、利息和货币通论》，徐毓枬译，商务印书馆，1983年，第79~97页。

主义经济学派主要的政策主张是国家干预经济,刺激消费需求和投资需求,弥补市场缺陷。

凯恩斯主义对西方恢复和发展经济发挥了重要作用,但到20世纪70年代,西方世界经济"滞胀"现象的出现,冲击了凯恩斯主义经济学的公信力,经济学理论的关注点重新回到供给端。例如,供给学派要求"回到萨伊定律那里去",标志性的成就是提出"拉弗曲线"[①],并以此为依据主张减税以刺激供给,减少政府干预。

## 二、西方非主流经济学中的相关思想

西方非主流经济学中,对本书有较为直接指导作用的主要是伦理消费相关思想。工业革命以来,资本主义生产方式创造了比以往社会制度下生产价值总和都多的物质财富,与此相呼应,意识形态领域一改对以往节俭的推崇,以美国为首的资本主义国家率先宣扬以消费为目的的生活方式,消费主义文化盛行,消费甚至被渲染为一种爱国责任[②],到21世纪,在资本推波助澜下,消费主义文化席卷全球。消费主义意识形态大流行,深刻地改变了人们的生活方式,消费的目标不再是满足实际生存需要,而是满足被现代文化激起来的欲望[③],消费主义消极的一面被广为诟病,人们普遍认为过度消费造成了人和社会、人和自身以及人与自然关系的异化。然而,值得注意的是,消费不只有消极的一面,也有积极的一面,伦理消费就是对消费正面作用的概括。

西方伦理消费概念形成于20世纪下半叶,与非经济因素密切相关。20世纪六七十年代,在西方率先完成工业化的国家中,环境问题引起了社会广泛关注,轰轰烈烈的消费者运动由此展开。这一时期,环境主义学者从保护环境的角度主张转变过度消费的生活方式,希望通过环境友好的消费偏好倒逼企业更慎重地对待生态问题。到20世纪八九十年代,西方消费者运动关注的主题从环境保护拓展到公平贸易、性别或种族歧视、第三世界劳工福利等道德关怀内容。1987年,英国成立"伦理消费者研究协会",并发行刊物《伦理消费者》,引导消费者自觉抵制企业的不道德行为。进入21世纪后,消费者运动关注的非经济主题进一步扩张,动物福利、动物保护等内容也被包含在内,伦理消费

---

① 景体华:《经济思想史话》,知识出版社,1986年,第411~417页。
② [美]艾伦·杜宁:《多少算够——消费社会与地球的未来》,毕聿译,吉林人民出版社,1997年,第12页。
③ 陈昕:《救赎与消费——当代中国日常生活中的消费主义》,江苏人民出版社,2003年,第7页。

主义蓬勃发展。从20世纪90年代开始，哲学家和伦理学家关注到消费者运动中这些超越消费本身的特殊消费诉求之间存在同种统一性，这种统一性在于消费与道德之间形成了某种特定意义上的关联，而这种关联就是消费伦理。此后，消费伦理逐渐成为伦理学中一个专门的研究领域。

相较于伦理消费轰轰烈烈的实践，伦理消费的经济学研究却显得颇为踟躇不前。很长一段时间内，伦理消费都未得到西方主流经济学家的重视，因为主流经济学家更关注经济增长和就业等，而由于消费是生产的目的，伦理消费在大多数情况下反而会对经济增长形成限制，由此导致的失业、经济萧条在短期内可能更加难以解决[①]。

西方非主流经济学中关于伦理消费的主要思想成就包括：第一，对经济学与伦理学分离的反思。1998年诺贝尔经济学奖得主阿马蒂亚·森指出，对自利行为假设的滥用已经严重损害了经济分析的性质，并论证了经济学与伦理学的严重分离[②]。

第二，提出消费作为一种解决经济社会发展问题路径的可能性。艾伦·杜宁在《多少算够——消费社会与地球的未来》一书中指出，进入工业时代后，人们陷入了"更多的工作——更多的消费——更多地损坏地球……"的恶性循环。作者力图通过解释需求去打破这种恶性循环，认为通过消费的改变来打破循环，尽管是一个理想主义的建议，然而它"可能又是唯一的选择"[③]。斯德哥尔摩大学的麦切莱提在《政治美德和消费》一文中也写道，"消费在传统意义上被理解为人类基本需要的恰当满足，直到现在才被视为解决社会问题的重要途径"[④]。

第三，伦理消费行为理论。与消费者伦理消费行为密切相关的理论主要有理性行为理论、计划行为理论和Hunt-Vitell伦理决策模型。20世纪下半叶，美国企业销售压力成为常见现象，对消费者行为的研究和预测成为西方学者关心的主题。1975年，菲什拜因（Fishbein）等提出了消费者理性行为理论，用

---

① 甘绍平：《论消费伦理——从自我生活的时代谈起》，《天津社会科学》，2000年第2期，第10页。
② ［印］阿马蒂亚·森：《伦理学与经济学》，王宇、王文玉译，商务印书馆，2017年，前言第1页。
③ ［美］艾伦·杜宁：《多少算够——消费社会与地球的未来》，毕聿译，吉林人民出版社，1997年，第8页。
④ Micheletti M：Reflections on "Political Virtue and Shopping"，Journal of Consumer Ethics，2017，1（1）：30.

以解释行为意愿对消费行为的影响机制[1]。根据该理论，消费者的消费行为取决于个人行为意愿，而行为意愿受消费者行为态度和主观规范影响（见图2-1），其中，消费者行为态度是指消费者本人对行为的评价，主要受个体对事物认知、情感等影响；消费者主观规范是指他人或社会对消费行为的评价以及消费者本人的在意程度，是消费者实施某项消费行为时的社会压力感知。理性行为理论的贡献在于，提出了相对完善的预测消费行为的方法，并以行为意愿为中间变量，对消费者个人态度与消费行为之间缺乏一致性的现象提供了可能的解释。然而，这一理论的不足在于，以人们的行为完全受主观意志控制为前提假设，而事实上，客观条件也会影响行为，如消费主体个人能力缺失或外在客观环境限制等。1985年阿耶兹（Ajzen）在理性行为理论中引入感知行为控制这一变量，形成了计划行为理论（见图2-2）[2]。感知行为控制是指人们对于实施某项行为难易程度的感知，它既直接作用于消费行为，也以行为意图为中介变量间接作用于消费行为。计划行为理论的贡献在于，加入了非主观因素的影响，提高了预测的准确性，部分地弥补了理性行为理论的不足。尽管理性行为理论和计划行为理论为消费者决策行为提供了有益的一般性分析框架，然而，这两者都不是直接针对伦理消费决策行为所提出的。1986年，以理性行为理论和计划行为理论为基础，汉特（Hunt）和维特尔（Vitell）发表"A general theory of marketing ethics"一文，将道德哲学评价纳入消费者决策模型，提出了真正意义上的伦理消费决策模型，即Hunt-Vitell伦理决策模型[3]，此后，尽管还有其他伦理决策模型陆续提出，但以该模型在伦理决策实证研究中的应用最为广泛[4]。2006年，汉特和维特尔进一步发文对模型进行阐释。Hunt-Vitell伦理决策模型对理性行为理论和计划行为理论的继承体现为：第一，吸收了理性行为理论以伦理消费意图为消费行为前置变量的观点；第二，吸收了计划行为理论中消费者消费行为会受到客观条件限制即行为控制的影响的观点。其发展在于：其一，影响消费者行为意图的因素由道义论评估和功利主义评估共同决定。道义论和功利主义两者本身是现代道德哲学中两种主流的理论形态，道义论评估是基于行为动机和行为本身来判断行为合理性，

---

[1] Fishbein M, Ajzen I: Belief, Attitude, Intention and Behavior: An Introduction to Theory and Research, Addison-Wesley Publishing Company, 1975: 335.

[2] Ajzen I: From intentions to actions: A theory of planned behavior, Action control-Springer-Verlag, 1985: 11.

[3] Hunt S D, Vitell S: A general theory of marketing ethics, Journal of macromarketing, 1986, 6 (1): 5.

[4] 赵宝春：《西方消费伦理实证研究述评》，《外国经济与管理》，2009年第9期，第38页。

功利主义评估是根据行为社会结果来判断行为合理性，二者并不总存在一致性，Hunt-Vitell 模型认为道义论评估和功利主义评估会同时发挥影响作用。其二，构建了反馈机制，消费者消费行为的实际结果会影响消费者的个人道德伦理特征，如道德敏感性、价值观等，进而影响消费者伦理评判结果和消费者未来伦理消费行为[①]。

图 2-1 理性行为理论示意图

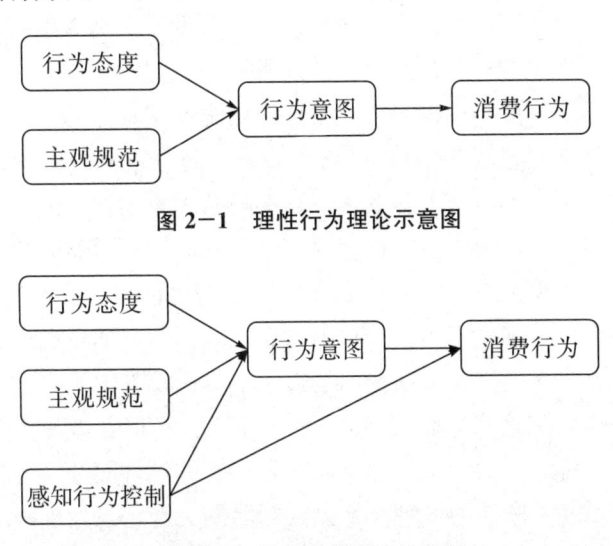

图 2-2 计划行为理论示意图

## 第三节 相关思想对本研究的支撑作用

本章从马克思主义政治经济学和西方经济学两个层面，对供给和需求、消费相关理论进行了梳理。马克思关于供给和需求的思想具有坚实的理论根基，西方经济学中供需适配和消费的相关思想也有其可取之处。中国共产党人将马克思主义基本理论与中国具体的革命和建设实践紧密结合，实现了马克思主义中国化，使供给和需求、消费相关思想不断发展丰富。他们对已有经济思想和经济理论的比较分析、合理借鉴和综合运用为本书的研究奠定了理论基础。

就理论观点和内容而言，马克思主义政治经济学和西方经济学都对供给和需求、消费问题有深入研究，但具体观点又有较大区别。从供给和需求理论来

---

① Hunt S D, Vitell S: The general theory of marketing ethics: A revision and three questions, Journal of macromarketing, 2006, 26 (2): 143.

看，尽管马克思没有直接系统研究供需适配的理论，但供给和需求理论又深深根植于其整个理论大厦之中，其中，价值规律是实现供需适配的内在规律，社会再生产四环节是供需适配的实现过程，市场竞争是供需适配的实现机制，供求一致实现条件理论也对研究供需适配实现条件有重要指导意义。在认可市场对促进供需趋向一致的同时，马克思也指出了资本主义市场存在根本缺陷，会最终导致经济危机。中国共产党人进一步继承并发展了马克思的基本观点，其供给和需求相关思想主要体现在供给和需求调控思想中，特点有二：其一，调控供需的思路不是一成不变的，要根据具体历史情况具体分析；其二，调控供需的关键是要处理好政府/计划和市场的关系。西方主流经济学中，供给和需求是基本问题，新古典经济学建立了以均衡价格理论为核心的供求理论，认为市场可以自动出清，形成了西方微观经济学的基础。尽管这一理论有瑕疵，如商品价格取决于供求关系，供求关系又是以价格为前提，存在循环论的嫌疑，但这一理论迎合了资本主义需要的自由市场，因而在资本主义世界乃至全球广为流行。凯恩斯主义经济学首次提出了需求不足论及其解决方案，主张政府干预，奠定了西方宏观经济学的基础。综合来看，无论是马克思主义政治经济学，还是西方经济学，都认可供给和需求是重要的经济问题，需求与供给也并非彼此割裂而是相互联系的。解决好供需问题的关键，是处理好政府和市场的关系。

从消费理论来看，马克思的消费理论主要体现在对社会四环节理论的研究之中，集中体现为消费在社会再生产中的地位和作用，以及生产、分配、交换对消费的作用两个方面。中国共产党人在继承马克思主义思想精髓的同时，将马克思主义同中国具体实践相结合，形成了与时俱进的消费理论，归纳起来，主要体现在消费在经济发展中的地位日益得到强调、正确处理积累和消费的关系、生产和消费的辩证关系三个方面。20 世纪以来，西方主流经济学十分重视消费对经济的拉动作用，完全不同于资本主义早期抑制消费的主张。到 21 世纪，在资本的推波助澜下，消费主义文化席卷全球，这引起了学者的反思，发展出伦理消费相关思想，甚至提出消费作为一种解决经济社会发展问题路径的可能性，但由于总体不符合资本的利益，因而始终被主流经济学排斥在外，处于非主流的地位。不过，这一思想对笔者颇有启发，尤其体现在本书第六章消费者消费行为和消费意愿的研究中。综合来看，无论是马克思主义政治经济学，还是西方经济学，都承认消费对拉动经济增长有重要作用，在生产力发达的阶段尤其如此，同时，消费也并非孤立存在，受多重因素共同影响。

就研究立场而言，马克思主义政治经济学始终坚持人民立场，无论是马克思主义经典作家还是中国共产党人，在考虑问题的时候都站在人民立场，谋求最广大人民的福利。而西方主流经济学从资本的利益出发，在维护资本主义市场的前提下调节供给和需求、生产和消费，尽管非主流经济学对资本主义消费进行了批判性反思，提出伦理消费，但遗憾的是，在某种程度上这种伦理消费也沦为资本营销的工具，这是我国开展消费帮扶所需要警惕的。

就研究方法而言，马克思运用辩证唯物主义分析方法，按照从抽象到具体的逻辑思路分析了资本主义生产关系决定的供给和需求的矛盾，从资本主义相对生产过剩和有购买力的需求不足两方面推导了资本主义供给需求失衡的必然性。马克思将静态分析和动态分析相结合，静态分析了供给需求平衡和失衡的表现及判断，并将其引入社会再生产过程，动态分析了社会总产品的供给需求平衡和失衡的表现旨在找出克服资本主义供给需求失衡问题的途径。西方经济学研究供给和需求、消费问题则主要采取的是技术路线，运用现代统计和数理方法分析。

就理论基础而言，马克思对供给和需求的分析是以劳动价值论为基础，在分析价值决定和实现基础上分析了市场价值决定供求关系，供求关系对市场价格形成调节作用，通过产品价值规律的内容以及作用形式，说明了资本社会在具体形态上的运动总过程。西方经济学进入新古典阶段之后，以效用价值论为基础，注重对现象的研究，而有意无意回避了对资本主义根本矛盾的分析。

从对本书的指导作用来看，马克思主义政治经济学的相关思想，是本书研究的主要理论基础。本书在研究观点、研究立场和研究方法方面，主要都是遵循马克思主义的观点、立场和方法。在西方主流经济学和非主流经济学中，本书主要借鉴其中适合于本书研究的理论观点和研究方法。

综上所述，既有的理论成果为本书研究提供了扎实基础。本书将在继承和发扬马克思主义政治经济学观点、立场和方法的基础上，合理借鉴西方经济学的有益成分，将理论与我国新发展阶段消费帮扶面临的具体情况相结合，对供需适配视角下消费帮扶的长效机制展开具体研究。

# 第三章　我国消费帮扶的演进历程与发展成效

我国消费帮扶的演进历程与脱贫攻坚息息相关，在脱贫攻坚过程中实现了系统化、组织化、规模化。根据主导力量的不同，我国消费帮扶先后经历了社会主导型、政府主导型和市场主导型三个阶段。值得说明的是，无论是社会主导型、政府主导型还是市场主导型的消费帮扶，都有政府、市场和社会三种力量的参与，区别只是在于哪一种力量起最主要的作用。通过社会各界努力，消费帮扶在短期内实现跨越式发展，取得了显著的发展成效。

## 第一节　消费帮扶的演进历程

消费帮扶早期的消费者主要是以慈善爱心消费为主，由社会力量主导，可以被认为是社会主导型消费帮扶阶段。到 2019 年，在以脱贫攻坚统揽经济社会发展全局的特殊历史背景下[①]，政府主导型消费帮扶模式逐步形成并快速发展。到 2021 年之后，由于"三农"工作重心历史性地转向乡村振兴，原有的脱贫攻坚体制机制开始进行新一轮的转型，政府主导型消费帮扶赖以存在的基础发生变化，原有的支撑制度难以继续维持消费帮扶的有效运行，消费帮扶逐步进入市场主导型消费帮扶阶段。

### 一、社会主导型消费帮扶阶段（2019 年之前）

#### （一）背景

尽管消费帮扶事实上长期存在，但正式提出消费帮扶的概念是在实施精准

---

[①] 左停、李世雄、史志乐：《以脱贫攻坚统揽经济社会发展全局——中国脱贫治理经验的基本面》，《湘潭大学学报（哲学社会科学版）》，2021 年第 3 期，第 73 页。

扶贫战略之后。2013年以来，以习近平同志为核心的党中央把脱贫攻坚摆到治国理政的突出位置，提出了精准扶贫的基本方略。在精准扶贫产业扶贫的强力推动下，原贫困地区生产力短期内迅猛发展，在温饱问题得到解决后，产销矛盾成为制约产业发展的最大瓶颈。如果没有持续的消费拉动，脱贫地区产业发展将陷入停滞。在产销矛盾背景下，尽快解决贫困地区产品销路问题成为各界共识，以消费帮扶解决脱贫地区和贫困人口产品销路的思路逐渐得到重视。

由于这一时期主要着眼于解决贫困问题，因而消费帮扶以"消费扶贫"的面目进入公众视野。关于"消费扶贫"理念的提出，有报道称，国务院参事、国务院扶贫开发领导小组专家委员会副主任、友成企业家扶贫基金会常务副理事长汤敏是"消费扶贫"理念的率先首先提出者[1]；也有资料指出，全国人大代表、福建省南安市梅山镇蓉中村党委书记李振生在2015年全国两会期间首先提出了"产业扶贫＋消费扶贫"的思路[2][3]。

在笔者所能收集到的公开资料中，最早明确提出"消费扶贫"的官方正式场合是2015年5月23日国新办举行的"国务院扶贫办陇南电商扶贫试点"新闻发布会。会上，国务院扶贫办国际合作和社会扶贫司巡视员曲天军谈到国务院扶贫办主任刘永富每年自掏腰包两万块钱购买福建省宁德市的贫困村（蓉中村）的一亩茶园，并将茶园的茶叶进行推销，来帮助贫困村脱贫。曲天军指出，这种消费贫困地区的农副土特产品的行为也是一种扶贫方式，叫消费扶贫[4]。

到2019年之前，尽管全国各地关于消费帮扶的实践如雨后春笋般显现出勃勃生机，但消费帮扶并未被官方纳入脱贫攻坚政策体系。这一时期的消费帮扶还处于探索之中，主要是以小规模的社会爱心消费为主，因而可以视为社会主导型消费帮扶阶段。

**（二）主要做法**

2019年之前，消费帮扶主要有两种模式：一种是零星的"以购代捐"消

---

[1] 《"消费扶贫联盟"助力国家精准扶贫战略》，http://gongyi.china.com.cn/2016-10/18/content_9096964.htm。

[2] 《消费：如何成为扶贫"新动力"？》，http://gongyi.china.com.cn/2016-10/25/content_9109629.htm。

[3] 徐豪：《提供消费需求，促进特色产品规模化生产"国安社区"探索消费扶贫新模式》，《中国经济周刊》，2016年第43期，第44页。

[4] 《国务院扶贫办：电商扶贫拓宽贫困农户增收渠道》，http://www.nrra.gov.cn/art/2015/5/23/art_624_13950.html?from=singlemessage&isappinstalled=0。

费帮扶，另一种是以"万企帮万村"为支撑的较为系统化的社会性消费帮扶。

零星的"以购代捐"消费帮扶模式中，爱心消费主体直接购买贫困户的产品，实现生产者和消费者共赢。全国人大代表、四川省广元市苍溪县白驿镇岫云村党支部书记李君被认为是消费扶贫"以购代捐"模式的首创者[①]。2014年，为了解决产业扶贫过程中产品缺乏销路的困境，李君通过互联网组织60多个企业和爱心家庭，在岫云村开展了第一次"远山结亲·以购代捐活动"[②]，此后，其持续推进爱心企业与贫困户对接，实现了5000余户城市家庭"结亲认购"贫困户农产品。

"万企帮万村"的消费帮扶行动是我国最早的较为系统化的社会性消费帮扶。这一行动由全国工商联、国务院扶贫办和中国光彩会于2015年正式发起，是一项以民营企业为主体、以贫困村和贫困户为帮扶对象的社会帮扶行为。自消费帮扶理念提出至2019年国务院正式将消费帮扶纳入脱贫攻坚政策体系前，"万企帮万村"中的数万家民营企业的社会力量是消费帮扶的主力军。全国工商联是中国共产党领导的人民团体和商会组织。2018年1月，全国工商联与国务院扶贫办联合举办了"万企帮万村"消费扶贫启动仪式、发出了倡议书。2018年6月，全国工商联官方APP"联成e家"上线，并把各省上报的扶贫产品在"联成e家"APP中进行展卖[③]，从笔者收集的资料来看，这是我国第一个系统的、专门针对扶贫产品的消费帮扶市场平台。2018年9月20日至22日，全国"万企帮万村"行动领导小组办公室于第六届中国公益慈善项目交流展示会期间开展全国"万企帮万村"消费扶贫专题展销活动，并组织民营企业观展和采购，这一消费扶贫专题展销活动也是较早的专门针对扶贫产品的消费帮扶线下市场[④]。可以说，全国工商联"万企帮万村"消费帮扶工作奠定了我国全国性消费帮扶工作的雏形，在消费帮扶市场建设和标准探索方面作出了卓越贡献。

---

① 《苍溪县岫云村"以购代捐"引发中外媒体关注》，《四川农村日报》，2018年3月16日第2版。

② 李川：《李君："远山结亲·以购代捐"，他让乡亲有尊严地脱贫致富》，http://qclz.youth.cn/znl/201805/t20180504_11613105.htm。

③ 《全国工商联办公厅关于在全国深入推进"万企帮万村"消费扶贫活动的通知》，https://www.acfic.org.cn/tzgg/tzgs/201808/t20180823_67477.html。

④ 《关于组织参加全国"万企帮万村"消费扶贫专题展销活动的通知》，https://www.acfic.org.cn/tzgg/tzgs/201808/t20180803_67473.html。

## 二、政府主导型消费帮扶阶段（2019—2020年）

### （一）背景

尽管社会主导型消费帮扶对缓解贫困地区产销矛盾发挥了一定的作用，但总体而言我国社会慈善力量还比较薄弱，难以承担起解决脱贫地区产销矛盾的主要责任。随着脱贫攻坚战的不断深入，我国以脱贫攻坚统揽经济社会发展全局的氛围日益浓厚[1]，脱贫攻坚体制机制逐步形成。政府主导型消费帮扶模式正是这一特殊历史时期的特殊产物，在此期间，新冠疫情的冲击，也使这一模式得到了强化。2019—2020年，我国消费帮扶主要由政府主导。具体来看，对政府主导型消费帮扶形成产生关键影响的背景主要有如下两点。

其一，全面如期完成脱贫攻坚任务的紧迫性。党的十八大以来，党中央把脱贫攻坚作为全面建成小康社会的底线任务和标志性指标。通过层层签订脱贫攻坚责任书、立下军令状、撰写年度脱贫攻坚报告和实行督查制度等方式，脱贫攻坚成为统揽经济社会发展全局的首要任务。迫于如期完成脱贫攻坚任务的压力，2017年后，政府直接参与消费扶贫的消费扶贫行为日渐增多。2018年6月，四川省委和四川省人民政府印发《关于创新扶贫产品销售体系促进精准脱贫的意见》，针对扶贫产品与市场对接不畅、流通成本高等瓶颈问题，出台了一系列旨在帮助贫困地区构建便捷、高效、稳定的产品销售渠道的政策措施；2019年1月，北京消费扶贫产业双创中心启用，来自7省区89个县级地区的2000个特色产品在此长期展销[2]。2020年初，新冠疫情暴发，为了打赢疫情防控攻坚战，国家实施了交通管制，直接导致了各地农产品滞销，给决战决胜脱贫攻坚带来新的挑战，迫切需要有力措施化解贫困地区滞销风险，确保脱贫攻坚战如期打赢。

其二，脱贫攻坚体制机制为政府主导型消费帮扶提供了依托。精准扶贫战略确立以后，我国脱贫攻坚体制经历了快速创新和转型[3]。从脱贫攻坚体制来看，其主要特点是政府主导，国务院扶贫开发小组负责统筹和协调，省市县乡村五级书记一起抓的领导体制，以及"中央统筹、省负总责、市县抓落实"管

---

[1] 左停、李世雄、史志乐：《以脱贫攻坚统揽经济社会发展全局——中国脱贫治理经验的基本面》，《湘潭大学学报（哲学社会科学版）》，2021年第3期，第73页。
[2] 《北京市"1+4"消费扶贫模式助力精准扶贫》，《领导决策信息》，2019年第4期，第18页。
[3] 檀学文：《完善现行精准扶贫体制机制研究》，《中国农业大学学报（社会科学版）》，2017年第5期，第42页。

理体制，和专项扶贫、行业扶贫、社会扶贫互为补充的大扶贫格局[①]。从脱贫攻坚工作机制来看，其建立起了精准识别机制、合力攻坚机制、资源投入机制、广泛动员机制、监督机制、考核评估机制等"四梁八柱"的工作机制。为了确保体制机制的正常运行，又建立起了一套完善的脱贫攻坚制度体系。例如：为了确保精准识别机制有效运行，搭建了扶贫开发信息系统大数据平台，还制定了贫困户建档立卡工作流程规范制度、名单公示制度、"回头看"制度、动态管理制度等[②]；为了确保合力攻坚机制有效运行，建立了一把手负责制度、分级分责制度、扶贫工作队制度、第一书记制度、五级书记遍访贫困对象行动、问责制度等制度；为了确保资源投入机制有效运行，强化了财政专项扶贫资金制度、一般性转移制度资金倾斜制度、专项转移支付制度、预算内投资倾斜制度、城乡建设用地指标挂钩交易制度等制度；为了确保广泛动员机制有效运行，制定或强化了东西部扶贫协作、中央单位定点扶贫、军队帮扶等对口帮扶制度、万企帮万村制度等制度；为了确保监督机制有效运行，制定了属地监督制度，中央督查巡查和专项巡查监督制度，扶贫审计监督制度，民主监督和社会监督制度等制度[③]；为了确保考核评估机制有效运行，制定了分类考核制度、交叉考核制度、第三方评估制度等制度。这套完善的体制机制及其配套制度，为政府主导型消费帮扶模式的快速形成提供了基础。

（二）主要做法

2019年1月14日，国务院办公厅发布《关于深入开展消费扶贫助力打赢脱贫攻坚战的指导意见》，标志着系统化、组织化、规模化的消费帮扶被正式纳入我国脱贫攻坚政策体系。此后，消费帮扶进入快车道，政府部门发布了系列政策文件支持推进消费帮扶（见表3-1）。

---

[①] 陈锡文、韩俊：《中国脱贫攻坚的实践与经验》，人民出版社，2021年，第73~75页。
[②] 《建档立卡》，http://fpzg.cpad.gov.cn/429463/430986/430987/index.html。
[③] 付胜南：《精准扶贫监督体系的构建与完善——基于机制设计理论的视角》，《求索》，2019年第3期，第104页。

表 3-1 部分消费帮扶相关政策文件

| 类别 | 发布时间 | 文件名 | 部门 |
| --- | --- | --- | --- |
| 消费帮扶纳入脱贫攻坚政策体系前 | 2018年6月 | 《关于创新扶贫产品销售体系促进精准脱贫的意见》 | 中共四川省委办公厅、四川省人民政府办公厅 |
| | 2018年8月 | 《北京市关于推进扶贫协作地区特色产品进京销售的指导意见》 | 北京市扶贫协作和支援合作工作领导小组办公室、北京市商务委 |
| | 2018年10月 | 《关于开展消费扶贫行动的通知》《消费有情爱心无价海南消费扶贫爱心行动倡议书》 | 海南省打赢脱贫攻坚战指挥部 |
| | 2018年10月 | 《关于开展消费扶贫行动的通知》 | 海南省人力资源和社会保障厅 |
| 消费帮扶纳入脱贫攻坚政策体系后至脱贫攻坚结束前 | 2019年1月 | 《国务院办公厅关于深入开展消费扶贫助力打赢脱贫攻坚战的指导意见》 | 国务院办公厅 |
| | 2019年1月 | 《多渠道拓宽贫困地区农产品营销渠道实施方案》 | 商务部等10部门 |
| | 2020年2月 | 《关于开展消费扶贫行动的通知》 | 国务院扶贫办、教育部、国务院国资委、全国工商联等7部委 |
| | 2020年3月 | 《消费扶贫助力决战决胜脱贫攻坚2020年行动方案》 | 国家发展改革委 |
| 脱贫攻坚收官后 | 2021年4月 | 《关于推动脱贫地区特色产业可持续发展的指导意见》 | 农业农村部、国家发展改革委等10部门 |
| | 2022年5月 | 《关于继续大力实施消费帮扶巩固拓展脱贫攻坚成果的指导意见》 | 国家发展改革委等30部门 |

资料来源：根据公开资料整理所得。

顶层设计的初衷是希望在政府引导下，通过市场机制来激发全社会参与消费帮扶的积极性，拓宽贫困地区农产品销售渠道。然而，在实践中，面对如期完成全面消除绝对贫困任务的艰巨性和紧迫性，消费帮扶迅速与脱贫攻坚体制机制相结合，在事实上形成了政府主导型消费帮扶模式。这一模式以供给端依托驻村工作队组织、消费端依托帮扶单位安排、供需匹配依托行政指令实现为主要内容，以驻村工作队制度、结对帮扶制度、行政动员为制度支撑，是一套依附于脱贫攻坚特殊时期体制机制的消费帮扶模式。具体来说，这一模式的支撑制度主要有如下几项：

一是行政动员制度。消费帮扶中的行政动员是指政府部门通过行政指令动员单位或个人消费扶贫产品。按照是否明确规定消费额度,可以分为配额式动员和非配额式动员。配额式动员的对象有单位,也有个人,其中,以对单位的动员为主,具体表现为中央部门对全国预算单位的动员。2019年5月27日,财政部、国务院扶贫办发布《关于运用政府采购政策支持脱贫攻坚的通知》(以下简称《通知》),要求各预算单位确定并预留食堂采购农副产品总额的一定比例定向采购贫困地区农副产品,并于2019年底前上报、备案。《通知》还要求,自2020年起,将采购执行情况专项统计纳入政府采购信息统计范围。作为对这一制度安排的回应,地方政府也出台了相应具体政策[①]。为了确保政府采购消费扶贫有力推进,财政部会定期通报(按月通报)各预算单位政府采购贫困地区农副产品的有关工作情况,督促消费扶贫进度。同时,消费帮扶工作也全方位纳入脱贫攻坚考核之中,国家发展改革委印发的通知中,不仅明确要求各部门将消费扶贫纳入年度脱贫攻坚工作计划,而且将消费扶贫工作开展情况作为考核内容[②]。一系列配套制度安排保障了对全国预算单位行政动员的顺利进行。消费帮扶对个人的配额式动员则表现在脱贫攻坚过程中,有地方或单位明确要求个人在一定时期内达到一定的消费额度,如2020年初受疫情影响,陕西某县开展"县长直播带货"活动,发文"要求全县干部最低消费50元"[③]等。消费帮扶非配额式动员的对象也有单位和个人。对单位的非配额式动员,如东西部协作帮扶中帮扶地区承诺帮助被帮扶地区销售的扶贫农产品;定点帮扶中帮扶单位承诺帮助被帮扶单位销售扶贫产品等;对个人的非配额式动员体现在工会购买扶贫产品作为节假日福利发放,以及个人结对帮扶中帮扶人购买帮扶对象生产的农产品等(见表3-2)。

---

[①] 《多点发力全面推进各地区消费扶贫影响大、效果好》,https://www.ndrc.gov.cn/fzggw/jgsj/zxs/sjdt/202003/t20200330_1224491.html。

[②] 《国家发展改革委关于印发〈消费扶贫助力决战决胜脱贫攻坚2020年行动方案〉的通知》,http://www.gov.cn/zhengce/zhengceku/2020-03/20/content_5493433.htm。

[③] 《"干部最低消费50元",直播带货不能搞强制摊派》,https://guancha.gmw.cn/2020-05/11/content_33821265.htm。

表 3-2 消费帮扶行政动员的类型

| 行政动员类型 | 动员对象 | 典型实践 |
|---|---|---|
| 配额式动员 | 对单位的动员 | 中央部门要求全国预算单位确定并预留食堂采购农副产品总额的一定比例,定向采购贫困地区农副产品,财政部会定期通报(按月通报)各预算单位政府采购贫困地区农副产品有关工作情况,督促消费扶贫进度 |
| | | 海南省要求拥有食堂和餐厅的省社保局、省就业局、省技师学院等单位每月认购农产品数量不得低于月消费同类产品的 20% |
| | | 广西出台政策措施,明确每年用于采购的职工福利费金额不应低于本单位职工福利支出总额的 50% |
| | 对个人的动员 | 陕西省某县在开展"县长直播带货"活动中,发文"要求全县干部最低消费 50 元" |
| 非配额式动员 | 对单位的动员 | 东西部协作帮扶中帮扶地区承诺帮助被帮扶地区销售扶贫农产品,定点帮扶中帮扶单位承诺帮助被帮扶单位销售扶贫产品 |
| | 对个人的动员 | 工会购买扶贫产品作为节假日福利发放;个人结对帮扶中帮扶人购买帮扶对象生产的农产品 |

资料来源:作者自制。

二是驻村工作队制度。选派扶贫工作队和第一书记驻村是脱贫攻坚期间加强基层组织工作的有效措施,可以统称为驻村工作队制度[1],这一制度为组织消费帮扶产品供给发挥了重要作用。派驻干部工作制度最早可追溯至解放初期的乡镇下派驻村干部制度,是中国共产党"走群众路线"的制度化运作机制[2],在处理农村急需解决的问题、贯彻党的方针政策方面具有重要作用[3]。贺雪峰、仝志辉的研究认为,中国现代化进程中,村庄社会良序发展与村庄社会关联度密切相关,外部力量的嵌入是村庄内生自治秩序出现危机的重要稳定力量[4]。精准扶贫工作开展以来,驻村干部在脱贫工作中发挥了巨大的正向促

---

[1] 李媛媛、陈国申:《中国共产党百年驻村工作的演进与展望》,《社会主义研究》,2021 年第 5 期,第 35 页。
[2] 欧阳静:《乡镇驻村制与基层治理方式变迁》,《中国农业大学学报(社会科学版)》,2012 年第 1 期,第 111 页。
[3] 刘金海:《工作队:当代中国农村工作的特殊组织及形式》,《中共党史研究》,2012 年第 12 期,第 50 页。
[4] 贺雪峰、仝志辉:《论村庄社会关联——兼论村庄秩序的社会基础》,《中国社会科学》,2002 年第 3 期,第 124~134 页。

进和推动作用①，相关年份驻村工作队、驻村工作人员和第一书记数量统计情况见表3-3。相关资料显示，2020年底，全国在岗驻村工作队共有25.5万个，累计驻村300万人②。第一书记是驻村工作队中的中坚力量，脱贫攻坚期间平均驻村时长达3.6年③。邓燕华等人在脱贫攻坚期间针对西南彝族地区的调研显示，2018年该地区一个市内的帮扶工作队成员达3374人，来自8个省份④。从笔者调研的244名帮扶干部经历来看，有131名帮扶干部有驻村工作经历，这些有驻村工作经历的干部中，有111名的驻村干部有帮助贫困人口联络销售渠道的经历，比例高达84.73%。从帮助贫困人口销售产品的具体方式来看，帮助联系过销售渠道的帮扶干部中，有61.26%其对接单位和同事帮助购买扶贫产品，有73.87%的帮扶干部在朋友圈发布扶贫产品信息，有3.6%曾参与过直播带货，此外，还有11.71%通过电话联系亲朋好友购买、联系农贸市场购买、委托销售商来收购等方式，帮助贫困人口销售产品（见表3-4）。可以看出，脱贫攻坚期间，扶贫工作队工作人员为组织扶贫产品销售发挥了重要的纽带作用。

表3-3 2013—2020驻村力量情况统计

| 年份 | 驻村工作队（支） | 驻村工作人员（人） | 第一书记（人） |
| --- | --- | --- | --- |
| 2013 | 98283 | 318830 | 55178 |
| 2014 | 117164 | 400083 | 91681 |
| 2015 | 125416 | 481248 | 160805 |
| 2016 | 160445 | 606620 | 178736 |
| 2017 | 178736 | 737480 | 230021 |
| 2018 | 241603 | 897019 | 206820 |
| 2019 | 254688 | 917874 | 216605 |
| 2020 | 253365 | 887684 | 233615 |

数据来源：国务院扶贫开发领导小组办公室政策法规司。

---

① 桑晚晴、杨帆：《扶贫驻村干部留任参与乡村振兴的意愿及其影响因素研究》，《农村经济》，2020年第1期，第54页。

② 学习时报采访组：《习近平总书记亲自指挥打赢脱贫攻坚战》，《学习时报》，2021年3月15日第A1版。

③ 程虹、吴润清：《中国扶贫实践中的第一书记制度研究》，《宏观质量研究》，2022年第4期，第1页。

④ 邓燕华、王颖异、刘伟：《扶贫新机制：驻村帮扶工作队的组织、运作与功能》，《社会学研究》，2020年第6期，第49页。

表3-4 驻村干部帮助贫困人口销售产品的方式

| 帮助销售产品的方式 | 数量（人） | 比例 |
|---|---|---|
| 在朋友圈发布扶贫产品信息 | 82 | 73.87% |
| 对接单位和同事帮助购买 | 68 | 61.26% |
| 直播带货 | 4 | 3.60% |
| 其他 | 13 | 11.71% |

数据来源：根据实地调研资料整理所得。

三是结对帮扶制度。结对帮扶制度是颇具中国特色的帮扶制度，在长期实践中形成了多层次、多类型的结对形式，包括定点帮扶、东西部协作帮扶、"万企帮万村"，乃至个人之间的结对帮扶等[1]。其中，定点帮扶又有多种类型，参与主体包括中央和国家机关各部门各单位、人民团体、参照公务员法管理的事业单位、国有大型骨干企业、国有控股金融机构、国家重点科研院校、军队和武警部队等中央和国家机关，各民主党派中央、全国工商联，以及各类大型民营企业、社会组织等[2]。2012年出台的《关于做好新一轮中央、国家机关和有关单位定点扶贫工作的通知》，确定了310个中央和国家机关及相关单位定点扶贫结对关系，实现了定点扶贫工作对全国592个国家扶贫开发工作重点县的全覆盖。2012年，省级层面参加定点扶贫的单位共14130个，帮扶1274个国家和省级扶贫开发工作重点县、7057个贫困乡、36224个贫困村；军队和武警部队共帮扶63个国家和省级扶贫开发工作重点县、215个贫困乡镇、1470个贫困村[3]。此后几年间，结对帮扶工作力度有增无减（见表3-5）。到脱贫攻坚后期，不仅实现了东西部协作扶贫的省际结对帮扶，且每个贫困县、每个建档立卡贫困村都有帮扶单位，甚至每户建档立卡户都有帮扶责任人，真正实现了无缝对接。以西南某彝族深度贫困县为例，直接与该县结对帮扶的有3个单位，包括东部某市、某银行总行和本省某市；与该县的村结对帮扶的有12家省直帮扶单位、11家市内县外帮扶单位和69家县内帮扶单位[4]。与此同时，消费帮扶被纳入东西部扶贫协作和中央定点扶贫考核体系。

---

[1] 张宇：《结对帮扶工作方式的实践与思考——基于ZS村的调查研究》，《山西农经》，2022年第6期，第107页。
[2] 陈锡文、韩俊：《中国脱贫攻坚的实践与经验》，人民出版社，2021年，第92页。
[3] 《中国扶贫开发年鉴》编委会：《中国扶贫开发年鉴（2013）》，团结出版社，2014年，第313~314页。
[4] 邓燕华、王颖异、刘伟：《扶贫新机制：驻村帮扶工作队的组织、运作与功能》，《社会学研究》，2020年第6期，第53页。

表 3-5　2012—2020 年中央、国家机关和有关单位定点扶贫情况统计

| 年份 | 参加定点扶贫单位（个） | 扶持的重点县（个） | 挂职干部数量（人） | 赴定点县考察人数（人次） | 第一书记（人） |
| --- | --- | --- | --- | --- | --- |
| 2012 | 310 | 592 | 357 | 3685 | — |
| 2013 | 310 | 592 | 451 | 6162 | — |
| 2014 | 310 | 592 | 458 | 5953 | — |
| 2015 | 320 | 592 | 734 | 5863 | — |
| 2016 | 320 | 592 | 957 | 12531 | 375 |
| 2017 | 310 | 592 | 1023 | 14885 | 371 |
| 2018 | 288 | 592 | 1131 | 25203 | 554 |
| 2019 | 286 | 592 | 1164 | 36029 | 627 |
| 2020 | 307 | 592 | 1184 | 30566 | 616 |

注：2012 年、2015 年、2017 年、2018 年和 2019 年，曾调整中央单位定点扶贫结对关系。

数据来源：《中国扶贫开发年鉴（2021）》，知识产权出版社，2021 年，第 1041～1042 页。

在一系列制度支撑下，消费帮扶的供需匹配机制并不主要通过市场机制实现，而是通过结对帮扶制度由被帮扶地区、被帮扶人口，销售给帮扶单位职工、帮扶责任人等帮扶主体来实现，即由行政力量取代了市场的资源配置作用。据统计，脱贫攻坚战以来，中央和国家机关累计购买定点帮扶贫困县农产品 18 亿元，帮助销售贫困地区农产品 1030 亿元[①]。

脱贫攻坚尤其是 2020 年决战决胜脱贫攻坚期间，这三项制度有机联系，共同发挥作用，依托驻村工作队制度组织供给端货源、行政动员制度安排需求端消费、对口帮扶制度对接供需，从而完成消费帮扶交易，构筑了政府主导型消费帮扶的支撑制度。在以政府为主导的同时，消费帮扶依然配合着市场化工具。例如，搭建贫困地区农副产品网络销售平台[②]，为政府购买扶贫产品提供平台。再如，开展扶贫产品认证，确定哪些扶贫产品有资格进入消费帮扶销售渠道等。但这些市场化工具在脱贫攻坚期间没有发挥决定性作用，是政府主导

---

[①] 陈诚：《党旗在脱贫攻坚战场高高飘扬——中央和国家机关定点扶贫工作综述》，《旗帜》，2021 年第 2 期，第 10 页。

[②] 脱贫攻坚结束后，平台名称由"贫困地区农副产品网络销售平台"更名为"脱贫地区农副产品网络销售平台"。

型消费帮扶模式中的辅助部分。

## 三、市场主导型消费帮扶阶段（2021年之后）

### （一）背景

2021年起，我国进入新发展阶段。随着脱贫攻坚任务全面完成，"三农"工作重心历史性地转向乡村振兴，脱贫攻坚不再是统揽经济社会发展全局的首要任务。尽管《中共中央国务院关于实现巩固拓展脱贫攻坚成果同乡村振兴有效衔接的意见》明确要求过渡期内严格落实"四个不摘"[①]要求，但同时，也指出现有的帮扶政策"该优化的优化、该调整的调整"[②]。在这一背景下，原有的脱贫攻坚体制机制开始进行新一轮的转型，政府主导型消费帮扶赖以存在的基础发生变化，原有的支撑制度难以继续维持消费帮扶的有效运行。

首先面临冲击的是行政动员制度。行政动员消费在本质是有悖于市场经济客观规律的，在特殊情况下可以短期使用，但在社会主义市场经济条件下，是不可能长久的。脱贫攻坚收官前，面对如期完成脱贫任务的目标要求，可以短期使用，但脱贫攻坚结束后，消费者就会有不满情绪。如果不是消费者自愿购买，长此以往，不仅消费者难以接受，而且也会让消费帮扶失去了促进脱贫地区产业发展的本意。尤其不可取的是一些对个人的摊派行为，例如，对于陕西某县"县长直播带货"活动中"要求全县干部最低消费50元"的行为，该县给予了及时纠正[③]。对于中央部门对全国预算单位的动员，尽管在一定时间内可以维持，但是如果长期没有合适品质的产品供应，也将难以持续。

其次，驻村工作队制度对消费帮扶供给端的组织作用也将降低。一方面，驻村工作队办公方式开始调整，驻村时长和人员数量逐步减少。脱贫攻坚期间，一般要求每名扶贫工作队干部每个月要在所驻村庄住满20天，并伴有严格的考勤制度。进入新发展阶段以来，尽管驻村工作制度总体保留了下来，但帮扶干部驻村方式更加灵活化，驻村时间要求相对降低，驻村工作人员数量也逐步减少。另一方面，扶贫方面的考核压力减小。脱贫攻坚期间，帮助贫困户

---

[①] "四个不摘"即摘帽不摘责任，防止松劲懈怠；摘帽不摘政策，防止急刹车；摘帽不摘帮扶，防止一撤了之；摘帽不摘监管，防止贫困反弹。

[②] 《中共中央国务院关于实现巩固拓展脱贫攻坚成果同乡村振兴有效衔接的意见》，人民出版社，2021年，第7页。

[③] 与归：《"干部最低消费50元"，直播带货不能搞强制摊派》，https://guancha.gmw.cn/2020-05/11/content_33821265.htm。

脱贫且经受住各方面的核查是政治任务，2017年底出台的《关于加强贫困村驻村工作队选派管理工作的指导意见》明确要求干部驻村期间不承担原单位工作，以确保全身心专职驻村帮扶①。脱贫攻坚收官后，长期与原单位脱钩导致驻村干部工作重点偏移的问题开始暴露②，驻村干部的工作考核关系重新回到原单位，工作重点也发生转移。因此，驻村工作队制度对消费帮扶供给端的组织作用降低。

此外，结对帮扶制度并不适合用于长期直接安排供需。一方面，通过结对帮扶制度直接安排供需与通过市场竞争实现交易存在冲突，长此以往，不利于倒逼脱贫地区产业成长。另一方面，结对帮扶制度是与行政动员制度紧密相连的，正是因为有行政动员制度的存在，结对帮扶制度才可以直接安排供需。一旦行政动员消费的制度安排瓦解，结对帮扶制度将无法再直接安排供需，因而也无法再顺畅完成供需匹配。值得一提的是，尽管结对帮扶制度不适合长期直接安排供需，但可以为供需匹配提供一定的指引和基础设施，在市场主导型消费帮扶模式中也可以发挥该制度的积极作用。

综上所述，由于政府主导型消费帮扶是依赖于脱贫攻坚体制机制存在的，而新发展阶段相关支撑制度难以为继，因而该模式也就不具备长效性，迫切需要面向新的历史条件转型升级。2021年5月，国家发展和改革委员会等30个部门联合印发《关于继续大力实施消费帮扶巩固拓展脱贫攻坚成果的指导意见》，明确要求推动形成以市场机制为主导，政府、市场、社会协同推进的消费帮扶可持续发展新模式③，这标志着我国开始进入市场主导型消费帮扶阶段。

（二）主要做法

事实上，消费帮扶从2019年纳入脱贫攻坚政策体系之初，就被认为是一种市场化的帮扶手段，应按照"市场运作"④。但在当时特殊的历史背景下，贫困地区市场化发育程度低，市场主体薄弱，几乎不具备按照市场运作的条

---

① 《中共中央办公厅 国务院办公厅印发〈关于加强贫困村驻村工作队选派管理工作的指导意见〉》，http://www.gov.cn/gongbao/content/2018/content_5257369.htm。
② 邓燕华、王颖异、刘伟：《扶贫新机制：驻村帮扶工作队的组织、运作与功能》，《社会学研究》，2020年第6期，第44页。
③ 《关于继续大力实施消费帮扶巩固拓展脱贫攻坚成果的指导意见》，https://czt.henan.gov.cn/2021/10-27/2335265.html。
④ 《国务院办公厅关于深入开展消费扶贫助力打赢脱贫攻坚战的指导意见》，http://www.gov.cn/gongbao/content/2019/content_5361792.htm。

件，形成政府主导型消费帮扶是当时多种因素共同作用的结果。尽管如此，在政府主导型消费帮扶阶段，仍没有放弃为形成市场主导的消费帮扶模式所作的努力，同时在进入新发展阶段后，更加注重市场力量的作用。

市场交易的背后是价值规律。实现消费扶贫可持续发展，必然要遵从价值规律，让消费者以相同的价格或者相差很小的价格就可以便捷地买到消费扶贫产品。由于市场结构性和空间偏远性，脱贫地区小农户无力直接对接全国性大市场，消费扶贫产品流通成本极高，且缺乏直接面向消费群体的交易渠道。针对市场购买力量的消费扶贫措施主要体现在培育消费帮扶市场主体，降低流通成本和打造消费帮扶市场交易渠道三方面。

一是培育消费帮扶市场主体。消费帮扶培育市场主体具有创新性的举措是开展扶贫产品[1]和扶贫产品供应商认证。扶贫产品供应商是取得供应扶贫产品资质的企业[2]。消费扶贫产品和扶贫产品供应商有一套专门的认证体系，按照"中央统筹、省负总责、市县抓落实"的工作体制和"县认定、市审核、省复核、国务院扶贫办汇总备案并公示发布《扶贫产品名录》"的操作流程，实现扶贫产品认定、公示和发布的规范操作。扶贫产品有三点特征需要注意：第一，扶贫产品并不等于贫困地区生产的产品，前者必须有减贫、带贫机制；第二，扶贫产品不完全等同于贫困人口生产的产品，企业、合作社只要建立了明确的减贫带贫机制，其生产或销售的产品也可以被认定为扶贫产品；第三，扶贫产品必须具备使用价值，满足商品的基本属性。截至2021年底，经中西部贫困地区扶贫部门认定、国务院扶贫办汇总、中国社会扶贫网面向社会公开发布，先后已完成17批《消费扶贫产品名录》的认定，涉及中西部22个省54511家扶贫产品供应商，扶贫产品和扶贫产品供应商认证，助力培育了消费帮扶供给主体，解决了单纯依靠脱贫地区小农户无法融入全国性大市场的难题。

二是降低扶贫产品流通成本。降低扶贫产品流通成本的措施主要包括：①提升脱贫地区基础设施硬件水平，如加快贫困地区物流网点、产地仓、气调库、冷藏冷冻保鲜库等基础设施落地；②提升脱贫地区软件实力，如支持脱贫

---

[1] 脱贫攻坚结束之前，扶贫产品是消费扶贫的客体，伴随着脱贫攻坚收官，消费扶贫升级为消费帮扶。按常理，扶贫产品也该对应修改称谓。对消费帮扶客体，目前的官方的提法多样，如"脱贫地区产品和服务""特色农副产品"或沿用"扶贫产品"等，并无明确统一提法。在此情况下，为了表达的一贯性和准确性，本书同样沿用"扶贫产品"称谓，用以指代消费帮扶的客体。

[2] 《国务院新闻办就消费扶贫行动有关情况举行发布会》，http://www.gov.cn/xinwen/2020-08/28/content_5538158.htm。

地区完善网络基础设施和公共服务平台，推动新基建落地等。

三是打造消费帮扶市场交易渠道。政策文件中将扶贫产品线上线下销售渠道划分为专区、专馆、专柜三类。本书从线上、线下两方面总结消费帮扶市场交易渠道类型。

从线上对接平台来看，包括：①电商平台打造消费帮扶专区，如京东、拼多多、淘宝、苏宁等电商平台，会开辟出易于辨识的专区来销售扶贫产品；②消费帮扶专门平台，如脱贫地区农副产品网络销售平台，脱贫攻坚收官后更名为"脱贫地区农副产品网络销售平台"，简称为"832平台"，是为各级预算单位采购扶贫产品使用的平台。在2022年中央一号文件中，更是明确强调"发挥脱贫地区农副产品网络销售平台作用"[①]。"联成e家"是全国工商联开发的民营企业的消费扶贫平台。此外还有线上的地方馆，如江西馆、湖北馆、西藏馆，在线上馆建设的同时，也有线下场馆，集展示展销于一体。

从线下交易渠道来看，包括：①全国范围内投放智能柜、无人售货机，帮助消费者在较近的距离内就可以购买扶贫产品。截至2020年底，全国有50多个试点城市布点建设消费扶贫智能货柜，前期试点预计投放6万台。如吉林省2020年全省布放运营6000台消费扶贫智能货柜。按规划，到2022年6月30日前全国消费扶贫智能货柜预计超过百万台[②]，每台消费扶贫智能货柜销售的扶贫产品比例不低于30%。②在客运场站服务区设置专馆、专柜、专区、展销中心等，为扶贫农产品生产经营主体展销产品提供场所及必要设施[③]。③各地区建立消费扶贫线下固定的展销中心和流动的农博会、农贸会、展销会等，推介、展示、销售特色扶贫产品。④线下的商贸流通企业开辟专门区域销售扶贫产品，如线下的永辉超市。⑤建立东西部地区消费扶贫协作机制，帮扶省市采购单位与被帮扶地区建立长期稳定的供销关系。

尽管我国的消费帮扶从政府主导型向市场主导型迈出了坚实的步伐，取得了显著成效，但是，当前阶段我国的市场主导型消费帮扶模式仍是不成熟的，一定程度上是由于原有模式难以为继而被动地从政府主导型转向市场主导型。因此，需要进一步加强顶层设计，构建成熟的市场主导型消费帮扶模式。

---

① 《中共中央国务院关于做好二〇二二年全面推进乡村振兴重点工作的意见》，人民出版社，2022年，第10页。

② 全国消费扶贫专柜推荐目录、投放目标清单和政策补贴介绍，https://www.sohu.com/a/444750267_120162989。

③ 《农业农村部办公厅 交通运输部办公厅 中国国家铁路集团有限公司办公厅关于开展客运场站服务区扶贫农产品展示展销共同行动的通知》，http://www.ghs.moa.gov.cn/tzgg/202012/t20201223_6358699.htm。

## 第二节　消费帮扶的发展成效

从以上梳理可以看出，尽管消费帮扶正式提出的时间并不长，但社会各界为消费帮扶投入了海量资源，围绕帮扶目标开展了丰富探索，消费帮扶也在短期内实现跨越式发展，取得了显著的发展成效。

### 一、交易规模越来越大

自《关于深入开展消费扶贫助力打赢脱贫攻坚战的指导意见》（以下简称《指导意见》）发布以来，消费帮扶活动在全国范围内广泛开展。2019 年即《指导意见》出台第一年，我国消费帮扶金额达 1600 亿元[1]。对于 2020 年的交易总额，由于统计口径的差异，存在多种版本。有报道称 2020 年前 10 个月交易额超过 3300 亿元[2]；也有报道称截至 2020 年 11 月底，消费帮扶交易规模为 3069.4 亿元[3]；还有报道称 2020 年全年消费帮扶总规模为 3069.4 亿元[4]。对于 2020 年的消费帮扶具体金额认定虽然有差异，但各种报道版本中无争议的是 2020 年我国消费扶贫金额超过 3000 亿元，接近 2019 年消费帮扶规模的 2 倍，呈现出显著增长趋势。2021 年，消费帮扶规模超过 4600 亿元[5]，比 2020 年增长超过 50%。

消费帮扶总规模增长的背后，是各类消费帮扶方式影响力日益广泛。以脱贫地区农副产品网络销售平台——"832 平台"为例，2020 年 1 月该平台交易帮扶金额仅为 1861.82 万元、2 月为 196.94 万元，而 9—12 月，各个月份交易额均超过了 10 亿元，其中 9 月和 11 月交易额超过 19 亿元，交易额呈明显上升趋势（如图 3-1）。2020 年 9 月是我国首届全国消费扶贫月，"832 平台"销量连续多天单日成交额超过 1 亿元，该平台月交易额达 19.5 亿元。根据国

---

[1] 赵展慧：《完善体系，创新方式，全社会参与——前十月消费扶贫规模超过 3300 亿元（权威发布）》，《人民日报》，2020 年 11 月 25 日第 6 版。
[2] 赵展慧：《完善体系，创新方式，全社会参与——前十月消费扶贫规模超过 3300 亿元（权威发布）》，《人民日报》，2020 年 11 月 25 日第 6 版。
[3] 孙伶伶：《持续推进消费扶贫行动》，《经济日报》，2021 年 1 月 2 日第 6 版。
[4] 杜海涛：《让消费扶贫行稳致远》，《人民日报》，2021 年 2 月 3 日第 19 版。
[5] 《2021 年消费帮扶总额达 4600 亿元助推乡村产业振兴》，https://www.chinanews.com.cn/cj/2022/03-14/9701654.shtml。

务院扶贫办 2020 年 10 月 17 日在全国消费扶贫月活动成果展示发布会上公布的数据，自 9 月 1 日消费扶贫活动启动以来到发布会举办，中西部 22 个省份销售贫困地区农畜牧产品 415.98 亿元，东部 9 省市消费帮扶金额达 215.27 亿元[①]。

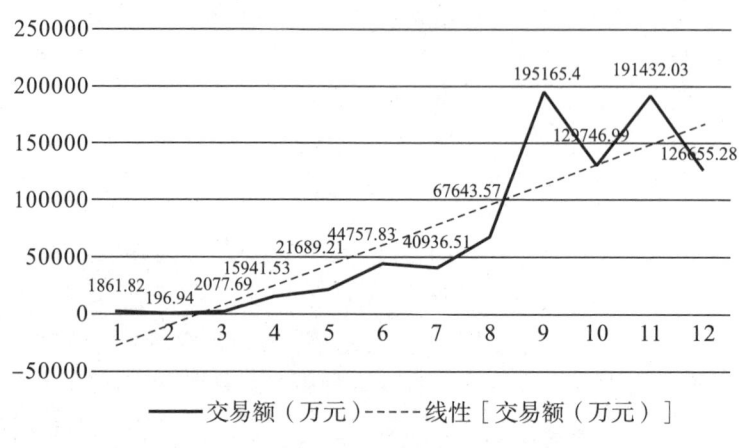

图 3－1 "832 平台" 2020 年消费金额统计

## 二、交易渠道趋向多元

扶贫产品线上线下销售渠道可以分为专区、专馆、专柜三类，专区是指在现有的商业渠道中设立一种易于辨识的区域来专门销售扶贫产品，专馆是指专门销售扶贫产品的平台或场馆，专柜是指利用智能柜、无人售货机等新型的零售方式，把扶贫产品以相对低的成本最近距离地供应到消费者的身边。

消费帮扶专区。消费帮扶专区既包括线上的电商平台，如京东、拼多多、淘宝、苏宁等，也涉及线下的商贸流通企业，如永辉超市等。2020 年初拼多多上线了"抗疫助农"专区，将平台顶级流量向农产品板块倾斜，同时，推出 5 亿元的农产品补贴以及 10 亿元的物流商家补贴[②]。截至 2021 年 1 月 21 日，中国社会扶贫网公布的线上专区为 7 个，包括阿里巴巴专区、拼多多专区、京东专区、本来生活专区、苏宁易购专区和善融商务专区等。此外，众多小型扶贫产品专区出现在新型"市场"，如客运场站、高铁动车站、加油站开辟的消费帮扶专区，成为展销脱贫地区农产品、扩大消费的新载体。

---

① 常钦：《首届全国消费扶贫月成果发布销售扶贫产品 415.98 亿元》，《人民日报》，2020 年 10 月 18 日第 5 版。

② 洪涛：《电商消费扶贫的模式创新》，《群言》，2020 年第 8 期，第 17～19 页。

消费帮扶专馆。专馆不同于专区，是专门销售扶贫产品的平台或空间。影响力较大的专馆，如脱贫地区农副产品网络销售平台，属于线上消费扶贫专馆，主要为各级预算单位采购贫困地区农副产品服务。"联成e家"是全国工商联开发的民营企业的消费扶贫平台。此外还有线上的地方馆，如中国社会扶贫网海南省消费扶贫馆、江西省消费扶贫公共服务平台、中国社会扶贫网湖北特色馆等。在线上馆建设的同时，也有线下场馆集展示展销于一体，如北京消费扶贫双创中心，场馆面积达9740平方米，主营北京市对口支援的西藏、新疆、青海、内蒙古、河北、河南、湖北等地区的特色农副产品。截至2022年6月11日，纳入中国社会扶贫网统计的专馆已达1091家。

消费帮扶专柜。消费帮扶专柜是一种线下渠道，具有投放灵活、成本门槛低、适合批量管理等优点，目前消费帮扶智能货柜已在全国范围内广泛推广。对于消费帮扶专柜中扶贫产品最低比例，政策文件中没有制定全国统一的官方标准，一般公开资料要求每台消费扶贫智能货柜销售的扶贫产品比例不低于30%。截至2020年底，全国有50多个试点城市布点建设消费扶贫智能货柜，前期试点预计投放6万台。中国社会扶贫网显示，截至2022年6月11日，全国已投入运营的消费扶贫专柜达48574台（具体分布见表3-6），湖南、山东、广东位列前三名，其中，湖南一马当先，专柜数量达14519台。

表3-6 中国各省份已投入使用的消费扶贫专柜数量及排名

| 排名 | 省份 | 数量（台） | 排名 | 省份 | 数量（台） |
| --- | --- | --- | --- | --- | --- |
| 1 | 湖南 | 14519 | 17 | 广西 | 272 |
| 2 | 山东 | 8776 | 18 | 上海 | 267 |
| 3 | 广东 | 3533 | 19 | 新疆 | 228 |
| 4 | 陕西 | 3369 | 20 | 四川 | 216 |
| 5 | 安徽 | 2786 | 21 | 河北 | 212 |
| 6 | 江苏 | 2535 | 22 | 天津 | 156 |
| 7 | 湖北 | 2074 | 23 | 辽宁 | 154 |
| 8 | 江西 | 2045 | 24 | 福建 | 146 |
| 9 | 河南 | 1686 | 25 | 内蒙古 | 132 |
| 10 | 贵州 | 1681 | 26 | 山西 | 117 |
| 11 | 重庆 | 1214 | 27 | 宁夏 | 111 |
| 12 | 北京 | 618 | 28 | 浙江 | 63 |

续表3-6

| 排名 | 省份 | 数量（台） | 排名 | 省份 | 数量（台） |
| --- | --- | --- | --- | --- | --- |
| 13 | 云南 | 500 | 29 | 黑龙江 | 40 |
| 14 | 吉林 | 441 | 30 | 青海 | 4 |
| 15 | 海南 | 345 | 31 | 西藏 | 0 |
| 16 | 甘肃 | 334 | | | |

注：中国港澳台地区的数据暂未发布。

数据来源：中国社会帮扶网，https：//www.zgshbfw.com/pages/consumCooperation.html。

### 三、消费主体日益壮大

消费帮扶汇聚了多种消费力量。

其一，政府采购。2019年5月27日，财政部、国务院扶贫办发布《关于运用政府采购政策支持脱贫攻坚的通知》，要求各预算单位确定并预留食堂采购农副产品总额的一定比例定向采购贫困地区农副产品。据匡算，除港、澳、台地区外，全国31个省份预算单位采购农副产品规模约为378.9亿元[1]。从公开资料来看，一般单位要求将预算10%～15%的农副产品采购份额用于消费扶贫。自2020年1月政府采购指定的消费帮扶采购平台——"832平台"正式运营以来，在1年的时间内交易额突破80亿元[2]。

其二，慈善消费。慈善消费主要是公益推动，通过发挥行业协会、商会、慈善机构等社会组织作用，组织动员爱心企业、爱心人士等社会力量参与消费帮扶。消费帮扶也是"万企帮万村"精准扶贫行动的重要组成部分，2019年，由全国工商联牵头开发的"联成e家"消费扶贫平台帮助贫困地区通过线上销售扶贫产品突破5983.58万元。

其三，东西部协作扶贫和各级单位定点帮扶机制持续发力。国家发展改革委数据显示，2019年，东部沿海地区消费帮扶金额达483亿元[3]。广东建设了

---

[1] 该数据根据中华人民共和国财政部《关于通报地方预算单位截至2020年5月底政府采购贫困地区农副产品有关工作情况的函》中各地方预算单位预留份额与总体预留比例计算所得。

[2] 《扶贫832平台帮助贫困地区农副产品打开销路 上线一年交易额破80亿元》，https://news.cctv.com/2021/01/23/ARTIKz0pw9CbLUpuWL9Lb1k5210123.shtml。

[3] 程晖：《消费扶贫助力脱贫攻坚的"发改担当"》，https://www.ndrc.gov.cn/xxgk/jd/wsdwhfz/202003/t20200326_1224174.html。

广东东西部扶贫协作产品交易市场,截至2020年8月,广东消费扶贫金额达到243亿元。浙江搭建政府采购云平台,截至2020年10月,杭州在东西部协作扶贫中累计帮助贫困地区购销农特产品金额已超过了12.9亿元[①]。

此外,社会大众对消费扶贫给予了越来越多的关注。人民日报客户端的"为湖北拼一单"活动,在线浏览量达3000余万人次。2020年"6·18"活动期间,京东开展"百大县长直播团"项目,整体观看互动量达到1.2亿人次,拉动参与活动商品销售额提升300%以上[②]。字节跳动公司联合抖音平台上的三农合伙人、网络达人、明星参与内容创作,引导抖音平台用户关注并参与消费帮扶[③]。

## 四、供给体系日臻完善

经过几年探索,消费扶贫产品供给体系逐渐走向规范化,并形成一套完整的认证体系,中西部22个有扶贫任务的省份均建立了扶贫农副产品和供应商目录库。从扶贫产品供给规模来看,到2021年底,所认定的消费扶贫产品分布在中西部22个省3144个有扶贫任务的区县,涉及54511家生产单位、263685款扶贫产品,产品价值总量达17652亿元[④]。本书对《全国扶贫产品目录》中前十批次的产品进行了统计,发现十批次产品中,从第四批次产品开始,所认定的扶贫产品的商品价值量总体呈上升趋势(见表3-7和图3-2)。扶贫产品名录产品价值规模变化反映出我国贫困地区有巨大的生产潜能,半年内认证产品价值总额超过万亿元,在有效需求刺激下,生产能力能够迅速增长。

---

[①] 张梦月:《12.9亿元 今年杭州对口帮扶亮出消费扶贫"成绩单"》,https://zj.zjol.com.cn/news.html?id=1543431。
[②] 洪涛:《电商消费扶贫的模式创新》,《群言》,2020年第8期,第19页。
[③] 北京字节跳动科技有限公司:《字节跳动公司架起供需桥梁——字节跳动信息分发助力消费扶贫》,《中国经贸导刊》,2019年第21期,第41页。
[④] 《消费扶贫好成绩》,http://xffp.zgshfp.com.cn/portal/#/home。

表 3—7 不同批次扶贫产品基本情况

| 批次 | 企业数量（家） | 产品数量（款） | 带贫成效（人） | 商品价值量（万元） |
| --- | --- | --- | --- | --- |
| 第一批 | 8036 | 22884 | 2352937 | 20550 |
| 第二批 | 1102 | 2193 | 317540 | 1274 |
| 第三批 | 4101 | 11829 | 921693 | 11656 |
| 第四批 | 3379 | 8850 | 647645 | 3143 |
| 第五批 | 3572 | 11013 | 478322 | 4673 |
| 第六批 | 4001 | 14070 | 662096 | 11896 |
| 第七批 | 5383 | 23998 | 653472 | 23794 |
| 第八批 | 7371 | 23278 | 1180802 | 22817 |
| 第九批 | 7648 | 25128 | 1284960 | 23789 |
| 第十批 | 6876 | 24531 | 913809 | 23855 |
| 总计 | 51469 | 167774 | 9413276 | 147447 |

数据来源：笔者根据《全国扶贫产品名录》中第一至十批次扶贫产品基本信息统计所得。

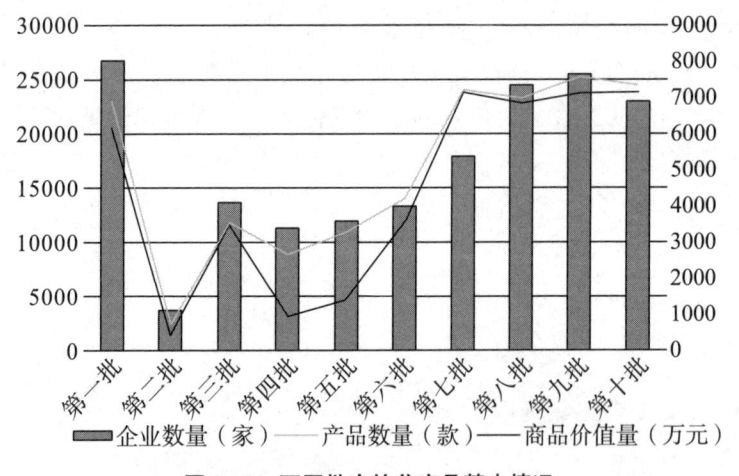

图 3—2 不同批次扶贫产品基本情况

从供给品类来看，《消费扶贫产品目录》中涉及的扶贫产品包括米面粮油、农副加工、禽畜肉蛋、时令鲜蔬、手工艺品、水产及制品、新鲜水果、中药材等品类，其中，米面粮油在扶贫产品中数量和商品价值量均占据最大份额，商品价值量占各类扶贫产品总价值量的 32.54％。农、林、牧、副、渔中，农副产品占据绝对主导地位，渔业相关的水产及制品占比较小，仅占扶贫产品总价值量的1.50%。现有的扶贫产品名录中，手工艺品仅有658宗，数量仅占扶贫产品数量的0.45%、占价值总量的0.65%（见表3-8）。扶贫产品名录产品种类反映出我国脱贫地区具备生产多品类产品的潜能。

表3-8 扶贫产品品类情况

| 所属品类 | 数量（宗） | 占比 | 商品价值量（亿元） | 占比 |
|---|---|---|---|---|
| 米面粮油 | 36084 | 24.47% | 4208.8 | 32.54% |
| 农副加工 | 33059 | 22.42% | 3450.9 | 26.68% |
| 禽畜肉蛋 | 15742 | 10.68% | 1644.4 | 12.72% |
| 时令鲜蔬 | 29139 | 19.76% | 998.5 | 7.72% |
| 手工艺品 | 658 | 0.45% | 83.6 | 0.65% |
| 水产及制品 | 3833 | 2.60% | 194.6 | 1.50% |
| 新鲜水果 | 19780 | 13.42% | 1111.2 | 8.59% |
| 中药材 | 6315 | 4.28% | 598.6 | 4.63% |
| 其他 | 2836 | 1.92% | 642.9 | 4.97% |
| 总计 | 147446 | 100% | 12933.5 | 100% |

数据来源：笔者根据《全国扶贫产品名录》中第一至十批次扶贫产品基本信息统计所得。

# 第四章 构建消费帮扶长效机制面临的主要矛盾及其原因

尽管我国的消费帮扶从政府主导型向市场主导型迈出了坚实的步伐，但是，当前阶段我国的市场主导型消费帮扶模式仍不成熟，需要对存在的问题进行深入分析，从而有针对性地构建更加成熟的市场主导型消费帮扶模式。

## 第一节 构建消费帮扶长效机制面临的主要矛盾：供给和需求失配

在消费帮扶转型过程面临的诸多矛盾中，供给和需求失配是制约构建消费帮扶长效机制面临的主要矛盾。具体表现主要有以下几个方面。

### 一、供给和需求规模失配

消费帮扶供需格局呈现出产品总量供过于求，而微观供给主体又面临规模化不足的困境。从总量来看，经过脱贫攻坚期间产业帮扶，脱贫地区农副产品已形成了相当规模的产能。精准扶贫是人类减贫史上的壮举，产业扶贫是投入最大、覆盖面最广的帮扶政策。据统计，中央财政专项扶贫资金和涉农整合资金用于产业发展的比例超过40%。截至2020年底，全国832个贫困县累计实施产业扶贫项目超过100万个[1]，累计建成种植、养殖、加工等各类产业基地超过30万个，每个贫困县都形成了2~3个特色鲜明、带贫面广的扶贫主导产业。全国2300多万户建档立卡贫困户中，70%以上的贫困户接受了生产指导

---

[1] 《农业农村部在京举办2020年扶贫日产业扶贫论坛》，http://www.moa.gov.cn/hd/zbft_news/cyfpjzcx/xgxw_26454/202010/t20201014_6354245.htm。

和技术培训，累计培养各类产业致富带头人90多万人，产业扶贫政策覆盖率达98%。其中，直接参与种植业、养殖业、加工业的贫困户分别为1158万户、935万户、168万户，贫困地区产品供给能力有了显著改善[①]。2021年底，全国认定完成进入《消费扶贫产品名录》的17批扶贫产品价值总量达17652亿。

从微观来看，消费帮扶却又常常面临特色农产品难以形成规模化生产的瓶颈。贫困地区传统的生产关系决定了农畜产品以分散生产为主，且单个农户生产的只是小规模的初级农产品，马克思将分散小农喻为"一个个马铃薯"[②]，他们的生产方式不是使他们互相交往，而是使他们互相隔离。对四川巴中市南江县、绵阳市安州区分层随机抽样调查的结果显示，如果将建档立卡贫困户户均农产品销售额折合成实物，则每户大约20只土鸡、0.5头黄牛，规模很小。加上社会化服务的不足，贫困地区供应链薄弱，难以满足社会化大生产对供应链规模化的需求。2019—2021年期间，笔者所在课题组在欠发达地区调研过程中多次发现"有订单没产品"的商业怪象，贵州省台江县黑毛猪产业便是其中典型案例之一。贵州省台江县黑毛猪年出栏3万头以上，为了打开市场销路，2017年开始，该县与上海市某大型超市开展产销对接，该超市以100元/公斤的价格与该县签订购销意向，要求每天至少供应30头黑毛猪（一年至少供应10950头），这个数量并不算大，但是该县却一直落实不了。究其原因，主要是台江县的黑毛猪都是以农户散养为主，养殖基地分散到各家各户、出栏时间参差不齐、预期价格悬殊较大，最终没能持续组织起日供应30头黑毛猪交货[③]。

尽管2020年消费扶贫规模突破3000亿元，但是由于其中存在"以购代捐"和"以买代帮"等自愿性政策异化为半强制性行政指派后产生的"需求泡沫"，因而难以客观反映市场真实需求。行政力量在消费扶贫的需求端发挥了重要作用，2020年（截至12月27日），扶贫"832平台"各级政府采购累计消费金额83.81亿元，同期，全国工商联指导下"万企帮万村"的企业慈善消费扶贫平台"联成e家"总计成交额仅5825.59万，不足扶贫"832平台"交易零头。同时，消费扶贫也与政府推动力度呈明显正相关性。2020年9月是

---

[①] 《国新办举行产业扶贫进展成效新闻发布会》，http://www.moa.gov.cn/hd/zbft_news/cyfpjzcx/。

[②] 中共中央马克思恩格斯列宁斯大林著作编译局：《马克思恩格斯选集（第一卷）》，人民出版社，2012年，第762页。

[③] 该案例素材由贵州省人民政府发展研究中心工作人员提供。

全国首届"消费扶贫月",该月全国消费扶贫进入小高潮,随着活动的结束,消费扶贫规模也开始收缩。陈宝玲等(2020)在宁夏L县的调研发现,响应上级部门和业务领导的行政指派和鼓励号召是当地企事业单位购买扶贫产品的主要动机之一[①]。

## 二、供给和需求空间结构失配

从贫困地区空间分布来看,中国贫困地区主要集中于中西部地区,832个贫困县全部位于中西部省份。从贫困人口空间分布来看,2018年底,九成以上的贫困人口分布在中西部地区,一半以上的贫困人口集中在西部地区(见表4-1)。西部地区农村贫困人口916万人,贫困发生率由2010年的29.2%下降到3.2%,占全国农村贫困人口的比重为55.2%;中部地区农村贫困人口597万人,贫困发生率由2010年的17.2%下降到1.8%,占全国农村贫困人口的比重为36.0%。从贫困人口省际分布来看,2018年底,云南、贵州是贫困人口规模最大、减贫任务最重的省份,二省均分布于西部地区(见图4-1)。

表4-1 2010—2018年分地区农村贫困人口情况

| 年份 | 贫困人口规模(万人) ||| 占总贫困人口比例(%) ||| 贫困发生率(%) |||
| --- | --- | --- | --- | --- | --- | --- | --- | --- | --- |
| | 东部 | 中部 | 西部 | 东部 | 中部 | 西部 | 东部 | 中部 | 西部 |
| 2010 | 2587 | 5551 | 8429 | 15.6 | 33.5 | 50.9 | 7.4 | 17.2 | 29.2 |
| 2011 | 1655 | 4238 | 6345 | 13.5 | 34.6 | 51.8 | 4.7 | 13.1 | 21.9 |
| 2012 | 1367 | 3446 | 5086 | 13.8 | 34.8 | 51.4 | 3.9 | 10.6 | 17.5 |
| 2013 | 1171 | 2869 | 4209 | 14.2 | 34.8 | 51.0 | 3.3 | 8.8 | 14.5 |
| 2014 | 956 | 2461 | 3600 | 13.6 | 35.1 | 51.3 | 2.7 | 7.5 | 12.4 |
| 2015 | 653 | 2007 | 2914 | 11.7 | 36.0 | 52.3 | 1.8 | 6.2 | 10 |
| 2016 | 490 | 1594 | 2251 | 11.3 | 36.8 | 51.9 | 1.4 | 4.9 | 7.8 |
| 2017 | 300 | 1112 | 1634 | 9.8 | 36.5 | 53.6 | 0.8 | 3.4 | 5.6 |
| 2018 | 147 | 597 | 916 | 8.9 | 36.0 | 55.2 | 0.4 | 1.8 | 3.2 |

数据来源:国家统计局住户调查办公室:《中国农村贫困监测报告(2019)》,中国统计出版社,2019年,第16页。其中贫困人口比例由笔者核算所得。

---

[①] 陈宝玲、罗敏、国万忠:《从失衡到均衡:消费扶贫进程中商品供需关系的变迁研究——以宁夏L县实践为例》,《理论月刊》,2020年第12期,第66页。

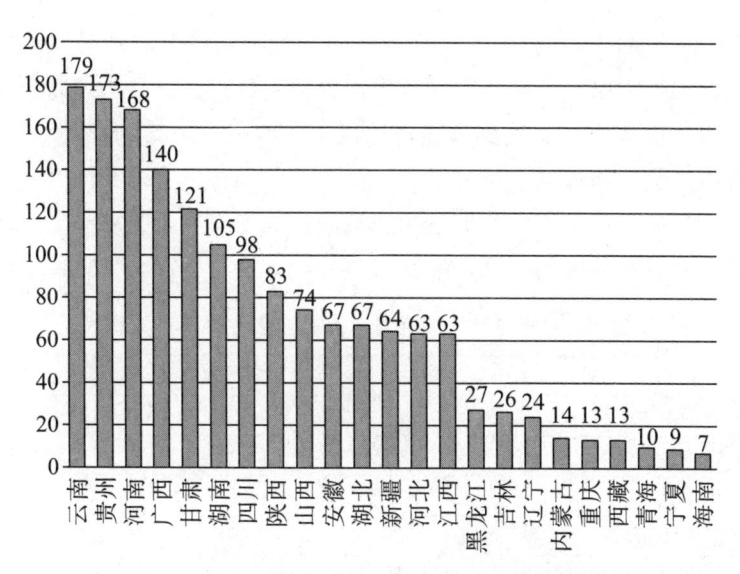

图 4-1　2018 年我国农村贫困人口省际分布情况（万人）

数据来源：国家统计局住户调查办公室：《中国农村贫困监测报告（2019）》，中国统计出版社，2019 年，第 297 页。

从需求侧空间分布来看，东部地区城市化率高，需求量大。虽然供给和需求空间结构不一致是社会化大生产中的常见现象，但是对农副产品的影响更甚于对工业品的影响。空间结构失配会造成物流成本过高，甚至超过产品本身价格，导致脱贫地区农副产品竞争力下降。

## 三、供给和需求品类结构失配

贫困地区产业起步较晚，虽然通过产业扶贫新增了大量产能，但其中存在大量同质化产业重复建设现象，属于无效或低效产能。而市场真正需要的，是中高端个性化农产品[①]。2019 年 7 月，商务部发布《主要消费品供需状况统计调查分析报告》，该报告对食品消费进行全面调查，数据表明消费者认为国内市场目前不能满足消费需求的农副产品主要是鲜果、水产海鲜和鲜奶，比例分别为 37.1%、36.5% 和 37.1%，其中鲜果的比例较 2018 年提升 3.6 个百分点[②]。三鹿奶粉事件后，2008—2015 年，我国乳制品新增消费的 80% 被进口

---

[①] 宋洪远：《转型的动力中国农业供给侧结构性改革》，广东经济出版社，2019 年，第 8 页。
[②] 《商务部发布主要消费品供需状况统计调查分析报告》，http://www.gov.cn/xinwen/2019-07/18/content_5410772.htm。

产品占据[1]。而贫困地区新鲜水果和畜禽肉蛋没有对现有农产品供给体系形成有效补充，根据中国社会帮扶网的数据，脱贫地区销售产品中，新鲜水果在交易总额中占比仅2.46%，畜禽肉蛋占比仅12.26%（见表4-2）。值得注意的是，粮食生产量、库存量、进口量"三量齐增"大背景下，我国贫困地区消费帮扶交易中，成交额最大的品类是米面粮油，成交额最大的单品是大米，这从侧面反映了消费扶贫中的"需求泡沫"。

表4-2 贫困地区产品销售占比

| 品类 | 交易金额（元） | 占比 |
| --- | --- | --- |
| 米面粮油 | 358103606 | 49.33% |
| 农副加工 | 227574376 | 31.35% |
| 手工艺品 | 37562 | 0.01% |
| 畜禽肉蛋 | 88975364 | 12.26% |
| 时令鲜蔬 | 27925756 | 3.85% |
| 水产及制品 | 1123830 | 0.15% |
| 新鲜水果 | 17831820 | 2.46% |
| 中药材 | 1603427 | 0.22% |
| 其他 | 2689762 | 0.37% |
| 总计 | 725865503 | 100% |

数据来源：中国社会帮扶网。

## 四、供给和需求质量结构失配

脱贫地区工业化起步晚，农产品加工能力弱，相当一部分扶贫产业还停留在产业链上游环节，扶贫产品中"原字号"农产品占较大比例，难以满足社会化大生产中消费者对物美价廉的需求。精准扶贫以来，虽然脱贫地区产品加工能力有了一定改善，但总体还比较薄弱。表4-3中展示了2011—2017年我国脱贫地区三次产业发展情况。2017年，脱贫地区第二产业增加值只有25256亿元，仅占当年全国第二产业增加值总量331580亿元的7.6%，表明脱贫地区农副产品加工能力仍然薄弱[2]。颜廷武（2017）在脱贫地区的调研显示，57.04%的农

---

[1] 宋洪远：《转型的动力 中国农业供给侧结构性改革》，广东经济出版社，2019年，第8页。
[2] 根据《国民经济行业分类》（GB/T4754—2017），国民经济统计口径中，农副食品加工业（行业代码：13）、食品制造业（行业代码：14）、酒、饮料和精制茶制造业（行业代码：15）、纺织业（行业代码：15）、木材加工和木、竹、藤、棕、草制品业（行业代码：20）等农产品深加工均属于第二产业中的制造业。全国第二产业增值总量的数据来源于国家统计局官网。

户直接销售未加工的农副产品,仅有5.01%的受访样本的农产品经深加工后出售,仅有13.13%的脱贫地区农户与农业龙头企业有过合作(见表4-4)。

表4-3 脱贫地区三次产业发展情况

| 年份 | 脱贫地区第一产业 || 脱贫地区第二产业 || 脱贫地区第三产业 ||
|---|---|---|---|---|---|---|
| | 增加值(亿元) | 占比% | 增加值(亿元) | 占比% | 增加值(亿元) | 占比% |
| 2011 | 8979 | 24.5 | 16019 | 43.7 | 11641 | 31.8 |
| 2012 | 10197 | 24.0 | 18804 | 44.3 | 13490 | 31.7 |
| 2013 | 11108 | 23.3 | 21082 | 44.1 | 15583 | 32.6 |
| 2014 | 11910 | 22.7 | 22560 | 43.1 | 17887 | 34.2 |
| 2015 | 12668 | 22.8 | 22463 | 40.4 | 20477 | 36.8 |
| 2016 | 13347 | 22.2 | 23776 | 39.5 | 23091 | 38.3 |
| 2017 | 13451 | 20.8 | 25256 | 39.1 | 25897 | 40.1 |

数据来源:国家统计局住户调查办公室:《中国农村贫困监测报告(2019)》,中国统计出版社,2019年,第303页。

表4-4 脱贫地区农户农产品销售情况

| 农户市场行为选择 | 滇桂黔石漠化片区(样本量196个) || 秦巴山片区(样本量223个) || 两区合计(样本总量419个) ||
|---|---|---|---|---|---|---|
| | 数量(个) | 比重 | 数量(个) | 比重 | 数量(个) | 比重 |
| 农产品未加工直接销售 | 119 | 60.71% | 120 | 53.81% | 239 | 57.04% |
| 农产品深加工后销售 | 3 | 1.53% | 18 | 8.07% | 21 | 5.01% |
| 与农业龙头企业有过合作 | 39 | 19.9% | 16 | 7.17% | 55 | 13.13% |
| 加入农民专业合作社 | 34 | 17.35% | 38 | 17.04% | 72 | 17.18% |

注:除了列出的四种市场行为选择,农户还存在其他市场行为选择,因此,比重之和不等于1。

资料来源:颜廷武:《连片特困地区农户融入农产品供应链问题研究》,人民出版社,2017年,第28、30页。

## 五、供给和需求时间结构失配

每种农产品都有各自的自然生长周期,农产品进入市场的时间取决于其自然生产过程的终结时间。根据农产品作为生产资料和最终消费品的不同需求,消费者对农产品的供应时间有其自身特点，有些要求短时间集中供应，有些要求持续平稳供应[①]。这就形成了农产品季节性生产和全年持续性消费的供需矛盾。脱贫地区大多数产品为露天自然生产，成熟时间受自然条件影响较大，蔬菜、水果成熟后往往要求短时间采摘。例如：常见的扶贫产业蘑菇、竹荪等菌类作物的采摘期只有1天，不及时采摘就会腐烂；草莓成熟后必须在1~2天内采摘；豇豆成熟后也要求当天采摘，否则会膨胀而达不到商品蔬菜要求。与此同时，再加上脱贫地区贮藏设施较为缺乏，会导致脱贫地区农产品季节性生产和全年消费的时间结构矛盾比一般地区农产品更加突出。

## 第二节　消费帮扶供给和需求失配的原因

要帮助脱贫地区和脱贫人口实现可持续脱贫，首先要对当前我国脱贫地区脱贫人口的真实生产力水平、生产资料占有情况等有一个全面的把握。脱离脱贫地区和贫困人口实际情况来谈消费帮扶，是不切实际的。本书借助笔者所在课题组展开全国性调研的契机，对脱贫户、一线帮扶干部和消费者等消费帮扶利益相关主体进行充分调研，从而把握消费帮扶供需适配问题产生的原因及其具体表现。调研发现，导致消费帮扶供给和需求失配的原因主要有帮扶对象有效供给水平低、政府性消费比例过高和供需匹配机制不完善三个方面，分别对应着消费帮扶供给侧、需求侧和供需对接环节。解决这三方面的问题，是化解消费帮扶供需失配矛盾、构建消费帮扶长效机制的着力点和主要任务。

### 一、数据来源

#### （一）脱贫户和一线帮扶干部等数据来源

2021年4月至9月期间，笔者所在课题组组织了由30余人构成的调研团队，赴4省8县（区）展开调研。调研区域均为脱贫地区，即原贫困地区，包括6个原国家级贫困县和2个原省级贫困县。调研问卷类型分为县问卷、村问卷、脱贫户问卷、非贫困户问卷、干部问卷5种类型（问卷具体内容见附录一、附录四、附录五），其中，县问卷、村问卷主要用于了解调研区域总体概

---

① 郭韶伟：《政府在农产品流通体系中的作用机制研究》，中国人民大学，2016年，第8页。

况，而脱贫户问卷、非贫困户问卷、村干部则注重收集受访主体微观信息。

调研分为座谈和问卷调查两个部分。根据实际情况，在县（区）、镇（乡）两级组织座谈会，了解当地扶贫总体情况，并请相关工作人员帮助填写县问卷和乡镇问卷，以及针对扶贫干部设计的干部问卷。针对脱贫户、非贫困户和村干部的问卷则直接发放到村中，通过与受访对象展开面对面访谈来完成，为确保问卷质量，由访员完成问卷填写和录入工作。最终，课题组采集问卷1302份，其中有效问卷1300份，包括农户问卷1016份，涉及4省8县（区）16乡镇32村。有效问卷类型结构见表4-5。

表4-5 不同类型问卷样本结构

| 问卷类型 | 问卷数量（份） | 占比 |
| --- | --- | --- |
| 县问卷 | 8 | 0.61% |
| 村问卷 | 32 | 2.46% |
| 脱贫户问卷 | 524 | 40.31% |
| 非贫困户问卷 | 492 | 37.85% |
| 干部问卷 | 244 | 18.77% |
| 总计 | 1300 | 100% |

注：根据调研资料整理所得。

课题组采用了典型抽样与分层随机抽样相结合的抽样方法进行抽样调查。典型抽样方法主要用于调研省份、县（区）的选择，在综合考虑东/中/西部、山地/丘陵/平原/高原、深度贫困地区/非深度贫困地区等情况的基础上，确定将贵州、四川、河南、福建作为调研省份。在获选的省份中，每个省份再选1~3个县（区），这些区县在地形地貌上覆盖了山地、丘陵、平原和高原四种类型，在贫困程度上既包括深度贫困地区，也包括非深度贫困地区，在区域上涉及了西部、中部和东部地区。分层随机抽样方法主要运用于具体样本的选择。对于已选择的县（区），按照镇（乡）、村、户三级依次分层，每个县（区）随机选择一个相对富裕镇（乡）和一个相对贫困镇（乡），每个镇（乡）随机选择一个贫困村和一个非贫困村（深度贫困地区选择两个贫困村），每个村随机选择20户左右脱贫户和20户左右非贫困户（包括5户左右的干部家庭）。调研区域概况见表4-6。

表 4-6  调研区域概况

| 省份 | 区县 | 贫困程度 | 东/中/西部 | 主要地形地貌 |
| --- | --- | --- | --- | --- |
| 贵州 | 紫云苗族布依族自治县 | 国家级贫困县 | 西部 | 山地 |
| 贵州 | 平坝区 | 国家级贫困县 | 西部 | 高原 |
| 贵州 | 纳雍县 | 国家级贫困县 | 西部 | 山地 |
| 四川 | 喜德县 | 国家级贫困县 | 西部 | 山地 |
| 四川 | 昭觉县 | 国家级贫困县 | 西部 | 山地 |
| 河南 | 兰考县 | 国家级贫困县 | 中部 | 平原 |
| 福建 | 永泰县 | 省级贫困县 | 东部 | 山地 |
| 福建 | 寿宁县 | 省级贫困县 | 东部 | 山地 |

数据来源：根据实地调研资料整理所得。所有调研地区均已脱贫，贫困程度特指脱贫摘帽之前的贫困程度。

## （二）消费者数据来源

2022年5月，笔者先后开展了消费者消费帮扶意愿和行为调查问卷的预调研和正式调研工作。调查采取的方法是网络调查方法，该数据收集方法是近年来在消费者调查中所广泛使用的方法[1]。网络调查法收集数据快、调查成本低，尤其是在新冠疫情防控尚未全面解除的情况下，其避免直接接触的特点更是具有独特优势。但网络调查法也存在一些被诟病之处，主要问题是存在一定的样本偏差，包括受访者总体偏年轻化、受教育水平总体偏高、收入水平总体偏高等[2]，本书获得的网络调研数据同样面临这些问题。不过，从另一方面看，与一般消费者相比，生活在城市、受教育水平总体偏高、收入水平总体偏高的人群可能正是潜在的参与消费帮扶的主要人群，因此，网络调查法的缺点对于本书的调查而言局限性反而较小，是非常适合本书的调查方法。

从具体操作来看，首先，笔者通过问卷星平台发布调查问卷，发布成功后，系统会自动生成调研问卷进入链接和海报。其次，笔者将调研问卷链接和海报通过微信、QQ等主流社交软件工具发送给工作或生活在东部、中部、西部地区的朋友，并委托他们代为转发。从受访者IP地址来看，回收的589份

---

[1] 全世文、秦光远、王昌海：《北京市城市湿地价值评估》，《中国人口·资源与环境》，2018年第7期，第57页。

[2] 全世文、黄波：《环境政策效益评估中的嵌入效应——以北京市雾霾和沙尘治理政策为例》，《中国工业经济》，2016年第8期，第28页。

问卷涉及四川、甘肃、贵州、北京、上海、广东、安徽、江西等28个国内省级行政单位，覆盖东、中、西部地区，此外，还包括4份IP地址在国外的样本。最后，检查问卷有效性，通过检查问卷答题时间、反向处理问题的答题情况、重要信息是否有遗漏等，确认所有问卷均为有效问卷，问卷有效率为100%。本书所获取的数据类型是截面数据。

## 二、原因一：帮扶对象有效供给水平低

帮扶对象有效供给水平低是消费帮扶供需失配的主要原因之一。当前阶段，消费帮扶对象主要为脱贫地区和脱贫人口。有效供给能力是衡量市场主体有效供给水平的核心指标。通过对脱贫地区的劳动力状况、科学技术发展水平、生产过程的社会结合、生产资料的规模和效能，以及自然条件等方面情况进行实地调研，发现脱贫地区和脱贫人口在生产和流通环节生产力水平总体较低，难以提供高质量有效供给，呈现出如下具体特征。

### （一）务农劳动力年龄偏大、受教育水平低，市场意识弱，提升帮扶对象劳动技能难度大

从劳动力资源配置来看，1016户样本农户中户籍人口共有4484人，户均4.41人，其中，具有劳动能力的人口2419人，户均劳动力2.38人；常年在外打工的855人，劳动力转移率为35.35%；全职或兼业务农人数1322人[1]，占劳动力人口的54.65%。进一步考察脱贫户的劳动力资源配置情况，524户脱贫户中户籍人口2381人，户均4.54人；具有劳动能力的人口1245人，户均劳动力2.38人；常年在外打工的478人，劳动力转移率为38.39%；全职或兼业务农人数686人，占脱贫户劳动力人口的55.10%（见表4-7）。与全国总体情况相比，受访样本户籍人口中劳动力人口比例总体低于全国平均水平，按照国际通用口径，将15~64岁的人口作为劳动力人口计算，根据2021年国家统计局公布的第七次全国人口普查数据，我国劳动力人口占总人口比例为68.55%[2]，忽略统计口径的微小差别，脱贫地区劳动力比重总体仍偏低。与此同时，具有劳动能力人口中，有超过三成常年在外打工，具备转移条件的

---

[1] 具有劳动能力人口的劳动力配置方向不只有外出打工和务农两种，因此，全职或兼职务农人数和常年外出务工人数相加不一定等于具有劳动能力人口总数。

[2] 《第七次全国人口普查公报》，https://www.gov.cn/guoqing/2021-05/13/content_5606149.htm。

劳动力大部分已经以打工的形式向外转移。

表 4-7 受访农户劳动力资源配置情况

| 指标 | | 全样本 | 脱贫户 |
| --- | --- | --- | --- |
| 户数（户） | | 1016 | 524 |
| 户籍人口数（人） | | 4484 | 2381 |
| 具有劳动能力人口 | 数量（人） | 2419 | 1245 |
| | 占户籍人口比例（%） | 53.95 | 52.29 |
| | 户均劳动力（人/户） | 2.38 | 2.38 |
| 常年在外打工人口 | 数量（人） | 855 | 478 |
| | 劳动力转移率（%） | 35.35 | 38.39 |
| | 户均常年外出打工人口（人/户） | 0.84 | 0.91 |
| 务农人口 | 数量（人） | 1322 | 686 |
| | 占劳动力人口比例（%） | 54.65 | 55.10 |
| | 占户籍人口比例（%） | 29.48 | 28.81 |
| | 户均务农人口（人/户） | 1.30 | 1.31 |
| 2020年家庭总收入均值（元） | | 72399.07 | 17153.51 |
| 2020年家庭人均收入均值（元） | | 59756.65 | 14003.30 |

数据来源：根据实地调研资料整理所得。本调研中常年在外打工是指一年中有半年以上在本区县以外的地方打工。

受访对象中，约有29.48%的户籍人口、54.65%的具备劳动能力的人口还在从事农业生产，表4-8统计了脱贫地区务农人口兼业情况、年龄分布、教育水平等基本特征。其中务农劳动力呈现出如下基本特征：第一，务农劳动力年龄偏大，在从事农业生产的人口中，50岁以上的比例达51.89%，60岁以上比例达22.84%，还有5.52%的务农劳动力人口为70岁以上，而年龄越大，学习新生产技能的难度也会相对越大。第二，务农劳动力受教育水平偏低，从调研结果来看，样本总体中务农劳动力受教育水平为小学及以下的为58.02%，为初中及以下为92.82%，脱贫户中务农劳动力水平更低，受教育水平为小学及以下的达到67.06%，为初中及以下的达96.36%，这远远低于我国人口平均受教育水平。2020年我国16~59岁劳动年龄人口平均受教育年限达 10.75 年，高中及以上受教育程度的人口占劳动年龄人口的 43.79%[①]。第三，务农人口市场意识较弱，表 4-9 统计了受访样本从事农业生产的主要目的，在我国改革开放 40 余年之后，仍有 4 成左右的农户并非以销售为主要目的来从事农业生产，其中，有 2 成左右的农户纯粹以自给自足为主，表明脱贫地区务农人口市场化意识总体较弱。在这几方面特征共同作用下，不难发现，提升帮扶对象劳动技能和产品有效供给能力难度较大。

表 4-8 脱贫地区务农人口基本特征

| 指标 | 类别 | 样本总体 频数 | 样本总体 比例 | 脱贫户 频数 | 脱贫户 比例 |
| --- | --- | --- | --- | --- | --- |
| 性别 | 男 | 694 | 52.50% | 363 | 52.92% |
| | 女 | 628 | 47.50% | 323 | 47.08% |
| 农业兼业情况 | 全职务农 | 779 | 58.93% | 428 | 62.39% |
| | 兼业务农 | 543 | 41.07% | 258 | 37.61% |
| 年龄 | 20 岁及以下 | 5 | 0.38% | 4 | 0.58% |
| | 21～30 岁 | 81 | 6.13% | 52 | 7.58% |
| | 31～40 岁 | 232 | 17.55% | 109 | 15.89% |
| | 41～50 岁 | 318 | 24.05% | 166 | 24.20% |
| | 51～60 岁 | 384 | 29.05% | 206 | 30.03% |
| | 61～70 岁 | 229 | 17.32% | 124 | 18.08% |
| | 71 岁及以上 | 73 | 5.52% | 25 | 3.64% |
| 受教育程度 | 小学及以下 | 767 | 58.02% | 460 | 67.06% |
| | 初中 | 460 | 34.80% | 201 | 29.30% |
| | 高中 | 64 | 4.84% | 17 | 2.48% |
| | 中专/职高/技校 | 17 | 1.29% | 3 | 0.44% |
| | 大专 | 12 | 0.91% | 4 | 0.58% |
| | 本科及以上 | 2 | 0.15% | 1 | 0.15% |

数据来源：根据实地调研数据整理所得。表 4-8 统计范围为 1016 户受访农户（包括脱贫户和一般户），共计务农人数 1322 人，其中，脱贫户 524 户，务农人数 686 人。由于四舍五入，各比例分项之和加总可能不完全等于 100.00%。

---

[①] 《第七次全国人口普查主要数据结果新闻发布会答记者问》，https://www.stats.gov.cn/zt_18555/zdtjgz/zgrkpc/dqcrkpc/ggl/202302/t20230215_1904005.html。

表 4－9　脱贫地区农户从事农业生产的主要目的概况

| 从事农业生产主要目的 | 全样本 频数 | 全样本 占全样本比例 | 全样本 占从事农业生产样本的比例 | 脱贫户 频数 | 脱贫户 占脱贫户比例 | 脱贫户 占从事农业生产脱贫户的比例 |
|---|---|---|---|---|---|---|
| 销售 | 292 | 28.74% | 60.71% | 163 | 31.11% | 59.06% |
| 自给自足 | 94 | 9.25% | 19.54% | 58 | 11.07% | 21.01% |
| 兼有 | 95 | 9.35% | 19.75% | 55 | 10.50% | 19.93% |
| 小计 | 481 | 47.34% | 100% | 276 | 52.67% | 100% |

数据来源：根据实地调研数据整理所得。全样本（包括脱贫户和一般户）共1016户，其中，脱贫户524户。从事农业生产主要指从事种植或养殖业。

此外，受访样本还有比较重的抚养/照料小孩、老人、病人的负担，较重的抚养/照料负担进一步牵制帮扶对象的精力和流动性。表4－10统计了脱贫地区家庭抚养/照料负担情况，平均每个家庭有0.50个65岁及以上老人需要照顾、0.80个12岁及以下的孩子需要抚养、0.54个病人需要照料，如果定义家庭抚养/照料负担＝抚养/照料65岁及以上老人负担＋抚养/照料12岁及以下孩子负担＋抚养/照料病人负担，则脱贫地区家庭抚养/照料负担平均为1.84人/户，脱贫户这一负担更是达到2.02人/户，极大地牵制了其家庭劳动力的精力和流动性。

表 4－10　脱贫地区家庭抚养/照料负担情况

| 抚养/照料类型 | 样本总体 人数（人） | 样本总体 户均抚养/照料负担（人/户） | 脱贫户 人数（人） | 脱贫户 户均抚养/照料负担（人/户） |
|---|---|---|---|---|
| 65岁及以上老人 | 505 | 0.50 | 256 | 0.49 |
| 其中：70岁以上 | 281 | 0.28 | 137 | 0.26 |
| 12岁及以下 | 808 | 0.80 | 444 | 0.84 |
| 病人 | 557 | 0.54 | 360 | 0.69 |
| 其中：体弱 | 186 | 0.18 | 122 | 0.23 |
| 慢性病 | 218 | 0.21 | 125 | 0.24 |
| 急性大病 | 31 | 0.03 | 20 | 0.04 |
| 残疾（含智障） | 122 | 0.12 | 93 | 0.18 |

续表4-10

| 抚养/照料类型 | 样本总体 | | 脱贫户 | |
|---|---|---|---|---|
| | 人数（人） | 户均抚养/照料负担（人/户） | 人数（人） | 户均抚养/照料负担（人/户） |
| 总计 | 1870 | 1.84 | 1060 | 2.02 |

数据来源：根据实地调研数据整理所得。表4-10统计范围为1016户受访农户（包括脱贫户和一般户），其中，脱贫户524户，一般户492户。慢性病包括高血压、脑梗、糖尿病、心脏病、风湿等，残疾（含智障）主要包括智力障碍、精神疾病、视力障碍、小儿麻痹症、肢体残疾、聋、哑等。

## （二）生产资料规模小，种植/养殖多样化程度高

1978年农村改革以来，家庭联产承包制逐步被确立为我国农村基本经营制度。大国小农是我国的基本国情农情，这一特征在脱贫地区表现得尤为明显。从生产资料持有情况来看，土地是农业农村最重要的生产资料，绝大多数受访农户都行使了农村土地承包权，从集体经济组织承包了土地。从农户生产资料配置情况来看，从事农业生产的农户中，有96.91%从事种植业，有29.94%从事养殖业，有26.85%为种养结合农户[①]（见表4-11）。可以看出，脱贫地区绝大部分农户依然在从事种植业，种养结合农户的比例也比较高。

农业经济学家A. 恰亚诺夫（A. Chayanov）、斯科特（Scott）等学者曾提出小农以安全为第一生存标准[②③]；当代学者对我国原国家级贫困县的调研表明，小农户偏向于通过种植多样化的农作物来分散风险，从本书调研结果来看，这一基本结论在脱贫地区农户中仍然成立。当前我国小农户生产资料配置呈现如下基本特征：

第一，生产资料配置方向多样化，具体表现为种植/养殖多样化程度高。从调研结果来看，只有7.10%的农户种植和养殖作物种类总数量为1种，有8.02%的农户种植和养殖作物种类总数量达到6种及以上。与此同时，调研结果清晰显示了农户具备从事多样化生产的能力，从种植作物类型来看，粮食作物仍然是脱贫地区农户主要生产内容之一，62.65%的农户种植了以玉米、水稻、小麦、土豆、红薯、大豆、高粱为代表的粮食作物，但仍有25.00%、

---

[①] 种养结合农户指既从事种植业，又养殖家禽的农户。
[②] ［俄］A. 恰亚诺夫：《农民经济组织》，萧正洪译，中央编译出版社，1996年，第41~46页。
[③] ［美］斯科特：《农民的道义经济学——东南亚的反叛与生存》，程立显、刘建译，译林出版社，2013年，第19页。

15.12%、13.89%的农户从事水果、茶叶、蔬菜的生产；从养殖品种来看，鸡、鸭、猪、牛是农户养殖家禽的主要品种（见表4-11）。

表4-11 从事农业生产农户的种植/养殖类型结构①

| 分类依据 | | 频数 | 占从事农业生产农户的比例 |
|---|---|---|---|
| 种植/养殖类型 | 从事种植 | 314 | 96.91% |
| | 从事养殖 | 97 | 29.94% |
| | 种养结合 | 87 | 26.85% |
| 种植作物类型 | 粮食作物 | 203 | 62.65% |
| | 蔬菜 | 45 | 13.89% |
| | 水果 | 81 | 25.00% |
| | 茶叶 | 49 | 15.12% |
| | 其他 | 44 | 13.58% |
| 养殖品种类型 | 鸡、鸭 | 71 | 21.91% |
| | 牛 | 17 | 5.25% |
| | 羊 | 4 | 1.23% |
| | 猪 | 19 | 5.86% |
| | 其他 | 3 | 0.93% |
| 种植和养殖作物种类总数量 | 1种 | 23 | 7.10% |
| | 2种 | 30 | 9.26% |
| | 3种 | 111 | 34.26% |
| | 4种 | 90 | 27.78% |
| | 5种 | 44 | 13.58% |
| | 6种及以上 | 26 | 8.02% |

数据来源：根据实地调研数据整理所得。种植作物类型中的种植的粮食作物主要包括玉米、水稻、小麦、土豆、红薯、大豆、高粱，蔬菜主要包括西红柿、大蒜、豆角、辣椒、生姜、豇豆等，水果主要包括桃子、柑橘、葡萄、李果、樱桃、蜜瓜、西瓜等，其他作物主要有荞麦、花椒、花生、香樟、油橄榄、粽叶、烟叶等。养殖品种类型中的"其他"包括马、鱼、鸽子等。

---

① 种植养殖类型结构问卷是主问卷的增补问卷，由于具体的种植、养殖结构情况非常详细具体，并非受访农户都详细了解家庭种植/养殖情况，对于愿意且能够回答家庭种植/养殖情况的受访对象，访员均进行了调研，最终，有324户详细回答了家庭种植/养殖情况，因此，表4-11的统计范围为324户从事农业生产的受访农户。

第二，当前我国农户生产资料规模较小，种植/养殖规模较小。表4-12统计了受访样本土地承包面积和实际经营面积概况，承包面积在1亩以下的为12.89%，实际经营面积在1亩以下的达到35.04%，按照世界银行将经营面积在30亩以下农户定义为小农户的标准，受访样本中98.52%、脱贫户中99.05%的农户都属于小农户，表明当前脱贫地区农户的生产规模仍然非常小，这是脱贫地区农业生产的基本事实（见表4-12和图4-2）。表4-13统计了从事养殖业农户的养殖规模情况，从事农业生产的全样本农户户均年出栏鸡、鸭共46.32只，出栏猪、牛、羊分别为8.58、9.47、20.50头，脱贫户年均出栏鸡、鸭共48.47只，出栏猪、牛、羊分别为6.46、2.67、17.33头，总体规模较小。

表4-12 农户土地承包面积和实际经营面积概况

| 土地面积范围 | 承包面积 | | 实际经营面积 | |
|---|---|---|---|---|
| | 全样本 | 脱贫户 | 全样本 | 脱贫户 |
| 1亩以下 | 12.89% | 10.50% | 35.04% | 31.11% |
| [1，5）亩 | 44.29% | 43.13% | 36.71% | 37.60% |
| [5，10）亩 | 26.38% | 28.05% | 15.35% | 17.94% |
| [10，30）亩 | 15.65% | 17.75% | 11.42% | 12.40% |
| 30亩及以上 | 0.79% | 0.57% | 1.48% | 0.95% |

注："[ )"表半开区间，包括左端点，但不包括右端点。

数据来源：根据实地调研数据整理所得。全样本（包括脱贫户和一般户）共1016户，其中，脱贫户524户。

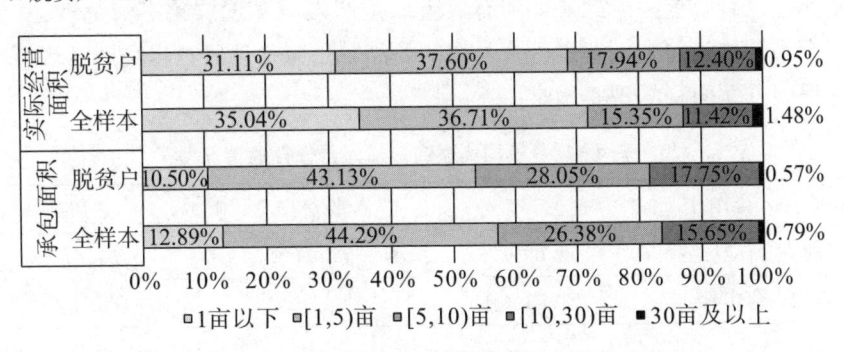

图4-2 农户土地承包面积和实际经营面积分段分布概况

表 4—13　从事养殖业农户养殖规模情况

| 养殖品种 | 户均年出栏规模（头/户或只/户） ||
|---|---|---|
| | 全样本 | 脱贫户 |
| 鸡、鸭 | 46.32 | 48.47 |
| 猪 | 8.58 | 6.46 |
| 牛 | 9.47 | 2.67 |
| 羊 | 20.50 | 17.33 |

数据来源：根据实地调研数据整理所得。

## （三）农户组织化程度整体提高，但销售环节仍以分散销售为主，产品"化零为整"难度大

精准扶贫期间，我国大力提高脱贫地区农户组织化程度，832个原国家级贫困县新发展农民合作社71.9万家[①]，与此同时，脱贫地区农村集体发展经济取得质的突破，彻底消除了全国12.8万个集体经济"空壳村"。从调研数据来看，经过声势浩大的脱贫攻坚战，受访对象中有48.89%的农户加入了合作社，而脱贫户加入合作社的比例更是达到了77.04%，远高于一般农户31.67%的比例（见表4—14），这表明脱贫确实提高了原贫困地区农户的组织化程度，尤其是脱贫户的组织化程度。

但是，这种外在强力作用下的快速组织化方式，短时间内很难从根本上化解小农户和大市场的矛盾，产品"化零为整"的难度较大。原贫困地区传统的生产关系决定了农畜产品以分散生产为主，且单个农户生产的只是小规模的初级农产品，农户人口密度低，居住分散化，而消费者的需求具有连续性，对购买便捷性也有要求。因此，如何有效组织生产端、实现"化零为整"，并把初级农产品转化为符合消费者消费习惯的商品，是脱贫地区在提高产品规模化商品化程度方面面临的现实困难。

表 4—14　不同类型农户加入合作社的情况

| 是否加入合作社 | 全样本 | 脱贫户 | 一般户 |
|---|---|---|---|
| 加入合作社 | 48.89% | 77.04% | 31.67% |
| 未加入合作社 | 51.11% | 22.96% | 68.33% |

数据来源：根据实地调研数据整理所得。

---

[①] 《国新办举行产业扶贫进展成效新闻发布会》，http://www.moa.gov.cn/hd/zbft_news/cyfpjzcx/。

从农户销售渠道来看,销售环节仍以分散销售为主。在有产品销售行为的受访样本中,对于"售价相同情况下是否希望通过订单销售农副产品"这一问题,有68.35%的样本选择了"希望",其中,脱贫户和一般户选择"希望"的比例分别为64.86%和73.38%,显示了受访样本较高的通过订单来销售产品的意愿(见表4-15)。而从农户的实际产品销售渠道来看,目前通过集体经济组织或者通过专业合作社销售的样本比例分别仅占2.30%和10.97%,依托帮扶人或帮扶单位购买的比例仅3.32%,受访样本自己零售农产品的比例则高达74.49%(见表4-16),表明脱贫地区农户产品销售仍以传统模式为主,小农户分散销售的局面没有得到破解,农户希望通过订单销售的意愿远远没有得到满足。

表4-15 不同类型农户对"售价相同情况下是否希望通过订单销售农副产品"的观点

| 农户类型 | 全样本 | 脱贫户 | 一般户 |
| --- | --- | --- | --- |
| 希望 | 68.35% | 64.86% | 73.38% |
| 不希望 | 31.65% | 35.14% | 26.62% |

数据来源:根据实地调研数据整理所得。

表4-16 农户产品销售渠道概况

| 销售渠道 | 全样本 | 脱贫户 |
| --- | --- | --- |
| 通过集体经济组织销售 | 2.30% | 1.80% |
| 通过专业合作社销售 | 10.97% | 14.41% |
| 批量卖给中间商或者厂家 | 15.82% | 14.86% |
| 自己或亲人在网上开淘宝店、微店销售 | 1.53% | 0.00% |
| "公司+农户"订单农业 | 3.32% | 3.60% |
| 帮扶人或帮扶单位购买 | 3.32% | 3.60% |
| 自己零售 | 74.49% | 72.07% |
| 其他 | 2.04% | 3.15% |

数据来源:根据实地调研数据整理所得。

**(四)自然条件复杂,限制开发区较多,短期内发展土地规模型农业难度大**

脱贫地区农户生产规模小与地形地貌复杂密切相关,短期内发展土地规模型农业难度大。我国脱贫地区地理条件总体较为复杂且恶劣,表4-17是我国

14个原集中连片特困地区区域的特征情况，在14个原集中连片特困地区中有11个以"山区"作为后缀，并不适合发展土地规模型农业。从课题组实地调研抽样统计的结果来看，近八成的受访脱贫地区为地形地貌以山地为主（见图4-3），这样的地理条件导致脱贫地区短期内发展土地规模型农业难度较大。

除了地形地貌的局限性，脱贫地区尤其是深度贫困地区限制开发区较多，这进一步加大了发展土地规模型农业的难度。从空间分布来看，脱贫地区与生态脆弱地区、主体功能区格局下的限制和禁止开发区域重合度较高[①]，在开发时必须注重生态环境保护，面临诸多生态红线制约。以地处集中连片地区秦巴山区腹地的安康市为例，安康市10县（区）中，有9个县（区）属于限制开发的重点生态区[②]。

表4-17　中国14个原集中连片特困地区区域特征情况

| 集中连片特困地区 | 区域要素特征 |
| --- | --- |
| 六盘山区 | 地形破碎、干旱缺水、地质灾害频发、水土流失严重 |
| 秦巴山区 | 生态保护区、革命老区、灾害频发地区 |
| 武陵山区 | 生境脆弱、基础设施落后、地质灾害频发、民族地区 |
| 乌蒙山区 | 生态保护区、民族地区、革命老区、基础设施落后、流行病盛行 |
| 滇桂黔石漠化区 | 地形复杂、土层瘠薄、生境脆弱、灾害频发、基础设施落后 |
| 滇西边境山区 | 生态保护区、灾害频发、少数民族聚集 |
| 大兴安岭南麓山区 | 生态保护区、产业转型困难 |
| 燕山—太行山区 | 生境脆弱、基础设施落后，自然灾害频发 |
| 吕梁山区 | 地形复杂、沟壑纵横、耕地缺少、干旱与水土流失严重 |
| 大别山区 | 水土流失严重、基础设施落后、产业基础薄弱 |
| 罗霄山区 | 洪涝灾害频发、水土流失严重、生境保护、基础设施落后 |
| 西藏 | 地形复杂、高寒地区 |
| 四省涉藏地区 | 高山峡谷、基础设施落后、自然灾害频发 |
| 新疆南疆三地州 | 气候干旱、生态环境脆弱、灾害频发、人力资源不足 |

资料来源：国家统计局住户调查办公室：《中国农村贫困监测报告（2011）》，中国统计出版社，2011年，第111~121页。

---

[①] 江滨：《绿色减贫：2020年后扶贫政策必然选择》，《中国环境报》，2019年4月5日第3版。
[②] 宋振远：《求解贫困地区高质量发展"三难"》，《经济参考报》，2020年4月7日第1版。

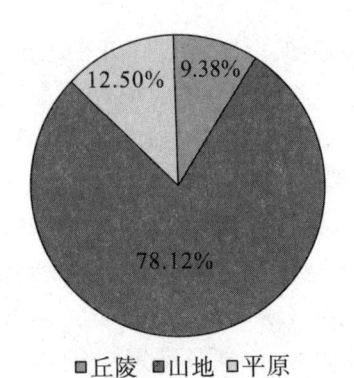

```
           9.38%
   12.50%


       78.12%


 ■丘陵  ■山地  □平原
```

图 4-3　调研地区地形地貌分布

## （五）脱贫地区物流技术条件大幅改善，但物流成本居高不下

进入 21 世纪以来，电子商务的快速发展带动了物流行业的崛起，物流行业的崛起又反过来推动了电子商务的爆发式增长，并由此形成正向循环。在这一过程中，多家全国性大型快递、物流企业成长起来，加之受疫情影响，物流技术飞速进步。精准扶贫中，贫困地区基础设施尤其是网络硬件设施短板得到一定提升。在这一大背景下，脱贫地区也享受到了物流技术的进步红利，物流基础设施大幅改善，物流服务能力得到提高。从调研情况来看，受访村有宽带网络覆盖、有手机网络稳定覆盖、有稳定供电、通硬化道路的比例均达到100%，受访村所在乡村有快递点的比例达到 89.29%（见表 4-18），与精准扶贫前相比有了极大改善，具备了发展电子商务的基本硬件条件。

表 4-18　受访村物流相关主要基础设施情况表

| 指标 | 数值 | 指标 | 数值 |
| --- | --- | --- | --- |
| 宽带网络覆盖村的比例（%） | 100.00 | 本乡镇有快递点的比例（%） | 89.29 |
| 手机网络稳定覆盖村的比例（%） | 100.00 | 通硬化道路村的比例（%） | 100.00 |
| 稳定供电的村的比例（%） | 100.00 | 离乡镇政府驻地平均路程（公里） | 8.64 |

数据来源：根据实地调研数据整理所得。

尽管脱贫地区基础设施和物流技术水平得到大幅改善，但与非贫困地区相比，脱贫地区产品运输难度更大，物流成本长期居高不下。造成这一困境的原因有如下几个方面：其一，脱贫地区帮扶产品多为农产品，与第二、第三产业的产品具有本质区别，在储藏和运输方面具有易腐烂、易变质、难保存等自然属性的先天劣势，因而对运输条件要求更高，如部分生鲜农产品需要冷链车冷藏运输，成本远高于常温运输。其二，"最初一公里"流通费用高，对中间商而言，农户小规模分散生产本身就会形成较高的"化零为整"成本。而调研发现，在自然条件恶劣、基础设施薄弱的深度贫困地区，农产品"最初一公里"运输成本更令人头痛，"最初一公里"往往大型货车和拖拉机均无法使用，只能靠摩托车或电瓶车少量多次运输，若条件再差一些，则需要靠人工转运。其三，产品损耗大，包装成本高。生鲜农产品本身就是易耗品。据统计，中国农产品损耗率约为25%，远高于美国的5%[①]。其四，干线物流和终端配送成本高，区位劣势会带来物流成本、交通不确定性等因素，而生鲜农产品往往又要求及时配送，因此农户们不得不在物流质量和快递费用之间权衡，为了保证配送质量，往往不得不选择物流费用较高的优质快递企业。以从原国家级贫困县苍溪县发往成都市的2.5公斤装猕猴桃为例，将农户田间地头的"产品"转化为消费者手中的"商品"这一过程中，在不计损耗和售后的情况下，单件猕猴桃经纪人费用、转运、包装、物流等成本共计19元，每斤猕猴桃产品本身之外的新增成本达7.6元/公斤，相当于猕猴桃本身价格的1/2~1/3[②]。对畜产品而言，屠宰、分割、包装等加工成本将更高。张喜才对原深度贫困地区"三州地区"物流成本调研发现，"三州地区"物流成本较高，每单首重（1公斤）达12元，部分生鲜产品物流价格超过20元/公斤，是成都市物流成本的3倍以上[③]。

## 三、原因二：政府性消费比例过高

政府性消费比例过高是消费帮扶供需失配的另一重要主要原因。脱贫攻坚期间，政府行政干预下的行政动员制度为短时间内扩大消费帮扶需求规模发挥了重要作用。本书第三章第一节中的"二、政府主导型消费帮扶阶段（2019—2020年）"已对政府主导型消费帮扶下的行政动员制度作了详细介绍。对于消费者问卷中设置的"您如果购买扶贫产品，主要是因为哪些因素（限选3项）"问题，统计结果显示（见表4-19、图4-4），有20.71%的样本认为自己购买扶贫产品是因为政治任务，这表明有相当比例的消费者购买扶贫产品主要受行政干预的影响。脱贫攻坚期间，考虑到政治性是脱贫攻坚阶段的优先考虑，加

---

① 黄宗智：《中国的新型小农经济：实践与理论》，广西师范大学出版社，2020年，第253~254页。
② 案例由笔者2020年对苍溪县电商从业人员访谈所得。
③ 张喜才：《城市带动贫困地区农产品销售供应链模式及优化研究》，《中国软科学》，2021年第5期，第84页。

上如期完成脱贫攻坚任务的紧迫性，这样的消费结构在脱贫攻坚收官前特殊的历史阶段有一定的存在必要性。但行政力量的过度干预会消解市场机制对消费扶贫产品的倒逼作用，阻滞消费扶贫产品的优化进程[①]。

表4-19 受访样本对"您如果购买扶贫产品，主要是因为哪些因素"问题选项的分布

| 选项 | 频数 | 比例 |
| --- | --- | --- |
| 扶贫效果（脱贫地区和脱贫人口受益） | 311 | 52.80% |
| 产品外观（产品包装、色泽、大小等） | 65 | 11.04% |
| 产品质量（营养、新鲜程度、口感等） | 371 | 62.99% |
| 产品生态性（绿色、生态、非工业化生产等） | 239 | 40.58% |
| 产品特色（地理标志产品、地方特色产品） | 193 | 32.77% |
| 购买便捷性 | 84 | 14.26% |
| 产品价格 | 141 | 23.94% |
| 政治任务（工作单位要求） | 122 | 20.71% |
| 其他 | 9 | 1.53% |
| 样本总量 | 589 | 100% |

数据来源：根据调研数据统计所得。

| 项目 | 比例 |
| --- | --- |
| 扶贫效果（脱贫地区和脱贫人口受益） | 52.80% |
| 产品外观（产品包装、色泽、大小等） | 11.04% |
| 产品质量（营养、新鲜程度、口感等） | 62.99% |
| 产品生态性（绿色、生态、非工业化生产等） | 40.58% |
| 产品特色（地理标志产品、地方特色产品） | 32.77% |
| 购买便捷性 | 14.26% |
| 产品价格 | 23.94% |
| 政治任务（工作单位要求） | 20.71% |
| 其他 | 1.53% |

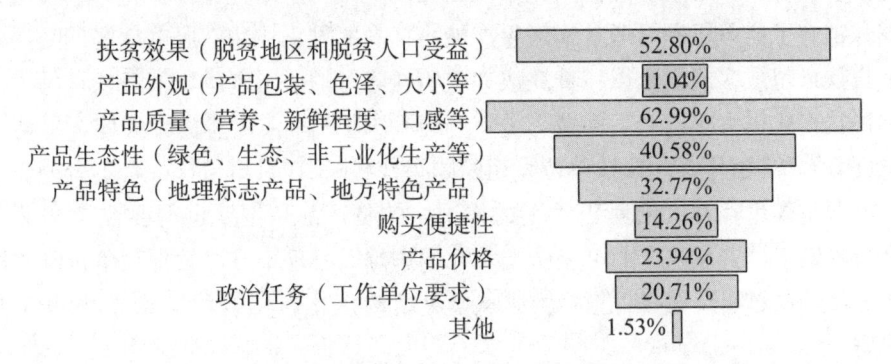

图4-4 消费者购买扶贫产品主要考虑因素的描述性统计

政府性消费比例过高抑制市场机制作用主要表现为：

其一，价格机制失效。理想状态下，消费帮扶由价格机制发挥"指挥棒"作用调节供求，帮扶产品供给主体为了实现自身利益目标，需要做出生产什

---

[①] 原贺贺：《消费扶贫的实践进展与机制创新——以广东清远市为例》，《农村经济》，2020年第12期，第73页。

么、生产多少、如何生产以及为谁生产的决策。需求主体则要做出购买什么、购买多少以及向谁购买的决策。然而，由于行政力量的干预，经常会出现违背市场规律的现象，导致价格机制扭曲，难以发挥其"指挥棒"的作用。调研中发现了这样的典型案例：原本市场价格 16 元/公斤的核桃，帮扶单位以 20 元/公斤支付给贫困户，再以 16 元/公斤卖给本单位消费者，高出的成本由帮扶单位补贴或者通过是"拉赞助"的形式弥补，这样的交易行为在一定程度上违背市场规律[1]。此外，脱贫地区产业发展对市场价格信号极不敏锐。《中国农产品价格调查年鉴（2020）》对 2014—2019 年核桃价格统计结果显示，2015 年以来，全国核桃平均价格已连续 4 年下跌，跌幅达 28%[2]。而贫困地区产业发展并未及时捕捉这一价格信号，反而进一步扩大核桃产业。2017 年底，我国核桃种植面积存量已达 1.2 亿亩。截至 2019 年底，凉山全州核桃种植面积为 1091 万亩，但亩均产值仅 264 元。这表明价格机制失效，没有发挥出有效调节供求的作用。

其二，竞争机制无力。在市场经济条件下，竞争是供给和需求、价格变动、风险等要素之间有机联系的桥梁，独立的商品生产者只承认竞争的权威。从生产关系来看，为了在竞争中获胜，供给方要么需要通过降低生产成本，压低出售价格来抢占市场份额；要么需要通过创新，提供独特的产品或价值，在竞争中获得一席之地。然而，竞争机制在消费帮扶中略显苍白无力，政府干预部分消解了竞争机制对脱贫地区生产能力提升的倒逼作用。脱贫攻坚期间，许多帮扶单位或多或少是以一种完成"政治任务"的心态来进行消费扶贫的，消费扶贫模式也大多以产后消费为主，"贫困户生产什么，消费者买什么"甚至"贫困地区滞销什么、帮扶单位就组织购买什么"。在对口帮扶中，不少公职单位消费主体也存在"吃哑巴亏"的情况，扶贫产品"不要也得要"[3]。久而久之，易滋生消费帮扶产品"皇帝的女儿不愁嫁"心理，难以发挥竞争机制"优胜劣汰"的作用，不利于贫困地区产业结构优化，化解消费帮扶供需失配矛盾。

---

[1] 案例来源于笔者与某西部教育部直属高校消费帮扶负责人访谈。
[2] 国家统计局农村社会经济调查司：《中国农产品价格调查年鉴（2020）》，中国统计出版社，2020 年，第 25 页。
[3] 郑生竹、陆华东、李雄鹰：《求"包圆"，消费扶贫依赖症》，《半月谈》，2020 年第 15 期，第 36 页。

## 四、原因三：供需匹配机制不完善

除了供给侧帮扶对象有效供给水平低和需求侧的政府性消费比例过高这两方面因素，导致消费帮扶供需失配的原因还体现在供需对接环节，即供需匹配机制不完善。2021年，笔者对244名一线帮扶干部问卷的问卷调查结果显示（见图4-5），48.77%的受访一线干部认为建立消费帮扶最大的障碍是"没有建立常态化产销对接渠道"，这在所有的障碍中居于首位，属于供需匹配的问题，需要通过建设供需对接渠道来解决。

消费帮扶供需匹配机制不完善，有两个重要表现：

第一个是缺乏市场渠道。实施精准扶贫战略之前的相当长时间中，贫困地区生产力较低，农民生产的主要目的在于自给自足，这样的生产体系是典型的"稳态结构"小农生产体系[1][2]。由于"交换的深度、广度和方式都是由生产的发展和结构决定的"[3]，与这一生产体系相适应的流通体系自然也是传统的流通体系，主要由小商小贩组成，其主要功能在于满足本地小规模商品交换需要。面对产业扶贫所形成的新增产能，贫困地区流通体系受到挑战，小商小贩组成的流通体系只能在一定范围内消化农产品，这样的流通体系与精准扶贫所形成的生产力存在矛盾，后者要求要把商品融入全国大市场，而原有的流通体系显然无法承载这个任务。虽然原有的流通体系必然会随着生产力的发展随之变化，但这种变化是缓慢的，且完全难以适应所面向的对象从本地消费者向全国大市场中消费者的商业逻辑的转变。有学者在对贫困地区农户销售农产品的市场行为进行的调研中发现，贫困地区受访农户自己到市场上去卖产品的比例为46.06%，其中滇桂黔石漠化片区为65.31%，秦巴山片区为29.15%[4]，印证了贫困地区农户市场交易以地方局部交易为主的现状。脱贫攻坚期间，在脱贫攻坚统揽经济社会发展全局的大背景下，我们曾依托驻村工作队制度、对口帮扶制度和行政动员制度，在短时间内建立起了行政性的供需匹配机制，但这在新发展阶段难以为继。

---

[1] 温铁军：《"三农"问题：世纪末的反思》，《读书》，1999年第12期，第8页。

[2] 刘守英：《城乡中国的土地问题》，《北京大学学报（哲学社会科学版）》，2018年第3期，第79页。

[3] 中共中央马克思恩格斯列宁斯大林著作编译局：《马克思恩格斯选集（第二卷）》，人民出版社，2012年，第699页。

[4] 颜廷武：《连片特困地区农户融入农产品供应链问题研究》，人民出版社，2017年，第28页。

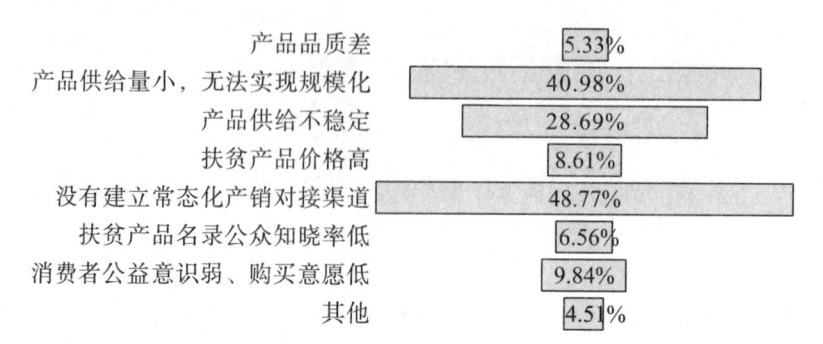

| 类别 | 百分比 |
|---|---|
| 产品品质差 | 5.33% |
| 产品供给量小，无法实现规模化 | 40.98% |
| 产品供给不稳定 | 28.69% |
| 扶贫产品价格高 | 8.61% |
| 没有建立常态化产销对接渠道 | 48.77% |
| 扶贫产品名录公众知晓率低 | 6.56% |
| 消费者公益意识弱、购买意愿低 | 9.84% |
| 其他 | 4.51% |

**图4－5　一线帮扶干部对"您认为建立消费帮扶长效机制最大的障碍是什么"回答的分布**

消费帮扶供需匹配机制不完善的第二个表现是存在"柠檬市场"。"柠檬市场"理论的提出者是美国经济学家乔治·A. 阿克尔洛夫（George A. Akerlof）。在其获得诺贝尔经济学奖之后，国内学者对"柠檬市场"的关注骤增。徐金海较早将"柠檬市场"引入对农产品交易的研究[①]，此后，农产品"柠檬市场"受到国内学者持续的关注，成为"柠檬市场"理论的重要应用领域[②][③]。在实践过程中，不少学者发现，与发达国家农产品市场相比，中国农产品市场在市场主体结构、体制机制等方面有其自身特殊性，不能简单沿袭西方的研究，并在此背景下，逐渐发展出了有中国特色的农产品"柠檬市场"研究[④][⑤]。在有效的市场条件下，供给和需求会相互作用，质量越好的产品越能够卖出更高的价格，即"优质优价"，同时，有支付能力的需求也会得到满足。而脱贫地区产品和服务的供给虽然有市场需求，却难以与需求有效对接，表现出供需匹配困境。一方面，在供给端，脱贫地区优质农产品难以卖出相应的好价格，无法形成"优质优价"的正向激励；另一方面，在需求端，消费者有购买特色优质农产品的需求，但这种具有支付能力的需求却无法得到满足。消费帮扶产销对接困境形成的原因在于，脱贫地区往往不具备低成本竞争优势，具有竞争力的产业主要是特色产业，而特色农产品市场存在"柠檬市场"，难以

---

[①] 徐金海：《农产品市场中的"柠檬问题"及其解决思路》，《当代经济研究》，2002年第8期，第42页。

[②] 李功奎、应瑞瑶：《"柠檬市场"与制度安排——一个关于农产品质量安全保障的分析框架》，《农业技术经济》，2004年第3期，第15页。

[③] 黄小平、刘叶云：《绿色农产品市场中的"柠檬效应"及应对策略》，《农业现代化研究》，2006年第6期，第467页。

[④] 彭军、乔慧，郑风田：《Gresham法则与柠檬市场理论对我国农产品适用性的讨论——基于演化博弈的分析》，《农林经济管理学报》，2017年第5期，第573页。

[⑤] 彭贝贝、周应恒：《信息不对称情况下地理标志农产品"柠檬市场"困境——基于淘宝网"碧螺春"交易数据的分析》，《世界农业》，2019年第5期，第91页。

自发有效运行。脱贫地区生产者生产生态产品所耗费的社会必要劳动时间远远高于一般农产品，尤其是远远高于机械化程度已经很高的平原地区大田作物。因此，在脱贫地区生态农产品与一般农产品只能按照相似的价格出售的情况下，由于生态种植或养殖会耗费更多的劳动时间，导致无利可图，因此，即使有条件生产，脱贫地区农户也不愿意扩大生产规模，甚至生产出来宁愿自己消费也不愿意出售。长此以往，脱贫地区生态农产品会逐渐被排挤出全国性大市场，脱贫地区产业发展也会陷入僵局。因而，实现消费帮扶产品供给和需求的有效匹配，不仅需要建设一般性市场，还要克服"柠檬市场"困境。

# 第五章　新发展阶段消费帮扶长效机制的总体分析框架：基于供需适配视角

通过脱贫攻坚战，我国已历史性地解决绝对贫困问题，全面建成小康社会。但是，绝对贫困问题的解决并不是反贫困的终点。新发展阶段，相对贫困问题将长期存在，预防和治理相对贫困是长期任务，构建消费帮扶长效机制十分必要。前文梳理消费帮扶相关理论和演进历程，分析了目前面临的主要矛盾及其原因后，本章将以消费帮扶面临的主要矛盾为切入口，构建新发展阶段消费帮扶长效机制总体分析框架。这一框架包括供需适配视角下消费帮扶长效机制的目标、基本原则、构成要素、构建模式和具体内容五个方面（见图5-1），回答供需适配视角下构建消费帮扶长效机制"怎么办"的问题。

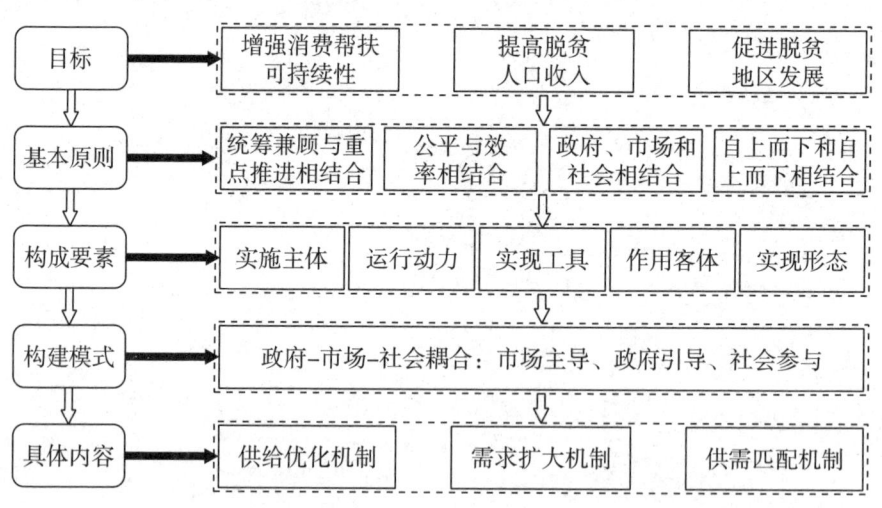

| 目标 | 增强消费帮扶可持续性 | 提高脱贫人口收入 | 促进脱贫地区发展 |
|---|---|---|---|
| 基本原则 | 统筹兼顾与重点推进相结合 | 公平与效率相结合 | 政府、市场和社会相结合 | 自上而下和自上而下相结合 |
| 构成要素 | 实施主体 | 运行动力 | 实现工具 | 作用客体 | 实现形态 |
| 构建模式 | 政府-市场-社会耦合：市场主导、政府引导、社会参与 |
| 具体内容 | 供给优化机制 | 需求扩大机制 | 供需匹配机制 |

图5-1　供需适配视角下消费帮扶长效机制的总体分析框架

## 第一节　新发展阶段对构建消费帮扶长效机制的要求

2021年起，我国进入新发展阶段，消费帮扶迎来新的历史使命。随着脱贫攻坚任务的全面完成，绝对贫困问题得到解决，但相对贫困现象将长期存在，这是新发展阶段构建消费帮扶长效机制的逻辑起点。

### 一、新发展阶段要解决相对贫困问题

贫困是人类社会的顽疾。2020年，我国已历史性地消除绝对贫困，但是，绝对贫困问题的解决并不是反贫困事业的终结。新发展阶段，相对贫困问题将长期存在，是我们国家经济社会发展过程中需要面对并着力解决的长期性问题。习近平总书记曾指出，2020年后"相对贫困仍将长期存在。到那时，现在针对绝对贫困的脱贫攻坚举措要逐步调整为针对相对贫困的日常性帮扶措施，并纳入乡村振兴战略架构下统筹安排"[1]。这意味着中国的反贫困战略思路由消除绝对贫困转向预防和治理相对贫困。

对于相对贫困内涵，国内外学术界的讨论汗牛充栋，但尚未达成一致认识，对于相对贫困中的"相对"存在"绝对的相对"和"相对的绝对"两类观点[2]。尽管如此，与绝对贫困治理相比，学术界对相对贫困的治理特征存在如下基本共识：从治理内容来看，绝对贫困治理侧重于满足生存性需求，而相对贫困治理重点关注发展性需求；从治理难点来看，绝对贫困治理难点在于建立完善的政府扶贫资源精准投入机制，而相对贫困治理难点在于建立相对贫困人口内生动力机制；从治理手段来看，治理绝对贫困主要依靠政府投入，而相对贫困由于其具有长期性、多样性、隐蔽性、复杂性等特点，除了政府投入，还要更多地依靠市场机制和社会机制。

预防和治理相对贫困，是我国新发展阶段实现共同富裕的内在要求，也是新发展阶段反贫困政策的重点。党的十九届四中全会提出，"要建立解决相对贫困的长效机制"[3]；《中共中央关于制定国民经济和社会发展第十四个五年规

---

[1] 习近平：《习近平谈治国理政（第三卷）》，外文出版社，2020年，第260～261页。
[2] 姜晓萍、郑时彦：《借鉴与超越：中国相对贫困话语体系的理论源流与内涵转换》，《社会科学研究》，2022年第4期，第6页。
[3] 《中国共产党第十九届中央委员会第四次全体会议文件汇编》，人民出版社，2019年，第12页。

划和二〇三五年远景目标的建议》明确要求"实现巩固拓展脱贫攻坚成果同乡村振兴有效衔接","建立农村低收入人口和欠发达地区帮扶机制"[①]。

## 二、相对贫困问题的解决要求构建消费帮扶长效机制

当前和今后一段时期,消费帮扶主要是指社会各界通过消费落后地区或弱势群体的服务与产品,为弱势群体提供接触市场的通道,将其纳入市场体系,从而实现资源优化配置的帮扶方式。正如前文研究综述中所总结的,消费帮扶具有"五性"即互利性、社会性、自主性、全链条性、互动性的优点,能够通过买卖交易,将人民日益增长的美好生活需要和脱贫地区产业发展连接起来,能够激活帮扶对象内生动力,将传统扶贫工作从输血式扶贫转为造血式扶贫、从单向受益转为双向受益、从不可持续转为可持续。

消费帮扶是产业帮扶的重要组成部分。预防和治理相对贫困,促进共同富裕,最艰巨、最繁重的任务仍在农村[②]。而预防和治理农村相对贫困,最重要的是发展产业。产业发展是稳定脱贫的根本之策,习近平总书记在全国脱贫攻坚总结表彰大会上讲话指出:"对脱贫地区产业要长期培育和支持,促进内生可持续发展。"[③] 与此同时,产业因素也是可能导致规模性返贫风险的首要因素,乡村产业发展是守住不发生规模性返贫底线的主要路径[④][⑤]。消费帮扶能够帮助脱贫地区产品打开市场销路,是产业帮扶的重要组成部分,具有对脱贫地区产业"扶上马,送一程"的功能。

从上述论述可以看出,新发展阶段预防和治理相对贫困,需要构建消费帮扶长效机制。从实践来看,构建消费帮扶长效机制,已成为巩固拓展脱贫攻坚成果、推进乡村振兴的政策体系建设的重要内容。中共中央、国务院于2021年3月印发的《关于实现巩固拓展脱贫攻坚成果同乡村振兴有效衔接的意见》以及由国家发展和改革委员会等30个部门于2022年5月联合印发的《关于继续大力实施消费帮扶巩固拓展脱贫攻坚成果的指导意见》,均明确要求继续大力实施消费帮扶。

---

① 《中共中央关于制定国民经济和社会发展第十四个五年规划和二〇三五年远景目标的建议》,人民出版社,2020年,第22页。
② 张海霞、杨浩、庄天慧:《共同富裕进程中的农村相对贫困治理》,《改革》,2022年第10期,第78页。
③ 习近平:《在全国脱贫攻坚总结表彰大会上的讲话》,人民出版社,2021年,第20页。
④ 赵普、龙泽美、王超:《规模性返贫风险因素、类型及其政策启示——基于西南民族地区的调查》,《管理世界》,2022年第11期,第146页。
⑤ 庄晋财、谢丽玲:《以乡村产业发展守住不发生规模性返贫的底线——来自海口市的乡村调查与思考》,《江苏大学学报(社会科学版)》,2022年第3期,第41页。

## 第二节　供需适配视角下消费帮扶长效机制的目标

消费帮扶长效机制的目标既在于完善消费帮扶治理机制本身，同时又与我国新发展阶段经济宏观政策目标相呼应。当前阶段，不发生规模性返贫是"三农"工作的底线任务[1]，我国消费帮扶直接目的是巩固拓展脱贫攻坚成果，同时，推动乡村振兴、构建新发展格局和促进共同富裕。具体目标主要包括增强消费帮扶可持续性、提高脱贫人口收入和促进脱贫地区发展三个方面。

### 一、增强消费帮扶可持续性

自消费帮扶提出以来，尽管主流的观点认可其是一种可持续帮扶方式[2][3][4]，可以在共赢中谋长远发展[5]。但与此同时，对消费帮扶可持续性的质疑声从未停止，如国务院发展研究中心农村经济研究部部长、研究员叶兴庆等明确认为消费扶贫"能够解决一时之需，但并非长远之计"[6]。也有学者认为，尽管消费扶贫产生了一定的帮扶效果，但部分消费者产生了较差的消费体验，长远来看，消费帮扶仍需经受市场经济中障碍和风险的考验[7][8]。如果消费帮扶行政动员或者行政强制力取消，就可能面临难以为继的困境[9]。到了新发展阶段，原有的脱贫攻坚体制机制势必面向新的形势进行调整，消费帮扶政策中的行政性干预必然会逐步减弱，增强消费帮扶可持续性成为更加紧迫的任务。

---

[1] 《中共中央国务院关于做好二〇二二年全面推进乡村振兴重点工作的意见》，人民出版社，2022年，第8页。

[2] 黄承伟：《决胜脱贫攻坚的若干前沿问题》，《甘肃社会科学》，2019年第6期，第6页。

[3] 李军：《海南省消费扶贫的创新实践》，《农村．农业．农民（B版）》，2019年第6期，第18页。

[4] 胡磊、刘亚军：《互联网背景下消费扶贫的商业模式创新机理》，《管理案例研究与评论》，2020年第1期，第118页。

[5] 顾仲阳：《消费扶贫，在共赢中谋长远》，《人民日报》，2019年2月19日第5版。

[6] 叶兴庆、殷浩栋：《从消除绝对贫困到缓解相对贫困：中国减贫历程与2020年后的减贫战略》，《改革》，2019年第12期，第13页。

[7] 刘学敏：《贫困县扶贫产业可持续发展研究》，《中国软科学》，2020年第3期，第79~86页。

[8] 左停：《脱贫攻坚与乡村振兴有效衔接的现实难题与应对策略》，《贵州社会科学》，2020年第1期，第7~10页。

[9] 原贺贺：《消费扶贫的实践进展与机制创新——以广东清远市为例》，《农村经济》，2020年第12期，第69~76页。

## 二、提高相对贫困人口收入

经过脱贫攻坚战，我国历史性地消除了绝对贫困。但是，相对贫困将长期存在，脱贫人口是相对贫困人口的主要组成部分。目前，部分脱贫人口的脱贫仍具有脆弱性，存在返贫风险。与此同时，新发展阶段，脱贫人口可持续增收面临着新的挑战。经济下行压力下，促进脱贫人口持续增收是防范脱贫人口返贫的关键，同时，也是当前及今后一段时期内反贫困工作始终面临的重要挑战。当前，脱贫人口在增收问题上出现了一些新特征：首先，脱贫攻坚期间，由于财政政策的大幅倾斜，脱贫户转移性收入大幅增长，在新发展阶段几乎已经没有增长空间；其次，在全球性经济衰退、疫情冲击、国际形势不确定等宏观经济背景下，工资性收入作为脱贫人口收入重要组成部分面临"天花板约束"；最后，脱贫攻坚期间，脱贫地区产业得到大规模发展，当前阶段已基本投产，具备提升脱贫人口经营性收入的潜力，而产业经营失败的风险则是脱贫户返贫的重要风险来源。在这一背景下，消费帮扶可通过帮助脱贫地区市场解决产品销路问题，助力脱贫地区产业持续发展，从而直接或间接帮助脱贫地区脱贫人口实现可持续增收目标。

## 三、促进脱贫地区发展

尽管脱贫地区在脱贫攻坚中已取得了快速发展，但脱贫地区依然是推进乡村振兴、构建新发展格局、实现共同富裕的短板。首先，脱贫地区是脱贫人口生产生活的空间载体，只有脱贫地区经济社会发展水平持续稳定全面提升，才能有效防范规模性返贫风险。其次，发展脱贫地区能够有效缓解经济不平衡问题。党的十九大明确指出："我国社会主要矛盾已经转化为人民日益增长的美好生活需要和不平衡不充分的发展之间的矛盾。"[1] 区域发展不平衡是经济发展不平衡的重要表现，促进脱贫地区发展能够有效缓解经济不平衡。产业兴旺是脱贫地区发展的根基，脱贫地区产业竞争力低下制约着脱贫地区融入全国性经济大循环，导致其难以进行有效的产品交换与资源优化配置。消费帮扶可通过倒逼脱贫地区产业升级，促进脱贫地区进一步发展，为推进乡村振兴、构建新发展格局、实现共同富裕作出应有贡献。

---

[1] 中共中央党史和文献研究院：《十九大以来重要文献选编（上）》，中央文献出版社，2019年，第24页。

## 第三节　供需适配视角下构建消费帮扶长效机制的基本原则

消费帮扶不可能毕其功于一役，只能久久为功。脱贫地区产业发展有其自身规律。农产品与工业品的区别不仅在于农产品产业链更长、环节更多、利润更加不均，而且在于各环节的市场化、组织化尤其是市场势力格局存在很大差别。构建消费帮扶长效机制，应遵循一些基本的原则。

### 一、统筹兼顾与重点推进相结合原则

统筹兼顾和重点推进相结合是中国共产党在长期实践工作中总结出的科学方法论，其哲学内涵是马克思主义辩证法。构建消费帮扶长效机制，也需要遵循统筹兼顾与重点推进相结合原则。一方面，在帮扶对象上，以脱贫地区和脱贫人口为重点，在区域上聚焦乡村振兴重点帮扶县等巩固拓展脱贫攻坚成果任务较重地区，同时兼顾其他欠发达地区和农村低收入人口。另一方面，在帮扶内容上，对脱贫地区帮扶产业开展全产业链系统帮扶，对消费、流通、生产各环节痛点、难点、堵点进行重点突破，分级分层协调解决农产品卖难问题[1]。

### 二、公平与效率相结合原则

公平和效率之间存在着矛盾统一的关系，二者表面矛盾，但实则又不可分割[2]。经济政策总是希望追求效率和公平之间的某种微妙平衡，并由此提出了"效率优先、兼顾公平""公平与效率并重"等"效率-公平"组合模式。消费帮扶既是一种市场行为，又是一种慈善行为，还浸润着政治因素，在进行消费帮扶顶层设计时，既要重视公平，关注消费帮扶对脱贫地区和脱贫人口的拉动作用，又要提高效率，发挥政府投入的杠杆作用，扩大市场消费和慈善消费，促进消费帮扶可持续发展。

---

[1] 《关于继续大力实施消费帮扶巩固拓展脱贫攻坚成果的指导意见》，https://czt.henan.gov.cn/2021/10-27/2335265.html。

[2] 蒋永穆、刘承礼：《公平与效率组合模式的选择问题研究》，《当代经济研究》，2006年第1期，第51页。

## 三、政府、市场和社会相结合原则

市场、政府和社会是实现资源配置的三种重要形式[①],脱贫攻坚中,我国构建了政府、市场和社会相结合的大扶贫格局,在新发展阶段,要继续发挥三者的协同耦合作用。中国特色社会主义市场经济的重要优势之一是"有效市场"和"有为政府"的有效结合,消费帮扶作为我国反贫困政策体系中的创新之一,在"有效市场"和"有为政府"发挥协同作用的同时,社会力量也成为其中不可或缺的组成部分。构建消费帮扶长效机制,要在继续发挥政府的引导作用的同时,突出市场导向,发挥市场机制主导作用,提升社会参与度。在市场机制和社会机制能够发挥作用的领域,市场和社会作为优先选择发挥作用,政府则主要为市场机制和社会机制发挥作用提供条件;在市场机制和社会机制双双失灵的领域,政府力量发挥引导或兜底作用。

## 四、自上而下与自下而上相结合原则

1978年农村改革以来,我国大部分农村经济改革的完成都具有自上而下与自下而上相结合[②]的特征。消费帮扶作为我国脱贫攻坚中的创新举措,是基层在实践中通过"摸着石头过河"探索出的行之有效的反贫困手段,在形成伊始就蕴藏着自下而上的基因,在未来政策完善中,要继续尊重参与主体的意愿,善于总结基层在消费帮扶实践中的创新。同时,消费帮扶战线长,涉及主体类型多样、利益多元、环节复杂、人员广泛,这决定了构建消费帮扶长效机制必须注重顶层设计,从体制机制入手,处理好各级政府、各类主体、各个环节、各方利益之间的关系,并自上而下将有效的经验、有用的政策推广开来,发挥中国共产党集中统一领导的独特优势。

## 第四节 供需适配视角下消费帮扶长效机制的构成要素

如图5-2所示,供需适配视角下消费帮扶长效机制的构成要素包括实施

---

① 郁建兴、高翔:《农业农村发展中的政府与市场、社会:一个分析框架》,《中国社会科学》,2009年第6期,第89页。

② 蔡昉、王德文、都阳:《中国农村改革与变迁:30年历程和经验分析》,格致出版社,2008年,第5~6页。

主体、作用机制、运行动力、作用客体和目标功能五个部分。其中，实施主体包括帮扶对象、扶贫产品供应商（中间商）、市场平台主体、政府、社会组织和消费主体六大类，运行动力机制包括市场力量、政府力量和社会力量三类，实现工具包括政府工具、市场工具和伦理工具三类，作用客体涉及消费帮扶供给侧、市场平台、需求侧，实现形态为消费帮扶供需适配。

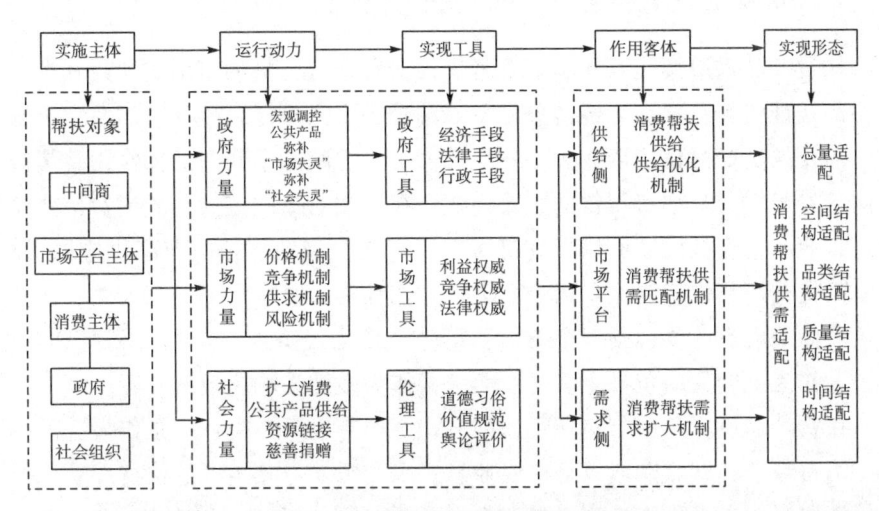

图 5-2 消费帮扶长效机制构成要素

## 一、消费帮扶长效机制的实施主体

消费帮扶的利益相关主体主要包括帮扶对象、扶贫产品供应商、市场平台主体、政府、社会组织和消费主体六大类。

### （一）帮扶对象

帮扶对象是指消费帮扶所要带动的弱势群体。不同时期的帮扶对象根据宏观目标不同而有所差异：在脱贫攻坚期，帮扶对象主要是建档立卡贫困人口；在过渡期，帮扶对象主要是脱贫户和纳入监测范围的边缘易致贫户；在全面推进乡村振兴时期，帮扶对象主要是相对低收入户。尽管不同时期帮扶具体对象有所差别，但帮扶对象也具有统一性，即无论哪个时期，具体帮扶对象总是主要以小农形态存在。

以小农为主的帮扶对象的诉求一方面是利益，另一方面有较为强烈的规避风险心态。帮扶对象参与消费帮扶交易的方式可以分为两种：一种是直接参与，即帮扶对象既作为扶贫产品生产者生产扶贫产品，也作为扶贫产品销售者直接与消费者进行交易。另一种是间接参与，即帮扶对象不直接参与消费帮扶交易，而是由脱贫地区的企业或者合作社等扶贫产品供应商与消费者进行交易，再通过扶贫产品供应商与小农户之间的利益联结机制，间接实现减贫、带贫。

### （二）扶贫产品供应商（中间商）

扶贫产品供应商是直接与消费者进行消费帮扶交易的市场主体，其有一套严格的认证体系。在市场经济条件下，单个小农户难以直接与全国性大市场对接，需要扶贫产品供应商作为小农户和消费者之间的中间商发挥作用。帮扶对象间接参与模式是消费帮扶的主要模式。在帮扶对象间接参与的消费帮扶模式中，企业、合作社或家庭农场凭借减贫、带贫机制取得扶贫产品供应商资格。现有的扶贫产品供应商主要为企业类、合作社类、家庭农场类三大类。扶贫产品供应商的诉求主要包括三个方面：第一，作为经济人追求经济利益最大化；第二，作为社会人肩负社会责任；第三，作为政治人响应政府号召。

扶贫产品供应商参与消费帮扶的方式主要有以下三类：一是作为流通主体参与消费帮扶，即收购或以订单农业形式采购帮扶对象生产的扶贫产品，再销售给消费者。二是作为生产者参与消费帮扶，通过使用帮扶对象的生产要素，如吸纳帮扶对象就业、要素入股分红、土地流转等具体形式，而与扶贫对象之间建立利益联结机制，并把生产出来的扶贫产品销售给消费者。三是作为加工企业参与消费帮扶，即收购帮扶对象生产的初级农产品进行加工，再销售给消费者。

### （三）市场平台主体

"市场不仅是商品交换的场所、渠道和纽带，还是各类商品和生产要素进行交换的统一平台。"[①] 消费帮扶买方和卖方进行交易，需要有一定的市场，这种市场既可以是线上的，也可以是线下的。在消费帮扶中，这种市场具体表现为交易平台，并可以进一步划分为线上交易平台和线下交易平台。市场平台的运营者就是市场平台主体，市场平台主体一般是法人主体，与扶贫产品供应商相类似，市场平台主体诉求主要包括三个方面：第一，作为经济人追求经济利益最大化；第二，作为社会人肩负社会责任；第三，作为政治人响应政府号召。

---

[①] 《马克思主义政治经济学概论》编写组：《马克思主义政治经济学概论》（第二版），人民出版社、高等教育出版社，2021年，第72页。

### (四) 消费主体

消费帮扶的消费主体是指消费帮扶产业链中的消费者，包括政府部门（含各级预算单位）、社会组织、爱心企业和个人消费者等。以政府部门为代表的各级预算单位通过政府采购的方式购买扶贫产品。社会组织和爱心企业的帮扶方式之一是直接购买扶贫产品。个体消费者一般为自然人，其诉求主要包括三个方面：第一，作为经济人追求经济利益最大化或者同等成本下效用最大化；第二，作为社会人的慈善动机；第三，作为政治人对组织安排的服从。

### (五) 政府

总体而言，政府是社会利益最大化的代表，中国共产党更是以人民福祉为价值追求。根据管辖范围，政府可以分为中央政府和地方政府。消费帮扶中，政府既是消费主体，又是不可或缺的引导者。政府的诉求包括：第一，中央政府作为政治主体的目标是维护人民总体利益；第二，地方政府作为政治主体的目标除了追求人民利益，还追求政绩和政治目标[①]；第三，作为消费主体时在一定程度上具有经济人基本逻辑，追求经济利益最大化或者同等成本下效用最大化。

### (六) 社会组织

社会组织在消费帮扶中可以发挥扩大消费、链接资源、慈善捐赠、提供公共物品等功能。社会组织的诉求包括：第一，作为社会组织的本身目标即社会责任；第二，作为受政治影响的主体响应政府号召；第三，作为消费主体时追求经济利益最大化或者同等成本下效用最大化。各类主体目标诉求见表5-1。

表5-1　不同利益相关主体目标诉求

| 主体类型 | 目标 |
| --- | --- |
| 帮扶对象 | 经济利益最大化，规避风险 |
| 扶贫产品供应商 | 经济利益最大化，社会责任，响应政府号召 |
| 市场平台主体 | 经济利益最大化，社会责任，响应政府号召 |
| 消费主体 | 经济利益最大化，慈善，服从组织安排 |

---

① 黄祖辉：《农业农村优先发展的制度体系建构》，《中国农村经济》，2020年第6期，第10页。

续表5-1

| 主体类型 | 目标 |
|---|---|
| 政府 | 维护人民总体利益，政绩/短期目标，经济利益最大化 |
| 社会组织 | 社会责任，响应政府号召，经济利益最大化 |

当然，作为社会经济体系的组成部分，消费帮扶系统不可避免地受到国际国内宏观经济运行状况和其他主体的影响，限于研究篇幅，本书对系统外的内容只作必要讨论，而主要聚焦于消费帮扶系统内部分析。

## 二、消费帮扶长效机制的运行动力

消费帮扶长效机制的运行动力包括市场力量、政府力量和社会力量三大类，三大力量来源于各类利益相关主体的政治追求、经济利益和社会伦理。在政治追求的动力下，政府会运用经济手段、法律手段、行政手段等政策工具，保障政府作用顺利发挥，并为市场机制和社会力量正常运行创造条件。在经济利益的动力下，各类利益相关主体会受利益权威、竞争权威和法律权威等影响，调节自身行为。在社会伦理动机下，各类利益相关主体会受道德习俗、价值规范和舆论评价等的影响，自发规范自身行为。各方面动力共同作用下，促进消费帮扶长效机制顺畅运行。

## 三、消费帮扶长效机制的实现工具

消费帮扶长效机制最主要的实现工具是政府政策工具。政府政策工具主要是指各级政府为了达到经济发展和社会稳定的目标，凭借国家暴力潜能，所采取的一系列政策措施，包括经济手段、法律手段和行政手段等。

### （一）经济手段

经济手段是国家通过经济政策调整各微观主体的经济利益关系，引导其经济活动，使其符合宏观经济发展目标而制定的一切行动准则和具体措施的总和。经济政策是经济手段的实现形式，经济政策主要包括财政政策、货币政策、产业政策、收入分配政策、价格政策等。经济政策发挥作用的过程往往离不开经济杠杆，常见的经济杠杆包括价格、税率、利率等。经济手段是政府在消费帮扶中主要运用的手段，如消费帮扶中要求各级预算单位按照一定比例预留年度食堂食材采购份额就是经济手段中的财政政策[①]，购买社会组织的服务也属于运用经济手段进行引导建立消费帮扶长效机制。

### （二）法律手段

根据《辞海》中的定义，法律是由国家制定和认可，并由国家以强制力保证其实施的社会行为规范的总和[②]。在经济领域，法律调节经济行为的运行具有四个基本特征：一是对市场经济主体具有普遍的约束力，二是对市场经济主体具有严格规范的强制性，三是对市场经济主体的调节具有相对稳定性，四是对市场经济主体的活动范围具有明确的规定性。消费帮扶的正常运行与法律息息相关，比如，第十三届全国人民代表大会常委会第二十八次会议于2021年4月29日通过的《中华人民共和国乡村振兴促进法》第五十九条规定，"各级人民政府应当采取措施增强脱贫地区内生发展能力，建立农村低收入人口、欠发达地区帮扶长效机制，持续推进脱贫地区发展"，为消费帮扶提供了法律支撑；再比如，《中华人民共和国慈善法》《中华人民共和国公益事业捐赠法》为充分发挥社会力量作用提供了制度保障。此外，参与消费帮扶的各类主体也必须遵循一般的法律规定。

### （三）行政手段

行政手段是指国家行政机关对公共事务进行组织、管理活动时采取的手段，目的在于实现调控经济和社会运行等公共利益。行政手段包括强制性命令、指令性任务指示、行政制度、行政规章、条例或某些具体限制措施等。行政手段以行政权威为强制力，直接调节和控制经济活动，具有强制性、垂直性和权威性性等特点[③]。在消费帮扶中，行政手段包括市场监管部门、网信部门等对纳入消费帮扶范围的农副产品和相关服务的执法与监管等。

### （四）其他手段

在经济手段、法律手段和行政手段之外，消费帮扶中的政策工具还涉及一

---

[①] 张鹏：《"10%"的星星之火助燃乡村产业振兴燎原之势——谈政府采购政策对支持乡村产业振兴的重要意义》，《中国政府采购报》，2022年1月18日第3版。

[②] "法律"，https://www.cihai.com.cn/baike/detail/72/5353635?q=%E6%B3%95%E5%BE%8B。

[③] 蒋永穆、纪志耿：《社会主义和谐社会的利益协调机制研究》，经济科学出版社，2011年，第236页。

些其他手段，主要被运用于社会动员。例如：舆论引导，通过主流官方媒介等，在全社会营造消费帮扶光荣的氛围；宣传动员，动员金融机构、各类商超、电商平台等创新推介消费帮扶，组织动员爱心企业、爱心人士等积极参与消费帮扶；示范引领，创建消费帮扶示范城市；精神嘉奖，对积极参与消费帮扶的主体进行精神鼓励，对积极参与消费帮扶且表现良好的民营企业颁发一定荣誉，如2018年10月20日，习近平总书记给在"万企帮万村"行动中受表彰的民营企业家回信；等等。

除了政府政策工具，消费帮扶长效机制的实现工具还有市场工具和伦理工具。消费帮扶中的市场工具，主要是指市场"无形的手"的权威，包括利益权威、竞争权威和法律权威等，这些倒逼着市场主体按市场规则行事，马克思曾指出，"独立的商品生产者互相对立，他们不承认任何别的权威，只承认竞争的权威，只承认他们互相利益的压力加在他们身上的强制"①。消费帮扶中的伦理工具，是社会力量发挥作用的手段，包括道德习俗、价值规范和舆论评价等。

## 四、消费帮扶长效机制的作用客体

"客体"与"主体"相对，是共同构成人的实践活动和人的认识活动的一对基本范畴。从不同的视角出发，对消费帮扶主体和客体有不同的划分。如果仅把帮扶者作为主体，则受帮扶者就是消费帮扶的客体；如果把消费帮扶中的人（包括自然人、法人和非法人组织）作为主体，则客体就是物。本书的研究视角是如何实现消费帮扶供需适配，并且将具有主观能动性的人作为了主体，因此，消费帮扶长效机制的作用客体是受支配的对象，包括供给、需求和市场平台。根据客体不同，本书将消费帮扶长效机制解构为供给优化机制、供需匹配机制和需求扩大机制三大具体机制。

## 五、消费帮扶长效机制的实现形态

供需适配视角下消费帮扶长效机制的实现形态是供给和需求适配，包括供给和需求总量适配、空间结构适配、品类结构适配、质量结构适配和时间结构适配等。供给和需求的适配离不开供给和需求的有机互动，直接体现为消费帮

---

① 中共中央马克思恩格斯列宁斯大林著作编译局：《马克思恩格斯文集（第五卷）》，人民出版社，2009年，第412页。

扶供给创造需求、供给适应需求、需求牵引供给、需求适应供给四个方面的互动。

（一）供给创造需求

供给创造需求是供给从品类和规模上创造出新的需求，分为供给从品类上创造新需求和供给从规模上创造新需求两种情况。供给从品类上创造新需求指的是，如果生产者研发出的新产品唤起了消费者的潜在需求，那么在投入市场之初，市场上供给小于需求，生产者就可以获得超额剩余价值，因此，生产者有动机开发新产品，新产品会形成新需求，这就是供给创造需求的第一种类型。苹果手机的生产和更新换代被认为是供给创造需求的经典案例[1][2]。具体到消费帮扶而言，以前脱贫地区存在一些鲜为人知的好产品，由于信息闭塞没有得到开发，如云南怒江特色产品——草果，过去鲜为人知，但通过消费帮扶，更多的人认识并喜欢上这一产品及其加工产品[3]，消费规模随之扩大。

供给从规模上创造新需求是指供给价格降低引致需求扩大的情况。对于同样的商品，技术进步降低商品社会必要劳动时间后，由于掌握新技术的生产者所耗费的劳动时间低于市场上生产该商品所耗费的社会必要劳动时间，该生产者就可以获得一定的超额利润，因此，生产者有技术进步的强烈动机，随着时间推移，当技术进步逐渐扩散之后，该商品所耗费的社会必要劳动时间降低，价值下降，价格也随之下降，在消费者收入不变的情况下，消费者预算约束发生变化。该商品总消费量增加，这是供给创造需求的第二种类型。具体到消费帮扶而言，即供给端成本降低，消费帮扶产品价格降低，消费者数量增加，消费得以扩大，实现供给价格降低创造的新需求。

（二）供给适应需求

消费帮扶中供给适应需求是供给规模、结构对需求规模、结构的主动适应。市场经济条件下，商品只有顺利实现"惊险的一跃"，才能转换为货币，生产者的总利润取决于单个商品利润和总销售量，生产者在逐利动机下，总是

---

[1] 周超：《从"苹果风"引发的关于供给创造需求的探讨》，《中国外资》，2012年第16期，第109页。

[2] 刘雨佳：《手机制造业供给侧改革经验与借鉴：以苹果公司为例》，《财政监督》，2017年第11期，第104页。

[3] 《国务院新闻办就消费扶贫行动有关情况举行发布会》，http://www.gov.cn/xinwen/2020－08/28/content_5538158.htm。

致力于提高总利润量，在单个商品利润不变的情况下，追求更高的销售量，而要实现更高的销售量，就要满足消费者需求，因此，生产者会在可能的范围内想方设法满足消费者需求，这就是供给适应需求的机制。消费帮扶中，生产者作为正常市场主体也有同样的动机去主动适应消费者的需求偏好。

### （三）需求牵引供给

需求牵引供给与供给适应需求有很强的联系，但二者并不完全相同。需求牵引供给是需求对供给的一种倒逼，起主导作用的主体是需求方；而供给适应需求的情况下，起主导作用的主体是供给方。订单生产是典型的供给牵引需求的情况，比如，参与消费帮扶的企业在脱贫地区组织帮扶对象按照一定的技术标准生产某种原材料或商品，再通过一定的方式进行收购，这就完成了需求对供给的牵引。当然，需求牵引供给和供给适应需求常常交织，从而共同实现供需适配。

### （四）需求适应供给

消费帮扶中的需求适应供给是指需求规模、结构对供给规模、结构的主动适应。具体来说，当扶贫产品自身存在的一些难以改变的特征与消费者原来的消费偏好相左时，消费主体会出于慈善或政治等目的，在适当的范围内调整自己的偏好，优先消费脱贫地区产品和服务。比如，脱贫地区旅游具有在地性，消费者认识到这一特征后，出于慈善动机，会调整自己的消费偏好，在同等条件下优先选择前往脱贫地区旅游观光，扩大脱贫地区的旅游规模，改善当地服务水平。同样，政府或行政单位在组织团建或党建活动时，也会优先选择前往脱贫地区开展活动、进行消费。这就是需求出于慈善或政治目的主动适应扶贫产品供给的表现。这一机制尤其适用于脱贫地区产业或旅游服务起步阶段。

## 第五节　供需适配视角下消费帮扶长效机制的构建模式："政府－市场－社会耦合"

前文的理论基础表明，在市场经济条件下，要实现供给和需求的适配，需要市场机制充分发挥作用，结合消费帮扶的实际情况，笔者认为，供需适配视角下构建消费帮扶长效机制需要处理好市场、政府和社会的关系。无论是社会主导、政府主导还是市场主导的消费帮扶，都应该有政府、市场和社会三种力量的参与，区别只是在于哪一种力量起最主要的作用。在脱贫攻坚阶段，我国构建了以政府为主导的消费帮扶体制机制，政府通过实行行政动员制度、驻村工作队制度、对口帮扶制度，在一定程度上取代了市场这一资源配置机制（本书第三章第一节中的"二、政府主导型消费帮扶阶段（2019—2020年）"有详细介绍），导致市场机制和社会力量作用发挥不充分。

当前阶段，尽管我国消费帮扶从政府主导型向市场主导型迈出了坚实的步伐，但是，现有的市场主导型消费帮扶模式还不成熟，一定程度上是由于原有模式难以为继而被动地从政府主导型转向市场主导型。因此，需要进一步加强顶层设计，构建成熟的市场主导型消费帮扶模式。本书提出构建市场主导下的"政府－市场－社会耦合"消费帮扶模式，其中，市场、政府、社会的分工总体体现为市场主导、政府引导、社会参与。

## 一、市场主导

市场主导是指市场机制在消费帮扶长效机制运行过程中发挥主导性作用。这种主导性主要体现为，在生产、分配、交换、消费各个环节中，只要市场机制能够自发实现系统目标，政府和社会就不进行干预，由市场在资源配置中发挥决定性作用。

### （一）市场主导的动力

市场机制的运行动力主要是参与市场活动的利益相关主体对自身利益最大化的追求及其行动。尽管学术界对于利益多元化早有丰富的讨论，包括经济利益、精神利益、政治利益等[1]，但在市场机制下，这种利益最大化主要表现为经济利益最大化。各种参与主体利益的交织与冲突，以及在矛盾中的博弈与妥协为市场机制的运行创造了条件。

在市场经济条件下，帮扶对象、扶贫产品供应商、市场平台主体都有追求利益最大化的强烈动机，这自然成为市场发挥作用的动力来源。个体消费者在正常消费时总会追求同等品质下的成本最小化，其本质也是追求经济利益，进而在市场中"用脚投票"。在由市场机制发挥作用的场景下，政府往往是规则的维护者。但在消费帮扶中，政府除了规则维护者的角色，还扮演着政府购买的角色，此时的政府采购也必须在一定程度上遵循市场规则，如招投标中，在

---

[1] 蒋永穆、纪志耿：《社会主义和谐社会的利益协调机制研究》，经济科学出版社，2011年，第120页。

其他条件相同的情况下，选择报价最低的扶贫产品供应商。同样，社会组织拥有多重角色，在作为消费者时，同等条件下也会追求质优价廉的商品。各类主体对于经济利益的追求是市场机制运行的动力。

（二）市场机制的内容

"市场机制是指在市场经济中通过供求和价格变动、市场竞争、风险约束等途径调节经济运行和实现资源配置的作用过程。市场机制主要包括价格机制、供求机制、竞争机制和风险机制。"[1]

1. 价格机制

价格是调节市场供求的信号，理想状态下，消费帮扶的供求关系由价格机制进行调节，帮扶产品供给主体为了实现自身利益目标，需要作出生产什么、生产多少、如何生产以及为谁生产的决策。需求主体则要作出购买什么、购买多少以及向谁购买的决策。市场经济条件下，一方面，任何商品生产者生产的产品都可能成为他人、社会的使用价值，但产品是否为社会所需要只有通过市场的检验才能确定；另一方面，每个生产者又是相对独立作出生产决策的。这意味着生产者需要为其决策寻找依据。在市场经济中，价格机制是参与主体进行决策的基本依据。在逐利动机驱使下，生产者会加大供不应求、利润率高的商品的生产，缩减供过于求、利润率低于其他可选择投资回报率的产品的生产，从而实现各类生产要素的流动和优化配置。

2. 供求机制

供求机制是调节市场供求矛盾、使之趋于适配的机制。供求关系受价格、竞争、时间、区域、消费者偏好等多种因素的影响，当供求发生偏离时，市场机制又会通过引起商品价格的变动来实现对供给和需求的调节。理想状态下，供求机制可以促进消费帮扶实现供需适配：一是供给和需求总量的相互适配，如果需求总量小于供给总量，市场价格高于生产价格[2]，利润率较高，则生产要素会进入该行业，供给增加；反之，则供给减少，并实现相对适配。二是供给和需求空间的相互适配。资源禀赋的差异、规模经济大小等因素会导致空间分工，而空间分工会引致产品流通费用的增加，空间分工的收益与新增流通费用的利差导致产品在不同空间合理转移，促进不同空间之间供需相对适配。三

---

[1] 《马克思主义政治经济学概论》编写组：《马克思主义政治经济学概论》（第二版），人民出版社、高等教育出版社，2021年，第73~74页。

[2] 生产价格是供给与需求相等时的价格，市场价格是实际交易价格。

是供给和需求品类和质量的相互适配。当旧的产品生产因竞争激烈导致利润率下降，更能满足消费者需求的新产品能够获得超额利润的时候，在逐利动机下，生产者会谋求产品品类创新和质量提升，进而促进供给和需求的品类和质量的相对适配。四是供给和需求空间上的相互适配。就农产品而言，自然条件下的产品供给在时间上是非连续的，而消费者的需求频率是比较固定的，在供不应求的季节，消费者愿意支付更高的价格购买产品，在有利可图的情况下，生产者会通过贮藏、反季节生产等手段缓解供给和需求时间上的失衡，实现相对适配。供求关系在不断变动中趋于相对平衡并推动社会生产的发展，是供求机制作用的实现形式。

3. 竞争机制

"竞争是指各种市场主体为了实现自身利益目标而发生的相互排斥甚至是相互冲突的利益关系。"① 从交换关系来看，尽管消费帮扶会受到其他因素影响，但总体而言还是存在交换中的竞争，也就是供给方和需求方的竞争，供给方总是力求商品可以卖得更贵一点，需求方总是力求压低商品价格。从消费关系来看，不管出于何种动机，需求方的竞争一般表现为在商品数量有限的情况下，通过支付更高的价格，力争使自己的需求得到满足。从分配关系来看，竞争既实现了对生产要素的分配，要素拥有者会在约束条件下根据回报率高低决定要素投向，在要素进入与退出中实现要素分配；也会实现对商品的分配，消费帮扶交易竞争的结果就是帮扶产品分配的结果。供给方最终会在提高价格的欲望和与其他卖者的竞争中寻找平衡，需求方最终会在压低价格的欲望和与其他买者竞争之间寻找平衡。

4. 风险机制

风险是市场的孪生姐妹，市场主体在市场中开展经济活动可能得到收益，也不得不面对风险。如何识别和把握风险是市场经济中涉及生死存亡的重要命题，市场主体必须在市场风险中谋生存、图发展。市场风险机制就是指，市场主体在利益刺激和获利约束下形成的经营活动与盈利、亏损乃至破产之间的内在联系。市场风险机制的作用在于：其一，市场主体甘愿冒着更大的经营损失风险去追求更大的经济利益，推动社会创新活动，这种作用机理在企业研发活动中体现得尤其明显；其二，强化经济主体遵循市场规范的意识，使其在经营

---

① 《马克思主义政治经济学概论》编写组：《马克思主义政治经济学概论》（第二版），人民出版社、高等教育出版社，2021年，第74页。

活动中更加审慎，遵从市场规则和法律规范，自觉维护市场秩序。

（三）市场失灵

市场机制的有效运行需要一系列理想条件，包括产权明晰、完全竞争市场、边际收益递减、信息的完全性等，现实中这些条件如果不能满足，则市场机制难以实现资源最优配置和福利最大化，即所谓的"市场失灵"。具体来说，造成"市场失灵"的原因可以归纳为两个方面：一是市场机制作用发挥所需要的外部条件不具备或者不充分，二是市场本身具有的局限性。具体表现主要为：第一，市场不存在；第二，市场分割；第三，公共产品或服务往往伴随"搭便车"现象；第四，垄断会不可避免地发生，并对自由竞争产生抑制；第五，在收入分配上形成巨大差距；第六，信息不充分、不对称造成的决策失当；第七，委托代理人问题；第八，市场调节的自发性、盲目性和滞后性造成总量和结构性问题；第九，经济周期性波动或经济危机。这些市场失灵的情况可以归纳为五大方面：不完全竞争、外部性、公共物品、信息不完全或不对称、交易成本。这些局限性的存在，使得市场机制对资源优化配置的功能无法完全发挥[①]。由于"市场失灵"的存在，政府干预经济成为必然，在消费帮扶中，社会力量还可以发挥补充作用。

## 二、政府引导

尽管市场在配置资源中有不可比拟的优势，但是其自身也存在局限性。为了实现良性循环，还需要发挥政府的作用。准确来说，与市场机制相对的资源配置机制是计划机制，改革开放以来，高度集中的计划机制退出历史舞台。2012年，党的十八大明确了新时代经济体制改革的核心内容是处理好政府和市场的关系，以此为标志，我国话语体系中"计划和市场的关系"转变为"政府和市场的关系"。

（一）政府引导的动力

政府行政的核心目标之一是谋求社会总体福利的最大化。具体到消费帮扶中，不同级别的主体有不同的参与动力，中央政府推动消费帮扶的动力主要在于实现其宏观目标；地方政府的动力在于，完成上级政府给设定的目标，并为

---

[①] 郭韶伟：《政府在农产品流通体系中的作用机制研究》，中国人民大学，2016年，第16页。

本地民众谋福祉。扶贫产品供应商、市场平台主体、社会组织、帮扶对象和个体消费者之所以响应政府引导,一方面是对政府政策导向所释放的政策红利形成的经济利益进行追逐,另一方面是为了积累一定的可以转化为经济利益的政治资本。

(二)政府引导的主要内容

1. 宏观调控

由于市场存在自发性、盲目性和滞后性,容易引起周期性经济波动,造成滞销、贫富差距加大、社会矛盾加剧等问题。因此,为了克服这种市场本身固有的缺陷,有必要发挥政府宏观调控的职能。宏观调控的目的在于把微观经济主体分散的经济活动统一于整个社会的大目标之下,使其行为符合整个经济社会发展的要求。消费帮扶中,宏观调控体现在多方面,包括东西部协作帮扶的结对匹配、主体功能区规划和优势农产品布局规划等。

2. 提供公共产品

公共产品是指既无排他性,又无竞争性的产品,比如国防、秩序、不拥挤且不收费的道路等。公共产品的非排他性是指,只要产品存在,就不能轻易排除他人的使用,即有"免费搭便车"的条件。公共产品的非竞争性是指,消费者的增加并不会减少其他消费者对该产品的效用,即消费增加的边际成本为零。不同于私人产品市场,公共产品市场上,由于消费者难以准确知道自己对公共产品需求总量,或者存在瞒报自己消费意愿的动机,市场机制无法实现公共产品的最优配置,存在"市场失灵",因此,公共产品应由政府提供。

3. 为市场机制发挥作用提供条件

政府对市场机制的补充作用主要体现在:一是政府通过促进措施和管理规则推动市场机制发挥作用,推进市场化进程,提高市场机制的效率;二是政府通过鼓励和支持引导市场主体改变行为取向,使市场主体在市场机制作用下朝着政府希望的方向决策和经营;三是政府通过提供公共物品、调控和监管等措施弥补"市场失灵",通过影响市场效率来提高公共利益和社会福利,保证经济、社会健康稳定发展[①]。

---

① 郭韶伟:《政府在农产品流通体系中的作用机制研究》,中国人民大学,2016年,第18页。

### 4. 为社会力量发挥作用提供条件

政府的支持和激励政策直接关系到社会主体参与社会福利事业的积极性[①]。政府为促进社会力量在消费帮扶中发挥作用所提供的支持主要包括：第一，动员各类主体参与消费帮扶，对社会企业（包括但不限于扶贫产品供应商、市场平台主体）而言，政府可以通过减税、免税、专项资金支持等社会扶贫激励政策，提升社会企业作为补充力量参与消费帮扶的积极性；对于非营利组织而言，政府可对非营利组织提供人员、资金、指导等支持，为非营利组织参与消费帮扶创造条件；对于公民大众而言，可通过向个体宣传和鼓励参与等方式，提高公民自觉参与消费帮扶的意识。第二，从宏观上为社会参与搭建帮扶信息对接平台，如建立中国社会帮扶网，降低社会扶贫主体寻找帮扶对象的成本。第三，发挥规范监督管理作用，并为社会各界参与监督慈善工作创造条件。

### （三）政府失灵

政府与市场一样存在"失灵"的情况，即所谓的"政府失灵"。政府失灵是指公民对公共产品的需要在现行体制下不能得到满足，政府部门在提供公共产品时存在资源浪费和滥用的趋向，使得公共支出规模不断增高但成效降低，政策或政府行为缺乏效率的情况。易言之，政府的决策并没有实现经济效率的改善，反而带来了经济效率的降低。政府失灵主要表现为：第一，政策低效率，即政府决策存在短缺、过剩甚至失误，或政策随实际情况的调整变化不足；第二，机构低效率，即决策或公共资源的使用缺乏竞争和激励机制，造成资源浪费、行政成本提高、监督机制失效；第三，公共权力寻租，即利益相关方会通过游说或者行贿等合法或非法的手段施加影响力，以谋求市场垄断地位，排挤竞争对手；第四，政府扩张，即政府机构及组成人员的增加，以及政府支出水平的提高。

## 三、社会参与

在中国的反贫困过程中，社会企业、非营利组织、公民个人等社会多元力

---

[①] 常艳霜：《面向大扶贫格局的社会扶贫机制构建研究》，《中国市场》，2018年第18期，第27~28页。

量发挥了重要作用①。社会帮扶参与主体广泛、多元，能够广泛汇聚社会资源，易于满足不同帮扶对象、帮扶场景的需求，缓解官方扶贫压力，有利于改善政府与市场失灵状况，提高反贫困效率。

## （一）社会参与的动力

守望相助、扶危济困是中华民族的传统美德，发达国家的慈善事业发展历程也表明，当经济社会发展到一定程度时，公益事业会得到壮大。亚当·斯密是公认的"经济人"范畴提出者，但在其另一部鸿篇巨制《道德情操论》中，斯密对人类本性中的同情心、正义感和仁慈等进行了详细论述，该书第一篇第一章即开宗明义地指出："无论人们会认为某人怎样自私，这个人的天赋中总是明显地存在着这样一些本性，这些本性使他关心别人的命运。"②从某种程度上说，人类本性是利己与利他的统一③。

社会参与的动力是以社会成员的利他之心即慈善心理为道德基础的，并以社会成员为这种利他之心而愿意付诸行动的具体实践作为经济基础。厉以宁教授1994年在《股份制与现代市场经济》中首次提出第三次分配时，指出第三次分配是基于道德信念而进行的收入分配，这种道德信念与个人的信念、社会责任心或对某种事业的感情有关④。这一概念的提出影响深远，后续学者在此基础上又提出了公益慈善说、转移支付说和资源配置说等，但这些只是从不同功能角度的归纳，对第三次分配的解读都没有离开道德这一核心要素⑤。人的需求会随着社会生产力以及科技的提高而变化，当低层次需求得到满足后，拥有高层次需求的群体会想要回报社会，从而成为志愿者来服务社会，并因此产生并发展社会组织⑥。社会参与的主体不仅有个人，还有非营利组织、农民自组织、社会企业、基金会、高等学校、商会、协会、社团等，民营企业中出于慈善目的参与消费帮扶的也在此列。社会力量与政府作用、市场机制并不是截

---

① 王小林、张晓颖：《中国消除绝对贫困的经验解释与2020年后相对贫困治理取向》，《中国农村经济》，2021年第2期，第7页。
② [英]亚当·斯密：《道德情操论》，蒋自强、钦北愚、朱钟棣等译，商务印书馆，2003年，第5页。
③ 蒋永穆、纪志耿：《社会主义和谐社会的利益协调机制研究》，经济科学出版社，2011年，第163页。
④ 厉以宁：《股份制与现代市场经济》，江苏人民出版社，1994年，第77、79页。
⑤ 江亚洲、郁建兴：《第三次分配推动共同富裕的作用与机制》，《浙江社会科学》，2021年第9期，第76~83页。
⑥ 陈小春、李苗苗：《非营利组织的发展：动机、机制与作用》，《湖南大学学报（社会科学版）》，2006年第1期，第72页。

然分开的,如某些电商平台开辟扶贫产品销售专区就是市场机制与社会作用的结合。

（二）社会参与的内容

社会参与消费帮扶形式多样,能够与市场和政府一起协同推进消费帮扶供需适配的社会参与内容主要包括消费扩大、公共物品供给和资源链接等。

1. 消费扩大

消费帮扶社会参与中的消费扩大是指,社会力量通过"以购代捐""以买代帮"等方式,扩大脱贫地区产品和服务消费,有效弥补脱贫地区在产业发展初期有效需求不足困境。民营爱心企业、社会组织和爱心人士可以积极购买帮扶地的产品和服务；民营爱心企业除了直接购买帮扶产品作为消费品,还可以购买帮扶产品作为生产资料；行业协会、商会、慈善机构等社会组织可以动员其成员进行爱心消费。

2. 公共产品供给

消费帮扶社会参与中的公共产品供给是指,社会组织、志愿者等主体在消费帮扶全产业链中提供公共产品或准公共产品。在我国计划经济时期,高度集中的经济和行政管理体制使政府成为全能型无限政府,在资源配置中成为全能主体,也因此政府几乎成为公共产品的唯一供给主体[1],公共产品供给出现了低水平平等、效率低、城乡差异和供需不均衡等问题。随着改革开放所启动的经济社会全方位变革的推进,全能型无限政府开始向有限型政府转变,社会组织因其志愿性、扁平性、网络性等自身属性和组织结构、管理方式上的优势,逐步成为公共物品的重要提供主体[2]。社会组织参与消费帮扶公共产品供给的方式可以是通过政府购买服务成为政府政策工具,也可以是通过基金会等支持参与公共服务。

3. 资源链接

消费帮扶社会参与中的资源链接是指,对帮扶需求和帮扶供给进行对接,从而提高帮扶效率。从宏观方面看,开展东西部协作帮扶、中央机关定点帮扶、组织"万企帮万村"、搭建中国社会帮扶网等,都是在为社会力量参与帮

---

[1] 黄晓渝、蒋永穆、任泰山：《中国社会组织演化：过程、动因及政策》,光明日报出版社,2021年。

[2] 郁建兴、高翔：《农业农村发展中的政府与市场、社会：一个分析框架》,《中国社会科学》,2009年第6期,第101页。

扶、链接帮扶需求和帮扶供给搭建渠道。从微观方面看，爱心组织或爱心人士对扶贫产品的宣传与推介，也是在为消费帮扶产品或服务的供给方和需求方进行链接。

4. 慈善捐赠

消费帮扶中的慈善捐赠是指，社会主体向基金会、慈善会、事业单位等捐赠接收主体捐赠资金和物资，捐赠接收主体再将募集到的资金和物资直接或间接用于支持消费帮扶。捐赠接受主体直接支持消费帮扶的方式可以是购买帮扶产品或服务，也可以是提供公共产品、建立资源链接等。捐赠主体间接消费帮扶的方式主要是通过资助为消费帮扶提供公共产品和资源链接来实现。

(三) 社会失灵

相较于政府失灵和市场失灵，社会失灵的内涵和外延的争议更大。有学者认为社会失灵主要是指社会自治性缺失[①]。社会失灵的表现为：一是公益不足，二是专业能力缺失，三是过度依赖政府而独立性欠缺[②]。造成社会失灵的原因主要有：一是激励机制缺失，二是监督机制缺失，三是委托－代理问题。在社会组织的委托代理关系中，管理者或资金的分配者是组织的代理人，而资金的捐赠人及其受益人是组织的委托人。由于捐赠资金存在所有权、受益权、控制权与剩余索取权相分离的特点，而社会组织资金具有"所有人缺位"的特点。因此对于捐赠资金，受益人只拥有受益权和剩余索取权却不拥有所有权，管理者只拥有实际控制权也不拥有所有权。代理人的义务就是按照捐赠人的意愿将资金落到实处，而不会被挪作他用或被贪污（市场、政府和社会力量基本内容比较见表5-2）。

表5-2 市场、政府和社会力量基本内容比较

| 类型 | 运行动力 | 强制性 | 主要内容 |
| --- | --- | --- | --- |
| 市场 | 个体利益最大化 | 中 | 价格机制、供求机制、竞争机制、风险机制 |
| 政府 | 社会总体福利的最大化 | 强 | 宏观调控、提供公共产品、为市场机制和社会力量发挥作用提供条件维持稳定 |

---

① 张国清：《"社会失灵"与和谐社会构成要素之探讨》，《江苏行政学院学报》，2006年第4期，第16页。

② 许继芳、周义程：《公共服务供给三重失灵与我国公共服务供给模式创新》，《南京农业大学学报（社会科学版）》，2009年第1期，第84页。

续表5-2

| 类型 | 运行动力 | 强制性 | 主要内容 |
|------|----------|--------|----------|
| 社会 | 社会伦理、慈善 | 弱 | 消费扩大、提供公共产品、资源链接、慈善捐赠 |

## 四、"政府—市场—社会"的作用层次

在政府、市场和社会之间进行抉择是复杂的，因为这种抉择是在不完全政府、不完全市场和不完全社会之间的不完全结合，每种力量在发挥其功能的时候都有着难以忽视的缺陷。这一部分试图提出一个消费帮扶中政府、市场和社会运行层次的分析框架（见图5-3）。

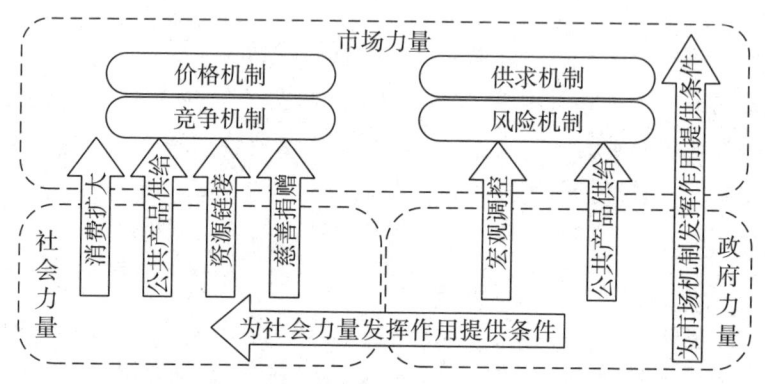

图5-3 消费帮扶长效机制中政府、市场、社会力量的运行层次

### （一）以市场为第一层次

市场机制必须在消费帮扶中充当第一层次的资源配置方式，发挥主导作用。由市场机制作为第一层次发挥主导作用的必要性在于：首先，消费帮扶本质上是消费者和脱贫地区生产者之间的买卖交易行为[①]，其基本逻辑是尊重市场规律[②]。其次，消费帮扶最终目的是提高脱贫地区产业竞争力，实现产业可持续发展，因此，必须适应市场中的竞争机制、价格信号作用机制等，才能最终融入全国性大市场。最后，通过市场机制实现帮扶是后扶贫时代的必由之路，也是顺应我国市场化取向改革的必然之举。

---

① 陈前恒：《消费扶贫：架起城乡需求的桥梁》，《人民论坛》，2019年第23期，第80页。
② 厉亚、宁晓青：《消费扶贫赋能脱贫攻坚的内在机理与实现路径》，《湖南科技学院学报》，2019年第2期，第4页。

市场机制在消费帮扶中发挥主导作用，并不等于完全由市场机制决定资源配置，甚至也不完全等同于市场在资源配置中发挥决定性作用。一方面，市场机制的运行需要政府为其提供制度支撑，如产权保护等；另一方面，市场失灵需要非市场机制进行补足，避免或缓解因市场自我调节机制造成的危害。因此，市场机制需要和非市场机制共同发挥作用。

### （二）以社会为第二层次

国内流行的观点认为，社会力量是政府和市场机制的补充[①]，也有学者对此提出了不同观点，认为非政府组织逐渐介入公共服务供给领域的事实表明，政府仅仅需要在社会未能履行供给职能的领域承担责任，即承担"兜底"职能[②]。青木昌彦的市场增进型政府理论认为，在政府和市场之外，民间组织即社会力量在协调经济活动中有重要作用[③]。以郁建兴教授为代表的学者赞同应该把社会机制的优先序置于政府作用之前[④]，笔者亦赞同这一观点。

社会力量参与消费帮扶的重要性主要体现在三个方面：第一，一定程度上弥补市场对脱贫地区产品和服务的需求不足，避免给政府财政带来过大的采购压力；第二，通过培育和构建社会组织，政府能够获得比纯行政体制更为有效的行动工具，政府跳出具体事务，专门从事政策制定、引导、监管和考核等工作，既可以保障政策效果，又符合建设服务型政府的总体要求；第三，更有利于实现多方意愿的表达和集结，能够鼓励帮扶对象更多参与相关公共事务，克服部分行政体制的消极特征，如拖沓、武断等。

### （三）以政府为第三层次

关于政府在经济中的职能定位，有斯密的守夜人政府、马祖卡托的企业家型政府、青木昌彦的市场增进型政府、奥尔森的强化市场型政府等多种观点[⑤]。笔者认为，在市场主导下的"政府–市场–社会耦合"消费帮扶模式中，

---

[①] 常艳霜：《面向大扶贫格局的社会扶贫机制构建研究》，《中国市场》，2018年第18期，第27页。

[②] [美]萨拉蒙：《公共服务中的伙伴现代福利国家中政府与非营利组织的关系》，田凯译，商务印书馆，2008年，第46页。

[③] 青木昌彦、凯文·穆尔多克、奥野（藤原）正宽：《东亚经济发展中政府作用的新诠释：市场增进论（上篇）》，赵辰宁、张橹译，《经济社会体制比较》，1996年第5期，第7页。

[④] 郁建兴、高翔：《农业农村发展中的政府与市场、社会：一个分析框架》，《中国社会科学》，2009年第6期，第102页。

[⑤] 谢伏瞻：《中国经济学的形成发展与经济学人的使命》，《经济研究》，2022年第1期，第8页。

政府作为第三层次，承担"引导"和"兜底"职能。一方面，政府进行制度设计，发挥"引导"功能。在市场机制和社会力量能够发挥作用的领域，由市场和社会优先选择，政府主要为市场机制和社会力量发挥作用提供条件，如培育壮大市场/社会主体、提供制度保障等；另一方面，政府在市场机制和社会机制"失灵"的领域，发挥"兜底"作用，由政府匡正市场/社会失灵，如宏观调控、部分公共产品的提供等。

政府不同职能的逻辑次序为：首先是构建市场/社会机制运行的制度环境，其次是在不破坏市场机制和社会力量为前提下匡正和补充市场/社会失灵。培育市场/社会主体是政府阶段性的工作职能，需要随着市场/社会能力的提升而调整、弱化，直到政府扭曲市场机制和社会的行为逐步退出①。

## 第六节 供需适配视角下消费帮扶长效机制的具体内容

本书第四章第二节的分析表明，消费帮扶供给和需求失配的主要原因来自帮扶对象有效供给水平低、政府性消费比例过高和供需匹配机制不完善三个方面，分别对应着消费帮扶供给侧、需求侧和供需对接环节，也是消费帮扶长效机制的客体。逐一攻克这三方面的问题，是化解消费帮扶供需失配矛盾、构建消费帮扶长效机制的着力点和主要任务。根据消费帮扶的作用客体和主要任务，本书将消费帮扶长效机制解构为供给优化机制、供需匹配机制和需求扩大机制三大具体机制，其中，供给优化机制对缓解消费帮扶供需失配问题的作用是全面的，能够全方位促进消费帮扶供给和需求的规模、空间结构、品类结构、质量结构和时间结构适配，需求扩大机制有助于缓解供给和需求的总量失配和空间结构失配矛盾，供需匹配机制对缓解消费帮扶供需失配问题的作用则主要体现在结构方面，其能够促进供给侧和需求侧的空间结构、品类结构、质量结构、时间结构适配（见图5-4）。此外，为了确保消费帮扶长效机制顺畅、有效运行，还需要完善相关配套措施。

---

① 郁建兴、高翔：《农业农村发展中的政府与市场、社会：一个分析框架》，《中国社会科学》，2009年第6期，第102页。

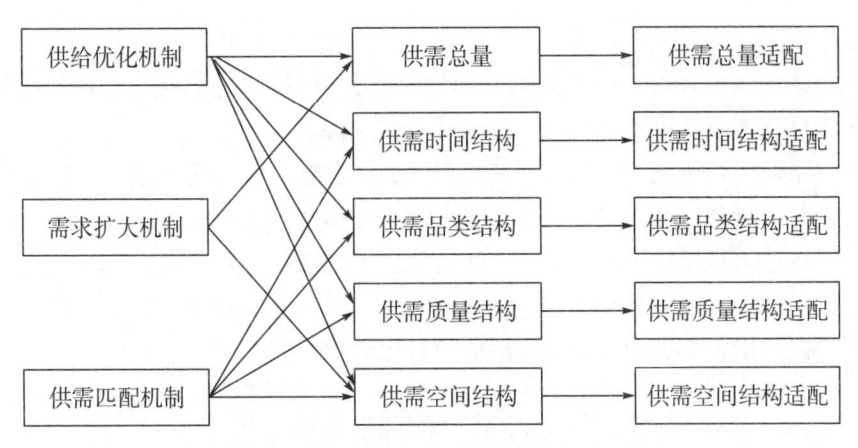

图 5-4 消费帮扶三大机制及其主要功能

## 一、长效机制一：供给优化机制

消费帮扶供给优化机制指以化解消费帮扶供给侧矛盾为主要目标的制度设计。根据消费帮扶供给主体不同，消费帮扶供给类型可以分为帮扶对象直接供给和中介组织带动供给两类。帮扶对象直接供给是指由帮扶对象充当直接供给主体的供给方式，当前阶段，消费帮扶对象主要是脱贫户，因而帮扶对象直接供给就是由脱贫地区小农户担任消费帮扶供给主体，直接面对消费者。中介组织带动供给是指由农业产业化龙头企业、农民专业合作社、集体经济组织、家庭农场等新型农业经营主体担任面向消费者的直接供给主体，充当消费者和帮扶对象之间的中介组织，通过利益联结机制带动小农户生产的供给方式。

构建消费帮扶供给优化机制的重点是壮大脱贫地区市场主体。基于本书第四章第二节中的"二、原因一：帮扶对象有效供给水平低"对脱贫地区生产力发展情况的详细分析，笔者认为在构建和完善消费帮扶供给优化机制时要把握如下几点：第一，脱贫地区小农户直接与全国性的大市场对接的可行性低，必须通过一定的中介组织来实现对接，因此有必要降低消费帮扶组织交易成本。第二，由于脱贫地区自身地理环境和自然资源禀赋的局限性，脱贫地区生产的初级农产品与现代化工业品有很大区别，在标准化、规模化、耐运输程度、保鲜时间等方面总体存在劣势。一方面，要尽可能将脱贫地区的产品转化为适应消费者消费习惯的"商品"；另一方面，也需要使消费者了解脱贫地区生产环境和生产过程，提高对脱贫地区产品的包容性，即让需求在一定程度上适应供给。第三，与非贫困地区生产的同品类商品相比，脱贫地区和脱贫人口供给的产品成本上不具备竞争优势，降低扶贫产品的成本只能是相对的，产业发展重点在于提升产品品质，打造产品差异化竞争优势。现行政策体系下，通过中介组织带动的供给方式是消费帮扶的主流供给方式，供需适配视角下构建消费帮扶供给优化机制的重点是壮大脱贫地区市场主体。

供给侧优化机制对缓解消费帮扶供需失配问题的作用是全面的，在市场力量、政府力量和社会力量共同作用下，供给主体产品供给能力能够得到有效提升，实现供给规模扩大化、供给空间延伸化、供给品类多元化、供给质量高级化、供给时间灵活化和供给成本降低化，全方位促进消费帮扶供给和需求规模、空间结构、品类结构、质量结构和时间结构适配。

## 二、长效机制二：需求扩大机制

消费帮扶需求扩大机制是指扩大脱贫地区产品和服务的消费规模的制度设计，是消费帮扶长效机制最基本的内容。根据消费帮扶的动力差异，消费帮扶中的消费需求可以分为三类：一是政府采购，即政府主导的消费，属于财政政策，采购主体包括中央预算单位和各级预算单位；二是慈善消费，又称道德消费，主要是由伦理或公益推动，属于第三次分配，如民营企业"以购代捐""以买代帮"以及爱心人士消费；三是市场消费，由市场逻辑主导，属于第一次分配，这类交易行为主要遵循价值规律，是帮扶产品在市场上竞争力的体现。

新发展阶段，需求扩大机制的重点是扩大慈善消费和市场消费这两类非政府性消费规模。其原因在于：一方面，经过脱贫攻坚，政府部门的消费帮扶需求潜力已经得到了较好开发，未来扩大潜力有限，只能着眼于优化需求质量；另一方面，尽管消费帮扶慈善消费和市场消费的培育过程较为缓慢，但二者不仅有较大的开发潜力，而且对于提升脱贫地区产业市场竞争力的效果更可持续。

与供给优化机制能够全面缓解供需失配问题不同，需求扩大机制主要通过扩大需求总量和消费者前往脱贫地区当地消费，来解决供给和需求的总量失配矛盾和空间结构失配矛盾。一方面，需求扩大机制能稳定政府性消费，扩大非政府性消费需求规模，从而实现消费需求规模扩大；另一方面，脱贫地区部分产品和服务空间流动性较低，如温泉等休闲旅游资源、人文景观、易腐败的特色农副产品等，因而消费者前往脱贫地区旅游消费，能在一定程度上缓解消费帮扶供给和需求空间结构矛盾。

## 三、长效机制三：供需匹配机制

消费帮扶供需匹配机制通过搭建消费帮扶商品交易场所、平台或渠道，来促进消费帮扶供给和需求有效对接，其重点在于加强消费帮扶市场化供需匹配平台建设。帮扶产品供需匹配的方式主要有行政化供需匹配和市场化供需匹配两种，其中，行政化供需匹配是通过行政指令匹配帮扶产品供给和需求，市场化供需匹配是通过市场匹配帮扶产品供给和需求。

市场化供需匹配方式将成为新发展阶段消费帮扶供需匹配的主流方式。计划经济时期，统购统销是我国配置农副产品的主要手段，在市场不被主流认可，"割资本主义尾巴"的口号下，公开市场几乎不存在。1978年农村改革之后，我国进行了农产品流通体制改革，到20世纪末，在我国农产品流通中基本形成了以市场为导向的流通体系[1]。具体到消费帮扶，则要推动行政化供需匹配方式向市场化供需匹配方式的转化。

这也即是说脱贫攻坚收官后，需要全面加强市场化供需匹配方式在消费帮扶供需对接中的地位，搭建市场化供需匹配平台。与一般性市场平台相比，消费帮扶市场平台既有共性，也有特殊性。脱贫地区特色农产品市场存在"柠檬市场"，难以自发有效运行，需要政府干预。与此同时，脱贫地区农产品生产者一般为小农户，一旦进入全国性大市场，会形成下游市场的寡头竞争格局[2]，因此必须对消费帮扶市场平台进行科学设计。

供需适配视角下消费帮扶供需匹配机制对缓解消费帮扶供需失配问题的作用主要体现在结构方面，即能够促进供给侧和需求侧的空间结构、品类结构、质量结构、时间结构适配。在市场化供需匹配方式中，供需匹配机制通过供求和价格变动、市场竞争、风险约束等途径调节经济运行和实现资源配置，在市场平台内在的价格机制、供求机制、竞争机制、风险机制的共同作用下，消费帮扶的供给侧和需求侧的空间结构、品类结构、质量结构、时间结构均会自动得到调整，从而实现消费帮扶供需结构适配。

---

[1] 陈锡文：《读懂中国农业农村农民》，外文出版社，2018年，第61页。
[2] 洪银兴、郑江淮：《反哺农业的产业组织与市场组织——基于农产品价值链的分析》，《管理世界》，2009年第5期，第67页。

# 第六章　供需适配消费帮扶长效机制一：供给优化机制

消费帮扶供给优化机制是指以解决消费帮扶供给侧有效供给水平低为主要目标的制度设计。消费帮扶领域供给侧矛盾凸显，这要求消费帮扶政策体系不能单纯以需求侧管理为主，必须结合供给侧，构建供给优化机制，推动脱贫地区农业供给侧结构性改革。

## 第一节　消费帮扶供给优化机制的运行机理

### 一、消费帮扶供给类型及特征

要优化消费帮扶供给侧，首先要研究什么样的主体适合充当帮扶产品的供给主体。从理论上讲，根据消费帮扶供给主体不同，消费帮扶供给类型可以分为帮扶对象直接供给和中介组织带动供给两类。

#### （一）帮扶对象直接供给

帮扶对象直接供给是指由帮扶对象充当直接供给主体的供给方式。当前阶段，消费帮扶对象主要是脱贫户，因而帮扶对象直接供给就是由脱贫地区小农户主担任消费帮扶供给主体，直接面对消费者。从常理出发，脱贫地区小农户是消费帮扶的天然供给者，以小农户为供给主体直接面对消费者的情况在消费帮扶提出之初也较为常见，但随着消费帮扶的快速发展，由于小农户无力直接面对全国性大市场，这种供给方式逐渐被边缘化，从官方发布的扶贫产品供应商认定方案来看，小农户也往往被排斥于直接供给主体之外。目前只有广西武宜县等少部分区县将农户生产的农副产品认定为扶贫产品[①]，而且只是认定为县域扶贫产品，不进入《全国扶贫产品目录》。

帮扶对象直接供给方式具有如下特征：第一，从促进脱贫人口增收来看，以帮扶对象为直接供给主体对脱贫户帮扶效果更加直接，更能促进脱贫人口内生发展动力提升。第二，从促进脱贫地区发展来看，帮扶对象直接供给的方式对脱贫地区区域发展拉动能力较弱。第三，从可操作性来看，本书第四章第二节中的"二、原因一：帮扶对象有效供给水平低"对脱贫地区农户的调研结果表明，由脱贫地区小农户直接充当供给主体进入全国性大市场可行性较低，只能在小范围内进行，因而可操作性不强。总体来说，尽管由帮扶对象直接供给的方式能够让小农户在短期内受益，但其对于区域经济拉动的能力和可行性都较低。

### （二）中介组织带动供给

中介组织带动供给是指由农业产业化龙头企业、农民专业合作社、集体经济组织、家庭农场等新型农业经营主体作为面向消费者的直接供给主体，充当消费者和帮扶对象之间的中介组织，通过利益联结机制带动小农户的供给方式（见图6-1）。现行政策体系下，通过中介组织带动的供给方式是消费帮扶的主流供给方式。本书第三章第一节中的"三、市场主导型消费帮扶阶段（2021年之后）"对扶贫产品和扶贫产品供应商认证流程已有详细介绍。由于扶贫产品认定的具体标准制定权在有帮扶任务的县级部门，因此，各区县在制定具体认定标准时存在一定变通的空间。从实践来看，绝大部分区县普遍遵循了申请主体要具备法人资格和减贫带贫机制的指导意见，只是在企业和合作社之外，还将家庭农场、行业协会等也纳入了具备申报资格之列。从中国社会扶贫网公布的《全国扶贫产品名录》来看，监管部门认可了基层所作的变通，表6-1统计了中国社会扶贫网公布的2020年全年发布的十批《全国扶贫产品名录》中消费帮扶供应商的统计情况。可以看出，现有的扶贫产品供应商主要为企业类、合作社类、家庭农场类三大类，其中，企业类消费帮扶供应商在数量、商品价值量和带贫规模方面都是最大的（见表6-1）。

---

① 《武宣县扶贫开发领导小组办公室关于开展武宣县扶贫产品认定有关事项的通知》，http://www.wuxuan.gov.cn/xxgk/zdlyxxgk/shgysy/tpgjly/fpzc/t5012505.shtml。

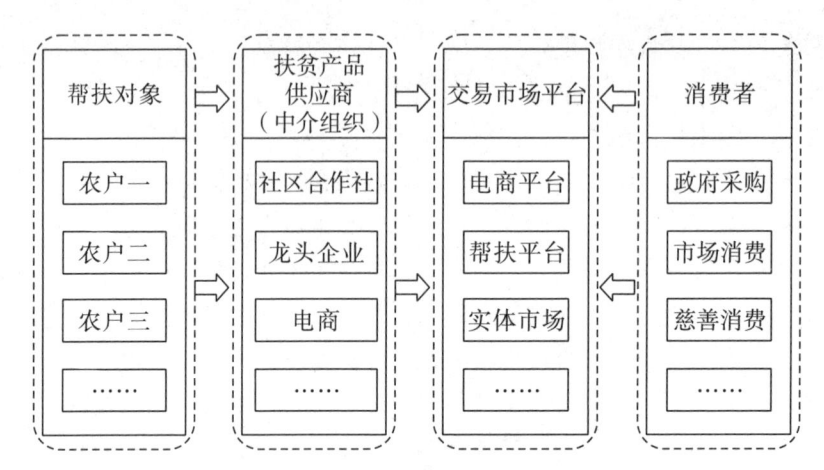

图 6-1 扶贫产品供应商的中介组织作用

表 6-1 第一至十批《全国扶贫产品名录》中消费帮扶供应商类型

| 类型 | 数量（家） | 商品价值量（亿元） | 商品价值额占比（%） | 带贫规模（人） |
|---|---|---|---|---|
| 企业类 | 25708 | 11318 | 87.57 | 7106097 |
| 合作社类 | 15407 | 1505 | 11.65 | 1824061 |
| 家庭农场类 | 2086 | 92 | 0.71 | 95991 |
| 其他 | 80 | 9 | 0.07 | 10397 |
| 全样本 | 43281 | 12924 | 100 | 9036546 |

数据来源：笔者根据第一至十批《全国扶贫产品名录》信息整理、统计所得。

中介组织带动的供给方式具有如下特征：第一，从促进脱贫人口增收来看，具有间接性，即小农户不直接参与消费帮扶交易，而是由脱贫地区的企业或者合作社等扶贫产品供应商与消费者进行交易，再通过消费帮扶供应商与小农户之间的利益联结机制，间接实现减贫、带贫。第二，从促进脱贫地区发展来看，对地区有较强的带动力，由于消费帮扶供应商的认证权限在县级部门，一般区县都会要求供应商的注册地为当地，因而对区域有较强带动作用，能够促进脱贫地区优化资源配置。第三，从可操作性来看，中介组织主要是市场主体，了解现代市场规则，能够比小农户更加有效地配置资源，具有较强的可操作性。

## 二、构建供给优化机制的重点：壮大脱贫地区市场主体

市场主体是以营利为目的从事经营活动的下列自然人、法人及非法人组织①，是经济运行的微观基础。市场经济条件下，市场主体是经济发展的活力来源，是提升产业竞争力的关键。脱贫攻坚期间，为解决小农户无力直接对接大市场的困境，驻村工作队制度在一定程度上发挥了对消费帮扶供给端的组织作用，但这一依靠行政力量推动的制度安排并非长久之计，新发展阶段，需要大力培育脱贫地区市场主体，促进消费帮扶供给水平提升。

壮大脱贫地区市场主体，有两种可能的方案：一种是以脱贫户作为消费帮扶供给主体，直接面对消费者；另一种以中介组织为纽带，帮助脱贫户连接大市场。前一种方案的优势在于，对脱贫户帮扶效果更加直接，也是表面上天然成立的方案；后一种方案的优势在于，能够有效降低交易成本，更具有可行性。从实践来看，前一种方案在消费帮扶早期实践中较为普遍，后期逐渐边缘化；后一种方案目前已成为当前主流方案。笔者认为，第二种方案在当前经济社会条件下，更有利于消费帮扶供给侧提质增效，原因在于：

其一，消费帮扶必须破解供给端组织化难题，由于分散脱贫户难以独立承担消费帮扶供给方的主体责任，因此需要中介组织连接脱贫户和大市场。本书第四章第二节中的"二、原因一：帮扶对象有效供给水平低"对脱贫地区农户调研结果让我们看到，脱贫地区务农劳动力年龄偏大、受教育水平低、市场意识弱、有效供给水平低下，因此，单纯依靠脱贫户自身单打独斗几乎不可能在全国性大市场竞争中站稳脚跟。消费帮扶需要应对面向城市市场和外地市场的农产品跨地域流通问题，但分散脱贫户既不可能作为生产者自建网络销售平台，也大多不具备嵌入电商平台进行独立销售的专业技能，因此很难把初级农产品转化为适销对路的"商品"。再加之很多生鲜农产品的可贮藏时间较短、对冷链物流要求较高等，这些都需要由实体型组织来发挥中间媒介作用，需要中介在上游农业生产和中下游产品采购之间发挥商品集散和实体型关系匹配的职能②。

其二，更新生产关系，适应现代市场经济运作模式，是脱贫地区进入全国

---

① 《中华人民共和国市场主体登记管理条例》，http://www.gov.cn/zhengce/content/2021-08/24/content_5632964.htm。

② 纪宝成：《关于深化供销社综合改革的几点理论认识》，《商学研究》，2017 年第 6 期，第 38 页。

性大市场的必由之路。将脱贫地区放在全局来看，脱贫地区的发展处于以公有制为主体、多种所有制并存的中国特色社会主义市场经济条件下，而我国又是在发达国家依然实行资本主义制度的历史和现实背景下走上社会主义现代化道路的[①]，在全球范围内占主导地位的生产关系仍是资本主义生产关系，在不同的生产方式中，首先要看占主导地位的生产方式，占据主导地位社会生产关系会影响局部的生产关系。脱贫地区要想在全国性大市场竞争中取得一席之地，必须采用适合现代市场经济的生产关系。

其三，以中介组织为纽带连接脱贫户和大市场具备一定的可行性。近年来，脱贫地区以新型农业经营主体为代表的市场主体快速发展，这些市场主体是连接脱贫户和大市场，充当消费帮扶直接供给主体的现成资源。据统计，精准扶贫期间，832个原国家级贫困县累计培育市级以上龙头企业1.44万家，培育引进各类企业6.76万家，发展农民合作社71.9万家、家庭农场超过15万家[②]，12.8万个贫困村全面彻底摘掉集体经济"空壳村"帽子。

帮扶产品供应商认证是壮大帮扶产品供给主体的重要抓手。在明确了需要中介组织作为市场主体，承担连接脱贫户和大市场的职能后，还要解决如何保护脱贫户和脱贫地区利益的问题；否则，就背离了开展消费帮扶的初衷。这正是开展扶贫产品供应商认证的原因。帮扶产品供应商认证和扶贫产品认证紧密相连，本书第三章第一节中的"三、市场主导型消费帮扶阶段（2021年之后）"对扶贫产品和扶贫产品供应商认证已有基本介绍，对帮扶产品供应商基本的要求是有法人资格，有健全的带贫、减贫的机制的企业或合作社。作为特别法人组织，集体经济组织也可以参与其中。各地对帮扶产品供应商还有具体的认证标准，最核心的要求是认证主体要具有减贫、带贫机制。取得《全国扶贫产品目录》认证，是脱贫地区帮扶产品供给主体后续进入消费帮扶市场的基础。

## 三、消费帮扶供给优化机制的运行

从参与主体来看，消费帮扶供给优化机制中，帮扶对象和中间商对供给侧的作用是直接的，能够直接作用于供给侧，提升适应需求和创造需求的能力，

---

① 邱海平：《关于新发展格局战略思想的几点认识》，《当代经济研究》，2021年第1期，第16页。
② 《国新办举行产业扶贫进展成效新闻发布会》，http://www.moa.gov.cn/hd/zbft_news/cyfpjzcx/。

而其他参与主体，包括政府、社会组织、消费主体和其他市场主体等，则通过作用于帮扶对象和中间商，来间接提升供给侧有效供给水平（如图6-2）。

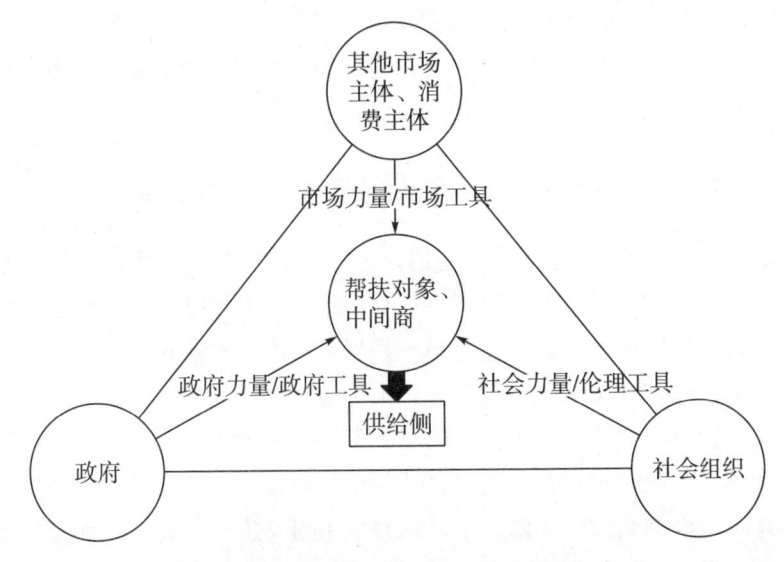

图 6-2 消费帮扶供给优化机制主体互动图

从运行动力和实现工具来看，政府力量、市场力量和社会力量分别通过政府工具、市场工具和伦理工具发挥作用。市场力量的倒逼作用是优化供给机制中最重要的动力，消费主体变化会引致消费需求规模和结构变化，消费需求规模和结构变化倒逼供给主体市场感知能力提升，供给主体市场意识提升驱动产业规模和结构调整，产业规模和结构调整促进产品供给能力提升，而供给主体产品供给能力提升进一步引发消费规模和结构变化，从而进入供给优化的良性循环，具体作用过程在接下来第六章第二节中会有详细介绍。

从作用客体和实现形态来看，供给侧是消费帮扶供给优化机制的作用客体，供给侧优化机制对缓解消费帮扶供需失配问题的作用是全面的，在市场力量、政府力量和社会力量共同作用下，供给主体产品供给能力能够得到有效提升，实现供给规模扩大化、供给空间延伸化、供给品类多元化、供给质量高级化、供给时间灵活化和供给成本降低化。

## 第二节 消费帮扶供给优化机制中政府、市场和社会的耦合

消费帮扶供给优化机制中政府、市场和社会的分工和耦合体现在：市场力

量对消费帮扶供给侧具有倒逼作用；社会力量通过实现帮扶产品"化整为零"、与帮扶对象之间建立紧密利益联结机制，提供市场信息并指导帮扶对象生产与市场需求接轨而在供给优化机制中发挥作用；政府力量通过进行宏观产业布局指导、建设生产和流通基础设施、支撑帮扶产品品牌孵化，以及开展帮扶产品和帮扶产品供应商认定来发挥作用。

## 一、市场力量在供给扩大机制中的倒逼作用

"倒逼"的字面意思是反过来逼迫，这一概念在中国经济社会发展意义上使用之初是用于刻画货币发行过程的超经济现象。20世纪80年代至90年代，我国货币发行的制度设计的本意是央行根据市场通货膨胀指数等相关经济数据决定货币发行量，这符合经济学常识，拟贷给各类企业的资金份额由银行统筹决定，是一种自上而下的货币供给思路。但在当时强政府干预体制背景下，地方政府和国有企业出于自身利益，裹挟地方银行超额贷款，这种压力层层逆向传递到总行，考虑到方方面面因素，总行也不得不进行贷款，然而总行受现金额度限制，只能向央行要求放款，多重因素作用下央行被迫增加货币供给数量，如此循环下来，原本自上而下的货币供给制度设计实质上异化为了自下而上的货币供给扩张过程[①]。当前，借用货币超经济发行中"倒逼机制"内核，"倒逼"内涵随着经济社会环境的变化而不断延伸，被运用于各种领域。倒逼机制具有逆向性、强迫性等特征[②]。

市场机制的倒逼作用主要体现为，随着市场主体活动的外部条件发生变化，市场主体为了生存和发展，不得不顺应环境变化，改变行动策略以适应新的环境，进而导致整个经济结构的变化。在社会再生产过程中，生产起着主导的决定性作用，生产决定消费，而消费对生产的反作用就可以视为一种倒逼机制。当消费对生产的反作用增强，这种倒逼机制作用力度也就更大。具体到市场机制对脱贫地区市场主体的倒逼作用来看，消费帮扶市场机制对脱贫地区市场主体有效供给水平提升机理主要表现为"消费主体变化—消费需求规模和结构变化—供给主体感知市场变化—产业规模和结构调整—供给主体产品供给能力提升—消费需求规模和结构变化—供给主体感知市场变化……"的循环，在这一循环中，脱贫地区市场主体有效供给水平的两个重要方面，即市场感知能

---

① 孙小兰：《资源配置中市场决定性作用的倒逼机制研究》，中国社会科学出版社，2017年，第48~49页。

② 李友梅：《"倒逼"机制与改革开放的推进》，《探索与争鸣》，2018年第9期，第28页。

力和产品供给能力都得到了提升,因而也就实现了脱贫地区市场主体有效供给水平的提升(见图6-3)。

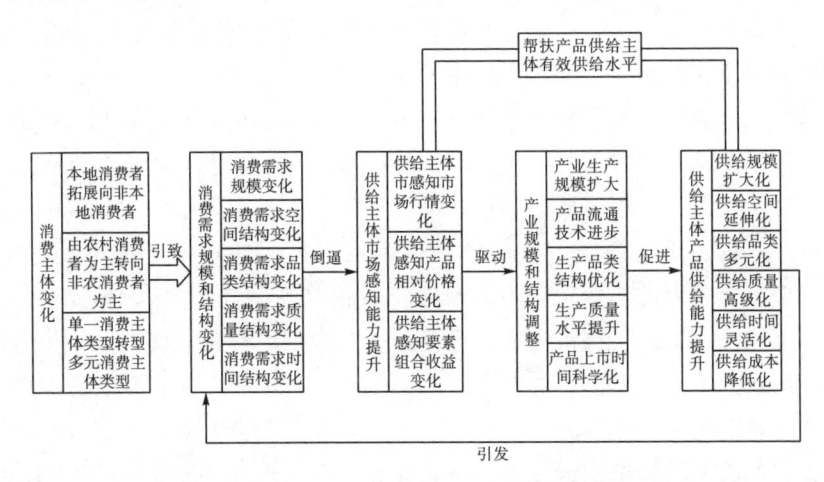

**图6-3 市场机制对脱贫地区帮扶产品供给主体有效供给水平提升的倒逼作用机理**

## (一)消费主体变化引致消费需求规模和结构变化

消费帮扶直接改变了脱贫地区产品和服务的消费主体。与自给自足或半自给自足的小农生产体系相适应,脱贫地区传统的流通体系由小商小贩组成,主要功能在于满足本地小规模商品交换需要,本书第四章中表4-16的调研结果佐证了这一观点,目前脱贫地区仍有七成以上从事农业生产的农户是通过自己线下零售产品,可以判断,在精准扶贫之前,这一比例会更高,产品以本地流通为主,消费者也主要是当地的。脱贫地区本地消费者消费基本特征是消费需求较小、购买能力有限,因而对供给规模要求较低,对供给时间、供给空间、供给品类、供给质量要求也不高。正因为如此,脱贫地区产业发展很难融入全国性大市场。消费帮扶大大拓展了脱贫地区产品和服务的消费主体。从消费主体来源来看,脱贫地区原有的消费主体主要是以本地消费者为主,消费帮扶则通过一系列行政与非行政手段,将各级机关、国有企事业单位、金融机构、大专院校、中小学校、干部职工、东西部协作地区帮扶省市的单位和个人、民营爱心企业、爱心人士等均纳入消费帮扶主体范围[①②],使之成为脱贫地区产品

---

① 《国务院办公厅关于深入开展消费扶贫助力打赢脱贫攻坚战的指导意见》,http://www.gov.cn/gongbao/content/2019/content_5361792.htm。

② 《关于继续大力实施消费帮扶巩固拓展脱贫攻坚成果的指导意见》,https://czt.henan.gov.cn/2021/10-27/2335265.html。

和服务的消费者。总结起来，脱贫地区产品和服务的消费主体变化集中体现在三个方面：由本地消费者拓展向非本地尤其是跨区域消费者，由农村消费者为主转向非农消费者为主，由个人食品为主的单一消费主体类型转向政府采购、企业消费、个人消费、礼品消费等多元消费主体类型交织。

消费主体的变化将引致脱贫地区产品和服务的消费需求规模和结构的重大变化。第一，消费需求规模变化。脱贫地区原有的本地消费群体消费规模有限，消费帮扶大大拓展了脱贫地区产品和服务的需求量，仅从政府采购规模来看，每年基本要求的各级预算单位预留采购规模便达到100亿元左右[1]。第二，消费需求空间结构变化。脱贫地区产品和服务消费过去以本地消费为主，现在不仅从农村走向了城市消费，而且通过东西部协作帮扶实现了从中西部地区到东部地区流通，供港、供澳[2]甚至走出国门。第三，消费需求品类结构变化。伴随着消费主体由农村消费者为主转向非农消费者为主，市场对脱贫地区产品和服务需求品类结构也发生了变化，表6-2~6-4分别汇报了2013年以来城乡居民人均消费支出结构变迁情况、城乡居民消费人均支出结构比例情况和城乡居民人均主要食品消费结构变迁情况，由表格内容可以发现，城镇人口消费品类结构和农村人口消费品类结构有显著差别。从消费支出结构来看，城市人口在衣着支出、生活用品及服务支出和教育文化娱乐支出的金额和比例上均总体高于农村人口，其中，2019年[3]城镇人口教育文化娱乐人均支出3328元，是农村人口的2.25倍，比农村人口的1482元高出1846元。从食品消费结构来看，城市常住人口与农村常住人口食品消费结构也有显著差异，城市人口的粮食（原粮）消费水平低于农村人口，2019年和2020年城镇人口比农村人口人均粮食（原粮）消费分别低44.2千克和48.2千克，但城镇人口的蔬菜及食用菌、肉类尤其是牛肉、水产品、奶类、干鲜瓜果类尤其是鲜瓜果等消费水平明显高于农村人口（见表6-4）。此外，除了普通农产品，未来社会对于多功能农业的需求也将增长[4]。第四，消费需求质量结构变化。本地消费者需要的农副产品一般为初级产品或初加工农产品，而当消费主体由个人食品为主

---

[1] 张鹏：《"10%"的星星之火助燃乡村产业振兴燎原之势——谈政府采购政策对支持乡村产业振兴的重要意义》，《中国政府采购报》，2022年1月18日第3版。

[2] 《太白高山蔬菜供港澳进盒马 智慧农业助力贫困户增收》，https://www.163.com/dy/article/FMNI4U65052499EK.html。

[3] 2020年初，国内新冠疫情席卷全国，严重冲击了经济社会正常运行，消费水平属于非正常状态，该年度的消费数据参考性低于2019年，因而，此处采用2019年的消费数据作为参考。

[4] 黄季焜：《农业供给侧结构性改革的关键问题：政府职能和市场作用》，《中国农村经济》，2018年第2期，第11页。

的单一消费主体类型转向政府采购、企业消费、个人消费、礼品消费等多元消费主体类型交织后，消费需求会更加复杂化和高级化，要求精深加工产品、精美的包装、相关资质认证、特种功能、冷链保鲜等。第五，消费需求时间结构变化。农副产品有其本身的生产周期，脱贫地区原来的本地消费需求基本上是时令农副产品，小农户有什么卖什么、什么成熟卖什么，但是消费主体变化后，就有了特殊要求，如城市消费者日常消费需求具有稳定性和持续性、礼品消费需求往往在过年过节时集中爆发，这就使消费需求在时间结构方面有了新变化。综上所述，消费主体的变化将引致对脱贫地区生产和服务的消费需求方方面面的变化。

表6-2 2013—2020年城乡居民人均消费支出结构变迁

| 区域 | 年份 | 消费支出（元） | 食品烟酒支出（元） | 衣着支出（元） | 居住支出（元） | 生活用品及服务支出（元） | 交通通信支出（元） | 教育文化娱乐支出（元） | 医疗保健支出（元） | 其他用品及服务支出（元） |
|---|---|---|---|---|---|---|---|---|---|---|
| 城镇 | 2013 | 18488 | 5571 | 1554 | 4301 | 1129 | 2318 | 1988 | 1136 | 490 |
| | 2014 | 19968 | 6000 | 1627 | 4490 | 1233 | 2637 | 2142 | 1306 | 533 |
| | 2015 | 21392 | 6360 | 1701 | 4726 | 1306 | 2895 | 2383 | 1443 | 578 |
| | 2016 | 23079 | 6762 | 1739 | 5114 | 1427 | 3174 | 2638 | 1631 | 595 |
| | 2017 | 24445 | 7001 | 1758 | 5564 | 1525 | 3322 | 2847 | 1777 | 652 |
| | 2018 | 26112 | 7239 | 1808 | 6255 | 1629 | 3473 | 2974 | 2046 | 687 |
| | 2019 | 28063 | 7733 | 1832 | 6780 | 1689 | 3671 | 3328 | 2283 | 747 |
| | 2020 | 27007 | 7881 | 1645 | 6958 | 1640 | 3474 | 2592 | 2172 | 646 |
| 农村 | 2013 | 7485 | 2554 | 454 | 1580 | 455 | 875 | 755 | 668 | 144 |
| | 2014 | 8383 | 2814 | 510 | 1763 | 506 | 1013 | 860 | 754 | 163 |
| | 2015 | 9223 | 3048 | 550 | 1926 | 546 | 1163 | 969 | 846 | 174 |
| | 2016 | 10130 | 3266 | 575 | 2147 | 596 | 1360 | 1070 | 929 | 186 |
| | 2017 | 10955 | 3415 | 612 | 2354 | 634 | 1509 | 1171 | 1059 | 201 |
| | 2018 | 12124 | 3646 | 648 | 2661 | 720 | 1690 | 1302 | 1240 | 218 |
| | 2019 | 13328 | 3998 | 713 | 2871 | 764 | 1837 | 1482 | 1421 | 241 |
| | 2020 | 13713 | 4479 | 713 | 2962 | 768 | 1841 | 1309 | 1418 | 224 |

数据来源：国家统计局官网。由于四舍五入，表中各分项之和加总可能不完全等于消费总额。下同。

表 6-3  2013—2020 年城乡居民消费支出结构比例情况

| 区域 | 年份 | 食品烟酒支出 | 衣着支出 | 居住支出 | 生活用品及服务支出 | 交通通信支出 | 教育文化娱乐支出 | 医疗保健支出 | 其他用品及服务支出 |
|---|---|---|---|---|---|---|---|---|---|
| 城镇 | 2013 | 30.13% | 8.41% | 23.26% | 6.11% | 12.54% | 10.75% | 6.14% | 2.65% |
| | 2014 | 30.05% | 8.15% | 22.49% | 6.17% | 13.21% | 10.73% | 6.54% | 2.67% |
| | 2015 | 29.73% | 7.95% | 22.09% | 6.11% | 13.53% | 11.14% | 6.75% | 2.70% |
| | 2016 | 29.30% | 7.53% | 22.16% | 6.18% | 13.75% | 11.43% | 7.07% | 2.58% |
| | 2017 | 28.64% | 7.19% | 22.76% | 6.24% | 13.59% | 11.65% | 7.27% | 2.67% |
| | 2018 | 27.72% | 6.92% | 23.95% | 6.24% | 13.30% | 11.39% | 7.84% | 2.63% |
| | 2019 | 27.56% | 6.53% | 24.16% | 6.02% | 13.08% | 11.86% | 8.14% | 2.66% |
| | 2020 | 29.18% | 6.09% | 25.76% | 6.07% | 12.86% | 9.60% | 8.04% | 2.39% |
| 农村 | 2013 | 34.12% | 6.07% | 21.11% | 6.08% | 11.69% | 10.09% | 8.92% | 1.92% |
| | 2014 | 33.57% | 6.08% | 21.03% | 6.04% | 12.08% | 10.26% | 8.99% | 1.94% |
| | 2015 | 33.05% | 5.96% | 20.88% | 5.92% | 12.61% | 10.51% | 9.17% | 1.89% |
| | 2016 | 32.24% | 5.68% | 21.19% | 5.88% | 13.43% | 10.56% | 9.17% | 1.84% |
| | 2017 | 31.17% | 5.59% | 21.49% | 5.79% | 13.77% | 10.69% | 9.67% | 1.83% |
| | 2018 | 30.07% | 5.34% | 21.95% | 5.94% | 13.94% | 10.74% | 10.23% | 1.80% |
| | 2019 | 30.00% | 5.35% | 21.54% | 5.73% | 13.78% | 11.12% | 10.66% | 1.81% |
| | 2020 | 32.66% | 5.20% | 21.60% | 5.60% | 13.43% | 9.55% | 10.34% | 1.63% |

数据来源：根据国家统计局官网数据计算所得。

表6-4　2013—2020年我国城乡居民人均主要食品消费结构变迁

单位：千克/年

| 区域 | 指标 | 2013 | 2014 | 2015 | 2016 | 2017 | 2018 | 2019 | 2020 |
|---|---|---|---|---|---|---|---|---|---|
| 全国 | 粮食（原粮） | 148.7 | 141.0 | 134.5 | 132.8 | 130.1 | 127.2 | 130.1 | 141.2 |
| | 谷物 | 138.9 | 131.4 | 124.3 | 122.0 | 119.6 | 116.3 | 117.9 | 128.1 |
| | 薯类 | 2.3 | 2.2 | 2.4 | 2.6 | 2.5 | 2.6 | 2.9 | 3.1 |
| | 豆类 | 7.5 | 7.5 | 7.8 | 8.3 | 8.0 | 8.3 | 9.3 | 10.0 |
| | 食用油 | 10.6 | 10.4 | 10.6 | 10.6 | 10.4 | 9.6 | 9.5 | 10.4 |
| | ♯食用植物油 | 9.9 | 9.8 | 10.0 | 10.0 | 9.8 | 8.9 | 8.9 | 9.8 |
| | 蔬菜及食用菌 | 97.5 | 96.9 | 97.8 | 100.1 | 99.2 | 96.1 | 98.6 | 103.7 |
| | ♯鲜菜 | 94.9 | 94.1 | 94.9 | 96.9 | 96.1 | 93.0 | 95.2 | 100.2 |
| | 肉类 | 25.6 | 25.6 | 26.2 | 26.1 | 26.7 | 29.5 | 26.9 | 24.8 |
| | ♯猪肉 | 19.8 | 20.0 | 20.1 | 19.6 | 20.1 | 22.8 | 20.3 | 18.2 |
| | 牛肉 | 1.5 | 1.5 | 1.6 | 1.8 | 1.9 | 2.0 | 2.2 | 2.3 |
| | 羊肉 | 0.9 | 1.0 | 1.2 | 1.5 | 1.3 | 1.3 | 1.2 | 1.2 |
| | 禽类 | 7.2 | 8.0 | 8.4 | 9.1 | 8.9 | 9.0 | 10.8 | 12.7 |
| | 水产品 | 10.4 | 10.8 | 11.2 | 11.4 | 11.5 | 11.4 | 13.6 | 13.9 |
| | 蛋类 | 8.2 | 8.6 | 9.5 | 9.7 | 10.0 | 9.7 | 10.7 | 12.8 |
| | 奶类 | 11.7 | 12.6 | 12.1 | 12.0 | 12.1 | 12.2 | 12.5 | 13.0 |
| | 干鲜瓜果类 | 40.7 | 42.2 | 44.5 | 48.3 | 50.1 | 52.1 | 56.4 | 56.3 |
| | ♯鲜瓜果 | 37.8 | 38.6 | 40.5 | 43.9 | 45.6 | 47.4 | 51.4 | 51.3 |
| | 坚果类 | 3.0 | 2.9 | 3.1 | 3.4 | 3.5 | 3.5 | 3.8 | 3.7 |

续表6-4

| 区域 | 指标 | 2013 | 2014 | 2015 | 2016 | 2017 | 2018 | 2019 | 2020 |
|---|---|---|---|---|---|---|---|---|---|
| 城镇 | 粮食（原粮） | 121.3 | 117.2 | 112.6 | 111.9 | 109.7 | 110.0 | 110.6 | 120.2 |
| | 谷物 | 110.6 | 106.5 | 101.6 | 100.5 | 98.6 | 98.8 | 98.5 | 107.3 |
| | 薯类 | 1.9 | 2.0 | 2.1 | 2.3 | 2.3 | 2.4 | 2.6 | 2.8 |
| | 豆类 | 8.8 | 8.6 | 8.9 | 9.1 | 8.8 | 8.8 | 9.5 | 10.0 |
| | 食用油 | 10.9 | 11.0 | 11.1 | 11.0 | 10.7 | 9.4 | 9.2 | 9.9 |
| | ♯食用植物油 | 10.5 | 10.6 | 10.7 | 10.6 | 10.3 | 8.9 | 8.7 | 9.5 |
| | 蔬菜及食用菌 | 103.8 | 104.0 | 104.4 | 107.5 | 106.7 | 103.1 | 105.8 | 109.8 |
| | ♯鲜菜 | 100.1 | 100.1 | 100.2 | 103.2 | 102.5 | 99.0 | 101.5 | 105.4 |
| | 肉类 | 28.5 | 28.4 | 28.9 | 29.0 | 29.2 | 31.2 | 28.7 | 27.4 |
| | ♯猪肉 | 20.4 | 20.8 | 20.7 | 20.4 | 20.6 | 22.7 | 20.3 | 19.0 |
| | 牛肉 | 2.2 | 2.2 | 2.4 | 2.5 | 2.6 | 2.7 | 2.9 | 3.1 |
| | 羊肉 | 1.1 | 1.2 | 1.5 | 1.8 | 1.6 | 1.5 | 1.4 | 1.4 |
| | 禽类 | 8.1 | 9.1 | 9.4 | 10.2 | 9.7 | 9.8 | 11.4 | 13.0 |
| | 水产品 | 14.0 | 14.4 | 14.7 | 14.8 | 14.8 | 14.3 | 16.7 | 16.6 |
| | 蛋类 | 9.4 | 9.8 | 10.5 | 10.7 | 10.9 | 10.8 | 11.5 | 13.5 |
| | 奶类 | 17.1 | 18.1 | 17.1 | 16.5 | 16.5 | 16.5 | 16.7 | 17.3 |
| | 干鲜瓜果类 | 51.1 | 52.9 | 55.1 | 58.1 | 59.9 | 62.0 | 66.8 | 65.9 |
| | ♯鲜瓜果 | 47.6 | 48.1 | 49.9 | 52.6 | 54.3 | 56.4 | 60.9 | 60.1 |
| | 坚果类 | 3.4 | 3.7 | 4.0 | 4.2 | 4.3 | 4.1 | 4.3 | 4.2 |

续表6-4

| 区域 | 指标 | 2013 | 2014 | 2015 | 2016 | 2017 | 2018 | 2019 | 2020 |
|---|---|---|---|---|---|---|---|---|---|
| 农村 | 粮食（原粮） | 178.5 | 167.6 | 159.5 | 157.2 | 154.6 | 148.5 | 154.8 | 168.4 |
| | 谷物 | 169.8 | 159.1 | 150.2 | 147.1 | 144.8 | 137.9 | 142.6 | 155.0 |
| | 薯类 | 2.7 | 2.4 | 2.7 | 2.9 | 2.8 | 3.0 | 3.2 | 3.5 |
| | 豆类 | 6.0 | 6.2 | 6.6 | 7.3 | 7.1 | 7.7 | 9.1 | 9.9 |
| | 食用油 | 10.3 | 9.8 | 10.1 | 10.2 | 10.1 | 9.9 | 9.8 | 11.0 |
| | ♯食用植物油 | 9.3 | 9.0 | 9.2 | 9.3 | 9.2 | 9.0 | 9.0 | 10.2 |
| | 蔬菜及食用菌 | 90.6 | 88.9 | 90.3 | 91.5 | 90.2 | 87.5 | 89.5 | 95.8 |
| | ♯鲜菜 | 89.2 | 87.5 | 88.7 | 89.7 | 88.5 | 85.6 | 87.2 | 93.5 |
| | 肉类 | 22.4 | 22.5 | 23.1 | 22.7 | 23.6 | 27.5 | 24.7 | 21.4 |
| | ♯猪肉 | 19.1 | 19.2 | 19.5 | 18.7 | 19.5 | 23.0 | 20.2 | 17.1 |
| | 牛肉 | 0.8 | 0.8 | 0.8 | 0.9 | 0.9 | 1.1 | 1.2 | 1.3 |
| | 羊肉 | 0.7 | 0.7 | 0.9 | 1.1 | 1.0 | 1.0 | 1.0 | 1.0 |
| | 禽类 | 6.2 | 6.7 | 7.1 | 7.9 | 7.9 | 8.0 | 10.0 | 12.4 |
| | 水产品 | 6.6 | 6.8 | 7.2 | 7.5 | 7.8 | 9.6 | 10.3 | |
| | 蛋类 | 7.0 | 7.2 | 8.3 | 8.5 | 8.9 | 8.4 | 9.6 | 11.8 |
| | 奶类 | 5.7 | 6.4 | 6.3 | 6.6 | 6.9 | 6.9 | 7.3 | 7.4 |
| | 干鲜瓜果类 | 29.5 | 30.3 | 32.3 | 36.8 | 38.4 | 39.9 | 43.3 | 43.8 |
| | ♯鲜瓜果 | 27.1 | 28.0 | 29.7 | 33.8 | 35.1 | 36.3 | 39.3 | 39.9 |
| | 坚果类 | 2.5 | 1.9 | 2.1 | 2.4 | 2.6 | 2.8 | 3.3 | 3.1 |

注：符号"♯"表示该项数据是总量指标的一部分。
数据来源：《中国统计年鉴（2021）》《中国统计年鉴（2020）》。

## （二）消费需求规模和结构变化倒逼供给主体市场感知能力提升

消费主体变化导致了脱贫地区产品和服务消费规模和结构的变化，加之经济社会发展引起的居民消费结构升级的总体性变化，这些变化将倒逼脱贫地区帮扶产品供给主体市场意识水平提升。意识是行为主体的价值与观念系统，是与行动相对应的主观世界。市场意识是指从技术进步、消费者品位和需求、创新和价值提供等方面感知及反映市场环境变化的能力。市场意识有助于市场主体洞察市场变化趋势并发现机会。在市场经济条件下，不具备市场意识、无法感知市场变化的市场主体在市场中将处于劣势甚至被淘汰，因此，市场主体会尽可能感知市场消费需求的变化。

关于农民的市场意识，"小农意识"常被用于形容传统农民的观念及行动特征，是传统农民在以家庭为单位、自给自足、小规模、合作少、约束少和交换少的农业生产和经营过程中形成的社会心理、价值倾向、思想观念和认知模式，其典型特征包括保守、小富即安、缺乏合作、交换意识薄弱等[1]。舒尔茨曾用"一个便士的资本主义"案例来说明农民并非不具有市场意识，其经营行为在其所处境地下是有效率的[2]。波普金用"理性小农"来概括农民的意识及行为特征，认为农民的观念、意识及行为的选择符合自我效用最大化的理性选择逻辑[3]。斯科特在对越南农民的历史和经验考察的基础上，提出小农的经济意识及经济行为具有道义性特征，即小农经济属于"道义经济"。小农道义经济特征体现为小农家庭始终把生计和伦理置于首要位置，即农民在经济活动中所遵循的基本原则就是家庭生计第一或伦理第一[4]。尽管经历了40余年的农村体制改革，而且农户的个体经营对农村经济的恢复和发展也起到过极大作用，但是，目前农民的市场意识水平似乎依然较低。发展需求薄弱是制约欠发达地区产品供给主体市场意识发展的主要因素[5]，农民所表现出来的保守、不愿冒险行为其实是一种长期生存工具，农民追求的不是经济学中所说的收入最大化，农民的行为动机选择趋于追求生存伦理原则，即较高的生存保障和较低的风险分配[6]。然而舒尔茨认为农民在权衡成本、收益和风险时心中都会有一本账，借助外部力量可使小农经济发生巨大改变[7]。

首先，消费需求规模和结构变化会通过产品销路使供给主体直接感知到市场行情的变化情况，某一消费需求的规模、空间、品类、质量、时间变化会改变其供给和需求力量的对比，需求过剩或供给不足，销路会更加通畅，需求不足或供给过剩，供给主体有扩大畅销产品供给而减少滞销产品的压力；其次，当需求与供给的缺口足够大时，供求力量对比可能改变产品价格，某类畅销帮

---

[1] 黄宗智：《华北的小农经济与社会变迁》，中华书局，2000年，第109页。
[2] ［美］舒尔茨：《改造传统农业》，梁小民译，商务印书馆，2006年，第36~62页。
[3] Popkin Samuel: The Rational Peasant, University of California Press, 1979.
[4] Scott James: The Moral Economy of the Peasant: Rebellion and Subsistence in Southeast Asia, Yale University Press, 1977.
[5] 李珍刚、张晴羽：《论欠发达地区资本下乡与农民市场意识的养成》，《农村经济》，2020年第4期，第98页。
[6] ［美］斯科特：《农民的道义经济学——东南亚的反叛与生存》，程立显、刘建译，译林出版社，2013年，第16~17页。
[7] ［美］舒尔茨：《改造传统农业》，梁小民译，商务印书馆，2006年，第29~38页。

扶产品的价格上涨，不同商品的相对价格就会改变，供给主体会更倾向于向市场供给相对价格上涨的商品；最后，供给主体发现产品相对价格改变，会在不同产品的成本收益之间进行比较，当发现不同生产要素组合的相对收益也发生了改变时，供给主体会重新组合要素，以求获得更高的收益。多轮循环后，供给主体会愈发重视市场发出的各类信号，市场意识逐步提升。

### （三）供给主体市场意识提升驱动产业规模和结构调整

人（劳动者）是生产力中最活跃的因素，能够对其他生产要素进行配置。认知是行为的先导，当供给主体感知到市场行情变化、产品相对价格变化和要素配置组合收益变化后，在条件允许的范围内，会通过重新配置资源要素而驱动产业规模和结构调整。

当供给主体感知到消费需求规模的变化，会扩大市场需求高的产品生产规模，增加要素投入并扩大再生产；当市场主体感知到消费需求空间结构的变化，会尽可能改进产品流通技术，适应流通范围的扩大；当市场主体感知到消费需求品类结构的变化，在趋利动机下，会尽可能优化要素配置，生产更适合市场品类需求的产品；当市场主体感知到消费需求质量结构变化，会尽可能提升质量水平，以扩大市场份额；当市场主体感知到消费需求时间结构变化，会更加科学地决策产品生产时间，或者提高储藏技术，甚至倒逼不同区域错位布局生产，从而实现上市时间差异化。

### （四）产业规模和结构调整促进产品供给能力提升

产品生产是产品供给的基础，符合市场需求的产品生产无疑能够形成符合市场需求的产品供给。在脱贫地区产业规模和结构以市场需求为导向进行调整后，将有效促进脱贫地区产品供给能力提升。

产业规模和结构调整促进产品供给能力提升主要表现在：其一，供给规模扩大化。消费需求扩大，生产和再生产规模也将或快或慢地随着产业循环而扩大，由此供给规模也会相应扩大。其二，供给空间延伸化。当流通技术进步，脱贫地区帮扶产品所能流通的空间也会向更远的空间延伸。其三，供给品类多元化。当脱贫地区产业品类结构优化后，帮扶产品供给品类将更加多元化，尤其是符合市场需求且具有市场竞争力的特色产品将大幅增加。其四，供给质量高级化。作为对市场消费需求从个人食品消费为主转向政府采购、企业消费、个人消费、礼品消费等多元类型交织的回应，产品供给会更加重视精深加工、产品包装、相关资质认证、特种功能、冷链保鲜等，实现帮扶产品供给质量高级化。其五，供给时间灵活化。随着不同脱贫地区根据自身特殊自然地理条件调整产品上市时间并提高储藏技术后，脱贫地区帮扶产品供给时间将更加灵活。其六，供给成本降低化，在市场规模扩大后，脱贫地区产业市场分工会得到加强，规模成本降低，供给成本也能降低。综上所述，在以上几方面变动的情况下，脱贫地区供给主体产品供给能力会得到提升。

（五）供给主体产品供给能力提升进一步引发消费规模和结构变化

正常市场条件下，供给会适应需求，也会影响甚至创造需求。脱贫地区之前之所以在市场竞争中处于劣势，是因为有效供给水平太低而进入了贫困恶性循环，当脱贫地区帮扶产品供给主体产品供给能力提升后，将会进一步引发消费规模和结构变化。

供给主体产品供给能力提升引发帮扶产品消费规模和结构变化主要体现在：一方面，当帮扶产品供给成本降低后，供给价格也会随之下降，供给价格下降将会引入更多的消费者，消费需求规模与之前相比进一步扩大，需求的空间、品类、功能等也会进一步发生变化；另一方面，帮扶产品供给能力提升后，还会主动创新，积极开发市场需求，去满足不同的市场空间需求、不同的品类需求、不同的质量需求和不同的时间需求。在这两方面作用下，消费帮扶会逐步从市场倒逼走向市场倒逼与主动开拓相结合的产业发展轨道，实现帮扶产品有效供给水平的稳步提升。

以上分析表明，通过"消费主体变化—消费需求规模和结构变化—供给主体感知市场变化—产业规模和结构调整—供给主体产品供给能力提升—消费需求规模和结构变化—供给主体感知市场变化……"的市场机制循环，帮扶产品供给主体有效供给水平将得到有效提升。

## 二、社会力量在供给扩大机制中的组织作用

帮扶产品供应商与脱贫地区小农户之间存在超经济的联系，这种超经济联系就是一种社会机制。社会力量可以有效协助消费帮扶供应商组织供给端，这主要表现为实现帮扶产品"化整为零"、与帮扶对象之间建立紧密利益联结机制，以及提供市场信息并指导帮扶对象生产与市场需求接轨等。

（一）实现帮扶产品"化零为整"

消费帮扶帮扶对象主要为脱贫地区小农户，是分散小农，马克思将分散小

农喻为"一个个马铃薯"[1]。脱贫地区传统的生产关系决定了农畜产品以分散生产为主的社会现状，由于单家独户的小农与全国性大市场直接交易所产生的交易成本过于高昂，且单个农户生产的只是小规模的初级农产品，因此如何有效组织生产端、实现"化零为整"，并把初级农产品转化为符合消费者消费习惯的商品，就成了脱贫地区在提高产品规模化商品化程度方面面临的现实困难。单纯依靠脱贫地区分散的小农户几乎不可能完成对接全国大市场的重任，需要中间主体作为桥梁来组织生产端。而脱贫地区依靠市场机制自发形成的中间主体严重不足，需要社会力量发挥补充作用。

社会力量对实现帮扶产品"化零为整"的作用集中体现在帮扶产品供应商对于消费帮扶供应链的中间纽带作用。为了鼓励更多的爱心企业参与到帮扶产品供应中，我国创新实施了帮扶产品供应商认证制度。现有的帮扶产品供应商主要为企业类、合作社类（含集体经济组织）、家庭农场类三大类。截至2020年底，经中西部贫困地区扶贫部门认定、国务院扶贫办汇总、中国社会扶贫网面向社会公开发布，先后已完成十批《消费扶贫产品名录》的认定，所认定的消费扶贫产品分布在中西部2674个有帮扶任务的区县，涉及5.38万家生产单位、17.67万款帮扶产品，产品价值总量达1.32万亿元。越来越多的爱心企业成为帮扶产品供应商，将脱贫地区农户生产的产品，转化为符合市场需求的商品，有效地完善了消费帮扶供应链，大大提高了帮扶产品供给端组织化水平。

### （二）构建紧密型利益联结机制

在新型农业经营主体与帮扶对象之间完全市场化的利益联结机制中，小农户的利益难以得到保障。精准扶贫中，为了解决贫困地区农产品销路问题，地方政府积极引进龙头企业，致力于将农户整合入产业链。然而，龙头企业与小农户之间既相互依靠又相互挤压[2]，往往只在种植/养殖环节整合脱贫户[3]，其实质却是商业资本通过流通环节吮吸小农生产的剩余价值[4]。小农户在产业链

---

[1] 中共中央马克思恩格斯列宁斯大林著作编译局：《马克思恩格斯选集（第一卷）》，人民出版社，2012年，第762页。

[2] 蒋永穆、戴中亮：《小农户与现代农业：衔接机理与政策选择》，《求索》，2019年第4期，第89页。

[3] 陈义媛：《精准扶贫和农业产业化双重背景下的产业扶贫：实践与困境》，《云南行政学院学报》，2019年第2期，第6页。

[4] 吴存玉、梁栋：《马克思主义"小农终结论"的科学内涵：价值表征与当代实践》，《经济学家》，2020年第3期，第114页。

中没有话语权，其原因在于：其一，分散供给产品的小农户所提供的产品具有很高的可替代性；其二，资本具有"逃逸"特征①。

社会力量的融入可以有效缓解市场机制对于小农户的排斥：一方面，扶贫产品供应商与小农户之间除了经济联系，往往还有社会关系联系，其中，表现最明显的是集体经济组织与小农户的社区关系，这种超经济关系大大稳定了脱贫地区小农户与扶贫产品供应商之间的契约关系；另一方面，基层部门对于扶贫产品供应商有了更多的话语权，经认证的扶贫产品供应商往往被要求在脱贫地区注册企业，并尤其鼓励本地县属国有企业、基层供销社、本地集体经济合作组织和农民专业合作社等成为扶贫产品供应商，这样，可以有效缓解流通企业"逃逸"冲动，真正把利润留在脱贫地区，带动脱贫地区小农户发展。

### （三）提供市场信息并指导帮扶对象生产与市场需求接轨

在市场机制倒逼脱贫地区帮扶主体有效提高供给水平的过程中，理想的情况是消费需求规模和结构变化倒逼供给主体市场意识水平提升，再通过供给主体市场意识提升驱动产业规模和结构调整。但是，消费需求规模和结构变化主要只能实现前者，实施家庭联产承包责任制后，千家万户分散的小农户作为独立的市场主体，很难捕捉有效的市场信息并作出正确决策，需要扶贫产品供应商为脱贫地区小农户提供市场信息，并指导小农户的生产与市场需求接轨。

帮扶产品供应商能够在小农户与大市场之间发挥纽带作用。帮扶产品供应商感知市场信息，敏锐捕捉哪些帮扶产品销路好、市场可能需要什么样的产品，如何组合生产要素能够获得更高的价值收益；同时将这种市场信息传导给脱贫小农户，指导脱贫地区小农户安排生产，间接实现脱贫地区生产要素的重新组合，进而驱动脱贫地区产业规模和结构的调整。

## 三、政府力量在供给扩大机制中的引导作用

### （一）宏观产业布局指导

消费帮扶的产品来源于脱贫地区，而脱贫地区帮扶产业同质化问题较为突出②。精准扶贫期间，欠发达地区在选择帮扶产业时，面临着市场需求多变和

---

① ［荷］扬·杜威·范德普勒格：《新小农阶级：帝国和全球化时代为了自主性和可持续性的斗争》，潘璐、叶敬忠译，社会科学文献出版社，2013年，第268~287页。
② 乔金亮：《脱贫地区如何接续发展特色产业》，《经济日报》，2021年4月14日第11版。

贫困户能力有限之间的矛盾，考虑到产业落地进度、贫困户覆盖面、风险规避等多方面因素，最终选择的产业往往对市场需求考虑不足、对自身特色优势资源发掘不够充分，"短平快"产业反而受到青睐①。扶贫产业的同质化又主要表现为扶贫产业项目的同质化，对"三区三州"的精准扶贫期间的产业扶贫项目及精准扶贫以来农畜产品新增产能的统计结果显示，原深度贫困地区扶贫产业结构单一、产品同质化问题严重。有学者比较全国数百个脱贫县调整产业结构目录后发现，各地重点支持的产业项目极为相似，大多集中在茶叶、柑橘、猕猴桃、枇杷、苹果、西瓜、桃、梨、荔枝、蔬菜、食用菌等门类②。

市场经济条件下，脱贫地区政府部门不得不参与脱贫产业选择，然而，缺少跨县域层面的统筹协调与总体规划导致脱贫地区产业深陷同质化泥潭而无法自拔③。为了解决这一矛盾，政府部门需要完善顶层设计，从宏观、整体层面加强对脱贫地区产业发展的规划指导，而非各脱贫县乃至乡镇、村一级单位各自为政，通过各级政府内部协调，优化政府作用，实现脱贫地区差异化错位发展。事实上，国家在脱贫地区产业宏观规划方面已有一定探索，2020年，农业农村部组织832个脱贫县对帮扶主导产业进行系统梳理④；2021年，农业农村部等十部门发布《关于推动脱贫地区特色产业可持续发展的指导意见》⑤。这些探索为优化脱贫地区产业发展布局提供了参考。

### （二）生产和流通基础设施建设

脱贫地区尤其是原深度贫困地区地处偏远，生产和流通基础设施较为薄弱，需要政府介入建设。一方面，脱贫地区生产和流通基础设施具有很强的正外部性，存在市场失灵，单纯依靠市场机制难以完成建设；另一方面，社会主体力量有限，而基础设施投入巨大，还可能涉及跨区域征地赔偿、大额贷款等情况，脱贫地区生产和流通基础设施建设也不可能单靠社会力量完成。

政府介入脱贫地区生产和流通基础设施建设是理论与现实的必然要求，也

---

① 李明远：《扶贫产业同质化原因分析与解决对策》，《现代农村科技》，2020年第11期，第6页。
② 贺雪峰：《产业扶贫切莫一扶了之》，http://www.71.cn/2017/0926/966655.shtml。
③ 李冬慧、乔陆印：《从产业扶贫到产业兴旺：贫困地区产业发展困境与创新趋向》，《求实》，2019年第6期，第81页。
④ 《规划、加工、特色：我国采取三方面举措减少扶贫产业同质化竞争》，http://www.gov.cn/xinwen/2020-12/16/content_5569864.htm。
⑤ 《关于推动脱贫地区特色产业可持续发展的指导意见》，http://www.fgs.moa.gov.cn/flfg/202104/t20210409_6365545.htm。

是我国政府反贫困工作的核心内容之一。精准扶贫以来，我国脱贫地区生产环节基础设施大幅改善，截至2020年底，全国832个脱贫县累计实施产业帮扶项目超过100万个[1]，累计建成种植、养殖、加工等各类产业基地超过30万个，累计建成高标准农田2.1亿亩。与此同时，脱贫地区流通环节短板也得到了一定程度改善。精准扶贫期间，脱贫地区新改建农村公路110万公里、新增铁路里程3.5万公里，截至2020年底，脱贫地区具备条件的乡镇和建制村全部通硬化路、通客车、通邮路。脱贫攻坚收官以后，改善脱贫地区生产和流通基础设施的脚步并未停止，而是继续加强脱贫地区农村产业路、灌溉等中小型水利工程、县乡村三级物流体系等基础设施建设。在政府部门参与下，截至2022年3月23日，已建成消费帮扶产销地仓38座，其中产地仓19座、销地仓19座。政府作用的介入，有效地改善了脱贫地区产业发展中生产和流通的基础设施建设状况，提高了消费帮扶有效供给水平。

（三）支持帮扶产品品牌孵化

帮扶产品品牌化对于供给创造需求、提升市场竞争力尤其重要。脱贫地区产品和服务营销宣传能力有限，由于信息不对称，在市场机制作用下，脱贫地区品牌很难成长起来，分散的小农户无法实现品牌化，尽管通过社会力量作用，分散的小农户能够在一定程度上组织起来，创立品牌，但很难做大做强，被消费者了解并认可。在市场失灵和社会失灵的情况下，需要政府力量助力脱贫地区帮扶产品品牌孵化和推介，减少信息不对称，提高脱贫地区产业竞争力。

政府力量对于脱贫地区品牌孵化已收到了一定的成效。一方面，从根源上推进脱贫地区特色品种培优，发掘脱贫地区优异种质资源，提纯复壮了一批地方特色品种，自主培育了一批高产优质多抗的突破性品种，以特色赢得市场，如云南怒江草果、藏区牦牛和青稞、新疆核桃和大枣等[2]。另一方面，从政策上给予脱贫地区品牌认证倾斜，支持脱贫地区打造区域公用品牌、企业品牌和产品品牌，支持开展"两品一标"认证，截至2020年底，832个原国家级贫

---

[1] 《农业农村部在京举办2020年扶贫日产业扶贫论坛》，http://www.moa.gov.cn/hd/zbft_news/cyfpjzcx/xgxw_26454/202010/t20201014_6354245.htm。

[2] 《国务院新闻办就消费扶贫行动有关情况举行发布会》，http://www.gov.cn/xinwen/2020-08/28/content_5538158.htm。

困县累计认证"两品一标"农产品1.2万个[①]。政府作用的参与,为脱贫地区品牌孵化提供了新的动力。

### (四) 帮扶产品和帮扶产品供应商认定

消费帮扶在国际上没有现成的成熟模式可以借鉴,遇到难题需要我们自己去探索解决方案。帮扶产品的认定和帮扶产品供应商的选择就是其中一个难题:首先,由于信息不对称和搭便车行为的存在,单纯依靠市场机制会面临市场失灵,如果没有权威机构认证,便会出现非帮扶产品冒充帮扶产品的情况,不仅会稀释消费帮扶政策红利,而且会导致帮扶产品质量参差不齐,不利于提升帮扶产品整体形象。其次,由于社会力量权威性不够,加上当前我国社会力量总体还比较薄弱,单纯依靠社会组织来认证帮扶产品和帮扶产品供应商也不具有可操作性。因此,需要政府力量介入帮扶产品和帮扶产品供应商认定。

消费帮扶提出以来,我国政府在帮扶产品和帮扶产品供应商认定方面开展了大量工作,构建了一套专门的消费帮扶产品和消费帮扶产品供应商认证体系,通过"中央统筹、省负总责、市县抓落实"的工作体制和"县认定、市审核、省复核、国务院扶贫办汇总备案并公示发布《全国扶贫产品名录》"的操作流程,实现消费帮扶产品认定、公示和发布的规范操作。截至2022年3月,有关单位已按照流程认定帮扶产品17批、263658款,消费帮扶产品供应商54511家,价值量超过1.7万亿元。政府力量的参与,有利于提高贫困地区特色农产品的辨识度,增强宣传的规模效应,降低消费者识别成本,从制度层面稳定爱心企业与脱贫地区小农户之间的利益联结机制,既是对社会作用的补充,也大大改善了信息不对称和搭便车行为所造成的市场失灵。

## 第三节 消费帮扶供应商有效供给能力影响因素的实证分析

笔者拟采用结构方程模型方法来检验供给拉动型政策对消费帮扶产品供应商有效供给能力的影响因素。结构方程模型方法是管理学、心理学、社会学等领域主流的研究方法,是一种用来检验关于观察变量和潜变量及潜变量与潜变量之间假设关系的多重变量统计分析方法。结构方程模型方法的优势在于:第

---

[①] 《规划、加工、特色:我国采取三方面举措减少扶贫产业同质化竞争》,http://www.gov.cn/xinwen/2020-12/16/content_5569864.htm。

一，引入潜变量测度不可直接观测的变量，允许自变量和因变量都含有测量误差，适用于多维度的变量测度；第二，可以同时处理多个因变量，克服了一般方法中单一因变量的局限性，适用于本研究中存在多个因变量的要求；第三，是多种统计技术的融合，包含了因素分析和路径分析，可以同时处理测量关系和因素之间的结构关系。基于以上优势，结构方程模型方法适用于本节研究。

本书使用结构方程模型的步骤为：第一步，模型建构和研究假说，即根据研究目的和专业知识，分析测量变量与潜在变量及多个潜在变量之间的可能关系，设计出合理的理论初始模型，并提出研究假说。第二步，进行量表设计和数据收集，根据研究模型的变量的内涵设置3~5个测度问题形成7级李克特量表初稿，并通过预调研对量表进行修改，以确保量表尽可能准确地反映变量内涵，量表确定后，进行数据收集。第三步，通过数据分析进行结构方程模型检验。对结构方程模型进行检验的步骤又可以细分为：首先，对测量模型进行检验，主要分析潜变量与其测度指标之间的关系，进行探索性因子分析和验证性因子分析，包括信度检验、效度检验、共同方法偏差检验等，目标是对数据进行净化；其次，对结构模型进行检验，对理论模型中提出的假说进行验证，并对数据分析结果进行讨论。

## 一、研究模型和假说

### （一）研究模型

物质世界中的事物或现象彼此都是有机联系着的，每一事物的内在矛盾是这个事物发展变化的动力[①]。对于事物变化的影响因素，主流的学术观点认为，内因是事物变化的根本原因，外因通过内因发挥作用。笔者借用这一"内因—外因"分析框架，结合前文对脱贫地区帮扶产品供给主体有效供给能力内涵及其维度划分，尝试构建了如图6-4的研究模型。该模型认为，扶贫产品供应商有效供给能力受到市场主体内部因素和外部环境的共同影响。市场主体的内部因素主要包括扶贫产品供应商的企业家才能、生产力水平和组织模式，对扶贫产品供应商有效供给能力发挥决定性作用。外部因素主要包括消费帮扶市场机制运行环境、消费帮扶社会力量运行环境和消费帮扶政府力量运行环境，对市场主体内部因素和市场主体有效供给能力之间的关系有调节作用。

---

① 王永祥：《关于变与变化内外因问题的再探讨》，《社会科学》，2004年第9期，第79页。

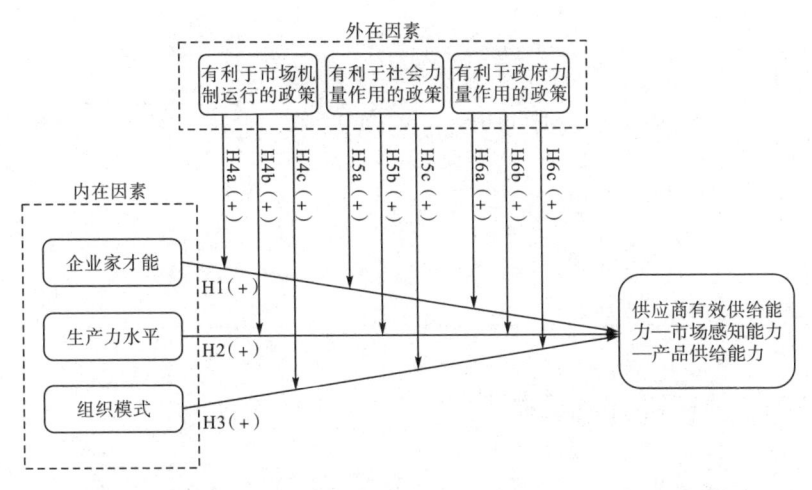

图 6-4　供给拉动型政策对供应商有效供应能力作用机制研究模型

## （二）研究假说

有学者认为提升市场主体有效供给能力的内因主要是企业灵敏的市场嗅觉和灵活的生产经营机制，外因主要是政府政策的相机调整和完善[①]。基于已有研究，笔者认为，影响企业有效供给能力内因可能包括企业的企业家才能、生产力水平和组织模式，并据此提出假设 1（H1）、假设 2（H2）和假说 3（H3）。在此基础上，依据第六章第二节的分析，市场机制、政府力量和社会力量的作用环境都会对扶贫产品供应商有效供给能力产生影响，并据此提出假设 4（H4）、假设 5（H5）、假设 6（H6）。各假设具体内容见表 6-5。

表 6-5　研究假设汇总

| 编号 | 假设内容 |
| --- | --- |
| H1 | 企业家才能对脱贫地区市场主体有效供给能力有积极影响 |
| H2 | 生产力水平对脱贫地区市场主体有效供给能力有积极影响 |
| H3 | 组织模式对脱贫地区市场主体有效供给能力有积极影响 |
| H4 | 良好的消费帮扶市场机制运行环境分别对企业家才能（a）、生产力水平（b）和组织模式（c）与脱贫地区市场主体有效供给能力之间的关系有积极的调节作用 |

---

① 盛世豪：《提升有效供给能力是构建增长新动力的基础》，《浙江经济》，2015 年第 24 期，第 22 页。

续表6-5

| 编号 | 假设内容 |
|---|---|
| H5 | 良好的消费帮扶社会力量作用环境分别对企业家才能（a）、生产力水平（b）和组织模式（c）与脱贫地区市场主体有效供给能力之间的关系有积极的调节作用 |
| H6 | 良好的消费帮扶政府力量作用环境分别对企业家才能（a）、生产力水平（b）和组织模式（c）与脱贫地区市场主体有效供给能力之间的关系有积极的调节作用 |

## 二、量表设计和数据收集

### （一）量表设计

本研究采用7级李克特量表进行指标测量，范围从1（非常不赞同）到7（非常赞同）。共有8个关键的结构变量：企业家才能、生产资料禀赋、组织模式、消费帮扶市场机制运行环境、消费帮扶社会力量作用环境、消费帮扶政府力量作用环境、市场感知能力和产品供给能力。市场主体内部因素的测度项根据已有研究改编而成，以适应本书的研究内容和目的。外部因素的测度项根据前文的理论分析构建。

有效供给能力是一个多维度的概念，其维度划分直接关系到测度研究。脱贫地区帮扶产品供给主体有效供给能力是衡量消费帮扶有效供给水平的核心指标。对于市场主体有效供给能力的定义，不同的学者根据不同的研究目的对有效供给能力进行了不同的维度划分（见表6-6）。本研究认为，帮扶产品供应商有效供给能力是指供应商感知市场需求并作出反应的能力。具体来说，可以理解为"有效+供给能力"。"有效"主要指产品供给符合市场需求，主要关注供应商市场感知能力，反映了供应商对于市场变化的敏感性；"供给能力"主要是指供应商提供产品的能力，关注供应商所提供产品本身的市场竞争力。根据本书对帮扶产品供应商有效供给能力内涵的界定，并结合本书的研究目的，可将脱贫地区帮扶产品供给主体有效供给能力分解为市场感知能力和产品供给能力两个方面。市场感知能力和产品供给能力都是难以直接量化测度的变量，在接下来的量表开发中，将会进一步对市场感知能力和产品供给能力的测度项进行细化。

表6-6 有效供给能力维度划分

| 学者 | 有效供给能力维度划分 |
| --- | --- |
| 尹士、李柏洲（2018）① | 技术有效供给能力：研发供给能力、应用共享能力 |
| 满慎刚（2018）② | 产品有效供给能力：提供使用价值高的产品的能力、提供价格低的产品的能力 |
| 吴冰玉（2019）③ | 有效供给能力：技术进步能力、创新能力 |
| 仵凤清、谢婷婷、刘婷（2021）④ | 技术有效供给能力：技术有效供给投入、技术有效供给产出 |
| 王慧（2021）⑤ | 城市优质旅游有效供给能力：资源禀赋、供给主体、产品服务、效率效益、政府作用、人文环境、旅游消费 |

资料来源：根据相关文献整理所得。

量表设计完成后，笔者共邀请了10家官方认证的消费帮扶供应商进行预测试，根据他们的反馈对测度项进行了进一步修订，以形成最终的测度项（见表6-7）。

表6-7 结构方程模型潜变量及其测度项

| 类型 | 变量 | 测度项代码 | 测度项内容 |
| --- | --- | --- | --- |
| 内因 | 企业家才能（QYJ） | QYJ1 | 我所在市场主体的管理者有强烈的提升有效供给能力的意愿 |
| | | QYJ2 | 我所在市场主体的管理者为提升组织供给能力采取了实质性措施 |
| | | QYJ3 | 我所在市场主体的管理者是从产品主要销售地区引进的 |
| | 生产力水平（SCL） | SCL1 | 我所在市场主体具备良好的电子商务能力 |
| | | SCL2 | 我所在市场主体具备领先的生产技术 |
| | | SCL3 | 我所在市场主体能够对先进技术进行良好的使用 |
| | | SCL4 | 我所在市场主体拥有非常丰富的土地、资金要素 |
| | | SCL5 | 我所在市场主体拥有独特的自然生产条件 |

---

① 尹士、李柏洲：《中国区域技术有效供给能力评价及影响因素》，《中国科技论坛》，2018年第4期，第130页。

② 满慎刚：《供给侧改革下的煤炭产销协同 枣庄矿业集团煤炭产销创新实践》，中国经济出版社，2018年，第4页。

③ 吴冰玉：《收入分配对有效供给能力的影响研究》，湘潭大学，2019年，第13页。

④ 仵凤清、谢婷婷、刘婷：《基于组合评价方法的高新技术产业技术有效供给能力评价研究》，《燕山大学学报（哲学社会科学版）》，2021年第2期，第82页。

⑤ 王慧：《文旅融合背景下城市优质旅游有效供给能力评价——以沈阳市为例》，《社会科学家》，2021年第1期，第40页。

续表6-7

| 类型 | 变量 | 测度项代码 | 测度项内容 |
|---|---|---|---|
| 内因 | 组织模式（MS） | MS1 | 我所在市场主体形成了有效的组织管理模式 |
| | | MS2 | 我所在市场主体拥有灵活的生产经营机制 |
| | | MS3 | 我所在市场主体具备良好的关系管理能力 |
| 外因 | 消费帮扶市场机制运行环境（SC） | SC1 | 本地区聘请劳动力十分便利 |
| | | SC2 | 本地区土地流转十分便利 |
| | | SC3 | 本地区融资十分便利 |
| | | SC4 | 本地区数字化、信息化程度很高 |
| | 消费帮扶社会力量作用环境（SH） | SH1 | 政府为本地区消费帮扶供应商搭建了专门的销售平台或渠道 |
| | | SH2 | 社会各界积极踊跃购买经过认定的消费帮扶产品 |
| | | SH3 | 一线城市或对口帮扶地区为帮扶产品供应商提供了市场准入指导或便利条件 |
| | 消费帮扶政府力量作用环境（ZF） | ZF1 | 政府为本地区涉农市场主体开拓国际市场或发达地区市场提供咨询服务和支持 |
| | | ZF2 | 政府为本地区涉农市场主体发展提供了强大的基础设施（高标准农田、网络基础设施、物流基础设施等） |
| | | ZF3 | 政府为本地区涉农产业发展提供了良好的品牌保护政策 |
| | | ZF4 | 政府为本地区帮扶产品和帮扶产品供应商认定提供了非常便利的条件 |
| 因变量：有效供给能力 | 市场感知能力（GZ） | GZ1 | 我所在的市场主体能够把市场相关变化视为发展的机会 |
| | | GZ2 | 我所在的市场主体具备渠道创新能力 |
| | | GZ3 | 我所在的市场主体能够敏锐发现行情变化 |
| | 产品供给能力（GJ） | GJ1 | 我所在市场主体供给的产品或服务具备规模性 |
| | | GJ2 | 我所在市场主体供给的产品或服务具有稳定性 |
| | | GJ3 | 我所在市场主体供给的产品或服务具备独特性 |
| | | GJ4 | 我所在市场主体供给的产品或服务具备价格竞争力 |

（二）数据收集

本研究的调研对象为官方认定的消费帮扶产品供应商。中国社会帮扶网公布的《全国扶贫产品目录》提供了所有官方认定的帮扶产品供应商名单及其所在的省份和区县，在这一名单基础上，笔者通过多方渠道收集了消费帮扶供应商的一种或多种联系方式①，如负责人手机号码、座机电话号码、电子邮箱等；并于2021年9月向代表性企业发送含有调查超链接的电子调查问卷（问卷具体内容见附录二），向受访者说明调查目的，并保证调查结果仅用于学术研究。截至2022年3月，共收回220份问卷，剔除11份存在关键信息缺失和少于最低答卷时间等问题的无效问卷，最终获得有效问卷209份。对于结构方程模型所需的最小样本量，学术界并未达成一致，一个广泛接受的观点是样本容量大于200即为合意的样本数量②。本研究的样本量满足结构方程模型的估计的样本量。

表6-8报告了受访者的基本统计特征。从受访者基本特征来看，男性占比58.85%，女性占比41.15%，男性受访者略多于女性；受访样本年龄集中在21~50岁的群体，累计占比90.91%，表明受访样本以青壮年为主；受教育程度以专科群体最为集中，而硕士以及以上高学历人才较少，初中及以下学历也只占3.35%；受访者工作岗位方面，高层管理者超过一半，达到50.24%；在本市场主体（农业企业、农民专业合作社、集体经济组织等）工作年限超过3年的占比接近七成。以上基本特征表明，受访者对受访企业总体比较熟悉，能够较为准确地反馈企业的真实情况。

表6-8 受访者基本统计特征

| 受访者特征 | 选项 | 频数 | 百分比（%） |
| --- | --- | --- | --- |
| 性别 | 男 | 123 | 58.85 |
|  | 女 | 86 | 41.15 |
| 年龄 | 20岁及以下 | 0 | 0 |
|  | 21~30岁 | 40 | 19.14 |
|  | 31~40岁 | 96 | 45.93 |
|  | 41~50岁 | 54 | 25.84 |
|  | 51岁以上 | 19 | 9.09 |

---

① 取得供应商联系方式的渠道主要有三类：第一类是通过天眼查官网（国家中小企业发展子基金旗下官方备案企业征信机构）查询企业基本信息；第二类是通过脱贫地区农副产品网络销售平台收集帮扶产品供应商基本信息；第三类是利用实地调研机会，通过县级政府部门帮助与帮扶产品供应商取得联系。

② 章刚勇：《结构方程模型应用：错误设定与估计程序》，《统计与信息论坛》，2015年第7期，第10页。

续表6-8

| 受访者特征 | 选项 | 频数 | 百分比（%） |
|---|---|---|---|
| 教育程度 | 初中及以下 | 7 | 3.35 |
|  | 高中 | 61 | 29.19 |
|  | 专科 | 90 | 43.06 |
|  | 本科 | 51 | 24.40 |
|  | 硕士及以上 | 0 | 0 |
| 工作岗位 | 高层管理者 | 105 | 50.24 |
|  | 中层管理者 | 46 | 22.01 |
|  | 基层管理者 | 33 | 15.79 |
|  | 普通员工 | 25 | 11.96 |
| 在本市场主体工作的年限 | 小于1年 | 2 | 0.96 |
|  | 1~3年 | 65 | 31.10 |
|  | 4~6年 | 63 | 30.14 |
|  | 6~9年 | 34 | 16.27 |
|  | 10年及以上 | 45 | 21.53 |

数据来源：根据一手调研数据整理所得。

表6-9报告了样本市场主体的统计特征。从样本市场主体基本特征来看，其从事的行业涵盖了粮食类、蔬菜类、水果类、畜牧类、水产类、旅游类、一二三产业融合、手工艺品、农副产品加工等多种门类，其中经营范围涉及农副产品加工的市场主体最多，达到57.97%，其次是中药材类，之后是蔬菜类、粮食类和水果类；企业规模大部分在5人以上，其中规模在50人以上的达到20.29%；市场主体成立年限在3年以上的达到88.41%；消费帮扶市场主体营业额方面，消费帮扶供应商营业额处于50万~500万元这一范围的比例最大，占36.84%，只有17.22%的消费帮扶供应商2020年营业额在20万以下，2020年营业额超过500万元的消费帮扶市场主体占比29.67%；带动农户数方面，带动农户100户以上的比例和带动农户11~50户的比例较大，分别为38.73%和34.31%。这表明所调研的消费帮扶供应商总体发挥了较大的带动作用。

表6-9 样本市场主体的基本统计特征

| 样本企业特征 | 选项 | 频数 | 百分比（%） |
|---|---|---|---|
| 行业类型 | 粮食类 | 33 | 15.94 |
| | 蔬菜类 | 37 | 17.87 |
| | 水果类 | 29 | 14.01 |
| | 畜牧类 | 26 | 12.56 |
| | 水产类 | 3 | 1.45 |
| | 旅游类 | 2 | 0.97 |
| | 一、二、三产业融合 | 13 | 6.28 |
| | 手工艺品 | 6 | 2.90 |
| | 农副产品加工 | 120 | 57.97 |
| | 中药材 | 47 | 22.71 |
| | 其他 | 41 | 19.81 |
| 企业规模 | 小于5人 | 6 | 2.90 |
| | 5~10人 | 47 | 22.71 |
| | 11~20人 | 60 | 28.99 |
| | 21~30人 | 35 | 16.91 |
| | 31~40人 | 11 | 5.31 |
| | 41~50人 | 6 | 2.90 |
| | 50人以上 | 42 | 20.29 |
| 成立年限 | 小于3年 | 24 | 11.59 |
| | 3~5年 | 66 | 31.88 |
| | 6~8年 | 47 | 22.71 |
| | 9年及以上 | 70 | 33.82 |
| 2020年营业额 | 20万元以下 | 36 | 17.22 |
| | 20万~50万元 | 34 | 16.27 |
| | 50万~500万元 | 77 | 36.84 |
| | 500万元以上 | 62 | 29.67 |
| 带动农户数 | 10户以下 | 29 | 14.22 |
| | 11~50户 | 70 | 34.31 |
| | 51~100户 | 26 | 12.75 |
| | 100户以上 | 79 | 38.73 |

数据来源：根据一手调研数据整理所得。行业类型、企业规模和成立年限分别有两个缺失值，有207个样本；带动农户数样本有5个缺失值，有204个样本。

## 三、实证分析与结果

### (一) 信度和效度分析

#### 1. 描述性统计分析

表6-10是消费帮扶供应商有效供给能力相关因素描述性统计结果。样本的各个指标的均值都处于5到6之间。总体来看,潜变量消费帮扶市场机制运行环境得分相对较低,4个测度项得分均低于5.30。各个测度项的极小值均为1,极大值均为7,样本量均为209个。

表6-10 消费帮扶供应商有效供给能力相关因素描述性统计结果

| 潜变量 | 测度项代码 | 样本量 | 极小值 | 极大值 | 均值 | 标准差 |
|---|---|---|---|---|---|---|
| 企业家才能<br>(QYJ) | QYJ1 | 209 | 1 | 7 | 5.65 | 1.47 |
| | QYJ2 | 209 | 1 | 7 | 5.57 | 1.35 |
| | QYJ3 | 209 | 1 | 7 | 5.22 | 1.63 |
| 生产力水平<br>(SCL) | SCL1 | 209 | 1 | 7 | 5.53 | 1.27 |
| | SCL2 | 209 | 1 | 7 | 5.39 | 1.42 |
| | SCL3 | 209 | 1 | 7 | 5.47 | 1.40 |
| | SCL4 | 209 | 1 | 7 | 5.39 | 1.43 |
| | SCL5 | 209 | 1 | 7 | 5.69 | 1.26 |
| 组织模式<br>(MS) | MS1 | 209 | 1 | 7 | 5.51 | 1.26 |
| | MS2 | 209 | 1 | 7 | 5.52 | 1.23 |
| | MS3 | 209 | 1 | 7 | 5.61 | 1.22 |
| 消费帮扶市场<br>机制运行环境<br>(SC) | SC1 | 209 | 1 | 7 | 5.27 | 1.28 |
| | SC2 | 209 | 1 | 7 | 5.19 | 1.39 |
| | SC3 | 209 | 1 | 7 | 5.08 | 1.30 |
| | SC4 | 209 | 1 | 7 | 5.12 | 1.36 |
| 消费帮扶社会<br>力量作用环境<br>(SH) | SH1 | 209 | 1 | 7 | 5.56 | 1.37 |
| | SH2 | 209 | 1 | 7 | 5.43 | 1.15 |
| | SH3 | 209 | 1 | 7 | 5.46 | 1.18 |

续表6-10

| 潜变量 | 测度项代码 | 样本量 | 极小值 | 极大值 | 均值 | 标准差 |
| --- | --- | --- | --- | --- | --- | --- |
| 消费帮扶政府力量作用环境（ZF） | ZF1 | 209 | 1 | 7 | 5.19 | 1.45 |
|  | ZF2 | 209 | 1 | 7 | 5.32 | 1.23 |
|  | ZF3 | 209 | 1 | 7 | 5.55 | 1.31 |
|  | ZF4 | 209 | 1 | 7 | 5.42 | 1.29 |
| 市场感知能力（GZ） | GZ1 | 209 | 1 | 7 | 5.45 | 1.18 |
|  | GZ2 | 209 | 1 | 7 | 5.35 | 1.22 |
|  | GZ3 | 209 | 1 | 7 | 5.38 | 1.16 |
| 产品供给能力（GJ） | GJ1 | 209 | 1 | 7 | 5.38 | 1.23 |
|  | GJ2 | 209 | 1 | 7 | 5.49 | 1.17 |
|  | GJ3 | 209 | 1 | 7 | 5.36 | 1.26 |
|  | GJ4 | 209 | 1 | 7 | 5.39 | 1.26 |

## 2. 信度分析

对问卷进行信度分析的方法有很多种，其中，最常用的方法是Cronbach's Alpha系数法[①]。不同的文献对于Cronbach's Alpha系数的要求不同，一般来说，Cronbach's Alpha系数大于0.65都是可以接受的，而0.8以上则是较好水平。本研究相关潜变量的Cronbach's Alpha系数值见表6-11，各个变量的Cronbach's Alpha系数值都大于0.8，表示问卷内部的一致性较好，通过了一致性检验。

表6-11 相关潜变量的Cronbach's Alpha系数值

| 潜变量 | 观测变量个数 | Cronbach's Alpha系数 | 是否通过信度检验 |
| --- | --- | --- | --- |
| 企业家才能（QYJ） | 3 | 0.881 | 是 |
| 生产力水平（SCL） | 5 | 0.947 | 是 |
| 组织模式（MS） | 3 | 0.968 | 是 |
| 市场机制运行环境（SC） | 4 | 0.936 | 是 |
| 社会力量作用环境（SH） | 3 | 0.935 | 是 |
| 政府力量作用环境（ZF） | 4 | 0.951 | 是 |

---

① Cronbach's Alpha系数处于0~1之间，越接近与1，表示数据内部一致性越好，即信度越高。

续表6-11

| 潜变量 | 观测变量个数 | Cronbach's Alpha 系数 | 是否通过信度检验 |
|---|---|---|---|
| 市场感知能力（GZ） | 3 | 0.967 | 是 |
| 产品供给能力（GJ） | 4 | 0.974 | 是 |

3. 效度分析

效度是指评估的有效性，即运用量表或其他评估方法所获得的结果达到期望的程度。结果效度主要采用 KMO 适当性参数检验和 Bartlett 球形检验[①]。从效度统计结果来看，KMO 系数值为 0.946，Bartlett 检验结果的显著性低于 0.05（见表6-12），表明问卷结构效度较好。

表 6-12　KMO 系数和 Bartlett 检验结果

| KMO 系数 | | 0.946 |
|---|---|---|
| Bartlett 球形度检验 | 近似卡方 | 10325.917 |
| | 自由度 | 406 |
| | 显著性 | 0.000 |

（二）模型评估

本研究提出三个模型（见表6-13），分别评估路径系数及其显著性水平。基准模型包括所有对市场主体有效供给能力产生直接作用的路径，并考虑了所有的控制变量；模型1在基准模型的基础上，增加了政策环境对消费帮扶供应商的作用路径；模型2在模型1的基础上，增加了交互作用的路径。实证结果表明，企业家才能、生产力水平和组织模式对供应商有效供给能力均有显著影响，验证了假说 H1、H2 和 H3。结果还表明，良好的市场机制运行环境能够对生产力水平和组织模式与脱贫地区供应商市场感知能力和产品供给能力产生积极的调节作用，验证了假说 H4（b）、H4（c）；良好的社会力量作用环境能够对企业家才能、生产力水平和组织模式与脱贫地区供应商市场感知能力和产品供给能力产生积极的调节作用，验证了假说 H5（a）、H5（b）、H6（c）；良好的政府力量作用环境能够对企业家才能、生产力水平和组织模式与脱贫地

---

[①] KMO 系数取值范围在 0~1 之间，越接近 1，说明问卷的结构效度越好。Bartlett 球形检验的统计量是根据相关系数矩阵的行列式得到的，如果 Bartlett 球形检验的显著性小于 0.05，可以认为问卷具有良好的结构效度。

区供应商市场感知能力和产品供给能力产生积极的调节作用，验证了假说H6（a）、H6（b）、H6（c）。仅假说H4（a）没有得到验证，但市场机制运行环境本身能够对消费帮扶供应商有效供给水平产生影响。

表6-13 结构模型评估

| 作用路径 | 基准模型 Estimate | p | 模型一 Estimate | p | 模型二 Estimate | p |
|---|---|---|---|---|---|---|
| 企业家才能→市场感知能力 | 0.694 | *** | 0.049 | 0.014 | 0.011 | 0.622 |
| 企业家才能→产品供给能力 | 0.743 | *** | 0.055 | 0.004 | 0.061 | 0.007 |
| 生产力水平→市场感知能力 | 0.201 | *** | 0.334 | *** | 0.423 | *** |
| 生产力水平→产品供给能力 | 0.314 | *** | 0.34 | *** | 0.484 | *** |
| 组织模式→市场感知能力 | 0.156 | *** | 0.011 | 0.84 | −0.01 | 0.875 |
| 组织模式→产品供给能力 | 0.081 | 0.007 | −0.011 | 0.83 | −0.086 | 0.175 |
| 市场机制运行环境→市场感知能力 | | | 0.111 | *** | 0.101 | *** |
| 社会力量作用环境→市场感知能力 | | | 0.694 | *** | 0.52 | *** |
| 政府力量作用环境→市场感知能力 | | | −0.142 | 0.002 | 0.056 | 0.244 |
| 市场机制运行环境→产品供给能力 | | | −0.07 | *** | 0.007 | 0.772 |
| 社会力量作用环境→产品供给能力 | | | 0.698 | *** | 0.567 | *** |
| 政府力量作用环境→产品供给能力 | | | 0.065 | 0.121 | 0.117 | 0.019 |
| 企业家才能×市场机制运行环境→市场感知能力 | | | | | −0.027 | 0.003 |
| 企业家才能×社会力量作用环境→市场感知能力 | | | | | −0.31 | *** |
| 企业家才能×政府力量作用环境→市场感知能力 | | | | | 0.266 | *** |
| 企业家才能×市场机制运行环境→产品供给能力 | | | | | 0.02 | 0.036 |
| 企业家才能×社会力量作用环境→产品供给能力 | | | | | −0.231 | *** |
| 企业家才能×政府力量作用环境→产品供给能力 | | | | | 0.167 | *** |
| 生产力水平×市场机制运行环境→市场感知能力 | | | | | −0.037 | *** |

续表6-13

| 作用路径 | 基准模型 Estimate | p | 模型一 Estimate | p | 模型二 Estimate | p |
|---|---|---|---|---|---|---|
| 生产力水平×社会力量作用环境→市场感知能力 | | | | | −0.232 | *** |
| 生产力水平×政府力量作用环境→市场感知能力 | | | | | 0.124 | *** |
| 生产力水平×市场机制运行环境→产品供给能力 | | | | | 0.209 | *** |
| 生产力水平×社会力量作用环境→产品供给能力 | | | | | −0.208 | *** |
| 生产力水平×政府力量作用环境→产品供给能力 | | | | | −0.088 | *** |
| 组织模式×政府力量作用环境→市场感知能力 | | | | | −0.149 | *** |
| 组织模式×社会力量作用环境→市场感知能力 | | | | | 0.334 | *** |
| 组织模式×市场机制运行环境→市场感知能力 | | | | | 0.079 | *** |
| 组织模式×市场机制运行环境→产品供给能力 | | | | | −0.194 | *** |
| 组织模式×社会力量作用环境→产品供给能力 | | | | | 0.382 | *** |
| 组织模式×政府力量作用环境→产品供给能力 | | | | | −0.043 | *** |

注：***表示显著性水平为1％（单侧检验）。

## 四、结果讨论

本研究认为，在外部环境作用下，企业家才能、供应商生产力水平和组织模式可以共同影响消费帮扶供应商有效供给能力。基于此，本研究提出了一个概念模型，并通过结构方程模型分析了外部环境对于供应商有效供给能力的调节作用。研究可以得到如下启发：

第一，企业内部要素中，企业家才能、生产力水平和组织模式均对供应商有效供给能力具有显著影响。这表明脱贫地区消费帮扶供应商拥有良好的企业家才能（提升有效供给能力的意愿、为提升组织供给能力采取实质性措施的执行能力、从销售地引进熟悉市场的管理者）、较高的生产力水平（具备良好的电子商务能力、领先的生产技术、对先进技术能予以良好使用、拥有非常丰富的土地和资金要素、拥有独特的自然生产条件）和适宜的组织模式（有效的组织管理模式、灵活的生产经营机制、良好的关系管理能力），能够驱动消费帮扶供应商有效供给能力的形成。

第二，良好的市场机制运行环境能够对生产力水平和组织模式与脱贫地区供应商有效供给能力产生积极的调节作用。良好的市场机制运行环境（聘请劳动力便利性、土地流转便利性、融资便利性，以及数字化、信息化程度高）能够促进企业提高生产力水平，并为企业形成适宜的组织模式创造条件，从而促进企业市场感知能力和产品供给能力提高。尽管良好的市场机制运行环境能够从整体上促进消费帮扶供应商有效供给水平提高，但对于企业家才能与供应有效供给能力之间的调节作用并不显著，这可能是因为当前脱贫地区市场机制还存在诸多不完善之处，而企业家才能又受到诸多复杂因素影响。

第三，良好的社会力量作用环境能够对企业家才能、生产力水平和组织模式与脱贫地区供应商有效供给能力产生积极的调节作用。良好的社会力量作用环境（政府为本地区消费帮扶供应商建设了专门的销售平台或渠道，社会各界积极踊跃购买经过认定的消费帮扶产品，一线城市或对口帮扶地区为帮扶产品供应商提供了市场准入指导或便利条件等）能够培育企业家才能，从市场渠道反向促进消费帮扶供应商提高生产力水平，完善组织模式，从而促进消费帮扶供应商提升市场感知能力和产品供给能力。

第四，良好的政府力量作用环境能够对企业家才能、生产力水平和组织模式与脱贫地区供应商有效供给能力产生积极的调节作用。良好的政府力量作用环境（政府为本地区涉农市场主体开拓国际市场或发达地区市场提供了咨询服务和支持；政府为本地区涉农市场主体发展提供了强大的基础设施，如高标准农田、网络基础设施、物流基础设施等；政府为本地区涉农产业发展提供了良好的品牌保护政策；政府为本地区帮扶产品和帮扶产品供应商认定提供了非常便利的条件等）能够孵化提高供应商企业家才能，提升供应商生产力水平，优化组织模式，从而促进消费帮扶供应商市场感知能力和产品供给能力提高。

## 第四节　完善消费帮扶供给优化机制的主要路径

### 一、进一步发挥市场力量对消费帮扶供给侧的倒逼作用

（一）转变发展思路，优化产业结构

优化产业结构，前提是要转变发展思路。贫困地区的产品和服务要实现融入全国大市场的最终目标，产业选择思路须从比较优势转向竞争优势。相对于比较优势理论所强调的先天资源禀赋而言，竞争优势更加强调生产者为消费者创造的超过其成本的价值，即同等质量的情况下价格更低，或者产品独特的效益以补偿高价而有余[①]。脱贫地区应以市场需求和市场价值为导向，以详尽的本地资源调查和市场行情分析为基础，以比较利益优势准则替代比较生产优势准则，实现产业选择思路从"以产定销"向"以销定产"的根本性转变。在东西部协作帮扶中，受援地要主动对接帮扶省市农产品需求，加快调整优化农业产业结构。

（二）健全市场化要素配置机制，提升要素流动性

发挥市场机制对消费帮扶供给侧的倒逼作用，健全市场化要素配置机制是基础。脱贫地区融入全国性大市场的过程，也是建设全国性统一大市场的过程，还是建设国内国际双循环的过程。健全脱贫地区市场化要素配置机制，提升要素流动性，一方面，要完善脱贫地区要素市场体系，包括土地市场、劳动力市场、资本市场、技术市场和数据市场等，并健全要素市场基础制度；另一方面，要提升脱贫地区要素市场活跃度，鼓励消费帮扶供应商长期深度参与脱贫地区经济发展。

（三）优化营商环境，壮大消费帮扶供给主体

发挥市场机制对消费帮扶供给侧的倒逼作用，壮大消费帮扶供给主体是关键。优化贫困地区营商环境，壮大消费帮扶供给主体，需要"外引"与"内

---

[①] 蒋永穆、安雅娜：《WTO框架下我国农业发展战略的新构建》，《经济体制改革》，2003年第1期，第139页。

培"相结合。一方面,要加强"外引",吸引外来市场主体到脱贫地区投资,为外来市场主体提供良好的营商环境;另一方面,要注重"内培",挖掘本地市场主体潜力,培育本土消费帮扶供应商。

## 二、优化社会力量在供给优化机制中的组织作用

### (一)发挥新型农业经营主体对脱贫户的组织带动作用

大力发挥新型农业经营主体、集体经济组织、农村经纪人、农村能人等的带动作用,将符合条件的新型农业经营主体认证为消费帮扶供应商。依托以新型农业经营主体为主要代表的消费帮扶供应商,对脱贫地区千家万户小农户所生产的农畜产品进行有效组织,"化零为整",并通过各种渠道将产品有效转化为适应消费者需求的商品,提升供应链规模化组织化程度,增强脱贫地区特色产品持续供给能力。

### (二)强化消费帮扶供应商和脱贫户利益联结机制

消费帮扶供应商与脱贫户之间往往很难依靠纯粹的经济关系维系[①],而需要超经济关系进行维系。为了维持这种关系的可持续性,要在消费帮扶供应商和脱贫户之间构建紧密的利益联结机制。一方面,在扶贫产品供应商认证环节,严格要求获得认证的供应商与本地发展建立密切利益联结机制;另一方面,对扶贫产品供应商的帮扶行为给予正向激励,提高扶贫产品供应商的社会责任感。

### (三)发挥农村集体经济组织对脱贫户的组织带动作用

产业是农村集体经济发展的载体,而农村集体经济组织是带动农户发展的依托,与脱贫户之间存在天然的超经济关系。发展好脱贫地区农村集体经济组织,有利于有效组织消费帮扶供给端。一方面,注重集体经济组织的带头人培育,在脱贫地区孵化一批"有文化、懂技术、善经营、会管理"的集体经济组织带头人,提升集体经济组织扶贫产品供给质量;另一方面,发挥消费帮扶对集体经济的赋能作用,扶持村集体经济组织发展壮大。

---

① 陈义媛:《精准扶贫和农业产业化双重背景下的产业扶贫:实践与困境》,《云南行政学院学报》,2019年第2期,第9页。

## 三、更好地发挥政府力量对消费帮扶供给主体的培育作用

### （一）加强脱贫地区宏观产业布局指导

在国家层面，对全国各地贫困地区的尤其是深度贫困地区的资源禀赋进行系统分析，总体布局，划定相关产业最优产区，避免特色不鲜明、同质产业遍地开花现象。在脱贫地区地方政府层面，注重响应国家产业布局号召，在具体操作上注重引导而非直接干预，建设区域化、专业化生产基地，积极推广"一县一业、一村一品"，在宏观产业布局指导下，打造脱贫地区乡村特色产业集群。

### （二）加强脱贫地区生产和流通基础设施建设

要提升脱贫地区产业竞争力，必须进一步降低脱贫地区物流成本，完善贫困地区市场体系和基础设施建设。加大对"最初一公里"物流支持力度，提高冷链运输能力，适应贫困地区"新、奇、特"产品对保鲜的要求，下沉电子商务服务网点，结合实际情况对快递公司给予政策倾斜，引导其在人口不足设点标准的贫困地区场镇设立网点，或者通过替代性方案提高山区农户收发快递的便利化程度。

### （三）完善扶贫产品和供应商认证制度，支持帮扶产品品牌孵化

扶贫产品和供应商认证制度是消费帮扶政策体系中的基础性制度安排，在新时期经济社会总体形势发生变化的情况下，需要对这一制度作出符合时代变化的安排，对扶贫产品认定主体、认定对象、认定标准等予以明确。在扶贫产品和供应商认证制度的基础上，支持帮扶产品品牌孵化。在特色农副产品优势区、农产品品牌目录认定过程中，继续对脱贫地区予以倾斜，培育打造一批区域公用品牌和绿色有机地理标志，加强原产地保护。

## 四、强化政府、市场和社会在消费帮扶供给优化过程中的优势互补

### （一）理顺体制机制，完善消费帮扶供给侧改革顶层设计

理顺体制机制，才能推动消费帮扶供给侧改革行稳致远。在顶层设计层

面，推动形成以市场机制为主导，政府、市场、社会协同推进的消费帮扶供给侧改革局面。围绕消费帮扶生产、流通的供应链建设，鼓励引导有关地方打造一批区域公用品牌，创建一批消费帮扶产地示范区，培育一批消费帮扶示范企业和社会组织，通过有关渠道给予适当政策、资金支持。

（二）明确政府在提升消费帮扶有效供给能力过程中的角色定位

当前，在消费帮扶供给侧，一些地方存在政府"手伸得过长"现象，一定程度上消解了市场机制对消费帮扶供给侧的倒逼作用[1]。在新时期，政府要明确自身的角色定位主要是引导作用而非主导作用，重点在于发挥宏观调控、提供公共物品、为消费帮扶市场机制和费帮扶社会力量发挥作用提供条件这四方面的职能，减少对供给侧农户生产行为的直接干预。

---

[1] 原贺贺：《消费扶贫的实践进展与机制创新——以广东清远市为例》，《农村经济》，2020年第12期，第73页。

# 第七章　供需适配消费帮扶长效机制二：需求扩大机制

消费帮扶需求扩大机制是指扩大脱贫地区产品和服务的消费规模的制度安排，是消费帮扶长效机制最基本的内容。在新发展阶段，消费帮扶动力转换的背景下，必须加强消费帮扶需求侧管理，完善需求扩大机制。

## 第一节　需求侧扩大机制的运行机理

### 一、我国消费帮扶需求类型及其特征

根据分配动力的不同，分配可以分为初次分配、再次分配和第三次分配。消费问题和分配问题是密切相关的两个方面[①]，借鉴分配分类思路，根据消费帮扶动力的差异，消费帮扶中的消费需求可以分为三类：一是政府采购，即政府主导的消费，属于财政政策，采购主体包括中央预算单位和各级预算单位；二是慈善消费，又称道德消费，主要是由伦理或公益推动，属于第三次分配，如民营企业"以购代捐""以买代帮"以及爱心人士消费；三是市场消费，由市场逻辑主导，属于第一次分配，这类交易行为主要遵循价值规律，是帮扶产品在市场上竞争力的体现。

（一）政府采购

政府采购是消费帮扶需求侧的重要组成部分，主要指政府定向采购帮扶。本书第三章第一节中的"二、政府主导型消费帮扶阶段（2019—2020年）"对

---

[①] 卫兴华：《尹世杰教授的消费经济思想和我国当前的消费问题》，《消费经济》，2012年第6期，第18页。

政府采购消费帮扶已有初步介绍。为了确保政府采购消费帮扶有力推进,财政部会定期通报(按月通报)各预算单位政府采购贫困地区农副产品有关工作情况,督促消费帮扶进度。与之对应,各省、市、区县也会在网上公开通报或报告各预算单位执行情况。一系列措施有力保障了政府采购消费帮扶的顺利进行。脱贫地区农副产品网络销售平台——"832平台"是消费帮扶政府采购的市场平台。

与非政府采购的一般消费相比,政府采购具有一系列独特特征。第一,从价值追求来看,一般消费比较看重经济性,即性价比,而消费帮扶中的政府采购虽然也关注经济性,但更看重政治性,甚至可能存在"摊派"行为[①],比如,要求预算单位预留一定的份额用于消费帮扶并对采购进程进行通报,本质上存在一定的强制性;再比如,定点帮扶制度下,帮扶单位、部门或地区主要都是采购本单位或本地区对口帮扶区域的产品,这是由政治因素而非市场因素决定的。第二,从采购流程来看,政府采购更加注重消费的合规性,如是否能开具正规发票、采购流程是否规范等。专门针对消费帮扶政府采购渠道的脱贫地区农副产品网络销售平台不仅要求商家能够开具正规发票,还对平台交易明细、平台供应商营业执照、食品经营许可证、扶贫证明等材料进行公开并接受社会监督,最大限度确保交易的合规性。第三,从消费帮扶政府采购的内容来看,军队、机关、部门、企事业单位食堂采购和工会礼品采购占采购份额的较大比例,脱贫地区农副产品网络销售平台针对这两类消费的特征专门打造了"食堂采购专场""工会优选"服务专区。

(二)慈善消费

消费帮扶中的慈善消费又称道德消费,主要是由伦理或公益推动,通过发挥行业协会、商会、慈善机构等社会组织的号召作用,组织动员爱心企业、爱心人士等社会力量参与消费帮扶,如消费帮扶被纳入"万企帮万村"精准扶贫行动,即全国工商联号召企业购买,并由全国工商联牵头开发了"联成e家"消费帮扶平台。政府的政策措施主要包括打造"中国农民丰收节"、中国社会帮扶网等平台,帮助促进参与消费帮扶的慈善主体的需求与贫困地区特色产品供给信息精准对接。此外,政府还会对部分积极参与消费帮扶的民营企业授予一定的荣誉称号,例如2018年10月20日,习近平总书记在给"万企帮万村"

---

① 龙少波、陈路、张梦雪:《基于可持续生计分析框架的消费扶贫质量研究——以国家扶贫开发工作重点县绿春县为例》,《宏观质量研究》,2021年第1期,第15页。

行动中受表彰的民营企业家回信。

慈善消费的主要特征为：第一，从价值追求来看，慈善消费重视伦理性。消费帮扶的消费蕴含了多重正向因素，首先，消费帮扶可以帮扶贫困者，这也是最直接的目的，反映了消费者对弱者同情的情怀；其次，脱贫地区农产品多为非工业化生产的绿色农产品，采用对环境友好的生产方式，消费这样的产品能在客观上保护生态环境；再次，消费帮扶中间环节较短，可以大量减少中间费用，有利于打破中间商对农产品流通环节的"垄断"[1]。此外，消费脱贫地区农产品有助于国家共同富裕目标的实现，在客观上成为一种政治参与方式。第二，从消费流程来看，慈善消费对信息公开度要求较高，道德消费比较重视信息披露，消费者慈善消费体验会影响消费者未来慈善消费[2]。第三，从消费帮扶社会消费的内容来看，爱心企业、公益组织食堂采购，购买帮扶产品给其他弱势群体送温暖，以及爱心人士日常消费这三种消费方式在慈善消费中占较大比例。

### （三）市场消费

消费帮扶的市场消费是指由市场逻辑主导的消费，交易遵循价值规律。这种消费在客观上扩大了脱贫地区产品和服务的需求规模，因而也属于消费帮扶需求侧内容。实现消费帮扶可持续发展，必然要提升帮扶产品市场竞争力，而市场消费需求正是检验帮扶产品市场竞争力的试金石。由于市场结构性和空间偏远性，消费帮扶产品流通成本极高，且难以直接面向消费群体。针对市场购买力量的消费帮扶措施主要体现在降低供给成本和开辟扶贫产品对接消费者的渠道，提升帮扶产品的市场竞争力方面。

帮扶产品市场消费需求的特征为：第一，从价值追求来看，市场消费注重经济性，只有同等品质下价格相同或相同价格下品质最佳的帮扶产品，才能获得消费者长期青睐。第二，从消费流程来看，消费者看重便捷性和新鲜度，农副产品属于快消品，易腐烂、易变质、难保存，存在着生产地域性和需求普遍性的矛盾。第三，从市场消费需求的内容来看，以个人或家庭消费生态农副产品为主，年轻群体消费需求具有消费途径网络化、消费需求品质化、消费偏好

---

[1] 张培刚：《农业与工业化》，中国人民大学出版社，2014年，第104页。
[2] Ho C M, Lin S H, Wyer Jr R S. The downside of purchasing a servant brand: The effect of servant brand consumption on consumer charitable behavior, Psychology & Marketing, 2021, 38 (11): 2019-2033.

个性化特征[1]，而农副产品是标准化程度较低的商品，采购形式以分散采购为主，对于这种采购，要充分发挥"长尾理论"指导作用，实现精准对接。

## 二、构建需求扩大机制的重点：扩大非政府性消费

脱贫攻坚阶段和新冠疫情初期，政府性消费帮扶在"救急"方面显示出了巨大优势，但整体而言，消费帮扶在培育稳定的供求机制、刺激贫困地区提高产业竞争力方面有局限性：从消费时间节点看，之前的消费帮扶模式大多以产后消费为主，"贫困户生产什么，消费者买什么"甚至"贫困地区滞销什么、帮扶单位就组织购买什么"；从消费品类看，以购代捐的产品以初级农产品为主，如新鲜水果、蔬菜、经过初加工的肉类等，深加工产品较少；从消费心态看，帮扶单位或多或少是以一种完成"政治任务"的心态进行消费帮扶；从消费成本看，存在严重"不计成本"趋向。帮扶单位的出发点是好的，但客观上可能固化贫困地区缺乏市场竞争力的产业结构，一旦消费帮扶政策取消，贫困地区新形成的产能将无处消化。

产生上述消费帮扶局限性问题的原因主要是政府采购、慈善消费和市场消费比例结构不合理，政府采购或行政主导的采购在消费帮扶中占据较大份额，而慈善消费和市场消费比较薄弱。其根源在于政府、市场和社会关系问题，行政力量的过度干预消解了市场机制对消费扶贫产品的倒逼机制，阻滞了消费扶贫产品的优化进程。本书第四章第二节中的"三、原因二：政府性消费比例过高"对政府性消费比例过高的弊端已有详细阐述。考虑到政治性是脱贫攻坚阶段的优先考虑，加上如期完成脱贫攻坚任务的紧迫性，这样的消费结构在脱贫攻坚收官前这一特殊的历史阶段有一定的必要性。

但在后扶贫时代，消费帮扶应着眼长远，扩大慈善消费和市场消费这两类非政府性消费规模。其原因在于：一方面，政府采购在消费帮扶中的潜力已经得到了较好开发，未来扩大潜力有限；另一方面，慈善消费和市场消费不仅有较大的开发潜力，而且对于提升脱贫地区产业市场竞争力的效果更可持续。

## 三、消费帮扶需求扩大机制的运行

从参与主体来看，消费帮扶需求扩大机制中，消费主体对需求侧的作用是

---

[1] 彭敏：《基于80后消费群体需求的精准扶贫地区农产品营销策略研究》，《山西农经》，2018年第23期，第56页。

直接的，能够直接作用于需求侧，在各种力量作用下形成消费行为。其他参与主体，包括作为行政主体的政府、社会组织、帮扶对象、中间商等市场主体，对需求侧发挥间接作用（如图7-1）。

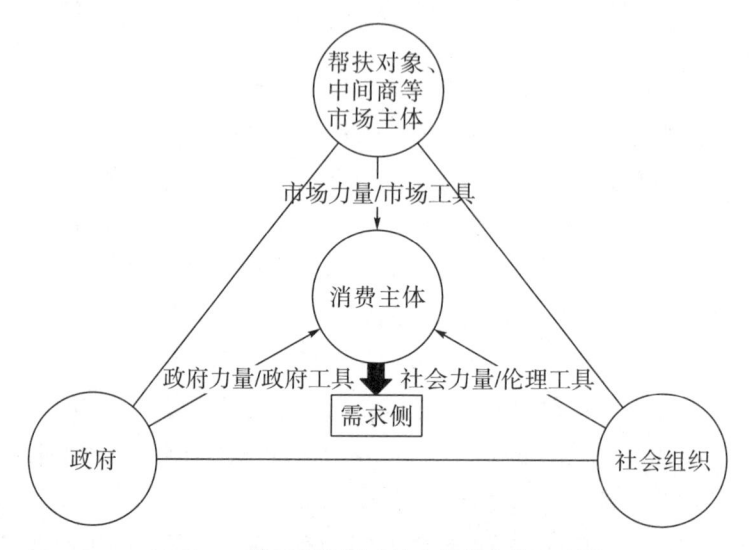

**图7-1　消费帮扶需求扩大机制主体互动图**

从运行动力和实现工具来看，消费帮扶需求扩大机制中政府力量、市场力量和社会力量分别通过政府工具、市场工具和伦理工具发挥作用。当前，经过脱贫攻坚，政府部门的消费需求已经得到了较好的开发，构建需求扩大机制的重点是扩大非政府性消费，尤其是市场性消费。扩大市场性消费之所以可能，是因为消费帮扶具备符合价值规律的潜在条件。使用价值是价值的物质承担者，具有不同使用价值的商品是不同的商品，"作为使用价值，商品首先有质的差别"[①]。居民消费结构变化和信息技术的发展使生态方式生产的农产品与化学农业生产的农产品从同种商品逐渐分化为不同商品，生产生态农产品所耗费的社会必要劳动时间也从不被承认到被承认。具体来说，当人们温饱尚未得到充分满足的时候，人们更看重食品"产生热能"的功能，同时，由于信息不对称且信息获取成本高，人们很难辨别化学农业生产出的农产品与生态种植养殖的农产品，因此，消费者往往将化学农业生产的农产品和生态种植养殖的农产品视为一类商品，由同一社会必要劳动时间决定其价值，小农户生态种植养殖由于其耗费更多的劳动时间而逐渐被排挤出市场；当人们温饱得到充分满

---

[①] 中共中央马克思恩格斯列宁斯大林著作编译局：《马克思恩格斯文集（第五卷）》，人民出版社，2009年，第50页。

足，居民消费结构发生变化，逐渐将"产生热能"的食品与"保护性"的优质生态农产品作为不同种类的商品对待[1]，倾向于支付更高价格购买生态农产品，与化学农业相比，生态农业"作为具有新使用价值的劳动从自身中分离出来"[2]。同时，信息技术的发展降低了信息获取成本，为辨别化学农业生产出的农产品与生态种植养殖的农产品提供了技术可能，因此，化学农业生产出的农产品与生态种植养殖的农产品开始被作为不同种类的商品对待，其价值由各自不同的社会必要劳动时间决定，这是脱贫地区生态农产品与市场性消费对接得以实现的价值基础。

从作用客体和实现形态来看，需求侧是消费帮扶需求扩大机制的作用客体。与供给优化机制能够全面缓解供需失配问题不同，需求扩大机制主要通过扩大需求总量和消费者前往脱贫地区当地消费，来解决供给和需求的总量失配矛盾和空间结构失配矛盾。一方面，需求扩大机制通过稳定政府性消费，扩大非政府性消费需求规模，从而实现消费需求规模扩大；另一方面，脱贫地区部分产品和服务空间流动性较低，如温泉等休闲旅游资源、人文景观、易腐败的特色农副产品等，因而消费者前往脱贫地区旅游消费，能在一定程度上缓解消费帮扶供给和需求空间结构矛盾。

## 第二节 消费帮扶需求扩大机制中政府、市场和社会的耦合

消费帮扶需求扩大机制中政府、市场和社会的分工和耦合主要体现在：市场力量在消费帮扶需求扩大机制中发挥基础作用，社会力量在消费帮扶需求扩大机制中发挥补充作用，政府力量在消费帮扶需求扩大机制中发挥示范作用。

### 一、市场力量在消费帮扶需求扩大机制中的基础作用

市场力量在消费帮扶需求扩大机制中应该且能够发挥基础性作用，其根源在于脱贫地区和脱贫人口提供的产品和服务与消费者消费意愿之间存在一定的契合性。一方面，到 2020 年底，我国拥有 4 亿人以上的中等收入消费者[3]，

---

[1] 张培刚：《农业与工业化》，中国人民大学出版社，2014 年，第 79 页。
[2] 中共中央马克思恩格斯列宁斯大林著作编译局：《马克思恩格斯文集（第八卷）》，人民出版社，2009 年，第 90 页。
[3] 《"十四五"期间中等收入群体发展研究》，https://www.ndrc.gov.cn/wsdwhfz/202112/t20211213_1307494.html?code=&state=123。

规模为全球之最且具有较强的成长性，对于"新、奇、特、优"农产品和休闲旅游有巨大的市场消费需求。另一方面，脱贫地区产品和服务存在一定潜在优势。其一，得天独厚的自然生态资源优势，脱贫地区可以生产对环境要求较高的产品，如远销海外的松茸；其二，独特的土壤和地理环境，脱贫地区可以生产特色产品，如凉山雷波脐橙、涉藏地区虫草；其三，不以追求利润为唯一目的，采用非工业化生产方式，脱贫地区能够生产环境友好且口感良好的农副产品，如放养鸡、非饲料喂养的牲畜等。供给和需求之间的契合性使供给可在一定程度上适应需求，当供应主体市场能力提升后，还能主动创造需求，与此同时，需求也会牵引供给。当消费者看重伦理价值时，企业就会更多地参与社会责任活动，从而促进经济社会再生产良性循环。

## 二、社会力量在消费帮扶需求扩大机制中的补充作用

脱贫地区产业和服务供给存在一些难以改变的特征，要求需求在一定程度上适应供给，这需要社会力量和政府力量发挥作用。脱贫地区生产体系以小农生产为主，生产资料规模小且生产主体老龄化严重，此外，还重视作物自然生长规律，这些情况在短期内难以改变。由于小农组织生产的逻辑完全区别于公司化生产以追逐利润为核心目标的"市场逻辑"[1]，所以帮扶产品多为标准化程度较低的农副产品，保鲜期总体较短，耗费的社会必要劳动时间较工业化生产的农副产品更高。如果以工业化产品的消费体验标准衡量，帮扶产品往往让消费者觉得质次价高[2]。为了化解消费者理性市场逻辑与脱贫地区道义经济逻辑之间的矛盾，克服消费者与生产者之间关于食品质量标准分歧、生鲜农产品上行障碍，以及小农生产的有限性、季节性和不确定性的困境，就需要一部分爱心消费者提高对帮扶产品的包容性，改变消费理念，在一定程度上主动适应供给，并采取诸如到脱贫地区当地去消费、不过分苛责帮扶产品标准化和精美包装等包容心态，扶持脱贫地区小农发展。

然而，由于供需匹配渠道不畅、供给能力有限、社会舆论氛围不浓等原因，消费者的爱心消费意愿向实际购买行为的转换率不够理想，实际购买行为中对扶贫属性关注也较弱，小农户生产体系与现代性消费之间矛盾重重[3]。曾

---

[1] 叶敬忠：《农业产业化应为小农留出空间》，《中国社会科学报》，2015年7月24日第4版。
[2] 刘学敏：《贫困县扶贫产业可持续发展研究》，《中国软科学》，2020年第3期，第84页。
[3] 贺聪志、叶敬忠：《小农户生产的现代性消费遭遇——基于"巢状市场小农扶贫试验"的观察与思考》，《开放时代》，2020年第6期，第45页。

寅初等所做的基于一线城市2181名消费者的调研显示，消费者消费帮扶购买意愿与购买行为相偏离的比例达23.57%，计量分析结果也表明，扶贫产品的扶贫功能属性评价能显著影响，但实际购买行为受帮扶产品扶贫功能的影响并不显著[①]。有必要增强社会力量在消费帮扶需求扩大机制中的作用。

### 三、政府力量在消费帮扶需求扩大机制中的示范作用

政府在消费帮扶需求扩大机制中的作用分为两个层次：一是政府等行政部门通过对有关预算单位发布指令性安排，直接形成消费；二是发挥政府消费的示范引领作用，间接形成引致消费。

#### （一）政府等行政部门的指令性消费

根据主流消费者行为理论，消费者行为不仅受主观态度影响，还受行为规范影响。指令性规范是行为规范中的一种。政府部门运用手中的行政权力，可以直接指导有关预算单位，预留一定的采购份额用于购买消费帮扶产品，这对消费主体是一种指令性规范。自消费帮扶被纳入脱贫攻坚政策体系以来，从中央到地方各级部门出台了一系列政策，形成了系统化的消费帮扶政府采购政策框架。从公开资料来看，一般单位要求将预算10%～15%的农副产品采购份额用于消费扶贫。据估计，全国有关单位按预算要求直接用于消费帮扶政府采购的资金规模总计为100亿元左右[②]。后扶贫时代，这种指令性消费的强制性会逐渐减弱，将在规定采购份额的基础上，给予采购单位更大的选择自由。

#### （二）政府部门示范作用的引致消费

政府部门的采购还能够通过示范作用间接形成引致消费。其一，政府等权威部门率先大规模的采购和宣传消费帮扶产品，显示了国家对脱贫地区产业发展问题的持续关注，可以向公众传递积极购买消费帮扶产品的信号，提高公众对脱贫地区产品和服务的关注度，引起社会舆论重视，对其他消费主体的消费行为形成示范效应。其二，在消费帮扶产品知名度较低的阶段，消费者与生产者之间存在信息不对称，消费者不了解帮扶产品品质，生产者不清楚消费者消

---

[①] 曾寅初、丁烨、曾起艳：《消费者参与消费扶贫的意愿与行为：影响因素及其差异性分析》，《世界农业》，2021年第7期，第35页。

[②] 张鹏：《"10%"的星星之火助燃乡村产业振兴燎原之势——谈政府采购政策对支持乡村产业振兴的重要意义》，《中国政府采购报》，2022年1月18日第3版。

费偏好，政府采购在脱贫地区产业薄弱时期为产业发展提供了订单支持，在扶持产业发展的同时，也能帮助消费者了解消费帮扶产品，政府采购的中标产品，能够获得良好的产品品质和市场信用保证，向消费者传递产品品质值得信赖的信号，引致新的消费需求。

## 第三节 消费帮扶需求侧消费者购买意愿及行为影响因素的实证分析

从宏观上看，某种商品的社会需要本质上是由不同阶级的互相关系和他们自己的经济地位决定的，按照马克思的论述，"第一是由全部剩余价值和工资的比率决定的，第二是由剩余价值所分成的不同部分（利润、利息、地租、赋税等等）的比率决定的"[①]。经济学研究消费者行为决策，是考虑约束条件下利益最大化的过程，所考虑的利益最大化往往是经济利益最大化。但在消费帮扶中，对于消费者而言，利益最大化不一定是经济利益最大化，而是经济利益、社会利益乃至政治利益总和的最大化。这种利益最大化与消费者对商品属性的认知密切相关。具体到消费者个人来看，以上因素与个人相关的就是购买资格、收入、价格、消费者偏好，由于帮扶产品不存在购买资格问题，因而消费者个人或家庭对帮扶产品的需求主要由收入、价格和偏好决定。消费帮扶中的消费者购买动机既不同于传统经济学的解释，也不同于慈善经济学的解释。消费帮扶是一种伦理消费问题在反贫困领域的体现。事实上，慈善消费和市场消费并不能截然分离，二者都以个人消费为主。因而，本研究调研对象主要为个人。

### 一、研究设计

#### （一）理论框架和研究假说

前文理论基础部分对消费者伦理消费行为理论进行了梳理，并对消费者伦理消费行为相关的主要理论，包括理性行为理论、计划行为理论和 Hunt-Vitell 伦理决策模型进行了阐述。本研究以计划行为理论和 Hunt-Vitell 伦理

---

[①] 中共中央马克思恩格斯列宁斯大林著作编译局：《马克思恩格斯选集（第二卷）》，人民出版社，2012年，第481页。

决策模型为总体分析框架（见图7-2），结合消费帮扶产品的产品特征、中国特色经济社会结构和社会背景等，构建消费者消费帮扶意愿和行为影响因素的具体分析框架（见图7-3），以此来实证检验消费帮扶产品购买行为和未来消费意愿的影响因素。

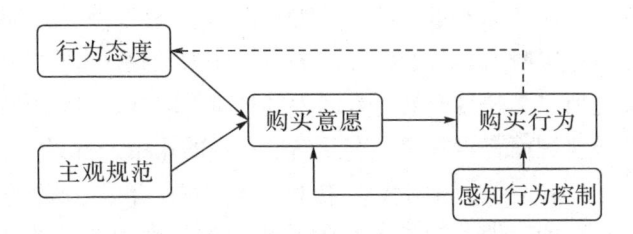

图7-2 消费者消费帮扶意愿和行为分析框架

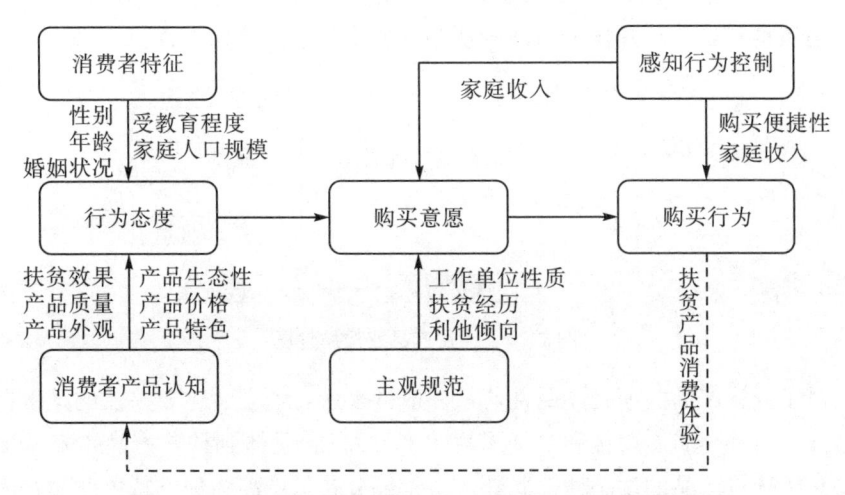

图7-3 消费者消费帮扶意愿和行为影响因素及其机制分析

消费者参与消费帮扶的行为态度主要由消费者对扶贫产品的认知和消费者特征决定，其中，消费者对扶贫产品的认知发挥主要影响。消费者的消费特征主要包括性别、年龄、受教育程度、婚姻状况和家庭人口规模等无法通过政策改变或短期难以改变的因素，在实证模型中本书将其作为控制变量进行处理。这一部分重点分析消费者对扶贫产品的认知及其对消费者消费帮扶购买意愿和行为的影响机制。消费者对扶贫产品的认知会影响消费者行为态度，进而影响其消费帮扶意愿和行为。消费者产品认知可能有两个产生途径：第一个是通过他人的评价、察看感受等间接形成对扶贫产品的认知，第二个是通过直接消费体验形成对扶贫产品的认知。如果消费者没有购买过扶贫产品，则消费者对扶贫产品的认知主要是通过第一个途径获得，第二个途径不发挥作用；如果消费者购买过扶贫产品,则会通过第二个途径修正对扶贫产品已有的认知(见图7-3中虚线部分)。

消费者对扶贫产品的认知与扶贫产品属性密切相关。扶贫产品本身具备两个方面的属性(见图7-4):第一,作为消费品本身的属性,即消费品属性,如生鲜扶贫农产品的产品质量、产品外观、产品生态性、产品特色等,这是扶贫产品作为消费品本身所具备的特征;第二,作为承载扶贫功能产品的帮扶属性,扶贫产品之所以为扶贫产品,是因为其具有的减贫、带贫功能对于建立解决相对贫困长效机制而言,有超越产品属性本身的作用。就买卖环节而言,一般商品只具有单一的消费品属性,但由于扶贫产品具有双重属性的特殊性,因此从理论上讲,消费者消费扶贫产品的动机可能是因为扶贫产品的消费品属性,也可能是因为扶贫属性,还可能是两方面属性共同作用的结果。与此相呼应,消费者对扶贫产品作为商品的认知主要也是关注这两方面。

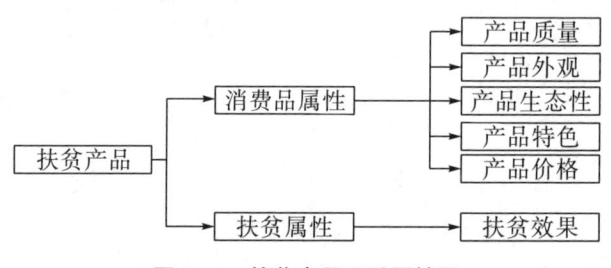

**图7-4 扶贫产品双重属性图**

对于扶贫产品的消费品属性,从一般性来看,消费者主要关注的是价格属性、外观属性、品质属性和安全属性四个方面[①]。具体到扶贫产品,安全属性主要是指扶贫产品的生态性,此外,由于部分扶贫产品为地方特色产品,因而本书研究的扶贫产品消费品属性主要包括产品质量、产品外观、产品生态性、产品特色、产品价格五个方面。而扶贫产品的扶贫属性主要是指扶贫产品的扶贫效果。因此,消费者对扶贫产品的认知一般包括产品质量、产品外观、产品生态性、产品特色、产品价格、扶贫效果六个方面。

消费者主观规范是消费者实施某项消费行为时的社会压力感知。具体到消费帮扶,消费者主观规范就是他人或所在集体对个体参与消费帮扶的影响情况。主观规范可以分为示范性规范和指令性规范,有学者认为影响消费者消费

---

① 聂文静、李太平、华树春:《消费者对生鲜农产品质量属性的偏好及影响因素分析:苹果的案例》,《农业技术经济》,2016年第9期,第60页。

帮扶意愿和行为的主观规范主要是示范性规范[①]。笔者认为，在 2020 年结束的脱贫攻坚战中，政府和国有企事业单位中的工作人员、"万企帮万村"中的民营企业员工是消费帮扶的主力军，他们不仅受到示范性规范影响，还受到半指令性规范影响。由于消除绝对贫困是全面建成小康社会的底线任务，也是 2020 年底之前必须完成的政策任务，因而在以脱贫攻坚统揽经济社会发展全局的特殊历史背景下，消费帮扶在形式上是自由的市场交易，但由于行政力量所形成的半指令性规范消解了表面上的购买自主性，一定程度被异化为半强制化的购买行为。消费者主观规范主要与消费者工作单位性质、参与精准扶贫工作经历和消费者利他倾向相关。

消费者感知行为控制是指消费者对于实施消费行为难易程度的感知，一般来说，消费者消费行为主要受到经济因素即收入制约，收入主要是家庭收入。家庭收入既会直接影响消费者购买行为，也会通过影响消费者购买意愿而间接影响消费者购买行为。除了收入，购买便捷性也会影响消费者购买行为，由于消费帮扶提出的时间还不是很长，购买真正的扶贫产品（即经过认证的扶贫产品）的渠道还在建设当中，因此，购买扶贫产品的便捷性总体低于一般消费品，这也会在一定程度上增加消费者购买扶贫产品的难度，进而影响购买行为。消费者感知行为控制是"意愿-行为"差距的主要原因之一。"意愿-行为"差距是指消费者购买意向与购买行为之间的不一致，常见于伦理消费[②]、绿色消费等领域[③]。

在以上分析框架下，结合我国消费帮扶阶段性动力转换实际，本书提出如下假说：

假说1：消费者消费扶贫产品的意愿和消费者购买行为存在偏差。

假说2：脱贫攻坚阶段消费者购买扶贫产品的行为主要是由主观规范驱动。

假说1和假说2之间具有内在的联系，提出假说1和假说2的主要理由在于脱贫攻坚时期特殊的经济社会历史背景。一般消费场景中，消费者有意愿购买某种商品，但客观环境限制，如收入有限、购买渠道不畅等，会导致其有意

---

① 曾寅初、丁烨、曾起艳：《消费者参与消费扶贫的意愿与行为：影响因素及其差异性分析》，《世界农业》，2021年第7期，第39页。

② 邓新明：《消费者为何喜欢"说一套，做一套"——消费者伦理购买"意向-行为"差距的影响因素》，《心理学报》，2014年第7期，第1014页。

③ 张砚、李小勇：《消费者绿色购买意愿与购买行为差距研究》，《资源开发与市场》，2017年第3期，第343页。

愿而无购买行为，由此形成消费者"意愿-行为"偏差。而脱贫攻坚时期消费帮扶的"意愿-行为"偏差的形成机制与此存在差异，消费帮扶提出初期，脱贫地区产品竞争力不强，消费者消费扶贫产品的意愿不足，而在当时以脱贫攻坚统揽经济社会发展全局的背景下，存在较强的社会压力，尤其是对于政府和国有企事业单位中的工作人员、"万企帮万村"企业员工而言，某种程度上说，购买扶贫产品成了一项"政治任务"。基于此，笔者认为，在精准扶贫尤其是脱贫攻坚阶段，消费者购买意愿和行为之间存在差距，且差距主要是行政力量主导下的对消费者的主观规范过强导致的。

假说3：消费者产品认知和主观规范会对当前阶段消费者购买扶贫产品的意愿产生影响。

提出假说3的理由主要在于，随着经济社会宏观背景转换，消费帮扶的动力机制发生变化，消费者消费意愿也将回归合理化。到2020年底，我国脱贫攻坚战取得了全面胜利，全面建成小康社会目标达成。此后，以脱贫攻坚统揽经济社会发展全局的形势发生变化，行政干预的广度、深度、力度以及方式方法也将发生变化。当前所处的巩固拓展脱贫攻坚成果同乡村振兴有效衔接阶段，需要探索如何建立消费帮扶长效机制，实现市场主导下的常态化帮扶，因此，消费者消费意愿也逐步恢复合理化。根据前文图7-2中的消费者消费帮扶意愿和行为分析框架，消费者消费意愿不仅受到主观规范影响，而且受消费者产品认知影响。

假说4：家庭收入和购买渠道便捷性会对消费者购买行为产生正向影响。

提出假说4的理由主要在于，消费者感知行为控制会对消费者购买行为产生直接影响，家庭收入和购买渠道便捷性是构成消费者感知行为控制的主要内容。已有研究显示，家庭收入会与消费者扶贫产品购买行为之间存在显著正相关[①]。与一般消费品市场相比，消费帮扶市场目前完善程度还不够高，消费者扶贫产品搜寻成本也高于一般消费品，如果购买便捷性高，则消费者搜寻成本下降，感知行为控制难度降低，对购买行为产生正向影响。因此，本书提出假说4，认为家庭收入和扶贫产品购买渠道便捷性会对消费者购买行为产生正向影响。

### （二）模型设定

由于本研究使用的两个被解释变量"购买行为"和"购买意愿"均为排序

---

① 曾寅初、丁烨、曾起艳：《消费者参与消费扶贫的意愿与行为：影响因素及其差异性分析》，《世界农业》，2021年第7期，第35页。

数据，普通最小二乘法（OLS）回归模型并不适用，而适合使用有序 Probit 模型（Ordered Probit Model）进行估计。有序 Probit 模型是 Probit 模型的拓展，在现有文献中得到广泛使用，专门用于处理被解释变量是排序数据的情况[①]。本书模型设定如下：

$$y_i = F(\alpha RZ_i + \beta GF_i + \gamma GZ_i + \theta X_i + \varepsilon_i), \varepsilon_i \sim N(0,1) \quad (7-1)$$

其中，$y_i$ 为被解释变量，在不同模型中分别代表消费者对扶贫产品的购买行为和购买意愿。$RZ_i$ 是消费者认知变量，包括消费者对扶贫产品质量、产品外观、产品生态性、产品特色、产品价格、扶贫效果的认知 6 个具体变量；$GF_i$ 是消费者主观规范变量，包括消费者工作单位性质、参与精准扶贫工作经历和消费者利他倾向 3 个具体变量；$GZ_i$ 是消费者感知行为控制变量，包括消费者家庭收入和购买渠道便捷性 2 个具体变量；$X_i$ 是控制变量，包括消费者性别、年龄、受教育程度、婚姻状况等具体变量；$\varepsilon_i$ 为随机误差项，服从标准正态分布。$F(\cdot)$ 为非线性函数，具体形式为：

$$F(y_i^*) = \begin{cases} 1, y_i^* < \mu_1 \\ 2, \mu_1 < y_i^* < \mu_2 \\ \vdots \quad \vdots \\ J, y_i^* > \mu_{J-1} \end{cases} \quad (7-2)$$

$y_i^*$ 是 $y_i$ 背后存在的不可观测的连续变量，被称为 $y_i$ 的潜变量，且满足如下关系式：

$$y_i^* = \alpha RZ_i + \beta GF_i + \gamma GZ_i + \theta X_i + \varepsilon_i \quad (7-3)$$

$\mu_1 < \mu_2 < \cdots < \mu_{J-1}$ 为待估参数，被称为阈值或切点。

### （三）变量定义

#### 1. 被解释变量

本书的被解释变量分别为消费者消费帮扶购买行为和购买意愿。关于购买行为，在调查问卷中设置的问题是"您购买过扶贫产品吗"，答案设置为从未购买、偶尔购买、经常购买三项，依次赋分 1~3 分。关于购买意愿，在调查问卷中设置的问题是"您是否愿意在未来一年内主动购买扶贫产品"，答案设置为非常不愿意、比较不愿意、一般、比较愿意、非常愿意五项，依次赋分 1~5 分。

---

[①] 连玉君、黎文素、黄必红：《子女外出务工对父母健康和生活满意度影响研究》，《经济学（季刊）》，2015 年第 1 期，第 187 页。

## 2. 主要解释变量

（1）扶贫产品认知变量：其包括产品质量、产品外观、产品生态性、产品特色、产品价格、扶贫效果6个方面。其中，产品质量主要指产品营养、口感和新鲜程度等，产品外观主要指产品包装、色泽、大小等，产品生态性主要指产品绿色、生态、非工业化生产等，产品特色主要指产品是否为地理标志产品、地方特色产品等，产品价格主要指扶贫产品与同类产品比较价格高低程度，扶贫效果指脱贫地区和脱贫人口受益程度。消费者对各变量认知赋值1~5分，具体测度标准见表7-1。

表7-1 变量定义及测度

| 变量 | | 变量定义及测度 | 均值 | 标准差 |
| --- | --- | --- | --- | --- |
| 被解释变量 | 购买行为 | 从未购买=1，偶尔购买=2，经常购买=3 | 1.944 | -0.0248 |
| | 购买意愿 | 赋值1~5，打分越高，表示购买意愿越强 | 3.851 | -0.0378 |
| 主要解释变量 | 产品认知 | 扶贫效果 | 赋值1~5，打分越高，表示受访者认为扶贫产品扶贫效果越好 | 3.834 | -0.0335 |
| | | 产品质量 | 赋值1~5，打分越高，表示受访者认为扶贫产品质量越好 | 3.509 | -0.0325 |
| | | 产品外观 | 赋值1~5，打分越高，表示受访者认为扶贫产品外观越好 | 3.211 | -0.0363 |
| | | 产品生态性 | 赋值1~5，打分越高，表示受访者认为扶贫产品生态性越强 | 3.667 | -0.0312 |
| | | 产品特色 | 赋值1~5，打分越高，表示受访者认为扶贫产品越具备特色 | 3.862 | -0.0324 |
| | | 产品价格 | 赋值1~5，打分越高，表示受访者认为扶贫产品价格与同类产品相比越高 | 2.903 | -0.041 |
| | 主观规范 | 工作单位性质 | 政府或国有企事业单位（含高校）=1，其他=0 | 0.562 | -0.0205 |
| | | 扶贫经历 | 受访者有参与精准扶贫的工作经历=1，其他=0 | 0.341 | -0.0196 |
| | | 利他倾向 | 受访者力所能及范围内帮助他人的频率，赋值1~5，打分越高，表示受访者越具备利他倾向 | 4.192 | -0.0276 |
| | 感知行为控制 | 购买便捷性 | 赋值1~5，打分越高，表示受访者认为购买扶贫产品越便捷 | 3.334 | -0.036 |
| | | 家庭收入 | 家庭过去三年税后年均总收入，划分为5组：低于5万元=1，5万~10万元=2，10万~20万元=3，20万~50万元=4，50万元以上=5 | 2.942 | -0.045 |

续表7-1

| 变量 | | 变量定义及测度 | 均值 | 标准差 |
|---|---|---|---|---|
| 控制变量 | 性别 | 女=1，男=0 | 0.52 | −0.0206 |
| | 年龄 | 根据受访者年龄划分为6组：20岁及以下=1，21~30岁=2，31~40岁=3，41~50岁=4，51~60岁=5，61岁及以上=6 | 2.725 | −0.0392 |
| | 受教育程度 | 初中及以下=1，高中=2，专科=3，本科=4，硕士及以上=5 | 4.428 | −0.0304 |
| | 婚姻状况 | 已婚=1，否则=0 | 0.525 | −0.0206 |
| | 家庭人口规模 | 受访者家庭常住人口数量：1人=1，2人=2，3人=3，4人=4，5人=5，6人及以上=6 | 3.526 | −0.0468 |

（2）主观规范变量：其包括消费者工作单位性质、参与精准扶贫工作经历和消费者利他倾向3个方面。其中，工作单位性质为0、1变量，若受访者工作单位性质为政府或国有企事业单位（含高校），则赋值为1，否则为0；参与精准扶贫工作经历也为0、1变量，若受访者有参与精准扶贫工作经历，则赋值为1，否则为0；针对受访者利他倾向在问卷中设置问题"在力所能及的范围内，我会经常帮助他人"，设置选项为非常不赞同、比较不赞同、一般、比较赞同、非常赞同五项，依次赋分1~5分。

（3）感知行为控制变量：其包括消费者家庭收入和购买渠道便捷性两个方面。其中，针对购买便捷性设置问题"总体来说，我认为购买扶贫产品非常方便"，选项为非常不赞同、比较不赞同、一般、比较赞同、非常赞同五项，依次赋分1~5分；针对受访者家庭收入规模在问卷中设置问题"过去三年您全家年均税后总收入"，选项为低于5万元、5万~10万元、10万~20万元、20万~50万元、50万元以上五项，依次赋分1~5分。

3. 控制变量

既有研究表明，消费者人口经济学特征也是影响消费者意愿和行为的因素，从前文图7-3也可以看出，消费者特征会通过影响消费者行为态度，进而影响消费者消费帮扶贫意愿和购买行为，因此，本书将消费者人口经济学特征作为控制变量，内容包括受访者性别、年龄、受教育程度、婚姻状况和家庭人口规模等。

调查问卷具体内容见附录三，问卷中设置的选项顺序与本部分的描述不一定一致，在整理数据时按照这一部分的变量定义及赋值标准进行了处理，所有变量定义及测度以本部分变量定义及赋值为准。

## 二、数据来源与描述性统计

### （一）数据来源

2022年5月，笔者先后开展了消费者消费帮扶意愿和行为调查问卷的预调研和正式调研工作。这一时间段处于承上启下的巩固拓展脱贫攻坚成果同乡村振兴有效衔接阶段，过去的几年，是以脱贫攻坚统领经济社会发展全局的阶段，消费帮扶的主要任务是助力打赢脱贫攻坚战，有时间和帮扶强度的要求，行政力量是这一时期消费帮扶主导力量；在未来，消费帮扶将成为建立解决相对贫困长效机制的重要组成部分，市场力量将成为消费帮扶的主导力量。分析调研问卷中体现的消费者消费帮扶意愿和行为，有必要清晰地认识到这一宏观背景。

数据收集所用的方法、具体操作等基本情况在本书第四章第二节中的"一、调研数据来源"部分已有基本介绍。为了确保网络调查问卷的可信度和有效性，借鉴已有文献研究，本书采取如下方法对问卷质量进行把控：

第一，科学设计调研问卷。注重问卷设计的准确性，对问卷中容易引起歧义的内容进行解释说明，如对于扶贫效果、产品外观、产品质量、产品生态性、产品特色等短语进行了内涵解释，使受访者尽可能对选项内涵形成一致认识。此外，在问卷以正向问题设计为主的背景下，加入反向问题"总体来说，我认为扶贫产品的外观（如包装、色泽、大小等）非常差"，用于检验受访者回答问题的认真度。

第二，严格控制数据搜集过程。在数据收集流程上，按照"问卷设计—预调研—问卷修改—正式调研"的流程开展，在设计好问卷初稿后，进行预调研，根据预调研中受访者反馈的问题和数据处理中发现的问题，修改问卷，最后，再进行正式调研。在正式调研中，所有问题均设置为"必答题"，从流程上保障了收集问卷的数据完整性。

第三，严格筛查数据可靠性。问卷数据回收后，首先，检查问卷耗时，样本平均用时149秒，最短用时43秒，基本符合时间要求。其次，对反向问题所在的维度进行可靠性分析，包括信度分析和效度分析，反向问题"总体来说，我认为扶贫产品的外观（如包装、色泽、大小等）非常差"的设置主要是为了了解消费者对扶贫产品外观的评价，属于消费者产品认知维度，可帮助对消费者产品认知的信度和效度进行检验。从信度分析来看，产品认知维度的总体Cronbach's Alpha系数为0.752，各变量Cronbach's Alpha系数均大于

0.65（见表7-2），说明问卷内部一致性较好，通过了信度检验。从效度分析来看，KMO系数为0.828，Bartlett球形检验的显著性为0.000（小于0.05）（见表7-3）表明数据结构效度较好。因此，总体而言，数据具有较高的可靠性。

表 7-2 产品认知相关变量的 Cronbach's Alpha 系数值

| 变量名称 | 样本数量 | Cronbach's Alpha 系数 | 是否通过信度检验 |
| --- | --- | --- | --- |
| 扶贫效果 | 589 | 0.692 | 是 |
| 产品质量 | 589 | 0.658 | 是 |
| 产品外观 | 589 | 0.817 | 是 |
| 产品生态性 | 589 | 0.691 | 是 |
| 产品特色 | 589 | 0.698 | 是 |
| 产品价格 | 589 | 0.716 | 是 |

表 7-3 KMO 系数和 Bartlett 检验结果

| KMO 系数 | | 0.828 |
| --- | --- | --- |
| Bartlett 球形度检验 | 近似卡方 | 1017.230 |
| | 自由度 | 15 |
| | 显著性 | 0.000 |

（二）描述性统计

1. 样本基本特征

表7-1中汇总了调研主要变量的均值和方差，这一部分进行更详细的说明（见表7-4）。从样本性别分布来看，女性占比51.95%，男性占比48.05%，男女比例基本平衡，女性略多于男性；从样本年龄分布来看，样本总体偏年轻化，30岁及以下样本占比53.14%，30岁以上样本占比46.86%；从受访样本学历分布来看，本科及以上学历占比93.38%，学历水平总体偏高；从工作单位性质来看，政府机关工作人员占比18.68%，国有企事业单位（含高校）职工占比37.52%，大型民营企业工作人员和个体户分别占比5.77%和3.40%，其他类型占比34.63%，"其他"包括学生（含硕士研究生和博士研究生）、自由职业者、

外企员工、合资企业员工、社会企业职员等。总体而言，样本存在一定的偏年轻化、学历水平偏高的特征，根据在前文对数据来源的说明，这些特征对本研究局限性较小，对应样本总体而言是适合本研究的调研对象。

表7-4 受访对象个人基本情况

| 指标 | 选项 | 频数 | 占比 |
| --- | --- | --- | --- |
| 性别 | 男 | 283 | 48.05% |
|  | 女 | 306 | 51.95% |
| 年龄 | 20岁及以下 | 6 | 1.02% |
|  | 21~30岁 | 307 | 52.12% |
|  | 31~40岁 | 162 | 27.51% |
|  | 41~50岁 | 73 | 12.39% |
|  | 51~60岁 | 39 | 6.62% |
|  | 61岁及以上 | 2 | 0.34% |
| 学历 | 初中及以下 | 7 | 1.19% |
|  | 高中 | 7 | 1.19% |
|  | 专科 | 25 | 4.24% |
|  | 本科及以上 | 550 | 93.38% |
| 工作单位性质 | 政府机关 | 110 | 18.68% |
|  | 国有企事业单位（含高校） | 221 | 37.52% |
|  | 大型民营企业 | 34 | 5.77% |
|  | 个体户 | 20 | 3.40% |
|  | 其他 | 204 | 34.63% |

数据来源：根据调研数据统计所得。

从样本家庭基本情况来看（见表7-5），在受访者婚姻状况方面，52.46%的受访样本婚姻状况为已婚，47.54%的受访样本婚姻状况为其他；家庭人口规模方面，家庭人口规模为3~4人的最多，符合一般家庭人口特征；从受访样本家庭过去三年年均税后总收入来看，家庭年税后总收入在10万~20万元的家庭占比最高，达30.90%；年收入5万~10万元的比例和年收入20万~50万元的比例总体相当，分别为26.14%和26.15%，有9.85%受访样本家庭年均税后总收入低于5万元，总体来看，受访样本家庭年均税后总收入基本上呈倒"U"形分布。

表 7-5 受访对象家庭基本情况

| 指标 | 选项 | 频数 | 占比 |
| --- | --- | --- | --- |
| 婚姻状况 | 已婚 | 309 | 52.46% |
| | 其他 | 280 | 47.54% |
| 家庭人口规模 | 1 人 | 19 | 3.23% |
| | 2 人 | 70 | 11.88% |
| | 3 人 | 232 | 39.39% |
| | 4 人 | 147 | 24.96% |
| | 5 人 | 92 | 15.62% |
| | 6 人及以上 | 29 | 4.92% |
| 过去三年年均家庭税后总收入 | 低于 50000 元 | 58 | 9.85% |
| | (50000, 100000] 元 | 154 | 26.14% |
| | (100000, 200000] 元 | 182 | 30.90% |
| | (2000000, 500000] 元 | 154 | 26.15% |
| | 500000 元以上 | 41 | 6.96% |

数据来源：根据调研数据统计所得。

2. 消费者产品认知

从消费者对扶贫产品的认知来看，受访样本对扶贫产品各个方面评价得分从高到低依次为：产品特色>扶贫效果>产品生态性>产品质量>产品外观>产品价格（各指标平均值见前文表 7-1）。消费者对扶贫产品的产品特色评价最高，平均值为 3.862 分；对扶贫产品的扶贫效果评价紧随其后，平均值为 3.834 分；对产品价格评价最低，平均值为 2.903 分。进一步根据各指标平均分，制作雷达图 7-5，从中可以更直观地看出，消费者对扶贫产品的特色和扶贫效果较为认可，但是产品价格指标得分不高，可知消费者认为扶贫产品与同类产品相比，价格总体不够实惠。

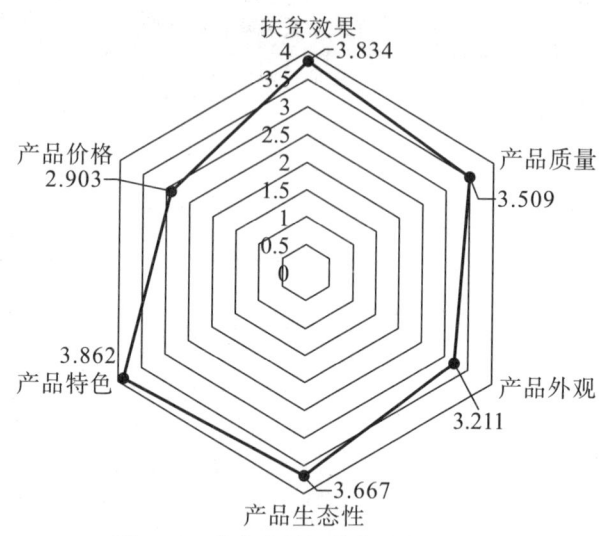

图7—5 消费者对扶贫产品的认知图

3. 消费者购买行为和购买意愿

由于调研时间处于承上启下的巩固拓展脱贫攻坚成果同乡村振兴有效衔接阶段，因而消费者已有的购买行为主要是脱贫攻坚期间和衔接过渡阶段初期的购买行为，消费者扶贫产品购买意愿主要是未来的衔接过渡后期和乡村振兴阶段的消费意愿。

从消费者已有的购买行为来看，有78.95%的消费者有过购买行为，其中，15.45%的消费者表示经常购买扶贫产品（累计购买5次以上），63.50%的消费者表示偶尔购买扶贫产品（累计购买1～4次）。另外，有21.05%的消费者表示从未购买过扶贫产品。从消费者购买意愿来看，受访者中未来一年"非常愿意"或"比较愿意"购买扶贫产品的比例为64.85%，其中，27.16%的受访样本表示"非常意愿"，37.69%的受访样本表示"比较愿意"。此外，有29.71%的受访样本表示"一般"，还有5.43%的消费者表示"比较不愿意"或"非常不愿意"（见表7—6）。

表7—6 受访样本购买行为和购买意愿分布表

| 指标 | 选项 | 频数 | 占比 |
| --- | --- | --- | --- |
| 购买行为 | 经常购买（累计购买5次及以上） | 91 | 15.45% |
| | 偶尔购买（累计购买了1～4次） | 374 | 63.50% |
| | 从未购买 | 124 | 21.05% |

续表7-6

| 指标 | 选项 | 频数 | 占比 |
| --- | --- | --- | --- |
| 购买意愿 | 非常愿意 | 160 | 27.16% |
|  | 比较愿意 | 222 | 37.69% |
|  | 一般 | 175 | 29.71% |
|  | 比较不愿意 | 23 | 3.90% |
|  | 非常不愿意 | 9 | 1.53% |

数据来源：根据调研数据统计所得。

为了进一步考察消费者购买行为与购买意愿之间的关系，本书进一步统计了有不同购买行为的消费者的购买意愿情况和不同购买意愿的消费者扶贫产品购买行为情况（见表7-7和表7-8），图7-6和图7-7直观展示了统计结果。

表7-7 不同购买行为的消费者扶贫产品购买意愿情况表

| 购买行为 | 购买意愿 | 频数 | 占比 |
| --- | --- | --- | --- |
| 从未购买 | 非常不愿意 | 3 | 2.42% |
|  | 比较不愿意 | 5 | 4.03% |
|  | 一般 | 56 | 45.16% |
|  | 比较愿意 | 43 | 34.68% |
|  | 非常愿意 | 17 | 13.71% |
| 偶尔购买 | 非常不愿意 | 4 | 1.07% |
|  | 比较不愿意 | 15 | 4.01% |
|  | 一般 | 107 | 28.61% |
|  | 比较愿意 | 158 | 42.25% |
|  | 非常愿意 | 90 | 24.06% |
| 经常购买 | 非常不愿意 | 2 | 2.20% |
|  | 比较不愿意 | 3 | 3.30% |
|  | 一般 | 12 | 13.18% |
|  | 比较愿意 | 21 | 23.08% |
|  | 非常愿意 | 53 | 58.24% |

数据来源：根据调研数据统计所得。

◀ 供需适配视角下消费帮扶的长效机制研究

表 7-8　不同购买意愿的消费者扶贫产品购买行为情况表

| 购买意愿 | 购买行为 | 频数 | 占比 |
| --- | --- | --- | --- |
| 非常愿意或比较愿意 | 从未购买 | 60 | 15.71% |
|  | 偶尔购买 | 248 | 64.92% |
|  | 经常购买 | 74 | 19.37% |
| 一般 | 从未购买 | 56 | 32.00% |
|  | 偶尔购买 | 107 | 61.14% |
|  | 经常购买 | 12 | 6.86% |
| 非常不愿意或比较不愿意 | 从未购买 | 8 | 25.00% |
|  | 偶尔购买 | 19 | 59.38% |
|  | 经常购买 | 5 | 15.63% |

数据来源：根据调研数据统计所得。

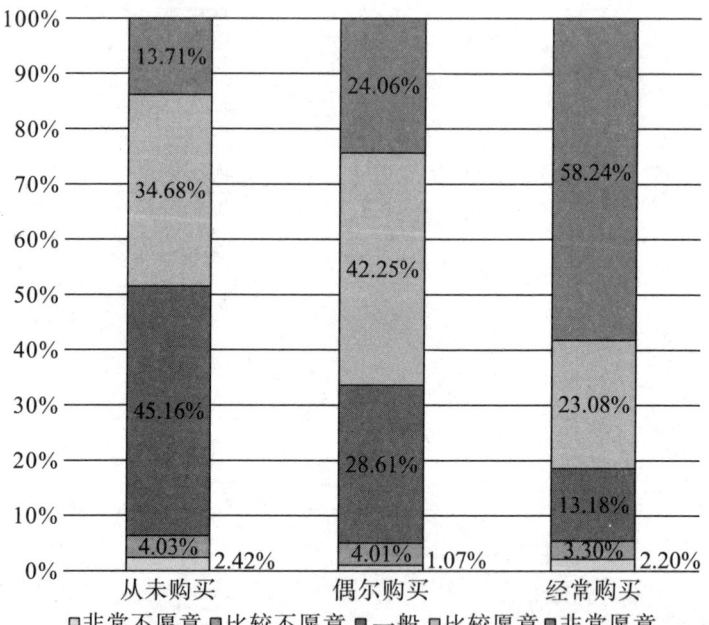

图 7-6　不同购买行为的消费者扶贫产品购买意愿分布图

第七章　供需适配消费帮扶长效机制二：需求扩大机制

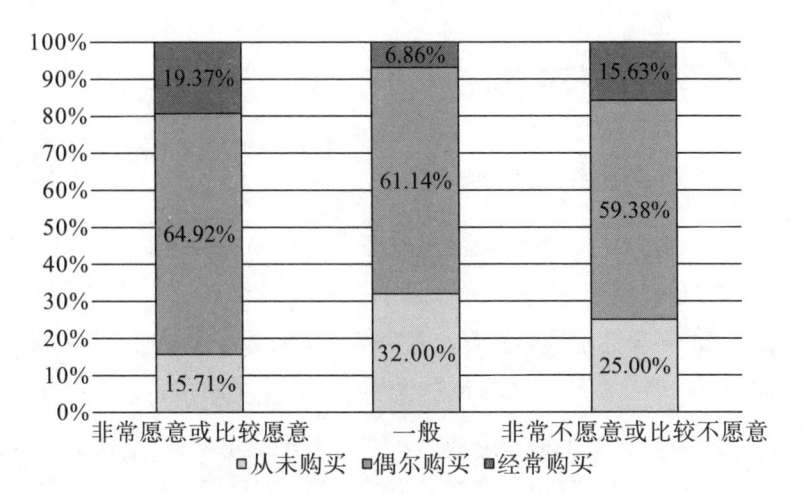

图7-7　不同购买意愿的消费者扶贫产品购买行为分布图

从不同购买行为的消费者扶贫产品购买意愿情况来看，从未购买过扶贫产品的受访者中，有48.39%的消费者比较愿意购买或非常愿意购买扶贫产品，而购买过扶贫产品的消费者比较愿意购买或非常愿意购买扶贫产品的比例更高，过去偶尔购买扶贫产品的消费者未来愿意购买或非常愿意购买扶贫产品的比例达66.31%，过去经常购买扶贫产品的消费者未来愿意购买或非常愿意购买扶贫产品的比高达81.32%。这表明消费者的扶贫产品消费体验与消费者未来消费意愿之间可能存在正相关关系，消费者原先不了解扶贫产品，但购买扶贫产品后，增加了对扶贫产品的认知，进而提升了其购买意愿。

从不同购买意愿的消费者扶贫产品购买行为情况来看，非常愿意或比较愿意购买扶贫产品的消费者中，有60名受访者从未购买扶贫产品，占非常愿意或比较愿意购买扶贫产品的消费者数量的15.71%，占所有受访者样本总量的10.19%，这意味着还有超过10%的消费者愿意购买扶贫产品但没有形成实际购买行为。值得关注的是，当前非常不愿意或比较不愿意购买扶贫产品的消费者中，有75.01%的消费者曾有过扶贫产品购买行为，其中还有15.63%的消费者经常购买扶贫产品，这显示出消费者购买行为和购买意愿的不一致，初步验证了前文的假说1。考虑到有20.71%的受访样本对"您如果购买扶贫产品，主要是因为哪些因素"问题的回答选择了"政治任务（工作单位要求）"，可知有一部分消费者本身购买扶贫产品意愿不高，但受工作单位性质等主观规范约束而购买了扶贫产品。

## 三、实证分析与结果

### （一）有序 Probit 模型估计结果

表 7-9 报告了样本消费者对扶贫产品购买行为和购买意愿影响因素的回归结果。根据对数似然值进行统计检验，两个模型的 $P（>\text{Chi}^2）$ 均小于 0.01，在 1% 的显著性水平上显著，表明模型中的解释变量对被解释变量有显著的解释能力，拟合性较好。由表 7-9 可得如下实证结果：

表 7-9 消费者消费帮扶购买行为和消费意愿影响因素估计结果

| 变量 | | 购买行为 | | 购买意愿 | |
|---|---|---|---|---|---|
| | | 回归系数 | 标准误 | 回归系数 | 标准误 |
| 产品认知 | 扶贫效果 | 0.0413 | −0.0803 | 0.313*** | −0.0741 |
| | 产品质量 | 0.0821 | −0.0948 | 0.369*** | −0.0877 |
| | 产品外观 | 0.0429 | −0.0586 | 0.114** | −0.0547 |
| | 产品生态性 | 0.146 | −0.0905 | 0.115 | −0.0829 |
| | 产品特色 | −0.0837 | −0.0811 | −0.0902 | −0.0739 |
| | 产品价格 | 0.0937 | −0.0644 | −0.167*** | −0.0589 |
| 主观规范 | 工作单位性质 | 0.416*** | −0.119 | −0.0973 | −0.108 |
| | 扶贫经历 | 0.792*** | −0.118 | 0.293*** | −0.105 |
| | 利他倾向 | 0.214** | −0.0844 | 0.262*** | −0.0768 |
| 感知行为控制 | 购买便捷性 | 0.214*** | −0.0661 | −0.0213 | −0.0601 |
| | 家庭收入 | 0.143*** | −0.0521 | 0.107** | −0.0478 |
| 控制变量 | 性别 | 0.296*** | −0.105 | 0.173* | −0.096 |
| | 年龄 | 0.226*** | −0.0722 | 0.0874 | −0.0663 |
| | 受教育程度 | −0.00659 | −0.0754 | −0.0226 | −0.0702 |
| | 婚姻 | 0.0467 | −0.14 | 0.0327 | −0.127 |
| | 人口规模 | −0.0672 | −0.0453 | 0.00283 | −0.0408 |
| | $u1$ | 3.125*** | −0.682 | 1.405** | −0.632 |
| | $u2$ | 5.405*** | −0.706 | 2.096*** | −0.625 |
| | $u3$ | | | 3.627*** | −0.631 |
| | $u4$ | | | 4.850*** | −0.639 |

续表7—9

| 变量 | 购买行为 | | 购买意愿 | |
|---|---|---|---|---|
| | 回归系数 | 标准误 | 回归系数 | 标准误 |
| $P$（>Chi$^2$） | 0.000 | | 0.000 | |
| Pseudo R$^2$ | 0.176 | | 0.143 | |
| 观测值 | 589 | | 589 | |

注：***、**、* 分别表示显著性水平为1%、5%和10%，$u1\sim u4$表示分类阈值，$P$（>Chi$^2$）表示卡方检验值。

第一，消费者产品认知对消费者已有的购买行为影响不显著，但是对消费者购买意愿有显著影响。从消费者购买行为来看，本书的实证结果显示，消费者对扶贫产品的效果认知、产品质量、产品外观、产品生态性、产品特色、产品价格对消费者购买行为的影响均不显著，这有悖于常规的消费者消费行为理论，甚至与已有研究的结论也有差异。如曾寅初等（2021）[①] 的实证研究表明，消费者质量评价和特色评价会对消费者的购买影响产生显著的正向影响。这种反常正好验证了前文的假说2，表明脱贫攻坚阶段消费者扶贫产品购买行为并非由市场驱动，而是由非市场力量驱动。从当前阶段消费者购买意愿来看，消费者产品认知与消费者购买行为之间呈不显著相关关系，但扶贫效果、产品质量、产品外观、产品价格对消费者购买意愿有显著影响，其中扶贫效果、产品质量、产品外观与消费者购买意愿呈正相关，而产品价格与消费者购买意愿呈负相关，扶贫产品价格越高，消费者购买意愿越低。

第二，消费者主观规范对消费者购买行为和购买意愿均存在显著正向影响。从消费者购买行为来看，受访样本主观规范维度的工作单位性质、扶贫经历、利他倾向均对消费者已有购买行为有显著的正向影响，其中工作单位性质和扶贫经历在1%的显著性水平上显著，利他倾向在10%的显著性水平上显著。从当前阶段消费者购买意愿来看，受访样本主观规范维度的扶贫经历和利他倾向对扶贫产品购买意愿有显著正向影响，而工作单位性质对消费者购买意愿影响不显著。

第三，消费者感知行为控制对购买行为和购买意愿均有显著影响。从消费者购买行为来看，受访样本感知行为控制维度的购买便捷性和家庭收入变量对消费者扶贫产品购买行为有显著的正向影响，二者均在1%的显著性水平上显

---

[①] 曾寅初、丁烨、曾起艳：《消费者参与消费扶贫的意愿与行为：影响因素及其差异性分析》，《世界农业》，2021年第7期，第35页。

著。从当前阶段消费者购买意愿来看，受访样本感知行为控制维度的家庭收入对购买意愿有显著正向影响，而购买便捷性对购买意愿影响不显著。

第四，从控制变量估计结果来看，消费者购买行为受到受访样本性别、年龄的显著影响，受教育程度、婚姻状况、家庭人口规模对购买行为影响则不显著；消费者购买意愿受到性别显著影响，受访者年龄、受教育程度、婚姻状况、家庭人口规模对购买意愿影响不显著。

从以上实证结果来看，消费者扶贫产品消费帮扶意愿和消费者购买行为及其影响因素存在明显偏差，前文的假说1得到验证；由于产品认知对消费者已有的购买行为影响不显著，而已有的购买行为主要处于脱贫攻坚阶段和衔接过渡期的初期阶段，因此，已有的消费帮扶购买行为主要是由主观规范驱动，前文的假说2得到验证；消费者产品认知、主观规范会对当前阶段消费者购买扶贫产品的意愿产生显著影响，前文的假说3得到验证；感知行为控制维度的购买便捷性和家庭收入对消费者购买行为均有显著的正向影响，前文的假说4得到验证。

## （二）稳健性检验

为了检验实证结果的稳健性，本书参考已有研究，进一步调整了被解释变量设定和模型设定，用以检验模型的稳健性。在被解释变量设定上，受访者的购买行为修改为二分变量，用"您购买过扶贫产品吗"测量消费者购买行为，选"经常购买（累计购买5次及以上）"为1，否则为0；受访者的购买意愿同样修改为二分变量，若消费者选择"非常愿意"或"比较愿意"，则认定消费者有未来消费意愿，赋值为1，否则赋值为0。在模型设定上，因为被解释变量不再是排序数据，因此使用Probit模型替代有序Probit模型，对消费者消费帮扶购买行为和消费意愿影响因素进行估计。调整后的估计结果如表7-10所示，除控制变量外，各模型中变量系数的正负性、显著性和基础回归结果基本一致，仅2个变量的显著性发生了变化，即产品外观对购买意愿的影响由显著变为不显著、产品生态性对购买意愿的影响由不显著变为显著，两者都属于消费者产品认知对购买意愿的影响，说明前文的估计结果总体具有较好的稳健性。

表 7-10　消费者消费帮扶购买行为和消费意愿影响因素稳健性检验

| 变量 | | 购买行为（Probit 模型） | | 购买意愿（Probit 模型） | |
|---|---|---|---|---|---|
| | | 回归系数 | 标准误 | 回归系数 | 标准误 |
| 产品认知 | 扶贫效果 | 0.117 | -0.114 | 0.359*** | -0.0949 |
| | 产品质量 | 0.0797 | -0.139 | 0.303*** | -0.111 |
| | 产品外观 | 0.0173 | -0.0814 | 0.0986 | -0.0738 |
| | 产品生态性 | 0.036 | -0.137 | 0.187* | -0.108 |
| | 产品特色 | -0.177 | -0.116 | -0.0685 | -0.0927 |
| | 产品价格 | 0.0874 | -0.09 | -0.190** | -0.0745 |
| 主观规范 | 工作单位性质 | 0.610*** | -0.19 | -0.144 | -0.141 |
| | 扶贫经历 | 0.810*** | -0.153 | 0.453*** | -0.139 |
| | 利他倾向 | 0.278** | -0.129 | 0.260*** | -0.0979 |
| 感知行为控制 | 购买便捷性 | 0.299*** | -0.0937 | -0.00597 | -0.0789 |
| | 家庭收入 | 0.149* | -0.0768 | 0.110* | -0.0617 |
| 控制变量 | 性别 | 0.153 | -0.154 | 0.336*** | -0.123 |
| | 年龄 | 0.214** | -0.0922 | -0.00229 | -0.087 |
| | 受教育程度 | -0.122 | -0.106 | 0.04 | -0.0884 |
| | 婚姻 | 0.0544 | -0.206 | 0.0877 | -0.169 |
| | 人口规模 | -0.163** | -0.0669 | -0.0512 | -0.0534 |
| | 常数项 | -4.630*** | -0.986 | -3.818*** | -0.796 |
| $P\ (>Chi^2)$ | | 0.000 | | 0.000 | |
| Pseudo $R^2$ | | 0.235 | | 0.217 | |
| 观测值 | | 589 | | 589 | |

注：***、**、* 分别表示显著性水平为 1%、5% 和 10%，$P\ (>Chi^2)$ 表示卡方检验值。

## 四、结果讨论

第一，消费者已有的扶贫产品购买行为和购买意愿及其影响因素存在明显的差异。

一方面，部分消费者购买意愿低但存在购买行为。在非常不愿意或比较不愿意购买扶贫产品的消费者中，有 75.01% 的消费者曾有过扶贫产品购买行为，其中还有 15.63% 的消费者经常购买扶贫产品，这可能存在两种情况：一是消费者购买扶贫产品后，消费体验不够理想，因而产生了非常不愿意或比较不愿意购买扶贫产品的心态；另一种情况是消费者本身不愿意购买扶贫产品，但在单位要求、扶贫任务要求等因素作用下，受主观规范驱动而购买了扶贫产品。如果第一种情况成立且只有第一种情况，则消费者只可能偶尔购买扶贫产品，不会经常购买扶贫产品，与现实中有15.63%的消费者非常不愿意或比较不愿意购买扶贫产品但又经常购买扶贫产品情况相矛盾，因而第二种情况合理性较高，即消费者不愿意购买扶贫产品，但由于单位要求、政治任务等而购买了扶贫产品。结合消费者购买行为的影响因素估计结果，消费者已有的购买行为受工作单位性质、扶贫经历、利他倾向等因素显著影响，而受消费者对产品扶贫效果、产品质量、产品外观、产品生态性、产品特色的认知，以及产品价格的影响不显著。这表明在过去尤其是在脱贫攻坚阶段，消费者的购买行为主要不是由市场力量驱动的，而是由在行政力量强力干预下的主观规范驱动的。消费者所在单位性质，如政府或国有企事业单位（含高校）对消费者购买行为有显著正向影响而对购买意愿无显著影响也佐证了这一点。在脱贫攻坚特殊的历史背景下，强力的行政干预是必要的，其可以在原贫困地区产业竞争力比较低的情况下帮助消费者了解并购买扶贫产品，实现对原贫困地区产业的扶持。尽管早期研究表明，有一部分扶贫产品质量较差，给部分消费者造成了不够理想的消费体验[1]，但从统计结果来看，行政强制推动的消费帮扶行动在客观上增强了消费者对扶贫产品的了解，更开拓了扶贫产品销售渠道。但随着脱贫地区产业竞争力提升和消费者对扶贫产品了解的加强，行政力量的直接干预应当逐步减小，提升扶贫产品竞争力迫在眉睫。

另一方面，部分购买意愿高的消费者实际没有发生购买行为。在非常愿意或比较愿意购买扶贫产品的受访者中，有15.71%的受访者表示从未购买过扶贫产品，这一群体占受访者样本总量的10.19%，其他学者的研究也佐证了这一现象，如曾寅初等的研究显示，有超过10%的受访消费者有参与消费帮扶的意愿，但并未形成实际的扶贫产品购买行为[2]。这部分需求是潜在需求，有必要尽可能转化为有效需求。消费者有消费意愿而未形成实际购买行为，主要是由于感知行为控制的影响造成的，具体到消费帮扶，购买便捷性和家庭收入是制约消费者难以将购买意愿转化为购买行为的主要因素。

---

[1] 贺聪志、叶敬忠：《小农户生产的现代性消费遭遇——基于"巢状市场小农扶贫试验"的观察与思考》，《开放时代》，2020年第6期，第52页。

[2] 曾寅初、丁烨、曾起艳：《消费者参与消费扶贫的意愿与行为：影响因素及其差异性分析》，《世界农业》，2021年第7期，第39页。

第二，尽管消费者对扶贫产品的认知对已有的购买行为影响不显著，但是消费者对扶贫产品的认知对消费者未来购买意愿影响显著，因此，要想推进消费帮扶可持续进行，应加强消费帮扶供给侧产品本身的有效供给能力。在当前从以解决绝对贫困为核心任务到以解决相对贫困为核心任务转化的历史情况下，我国正由攻坚战转为持久战，行政力量干预势必减退，需要更多地考虑消费者参与消费帮扶的意愿。本书的研究发现，消费者对扶贫产品效果、产品质量、产品价格等方面的评价会显著影响其未来购买意愿，在关于产品本身的因素中，产品质量是消费者最看重的因素。高达62.99%的消费者回答"您如果购买扶贫产品，主要是因为哪些因素（限选3项）"问题时选择了"产品质量"，计量估计结果也显示了扶贫产品质量对消费者购买意愿的影响是显著的，表明扶贫产品的消费品属性仍居于主要位置，消费帮扶的本质应该是市场交易行为。扶贫效果对消费者购买意愿的影响同样显著且稳健，表明扶贫产品的扶贫属性对消费者消费帮扶意愿有正向影响。产品价格对消费者购买意愿的影响同样显著且稳健。产品外观和产品生态性对消费者未来购买意愿的影响不稳健，有时候显著，有时候不显著。与直觉不同的是，扶贫产品特色对消费者未来购买意愿的影响不显著，这一现象可能是因为特色农产品存在"柠檬困境"而导致的，彭贝贝、周应恒（2019）基于淘宝交易数据的实证研究也发现地理标志农产品市场存在"柠檬市场"困境[①]。关于特色农产品存在的"柠檬市场"，在接下来本书第八章中会有详细的分析。关于如何提升消费帮扶供给侧有效供给能力，在本书第六章已进行了系统分析，本书的实证估计结果也再次说明了生产、交换、分配等社会再生产环节之间的有机联系。

第三，购买便捷性对购买行为有显著的正向作用，这表明了消费帮扶渠道建设的重要性。本章的实证估计发现，购买便捷性对购买意愿作用不显著，主要影响的是消费者购买行为。而消费者的购买意愿要转化为实际的购买行为，就需要有便捷可靠的购买渠道。具体如何丰富消费者扶贫产品购买渠道、加强消费帮扶市场建设，在接下来第八章会进一步深入阐述和分析。

第四，扶贫经历、利他倾向对消费者购买行为和未来购买意愿都有显著影响，表明消费帮扶中消费者的购买意愿和购买行为有较大的可塑性，可以通过影响消费者主观规范使之得到改变。扶贫经历对消费者消费帮扶购买意愿和购买行为都有显著影响，可以提升消费者对于消费帮扶的参与度，亲身参与过扶

---

[①] 彭贝贝、周应恒：《信息不对称情况下地理标志农产品"柠檬市场"困境——基于淘宝网"碧螺春"交易数据的分析》，《世界农业》，2019年第5期，第91页。

贫工作的群体对扶贫工作有更深的感情。正如习近平总书记在《在全国脱贫攻坚总结表彰大会上的讲话》指出的，扶贫工作使干群关系"明显改善"[①]。从问卷结果来看，受访对象参与精准扶贫工作的形式多样，有8.32%的受访对象曾经亲身到原贫困地区参与扶贫工作三个月以上，有21.73%的受访者曾参加过单位组织的扶贫活动，还有部分受访者参与了精准扶贫第三方评估、精准扶贫调研等。消费者利他倾向对消费者消费帮扶购买意愿和购买行为都有显著影响，这与曾寅初等的研究结论[②]相一致[③]。这表明可以通过社会舆论、营造慈善氛围等方式提升全社会公众的利他倾向，扩大消费帮扶需求。

第五，提升居民收入水平、改善收入分配是扩大消费帮扶需求的重要路径。本书实证估计结果显示，家庭收入水平对受访者扶贫产品购买行为和购买意愿均有显著正向影响。这说明居民收入水平提升不仅能提升消费者购买意愿，还能直接促成购买行为。形成这一现象的原因还与当前扶贫产品与同类产品相比价格总体偏高有关，在消费者对扶贫产品特色、扶贫效果、产品生态性、产品质量、产品外观、产品价格六个方面的评价中，扶贫产品价格评价最低，平均值为2.903分（见前文图7-5）。但是，由于扶贫产品本身的生产、流通等成本就高于同类商品，所以降低扶贫产品价格只能是相对的，不能在价格方面形成绝对的竞争力。消费者对这一点也有一定了解，因此在面对"您如果购买扶贫产品，主要是因为哪些因素"问题时，选择"产品价格"的受访样本比例低于产品质量、扶贫效果、产品生态性和产品特色，并非受访者最看重的因素。不过，整体而言，在扶贫产品价格相对较高的情况下，继续改善居民收入水平，促进消费需求提档升级，是扩大消费帮扶需求的重要路径。

第六，综合消费者行为态度、主观规范和感知行为控制等维度的指标可以更好地解释和区分消费者购买意愿和实际购买行为。简单地把购买行为和购买意愿等同，是无法准确理解消费者过去的消费行为和未来的消费意愿的，因而二者在形成机制、影响因素方面都是有区别的。本书使用的消费者消费帮扶购买意愿和购买行为分析框架能够基本实现本书的研究目的，既能更好地从理论

---

[①] 习近平：《在全国脱贫攻坚总结表彰大会上的讲话》，《人民日报》，2021年2月26日第2版。

[②] 曾寅初、丁烨、曾起艳：《消费者参与消费扶贫的意愿与行为：影响因素及其差异性分析》，《世界农业》，2021年第7期，第35页。

[③] 本书与该研究的区别在于对利他倾向的测度方式，本书问卷设置"在力所能及的范围内，我会经常帮助他人"问题和选项"非常不赞同、比较不赞同、一般、比较赞同、非常赞同"来测度，曾寅初等的文章用受访者向慈善机构、爱心平台等捐赠钱或衣物的频率来测度消费者利他倾向的强度。

上认识消费者购买意愿和购买行为的形成过程，也对建立消费帮扶长效机制有实践意义。

## 第四节 构建消费帮扶需求扩大机制的主要路径

本章的实证结果发现，消费者扶贫产品消费意愿和购买行为受消费者对产品评价、主观规范和感知行为控制等多方面因素的影响，这与扶贫产品供给侧、对接市场平台渠道和需求侧息息相关，对于供给侧和对接市场平台渠道，在本书的第六章和第八章有详细研究，本章重点从消费帮扶需求侧提出对策建议。

### 一、主动适应后扶贫时代消费帮扶需求动力转换

脱贫攻坚阶段以行政力量主导消费帮扶有其特殊的历史背景，在当前绝对贫困已经消除的情况下，消费帮扶也必须从"运动战"转向"持久战"。在政策层面要认识到这一根本性转变，由行政力量主导转向市场机制主导，由政府、市场、社会协同推进。

一方面，转变行政力量对买卖行为的直接干预为间接干预。其一，杜绝"强买强卖"的消费帮扶行政摊派，在脱贫攻坚特殊的历史阶段曾有过消费帮扶"强买强卖"现象[1]，这在短期可能有一定作用，但若长期如此，会消解扶贫产品的优胜劣汰机制，不利于提高脱贫地区产业竞争力。其二，对已有的预算单位政府采购份额基本保持稳定，不盲目加码[2]，禁止直接将预算单位采购份额分摊到个人。其三，在扶贫产品供给和渠道建设、宣传营销、价格补贴、消费补贴等方面出台更多的支持政策，如各个地方政府在向居民发放消费券时鼓励引导消费者优先购买脱贫地区扶贫产品，发挥对消费帮扶需求侧消费行为的间接引导作用。

另一方面，逐步发挥市场机制在消费帮扶需求侧扩大机制中的基础作用和社会力量的补充作用。精准扶贫阶段，尽管消费帮扶在形式上是自由的市场交易，但实质上行政力量所形成的半指令性规范消解了表面上的购买自主性，因

---

[1] 陆娅楠：《城里来消费 乡村得实惠》，《人民日报》，2019年1月21日第10版。
[2] 张鹏：《"10%"的星星之火助燃乡村产业振兴燎原之势——谈政府采购政策对支持乡村产业振兴的重要意义》，《中国政府采购报》，2022年1月18日第3版。

而所形成的消费需求也不是真正的市场需求。为此，要逐步扩大市场机制在消费帮扶需求形成过程中的作用。其一，提升扶贫产品供应商有效供给能力和市场渠道的便捷性，提高扶贫产品竞争力，扩大市场消费在消费帮扶总需求中的份额。其二，增强生产者对市场信息的敏感性，形成供给侧和需求侧的良性互动。在未来条件成熟的情况下，市场机制在消费帮扶需求侧的基础作用甚至可以逐步转变为主导作用。

## 二、持续扩大消费帮扶需求侧需求规模

2019年之后，消费帮扶需求规模快速扩大，到2021年消费总额已达4600亿元[①]。截至2022年7月，中国社会扶贫网发布的经过认证的扶贫产品规模已达到17652亿元[②]，而且在未来一段时间内，精准扶贫期间产业扶贫形成产能投产规模还将持续扩大。这意味着面对脱贫地区生产潜能，消费帮扶的需求规模仍需要继续提高。提升消费帮扶需求规模，可以从如下两方面发力。

一方面，释放消费帮扶需求潜能，把潜在需求转化为有效需求。实证分析部分发现，现有人群中有超过10%的比例非常愿意或比较愿意消费扶贫产品，但没有形成实际的购买行为，这属于潜在需求，需要我们创造条件将其转化为有效需求。其一，扩大消费帮扶市场渠道建设，提升消费者购买扶贫产品的便利性和可靠性，使消费者随时随地想买就买。其二，加强市场监管，保障消费者正当权益，建立多方位维权渠道，提升消费者购买扶贫产品的消费体验，变"头回客"为"回头客"[③]。其三，完善收入分配改革，持续提升居民收入水平，消费者收入水平提升不仅能提升消费者购买意愿，而且能促成消费者购买行为，加强社会保障体系，让消费者敢消费、能消费。

另一方面，挖掘新的扶贫产品消费需求增长点，扩大非政府性消费。现有的政策体系下，政府采购中的消费帮扶潜能的挖掘已经比较充分，因此需要挖掘新的消费需求增长点。其一，持续推进定向采购帮扶和区域协作帮扶，在不直接干预购买行为的前提下，注重渠道建设，鼓励帮扶主体单位的员工、食堂、工会、内部超市等在同等条件下优先采购扶贫产品，在以东西部协作和对口帮扶为代表的区域协作帮扶中，注重建设帮扶省市与受援地之间长期稳定的

---

[①] 《2021年消费帮扶总额达4600亿元助推乡村产业振兴》，http://fpb.hainan.gov.cn/fpb/zwdt/202203/0a0d49838f654ba1b4b3ae5cd7168a32.shtml。

[②] 《消费扶贫好成绩》，http://xffp.zgshfp.com.cn/portal/#/home。

[③] 顾仲阳：《消费扶贫，让"头回客"变"回头客"》，《人民日报》，2020年7月17日第18版。

产销衔接机制，激活民间消费。其二，在扶贫产品的包装、宣传、推广营销方面给予针对性的支持政策，尽可能把扶贫产品打造为符合消费者需求的商品，帮助小农户化解在遭遇现代性消费时面临的重重挑战。其三，将消费帮扶纳入慈善行为，探索爱心企业大宗采购扶贫产品的税收抵免政策，对积极参与消费帮扶的社会爱心人士给予一定的非物质荣誉奖励，从而扩大社会慈善消费。充分调动各方面积极性，努力形成消费帮扶"人人皆可为、人人皆愿为、人人皆能为"的全社会共同参与格局。

## 三、着力提升消费帮扶需求侧需求质量

脱贫地区由于自身地理环境和自然资源禀赋的局限性，与现代工业化产品相比在标准化、规模化、耐运输程度、保鲜时间等方面总体存在劣势，除了需要持续扩大消费帮扶需求侧需求规模，还要着力提升消费帮扶需求侧需求质量，实现需求牵引供给的同时，兼顾需求适应供给。

第一，促进消费帮扶需求侧需求类型更加多样化，形成新的消费帮扶消费热点。已有的消费帮扶主要集中在农副产品及其加工产品领域，在未来，要拓展消费帮扶的内容，使消费帮扶需求侧需求类型更加多样化。其一，提升生产性消费的比重，贫困地区生产的很多农产品除了可以直接作为生活性消费资料，还可以作为生产性消费资料，要鼓励生产性爱心企业与脱贫地区建立紧密的利益联结机制，采购脱贫地区产品作为原材料，形成相对稳定的消费需求。其二，开发新的扶贫产品类型和消费热点，扩大脱贫地区乡村旅游、休闲旅游、红色旅游、康养旅游方面的消费，条件适合的情况下到脱贫地区进行团建和组织生活等活动，支持脱贫地区打造网红景点和当地网红代言人。其三，除消费脱贫地区普通商品外，还可以通过促进脱贫地区劳动力就业，消费脱贫地区劳动力商品等，对解决脱贫地区群众就业的市场主体给予支持。

第二，提升消费帮扶需求的长效性，变"一锤子买卖"为长期交易。为了提高消费帮扶需求的长效性，可以从以下几方面着手：其一，创建消费帮扶示范城市，建立稳定供销关系，支持引导批发市场、连锁超市、农贸市场、大型农产品流通企业、电商平台等机构通过订单农业、直采销售、一体化合作等模式，与脱贫地区农户和脱贫地区扶贫产品供应商建立长期稳定的供销合作关系。其二，开发新的消费帮扶销售模式，扩大扶贫产品在地消费，发展汽车

"后备厢"消费帮扶①，将社会支持农业、农夫市集模式运用于消费帮扶。其三，一线城市注重向脱贫地区供应商提供市场准入指导或进入市场的便利条件，如深圳大力帮助扶贫地区认证成为"圳品"，"授人以鱼"的同时"授人以渔"，帮助扶贫产品供应商熟悉本地市场，提升产品竞争力。此外，海关等部门还可以对脱贫地区扶贫产品供应商给予商品出口培训指导，帮扶扶贫产品打入国际市场。

第三，在适当范围内注重需求适应供给。脱贫地区很难发展现代大工业生产方式，而在工业化生产方式占主导地位的社会化大背景下，当代消费者已形成适应工业化生产的产品标准化、消费便利化等需求，即所谓的"现代性消费"②，这与目前的脱贫地区供给能力存在差距。为此，消费帮扶需求应在一定程度上考虑脱贫地区生产条件的特殊性，尤其是政府需求和慈善消费需求，应在可能的范围内引导消费者在一定程度上主动适应供给。其一，由社会组织或者政府有关部门制定出台适合扶贫产品的分类分级规范标准，减缓资本主导的竞争力量对小农户生产优势的消解。其二，创新适合小农户生产关系的流通关系和消费关系，增强城乡互动，增进生产者与消费者之间的了解，建立长期合作和信任关系，生产者尽量满足消费者品质需求，消费者不过分苛求产品标准化、外观等指标。

## 四、建立脱贫地区农产品滞销预警和应急处理机制

精准扶贫期间，产业扶贫形成了巨大产能，全国2300万户建档立卡户中，直接参与种植业的建档立卡户达1158万户③，其中大量农户种植了蔬菜和水果。以蔬菜和水果为主要代表的生鲜农产品是农产品滞销的重灾区，加上疫情带来的影响，必须对可能出现的扶贫产品大面积滞销卖难问题给予重视。消费帮扶需求侧管理有必要考虑防范化解脱贫地区农产品滞销风险。

一方面，及时将需求侧消费信息反馈给生产端，结合国际国内农产品生产信息数据，建立农产品滞销监测预警机制。其一，整合现有各类重点农产品市场信息平台，如农业农村部全国农产品批发市场价格信息系统、商务部全国农

---

① 指到脱贫地区旅游的消费者用后备厢载回在脱贫地区购买的产品，是一种新型的消费帮扶方式。

② 贺聪志、叶敬忠：《小农户生产的现代性消费遭遇——基于"巢状市场小农扶贫试验"的观察与思考》，《开放时代》，2020年第6期，第45页。

③ 《国新办举行产业扶贫进展成效新闻发布会》，http://www.moa.gov.cn/hd/zbft_news/cyfpjzcx/。

产品商务信息公共服务平台、中国价格信息网、北京新发地每日价格行情信息平台，定期采集、分析、预判农产品市场价格信息和趋势，低价或免费向脱贫地区和脱贫群众推送。其二，整合国际国内生产端信息数据，用好农业农村部农业农村大数据中心平台，尤其是平台的遥感监测功能，了解脱贫地区生产总体情况，为建立预警机制提供基础信息支撑。其三，将需求端数据与国际国内生产信息数据相结合，建立农产品滞销监测预警机制，及时发布监测预警信息，有针对性地指导脱贫地区和脱贫人口调整生产。

另一方面，构建脱贫地区农产品滞销应急处理机制。农业同时面临市场风险和自然风险，风险预警可以一定程度上帮助防范滞销，但不能完全避免，农产品滞销一旦发生，应采取有力措施。其一，因地制宜探索扶贫产品滞销处理方案和机制，提前做好研判和应急方案准备工作。其二，集中组织各类可能需要产品的机关、单位、机构等，集中采购滞销的农副产品，鼓励本地企业适当增加商业库存，尽可能就近迅速解决滞销问题。其三，杜绝无限度兜底，不能放任"包销依赖症"[1]，滞销产品的价格要适当低于正常年份的价格，尽可能不破坏市场优胜劣汰的法则。

---

[1] 郑生竹、陆华东、李雄鹰：《求"包圆"，消费扶贫依赖症》，《半月谈》，2020年第15期，第37页。

# 第八章　供需适配消费帮扶长效机制三：供需匹配机制

消费帮扶供需匹配机制是通过搭建消费帮扶商品交易场所、平台或渠道，从而促进消费帮扶供给侧和需求侧有效对接的机制，其重点在于加强消费帮扶市场化供需匹配平台建设。

## 第一节　消费帮扶供需匹配机制的运行机理

### 一、消费帮扶供需匹配的类型及特征

消费帮扶供需匹配方式主要有行政化供需匹配和市场化供需匹配两种，尽管二者的主导力量不同，但两种方式都有政府力量和市场力量的作用。

#### （一）行政化供需匹配

消费帮扶行政化供需匹配方式是指通过行政指令匹配帮扶产品供给和需求的资源配置机制。行政化供需匹配方式需要政府的深度参与，脱贫攻坚期间，行政化供需匹配在消费帮扶的供需匹配中发挥了重要作用。借助脱贫攻坚体制机制，依靠结对帮扶制度、行政动员制度和驻村工作队制度，尤其是结对帮扶制度，实现了消费帮扶行政化供需匹配，即通过结对帮扶制度将帮扶产品由被帮扶地区、被帮扶人口，销售给帮扶单位职工、帮扶责任人等帮扶主体（本书第三章第一节中的"二、政府主导型消费帮扶阶段（2019－2020年）"对相关制度有详细介绍）。行政化供需匹配的具体表现之一就是定点采购，这在脱贫

攻坚期间比较常见[1]。

行政化供需匹配的特征主要有：第一，从资源配置方式来看，行政化供需匹配的资源配置主体主要是政府，在社会主义市场经济条件下，还需要一系列特殊制度支撑。第二，从匹配动力来看，行政化供需匹配的主要动力是政治需要，消费者的需求居于次要地位。简言之，行政化供需匹配方式下，消费者是"非自由购买"。第三，从时效性来看，行政化供需匹配方式有较强时效性，能够在短时间内建立起全国性的购销网络，将脱贫地区的农副产品在短期内推向全国，在"应急"方面有较大优势，但行政成本较高，也不利于调动消费者积极性，可持续性偏低。

### （二）市场化供需匹配

消费帮扶市场化供需匹配方式是指通过市场化供需匹配平台匹配帮扶产品供给和需求的资源配置机制。与行政化供需匹配方式相比，市场化供需匹配方式最大的特点是通过市场而非行政指令配置帮扶产品。

消费帮扶市场化供需匹配平台是作为商品交易场所或平台的市场。市场有多种含义：第一种含义是商品交易场所或平台，是用于交换的系统组合，包括线上市场和线下市场。线下市场是指通过传统供应链进行商品或者服务交易的市场[2]；线上市场与线下市场相对，是指通过互联网进行商品或者服务交易的市场[3]。第二种含义是人们之间的生产关系，即一定区域内商品或劳务等的供给和有支付能力的需求间的关系[4]。第三种含义是以商品等价交换为准则的市场机制对资源的配置方式，"使市场在资源配置中起决定性作用"中的"市场"就是这一内涵。消费帮扶市场化供需匹配平台的"市场"，是市场的第一种含义，即商品交易场所或平台。市场化供需匹配平台的搭建主体可能是市场平台，可能是政府或者社会组织，可能是几方力量共同作用。

市场化供需匹配的特征主要有：第一，从资源配置方式来看，市场化供需匹配主要是商品交易场所或平台、通过市场机制实现供给和需求的匹配，在社会主义市场经济条件下，符合主流的交易逻辑。第二，从匹配动力来看，市场

---

[1] 范和生、刘凯强：《从"一时火"到"一直火"：消费扶贫的阶段反思与长效安排》，《学术研究》，2021年第3期，第43页。

[2] "线下市场"，https://www.cihai.com.cn/baike/detail/72/5593008。

[3] "线上市场"，https://www.cihai.com.cn/baike/detail/72/5592979?q=%E7%BA%BF%E4%B8%8A%E5%B8%82%E5%9C%BA。

[4] "市场"，https://www.cihai.com.cn/baike/detail/72/5512199?q=%E5%B8%82%E5%9C%BA。

化供需匹配方式的匹配动力主要是供需双方的真实诉求和需求，无论是出于爱心动机、使用价值动机还是其他动机，消费主体都可以在可供选择的商品中自由购买商品。第三，从时效性来看，建立市场化供需匹配方式是长期过程，且需要解决脱贫地区市场体系发育不充分、脱贫地区农副产品进入全国性大市场面临的"柠檬市场"等问题，因此，市场化供需匹配方式时效性较低，但长期来看，更具有可持续性。

## 二、构建供需匹配机制的重点：加强市场化供需匹配平台建设

市场化供需匹配方式将成为新发展阶段消费帮扶供需匹配的主流方式，其重点在于加强消费帮扶市场化供需匹配平台建设。消费帮扶市场化供需匹配平台就是作为商品交易场所或平台的市场。与一般性市场平台相比，消费帮扶市场平台既有共性，也有特殊性。脱贫地区产品，尤其是特色农产品市场存在"柠檬市场"，难以自发有效运行，需要政府干预。与此同时，脱贫地区农产品生产者一般为小农户，一旦进入全国性大市场，会形成下游市场的寡头竞争格局[1]，因此必须对消费帮扶市场平台进行科学设计。

本书第四章第二节中的"四、原因三：供需匹配机制不完善"分析了供需匹配存在"柠檬市场"是消费帮扶供需失配的主要原因之一。为了破解"柠檬市场"困境，乔治·阿克尔洛夫提出了担保制度、品牌产品、连锁店、职业许可制度等破解信息不对称的制度安排[2]，纳尔逊（Nelson）补充了广告投放和主动披露信息在破解"柠檬市场"中的重要作用[3]，加雷拉（Garella）论证了中间商作为第三方的作用[4]，后继学者进一步将治理"柠檬市场"的思路归纳为完善四种机制——信号显示机制、声誉机制、质保机制和第三方介入认证机制[5]。具体到农产品"柠檬市场"问题，黄小平和刘叶云认为应通过产品认证等措施强化信号显示机制[6]，陈会英等认为可以通过发展农产品加工业，推进

---

[1] 洪银兴、郑江淮：《反哺农业的产业组织与市场组织——基于农产品价值链的分析》，《管理世界》，2009年第5期，第67页。

[2] Akerlof G A: The market for "lemons": Quality uncertainty and the market mechanism, Uncertainty in economics, Academic Press, 1978: 235−251.

[3] Nelson P: Advertising as information, Journal of political economy, 1974, 82 (4): 729−754.

[4] Garella P: Adverse selection and the middleman, Economica, 1989, 56 (233): 395−400.

[5] 周波：《柠檬市场治理机制研究述评》，《经济学动态》，2010年第3期，第131页。

[6] 黄小平、刘叶云：《绿色农产品市场中的"柠檬效应"及应对策略》，《农业现代化研究》，2006年第6期，第467页。

农产品标准化进程，进而降低信息不对称程度①，丁亦岑和武兴华认为关键是要降低产权保护成本②，王瑜和应瑞瑶认为垂直协作是可行路径③。除了这些针对供给端的措施，彭军等的研究还表明，单纯苛求生产者并不能解决我国农产品质量困境，只有在加强信息披露的前提下，令需求端的消费者为优质农产品生产者提供价格激励才可能根本解决问题④。

从实践来看，既有研究中的大部分策略都得到了广泛应用，如HACCP认证、"三品一标"认证⑤等。但这些策略主要是在以线下实体市场为主导的传统市场体系时代提出的，且仍存在成本高昂、信息披露难度大、效果有局限性等困境。以品牌建立和宣传为例，品牌建立和宣传需要投入大量的广告费用，但高昂的宣传费用明显是脱贫地区以小农户为主的生产者难以负担的。脱贫地区农产品"柠檬市场"的破解需要更为有效的措施，直接建设消费帮扶市场就是一条可能的路径。

建设消费帮扶市场平台是互联网时代破解脱贫地区农产品"柠檬市场"的新思路。随着互联网技术的发展和普及，市场理论获得了跨越式发展的肥沃土壤，互联网技术产生的线上市场突破了传统线下市场对于空间和时间维度的要求，市场设计理论也成为破解"柠檬市场"的重要灵感来源，其不仅拓展了原有策略的应用场景，而且信息技术大大降低了市场建设硬件成本⑥。此外，建设消费帮扶市场之所以具备可行性，还与我国社会主义市场经济体制的特殊政治优势息息相关。尽管互联网技术的普及大大降低了开辟销售窗口的硬件成本，但仍需要众多其他因素的配合，如需要市场规则设计和监管、需要客流量支持、需要宣传等。这些条件在一般资本主义市场经济国家很难具备，而我国作为社会主义市场经济国家则具备相应的政治、经济和社会条件。

消费帮扶强调大力拓宽贫困地区农产品销售渠道，并提出了多项具体举

---

① 陈会英、吕敏、周衍平：《中国农产品加工业发展问题与对策研究》，《生产力研究》，2003年第4期，第59页。

② 丁亦岑、武兴华：《食品安全问题的柠檬市场现象及风险控制路径》，《学术交流》，2012年第4期，第132页。

③ 王瑜、应瑞瑶：《垂直协作与农产品质量控制：一个交易成本的分析框架》，《经济问题探索》，2008年第4期，第128页。

④ 彭军、乔慧、郑风田：《Gresham法则与柠檬市场理论对我国农产品适用性的讨论——基于演化博弈的分析》，《农林经济管理学报》，2017年第5期，第573页。

⑤ 无公害农产品、绿色食品、有机农产品、地理标志农产品。

⑥ 在电商平台设立新店铺的边际成本远低实体店铺成本。

措。2020年8月,在国务院新闻办就消费扶贫行动有关情况举行的发布会上,相关负责人将扶贫产品销售渠道系统概述为"三专"——专区、专馆、专柜,通过这"三专"把扶贫产品以相对低的成本最近距离地贴近到消费者的身边[1]。进一步地,在2020年11月国务院新闻办就消费扶贫助力打赢脱贫攻坚战有关情况举行的发布会上,扶贫产品销售渠道被进一步总结为"三专一平台",在原有"三专"基础上,纳入中国社会帮扶网这一平台,集成展示并链接各类消费帮扶购买渠道[2]。可以看出,顶层设计对于消费帮扶市场平台的建设并非零敲碎打,而是系统化推进。

在系统化政策推动下,消费帮扶市场平台建设已取得了明显成效。消费帮扶市场平台建设包括线上市场平台建设和线下市场平台打造两个方面(见表8-1),线上市场和线下市场并非截然分离,而是互为补充的关系。本书第三章第一节中的"三、消费主体日益壮大"对消费帮扶市场渠道已有一定介绍。

表8-1 消费帮扶市场平台主要类型及典型实践

| 市场类型 | 主要类别 | 典型实践 |
| --- | --- | --- |
| 线上市场 | 政府主导打造消费帮扶产品销售平台 | 脱贫地区农副产品网络销售平台 |
| | | 线上的地方馆,如江西馆、湖北馆、西藏馆,在线上馆建设的同时,也有线下场馆 |
| | 社会组织主导打造消费帮扶产品销售平台 | "联成e家"是全国工商联开发的民营企业的消费帮扶平台 |
| | 电商平台主导打造消费帮扶专区 | 京东、拼多多、淘宝、苏宁等电商平台中开设的销售帮扶产品的专区 |

---

[1] 《国务院新闻办就消费扶贫行动有关情况举行发布会》,http://www.gov.cn/xinwen/2020-08/28/content_5538158.htm。

[2] 《国务院新闻办就消费扶贫助力打赢脱贫攻坚战有关情况举行发布会》,http://www.gov.cn/xinwen/2020-11/24/content_5563847.htm。

续表8-1

| 市场类型 | 主要类别 | 典型实践 |
|---|---|---|
| 线下市场 | 消费帮扶专柜、消费帮扶智能柜、无人售货机 | 全国有50多个试点城市布点建设消费帮扶智能货柜，前期试点预计投放6万台 |
| | 客运场站服务区设置消费帮扶专馆、专柜、专区、展销中心 | 客运场站的消费帮扶 |
| | 消费扶贫线下固定的展销中心和流动的农博会、农贸会、展销会等 | 北京消费帮扶双创中心 |
| | 线下的商贸流通企业开辟专门区域销售扶贫产品 | 永辉超市开辟帮扶产品销售专区① |
| | 东西部地区协作帮扶地区和定点帮扶单位打造的消费帮扶窗口 | 帮扶省市农产品批发市场设立的消费帮扶窗口，上海建立的"121"消费帮扶阵地②，成都大学设立的对口帮扶地区帮扶产品固定售卖点 |

注：根据相关公开资料收集整理所得。

## 三、消费帮扶供需匹配机制的运行

从参与主体来看，在建设消费帮扶供需匹配机制过程中，市场平台主体、政府和社会组织都能够直接参与市场平台建设，由帮扶对象、帮扶产品供应商充当供需匹配机制的供给方，消费主体是供需匹配机制的需求方，供给方和需求方在市场平台上匹配供需。

从运行动力和实现工具来看，政府力量、市场力量和社会力量都参与了供需匹配机制建设过程，三者分别通过政府工具、市场工具和伦理工具发挥作用。消费帮扶市场化供需匹配平台建设中，市场力量发挥基础性作用，政府力量通过建设市场终端平台、市场基础设施、制定消费帮扶市场准入标准、监管消费帮扶市场平台等发挥引导作用，社会力量通过建设市场终端平台、市场监管等发挥补充作用。社会主义市场经济条件下，消费帮扶供给匹配机制主要通过供求和价格变动、市场竞争、风险约束等途径调节经济运行和实现资源配置，其具体运行机制主要包括价格机制、供求机制、竞争机制和风险机制，这些机制能够充分调节供需结构（见图8-1）。在不同的市场平台中，根据市场

---

① 《永辉超市亮相全国消费扶贫月启动仪式 创新帮扶举措 打响扶贫攻坚战》，https://www.yonghui.com.cn/show?Id=75079。

② 即在上海中心商圈设立10个扶贫产品直销店，20个体验生活馆，100个社区和电商营销专区。

准入规则、退出规则、交易规则、市场监管规则等的不同，机制的具体作用过程也可能不同。

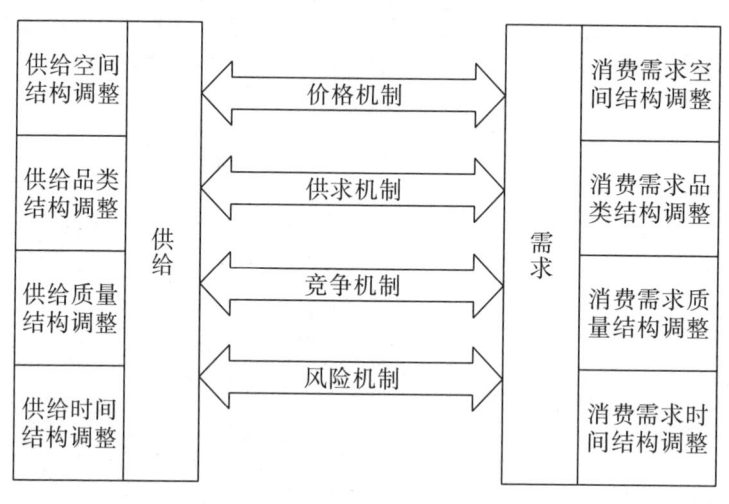

```
供给空间结构调整    <── 价格机制 ──>    消费需求空间结构调整
供给品类结构调整    <── 供求机制 ──>    消费需求品类结构调整
     供给
供给质量结构调整    <── 竞争机制 ──>    消费需求质量结构调整     需求
供给时间结构调整    <── 风险机制 ──>    消费需求时间结构调整
```

图 8-1　供需匹配机制运行图

从作用客体和实现形态来看，市场体系是供需匹配机制的作用客体，供需匹配机制对缓解消费帮扶供需失配问题的作用主要体现在结构方面，在市场体系价格机制、供求机制、竞争机制、风险机制的共同作用下，消费帮扶的供给侧和需求侧的空间结构、品类结构、质量结构、时间结构均会自动调整，从而实现消费帮扶供需结构适配。

## 第二节　消费帮扶供需匹配机制中政府、市场和社会的耦合

消费帮扶供需匹配机制中政府、市场和社会的耦合主要体现在消费帮扶市场化供需匹配平台（即消费帮扶市场体系或市场平台）的建设之中，包括搭建市场平台硬件设施、市场准入规则、市场退出规则、市场交易规则、市场监管规则等。

### 一、市场力量在构建供需匹配机制中的基础作用

作为交易场所或平台的市场是随着社会生产的发展而产生并不断发展完善起来的。在人类社会经济史上，为了解决社会生产发展的内在矛盾及其外在对立，人们的交易形式由偶尔的商品交换、集市贸易逐步发展到拥有专门化的市场。随着劳动生产力的提高，人们对交换的经常化和固定化的要求也越来越强

烈，于是便有了相对固定的交换场所，即市场①。互联网技术出现并普及后，线上市场逐渐流行，并在市场体系中占据越来越重要的地位。

农产品市场是市场体系中的重要组成部分，我国农产品市场发展经历了曲折的探索。新中国成立之初，面对粮食短缺的尖锐矛盾，迫切需要新的机制把小规模农户手中的余粮收集起来，当时国家财经委提出了8种解决方案，中央最终选定了统购统销的方案，并于1953年12月开始实行。所谓"统购统销"，是"计划收购""计划供应"的简称②，就是在供给端对农村余粮户实行粮食的计划收购，即统购；在需求端，实现粮食定量配售，即统销。事实上，在统购统销的体制安排下，粮食市场处于关闭状态，由计划配置粮食供需，价格也由国家统一规定。统购统销体制成为解决当时农产品供求问题的重要手段，也奠定了实行计划经济体制的基础。1978年农村改革以后，农产品市场才渐次开放，1978—1987年，中国农村集市数量从3.33万个增加到6.97万个。1993年4月1日起，中国实行粮油商品全部敞开供应，取消了粮票和食用油票，票证时代至此终结。到20世纪末，我国农产品流通基本形成了以市场为导向的流通体系③。20世纪初，线上市场发育起来后，我国传统的农产品市场销售渠道格局受到冲击，线上、线下市场开始齐头并进。

市场机制在消费帮扶市场化供需匹配平台建设中，发挥着基础性作用。电商扶贫就是通过市场机制建立消费帮扶市场的重要体现，近年来，伴随着互联网的普及和农村基础设施的逐步完善，线上销售逐渐成为农副产品销售的重要渠道，电商扶贫是互联网时代弥补产业扶贫中销售短板的新路径。2016年11月，《关于促进电商精准扶贫的指导意见》发布，精准扶贫中电商扶贫的顶层设计形成。2016—2021年，中央部委层面连续6年出台《关于开展电子商务进农村综合示范工作的通知》，助推电商扶贫快速发展，涌现出以拼多多"多多农园"项目（见下文专栏8-1）、京东"中国农特产馆/助农馆"、邮政"邮乐农品"、淘宝"兴农扶贫馆"为代表的一批电商扶贫典型案例。《〈人类减贫的中国实践（2021年4月）〉白皮书》显示，2014—2020年间，我国832个贫困县实现了电子商务全覆盖，贫困县网商从2016年的131.5万家增长到2020年的311.23万

---

① 黄国信：《市场如何形成：从清代食盐走私的经验事实出发》，北京师范大学出版社，2018年，第1~8页。
② 陈云：《陈云文选（第二卷）》，人民出版社，1995年，第217页。
③ 陈锡文：《读懂中国农业农村农民》，外文出版社，2018年，第56~61、103页。

家①。市场机制在消费帮扶市场化供需匹配平台建设中发挥了基础作用。

## 二、政府力量在构建供需匹配机制中的引导作用

### （一）终端销售平台建设

市场机制下，脱贫地区市场主体除了可能面临"柠檬市场"困境，还需要为进入市场的平台渠道支付不菲的技术服务费、平台使用费和保证金等。以京东平台为例，除了每个地方只能入驻一家特色馆的数量要求，运营主体还需要向平台缴纳各类费用，如助农馆资费标准参照京东开放平台各类目资费表执行（见表8-2）。助农馆商户向平台缴纳的基本费用由技术服务费、平台使用费和保证金构成，其中，平台使用费1000元/月；保证金20000~10000元不等，集中在50000元左右②；平台技术服务费率为销售额的3‰~5‰之间。按照这一标准，一家销售脱贫地区农特产品的商户，如果年销售额为100万元，由于地方特产技术服务费率有5‰，则100万元销售额对应的年技术服务费就为5万元，加上平台使用费1.2万元/年，意味着该商户除了需要向平台缴纳5万元保证金外，一年还需要向平台支付6.2万元的费用，这一费用是纯商业费用，并不包括物流等其他生产性流通费用。不难看出，脱贫地区产品想要进入市场面临高昂的成本。

表8-2 京东2020年开放平台部分类目产品资费一览

| 一级分类 | 二级分类 | 三级分类 | 技术服务费率 SOP | 技术服务费率 FBP | 平台使用费（元/月） | 保证金（元） |
|---|---|---|---|---|---|---|
| 食品饮料 | 地方特产/茗茶 |  | 5.00% | 5.00% | 1000 | 50000 |
| 食品饮料 | 饮料冲调 | 饮用水 | 3.00% | 3.00% | 1000 | 50000 |
| 食品饮料 | 饮料冲调 | 其他三级类目 | 5.00% | 5.00% | 1000 | 50000 |
| 食品饮料 | 休闲食品 | 坚果炒货/饼干蛋糕 | 4.00% | 4.00% | 1000 | 50000 |
| 食品饮料 | 休闲食品 | 其他三级类目 | 5.00% | 5.00% | 1000 | 50000 |
| 食品饮料 | 粮油调味 | 米面杂粮/食用油 | 3.00% | 3.00% | 1000 | 50000 |
| 食品饮料 | 粮油调味 | 其他三级类目 | 5.00% | 5.00% | 1000 | 50000 |

---

① 中华人民共和国国务院新闻办公室：《〈人类减贫的中国实践〉白皮书》，http://www.gov.cn/zhengce/2021-04/06/content_5597952.htm。

② 《2020年京东开放平台各类目资费一览表》，https://rule.jd.com/rule/ruleDetail.action?ruleId=4657。

续表8-2

| 一级分类 | 二级分类 | 三级分类 | 技术服务费率 SOP | 技术服务费率 FBP | 平台使用费（元/月） | 保证金（元） |
|---|---|---|---|---|---|---|
| 生鲜 | 海鲜水产 | 贝类/海参/海产干货/海产礼盒/其他水产/虾类/鱼类 | 3.00% | 3.00% | 1000 | 50000 |
| | | 蟹类 | 3.00% | 3.00% | | 50000 |
| | | 海鲜卡券 | 3.00% | 3.00% | | 100000 |
| | 速食熟食 | 火锅丸料/方便菜/肉制品 | 3.00% | 3.00% | | 50000 |
| | 面点烘焙 | 低温粽子/低温月饼/新鲜蛋糕/蛋挞/其他西点/比萨 | 3.00% | 3.00% | | 50000 |
| | 冷藏饮料 | | 3.00% | 3.00% | | |
| | 奶酪黄油 | | 3.00% | 3.00% | | |
| | 其他肉类 | | 3.00% | 3.00% | | |
| | 禽肉蛋品 | 鸡肉、鸭肉、蛋类、其他肉禽 | 3.00% | 3.00% | | 50000 |
| | 肉制品 | | 3.00% | 3.00% | | |
| | 乳品冷饮 | | 3.00% | 3.00% | | |
| | 蔬菜 | | 3.00% | 3.00% | | 20000 |
| | 水果 | | 3.00% | 3.00% | | |
| | 猪牛羊肉 | | 3.00% | 3.00% | | 50000 |

资料来源：《2020年京东开放平台各类目资费一览表》，https://rule.jd.com/rule/ruleDetail.action?ruleId=4657。

政府建设的消费帮扶市场平台既可以一定程度上破解"柠檬市场"困境，同时又能有效降低脱贫地区商户进入市场的成本。以脱贫地区农副产品网络销售平台为例，一方面，该平台对入驻商家进行了严格审核，确保平台商家销售的产品都是帮扶产品，且能够有效惠及脱贫地区和脱贫农户，可缓解信息不对称的程度。另一方面，脱贫地区农副产品网络销售平台还可以大大降低脱贫地区市场主体进入市场的费用。该平台开通两年多来，除收取2万元保证金外，一直实行"零收费"[①]，即免除了商户的技术服务费和平台使用费。截至2022年4月10日，平台中有来自832个脱贫县的消费帮扶供应主体10718家[②]，以

---

① 《保证金和结算管理规则》，https://www.fupin832.com/list_article.shtml?nid=1054。
② 《产销地仓名录》，https://www.fupin832.com/webpage/guid/html/bulletin_board.html。

2021年脱贫地区农副产品网络销售平台年销售额80亿元计算，与京东平台费率相比，为脱贫地区消费帮扶供应主体节约了技术服务费40000万元，节约了平台使用费12861.6万元，共计52861.6万元。这意味着不考虑保证金所节约的成本，2021年脱贫地区农副产品网络销售平台仅技术服务费和平台使用费就为消费帮扶供应主体直接节约了52861.6万元。截至2022年8月，政府为建设消费帮扶终端平台发挥了重要引导作用。除了国家层面主导建设脱贫地区农副产品网络销售平台，各省市、各中央部门、大型国企、高校等，也积极参与了消费帮扶市场平台建设，如北京建设的消费帮扶双创中心、深圳打造的"圳帮扶"、中国建设银行打造的消费帮扶"善融商务专区"、交通部门在全国客运场站服务区设立的消费帮扶产品展示展销专区、教育系统打造的"e帮扶"等，大大拓宽了脱贫地区帮扶产品销售终端市场平台。

（二）市场基础设施建设

消费帮扶零售终端市场平台并非独立存在，其正常运行需要多种硬件条件和软件条件支撑。然而，在脱贫攻坚之前，贫困地区市场基础设施存在诸多短板：其一，大型商品交易市场网络落后。大型商品交易市场是终端产品市场的重要中转节点，影响着整个交易市场的活跃度，表8-3展示了2013年和2019我国22个有国家级贫困县的省份和9个无国家级贫困县的省份亿元以上商品市场总体情况。2013年，我国22个有贫困任务的省份亿元以上商品交易市场数量、营业面积、成交额均不及总量的一半，尤其是成交额，仅占总成交额的31.25%。平均每个无贫困县的省份亿元以上商品交易市场数量是有贫困县省份的3.49倍，营业面积是有贫困县省份的2.80倍，成交额是有贫困县省份的5.38倍。可以发现，有贫困县的省份市场总体水平远落后于无贫困县的省份。其二，网络基础设施相对薄弱。消费帮扶线上交易市场需要强大的互联网基础设施支撑，但脱贫攻坚之前，原贫困地区网络基础设施并不便利，根据《中国农村贫困监测报告（2020）》提供的数据，2015年全国扶贫重点县和连片特困地区农户所在自然村通宽带的比重分别仅为73.4%和70.0%[①]，意味着原贫困地区近三成农户所在自然村不通宽带。西部地区是我国原贫困县较为集中的地区，根据第三次农业普查，截至2016年底，西部地区"通宽带互联网的村""有电子商务配送站点的村""通电话的村""安装了有线电视的村"四项代表

---

① 国家统计局住户调查办公室：《中国农村贫困监测报告（2020）》，中国统计出版社，2020年，第346、358页。

农村网络基础设施的指标均低于东部、中部和东北地区。其中，通宽带互联网的村占比仅 77.3%，比全国平均水平低 12.6 个百分点，有电子商务配送站点的村占比仅 21.9%，比全国平均水平低 3.2 个百分点（见表 8—4）。

表 8—3 2013 年和 2019 年全国亿元以上商品交易市场总体情况

| | 年份 | 2013 | | | 2019 | | |
|---|---|---|---|---|---|---|---|
| | 指标 | 全国 | 有贫困县的省份 | 无贫困县的省份 | 全国 | 有贫困县的省份 | 无贫困县的省份 |
| 市场数量 | 数量（个） | 5089 | 2095 | 2994 | 4037 | 1755 | 2282 |
| | 占比（%） | 100 | 41.17 | 58.83 | 100 | 43.47 | 56.53 |
| | 每个省平均（个） | 164.16 | 95.23 | 332.67 | 130.23 | 79.77 | 253.56 |
| 营业面积 | 面积（万平方米） | 28868.33 | 13460.88 | 15407.45 | 28447.37 | 14178.67 | 14268.70 |
| | 占比（%） | 100 | 46.63 | 53.37 | 100 | 49.84 | 50.16 |
| | 每个省平均（万平方米） | 931.24 | 611.86 | 1711.94 | 917.66 | 644.48 | 1585.41 |
| 成交额 | 金额（亿元） | 98365.13 | 30741.77 | 67623.36 | 112016.78 | 37639.92 | 74376.86 |
| | 占比（%） | 100 | 31.25 | 68.75 | 100 | 33.60 | 66.40 |
| | 每个省平均（亿元） | 3173.07 | 1397.35 | 7513.71 | 3613.44 | 1710.91 | 8264.10 |

数据来源：《中国商品交易市场统计年鉴（2014）》和《中国商品交易市场统计年鉴（2020）》，由于中国香港、中国澳门、中国台湾未公布相关数据，本表统计范围为祖国大陆 31 个省份。有贫困县的省份指脱贫攻坚期间 22 个有国家级贫困县的省份，包括河北、山西、内蒙古、吉林、黑龙江、安徽、江西、河南、湖北、湖南、广西、海南、重庆、四川、贵州、云南、西藏、陕西、甘肃、青海、宁夏、新疆，无贫困县的省份指脱贫攻坚期间 9 个没有国家级贫困县的省份，包括北京、天津、辽宁、上海、江苏、浙江、福建、山东、广东。

表 8—4 第三次农业普查农村网络技术设施分区域统计情况

| 区域 | 全国 | 西部地区 | 东部地区 | 中部地区 | 东北地区 |
|---|---|---|---|---|---|
| 通宽带互联网的村（%） | 89.9 | 77.3 | 97.1 | 92.7 | 96.5 |
| 有电子商务配送站点的村（%） | 25.1 | 21.9 | 29.4 | 22.9 | 24.1 |
| 通电话的村（%） | 99.5 | 98.7 | 100 | 99.7 | 100 |
| 安装了有线电视的村（%） | 82.8 | 65.5 | 94.7 | 82.9 | 95.7 |

数据来源：国务院第三次全国农业普查领导小组办公室、中华人民共和国国家统计局：《第三次全国农业普查主要数据公报（第三号）》，https://www.stats.gov.cn/sj/tjgb/nypcgb/qgnypcgb/202302/t20230206_1902103.html。

精准扶贫以来，政府深入推进"互联网+"农产品出村进城、电子商务进农村综合示范、电商扶贫、数字乡村建设等工作，为建设消费帮扶市场发挥了重要作用。政府力量完善消费帮扶市场基础设施主要体现在：第一，加强脱贫地区网络基础设施覆盖。2014—2020年间，我国电子商务进农村综合示范工作累计投入资金249.17亿元[①]，全国扶贫重点县农户所在自然村通宽带的比重从2015年的73.4%提升到2019年的97.3%，平均每年提高5.98个百分点，农户所在自然村进村主干道路硬化的比重从2013年的88.6%提升到2019年的99.4%，平均每年提高1.80个百分点；14个连片特困地区农户所在自然村通宽带的比重从2015年的70.0%提升到2019年的97.2%，平均每年提高6.80个百分点，农户所在自然村进村主干道路硬化的比重从2013年的88.4%提升到2019年的99.4%，平均每年提高1.83个百分点（见表8-5），这组数据表明脱贫地区网络基础设施得到了极大改善，为构建消费帮扶市场提供了网络支持。第二，完善脱贫地区骨干批发市场。从前文表8-3可以看出，与2013年相比，2019年尽管22个有贫困县的省份亿元以上商品交易市场数量与全国总体情况一样有所下降，但营业面积和成交额均有上涨，且营业面积还是在全国营业面积下降的情况下逆势上涨。从结构来看，与2013年相比，2019年22个有贫困县的省份亿元以上商品交易市场数量、营业面积和成交额占全国总量的份额均有所提升，表明脱贫攻坚期间有贫困县省份的骨干批发市场总体情况有所改善。第三，打造消费帮扶市场集成的窗口，在国家乡村振兴局（国务院原扶贫开发领导小组办公室）指导打造的中国社会帮扶网中，集成公布各类消费帮扶产品购买渠道，截至2022年3月底，公布消费帮扶专区14个、消费帮扶专馆1087个、消费帮扶专柜48533个[②]，其中，消费帮扶专区可以直接通过中国社会扶贫网提供的超链接进入消费，消费帮扶专馆提供专馆供货单位、所属区域地址、专馆规模、专馆特色、营业时间、经营产品等的介绍和VR实景导航，消费帮扶专柜提供专柜供货单位、所属区域地址、专柜规模、专柜特色、营业时间、经营产品等的介绍。

---

[①] 中华人民共和国国务院新闻办公室：《〈人类减贫的中国实践〉白皮书》，http://www.gov.cn/zhengce/2021-04/06/content_5597952.htm。

[②] 中国社会帮扶网，https://www.zgshbfw.com/pages/consumption.html?p=4。

表 8-5 2013—2019 年全国扶贫重点县和连片特困地区农村网络基础设施情况（%）

| 区域 | 指标名称 | 2013 | 2014 | 2015 | 2016 | 2017 | 2018 | 2019 |
|---|---|---|---|---|---|---|---|---|
| 扶贫重点县 | 所在自然村通宽带的农户比重 | — | — | 73.4 | 80.3 | 87.8 | 94.4 | 97.3 |
| | 所在自然村能接收有线电视信号的农户比重 | 80.0 | 89.1 | 92.4 | 94.6 | 97.3 | 98.6 | 99.2 |
| | 所在自然村进村主干道路硬化的农户比重 | 88.6 | 90.5 | 93.4 | 95.7 | 97.2 | 98.1 | 99.4 |
| | 所在自然村通公路的农户比重 | 97.8 | 99.1 | 99.7 | 99.9 | 99.9 | 100 | 100 |
| | 所在自然村通电话的农户比重 | 98.5 | 99.2 | 99.7 | 99.8 | 99.8 | 100 | 100 |
| 连片特困地区 | 所在自然村通宽带的农户比重 | — | — | 70.0 | 77.4 | 85.6 | 93.8 | 97.2 |
| | 所在自然村能接收有线电视信号的农户比重 | 76.8 | 86.5 | 90.4 | 93.4 | 96.3 | 97.9 | 99.0 |
| | 所在自然村进村主干道路硬化的农户比重 | 88.4 | 90.1 | 93.7 | 95.6 | 97.3 | 98.0 | 99.4 |
| | 所在自然村通公路的农户比重 | 98.0 | 98.9 | 99.7 | 99.8 | 99.9 | 100.0 | 100.0 |
| | 所在自然村通电话的农户比重 | 98.1 | 99.2 | 99.7 | 99.9 | 99.9 | 100.0 | 100.0 |

数据来源：《中国农村贫困监测报告（2020）》。脱贫攻坚期间，全国扶贫重点县 592 个，和 14 个连片特困地区内的贫困县共同组成了全国 832 个国家级贫困县。2013 和 2014 年无"所在自然村通宽带的农户比重"指标的统计数据。

### （三）消费帮扶市场准入标准制定

消费帮扶市场平台建设为脱贫地区市场主体带来了巨大的政策红利，然而，谁有资格享受入驻消费帮扶市场、如何确保政策红利惠及目标群体，却是值得考究的问题。市场准入制度一般由政府部门制定，政府受人民委托行使公共权力，通过负面清单规定商品市场和要素市场中市场主体的准入制度。2022 年 4 月，《中共中央 国务院关于加快建设全国统一大市场的意见》全文发布，从全局和战略高度为加快建设全国统一大市场制定了纲领性文件，文件指出"将实行统一的市场准入制度"[①]，严格落实"全国一张清单"管理模式，致力于维护市场准入负面清单制度的统一性、严肃性、权威性。

消费帮扶市场准入标准的制度也与政府作用密切相关，绝大多数消费帮扶市场入驻资质都要求政府部门提供认证。主要类型包括：其一，扶贫产品供应商认证，如：入驻"圳帮扶"的供应商，在该平台上架的产品必须经《全国扶

---

① 《中共中央 国务院关于加快建设全国统一大市场的意见》，http://www.gov.cn/zhengce/2022-04/10/content_5684385.htm。

贫产品名录》或《广东省扶贫产品名录》发布，且在有效期内①；入驻消费帮扶专柜的供应商，在专柜中上架的产品一般要求达到《全国扶贫产品名录》认证的消费帮扶产品比例的30%～40%。其二，原国家级贫困县帮扶产品供应商认证。入驻脱贫地区农副产品网络销售平台，不仅需要进入《全国扶贫产品名录》，还要求供应商是来自2014年12月23日国务院扶贫办发布的《全国832个贫困县名单》内的县域并依法注册登记，供应商应具备为交易对方提供发票（或申请税务机关代开发票）的能力，并通过审核获得审核码，方可获得"832平台"供应商资格②。其三，电商平台特色馆认证需要政府授权。如京东的中国特产馆，一个地域仅开设一家地方馆，运营商需要由当地人民政府或电子商务/农业农村/乡村振兴主管部门（多为商务局/农业农村局/乡村振兴局）或政府办出具授权③。

### （四）消费帮扶市场监管

消费帮扶产品多为农副产品，直接关系消费者健康和生命安全，是政府监管的重点领域。消费帮扶产品供应商销售的帮扶产品质量是否合格、价格是否公道、减贫成效是否显著、供应商经营是否诚信、减贫带贫机制是否完善、提供信息是否真实等，都需要监督和监管。

市场监管是政府基本职能之一，消费帮扶市场还处于建设阶段，更需要政府在摸索中完善消费帮扶市场监管。政府力量在消费帮扶市场监管中已开展的主要探索包括：一是开展消费帮扶产品质量监督，如"832平台"，于2021年6月、8月、9月多次在产（销）地仓开展在库商品抽检，2022年2月还对肉制品与蛋类类目商品开展专项核查，对于抽检中商品质量不合格的商品，进行商品下架、店铺关停，以及报市场监管部门、对已生成订单的商品进行召回等措施④。二是开展价格监督，如脱贫地区农副产品网络销售平台搭建了价格监督体系，要求供应商开展价格自查，上架商品价格不得高于市场同类商品价格（包括但不限于当地批发市场、主流电商平台），平台还开通消费帮扶产品价格

---

① 《"圳帮扶"商家入驻服务协议》，https://s3.cn-south-1.jdcloud-oss.com/jd-dbc-dev/static/member/company/file/ZBFMerchantaAreement.pdf。
② 《供应商管理办法》，https://www.fupin832.com/list_article.shtml?nid=1044。
③ 《京东政府协会机构馆区——招商细则》，https://helpcenter.jd.com/vender/issue/718-4460.html。
④ 《关于肉制品与蛋类类目商品专项核查结果的公告》，https://www.fupin832.com/article-0-202202-2818542.html。

举报专线,对消费帮扶中虚假报价、价格虚高等行为进行处理①。三是供应商诚信监督,如 2021 年 1 月,脱贫地区农副产品网络销售平台经过核查发现,湖南湘西某电子商务有限公司、巴中市某电子商务有限公司、广元某商贸有限公司存在虚假交易情况,遂对这些进行虚假交易的供应商店铺进行了冻结处理②;2021 年 7 月,对平台中供应商存在的所售商品的标签标识不符合国家相关规定、出售假冒伪劣商品和侵权等问题进行抽查,并采取商品下架停售、店铺冻结、保证金冻结和入驻协议解除等方式进行了处理③。四是对供应商资质进行核查,如 2020 年 12 月,由于桦川县某粮油贸易有限公司资质真实性存在问题,脱贫地区农副产品网络销售平台取消了该企业入驻资格④。

## 三、社会力量在构建供需匹配机制中的补充作用

### (一) 市场终端平台建设

除了市场机制和政府作用,社会力量同样会在消费帮扶市场终端平台建设中发挥作用。本书第三章第一节中的"一、社会主导型消费帮扶阶段(2019 年之前)"对"万企帮万村"这一社会帮扶机制已有初步介绍,此外,总体来看,在国务院正式提出消费帮扶以前,为了畅通"万企帮万村"行动中民营企业的消费帮扶购销渠道,全国工商联已经采用多种方式开辟了消费帮扶市场平台:第一,扶贫产品专卖,要求相关会员企业开辟扶贫产品特卖专区、专柜;第二,搭建电商销售平台,组织动员相关会员企业新建或开辟帮扶产品电商平台,并组织采购;第三,落实东西部扶贫协作和对口支援任务,将被帮扶地区帮扶产品统一纳入展销渠道。可以说,全国工商联"万企帮万村"消费帮扶工作奠定了我国全国性消费帮扶工作的雏形,在消费帮扶市场建设和标准探索方面作出了卓越贡献。

"万企帮万村"行动率先产生消费帮扶市场平台的机理在于,众多爱心企

---

① 《关于开通"832 平台"价格举报专线的公告》,https://www.fupin832.com/article-0-202203-2818574.html。
② 《关于冻结虚假交易供应商店铺的公告》,https://www.fupin832.com/article-0-202101-2561574.html。
③ 《关于对近期供应商违规及商品质量问题处理的公告》,https://www.fupin832.com/article-0-202107-2818359.html。
④ 《关于取消"扶贫 832 平台"供应商桦川县隆晟粮油贸易有限公司平台经营资质的公告》,https://www.fupin832.com/article-0-202012-2287735.html。

业希望购买帮扶产品，但是，当时的市场缺乏专门购买消费帮扶产品的渠道，迫切需要低成本识别扶贫产品，缓解信息不对称难题，同时，以普通市场渠道购买扶贫产品会将大量利润拱手让与中间商，无法高效惠及贫困人口，因此，"万企帮万村"行动有强烈的打造消费帮扶市场的冲动。脱贫攻坚收官以来，"万企帮万村"行动转型升级为"万企兴万村"行动，致力于巩固拓展"万企帮万村"成果，发挥民营企业在乡村振兴和构建新发展格局中的特色作用。与此相呼应，"万企帮万村"中的消费扶贫行动转型升级为"万企兴万村"中的消费兴村行动，"万企兴万村"行动被写入2021年和2022年中央一号文件[①②]。

### （二）消费帮扶市场监督

政府部门是消费帮扶监管的主要力量，但不应该成为唯一力量。单纯依靠政府部门进行监管，存在较大弊端：一方面，政府部门人手力量有限，而消费帮扶供应商和帮扶产品的量却比较大。截至2022年4月16日，消费帮扶产品供应商54511家，帮扶产品263685款，涉及帮扶产品价值量17652亿元[③]，单纯依靠政府部门难以完成监管重任，行政成本过高。另一方面，如果没有社会力量的参与，监管权力全部集中在政府部门手中，可能导致寻租行为的产生。政府的监管职能可以拆解为监督和管理两项职能，社会力量能够在消费帮扶市场监督中发挥重要作用。

社会力量对消费帮扶市场的监督作用体现在：其一，社会力量的融入可以缓解政府的监督压力，社会公众发现问题向监管部门反馈可以提高监管部门运行效率；其二，社会群体参与消费帮扶市场监督可以增强消费帮扶公信力，提高消费者参与消费帮扶的意愿，有利于消费帮扶可持续运作。当前社会力量参与消费帮扶市场监督的渠道：一是发表评价。消费者在消费后，可以根据消费体验在购物平台或终端[④]发表评价，这些来自消费帮扶专馆、专区和专柜的评价会集成到中国社会帮扶网，并向社会公众公开，消费者、采购单位可以根据评价信息"用脚投票"。二是投诉或举报，市场平台和监管部门都向社会公众

---

① 《中共中央国务院关于全面推进乡村振兴　加快农业农村现代化的意见》，人民出版社，2021年，第11页。

② 《中共中央国务院关于做好二〇二二年全面推进乡村振兴重点工作的意见》，人民出版社，2022年，第23页。

③ 《消费扶贫好成绩》，http://xffp.zgshfp.com.cn/portal/#home。

④ 消费帮扶专柜消费评价需要在进行消费的消费帮扶专柜终端进行。

提供了投诉或举报热线。政府部门开通了监督举报热线12317，接受消费帮扶投诉举报[①]，脱贫地区农副产品网络销售平台还公布了监督举报电话，为消费者、采购人等的投诉和举报提供便利通道，京东、淘宝、"联成e家"、"e帮扶"等平台都开通了售后渠道。三是舆论发声。消费者可以通过微博、微信、QQ、抖音、快手、贴吧、论坛等社交媒体或网络平台发表消费帮扶相关的观点或监督意见，以舆论的方式，对消费帮扶市场进行监督。

## 第三节 消费帮扶供需匹配市场平台建设的典型实践

建设消费帮扶供需匹配机制的重点在于加强消费帮扶市场化供需匹配平台，即作为商品交易场所或平台的市场的建设。线上市场平台是消费帮扶最主要的供需匹配平台，根据建设消费帮扶市场平台主体的不同，可以将市场平台分为市场主体建设市场平台、行政主体建设市场平台和社会主体建设市场平台三类。

### 一、市场主体建设市场平台的典型实践

市场经济条件下，贫困地区和贫困人口在产业发展过程中，以小农户为主的生产体系与市场经济条件下的现代化大市场存在天然的矛盾，产销对接不畅成为制约贫困地区产业可持续发展、贫困人口稳定脱贫的重要障碍。拼多多是市场建设消费帮扶市场平台的典型实践（见专栏8-1）。

专栏8-1 "多多农园"——电商帮扶新模式

拼多多成立于2015年，是一家专注于C2M（Customer-to-Manufacturer，用户直连制造）拼团购物的第三方社交电商平台，截至2021年第一季度末，其年度活跃买家数达到8.238亿，是同期国内农产品上行发展速度最快的互联网企业。农产品零售是拼多多的重要经营内容，在精准扶贫中，拼多多为助力贫困地区农产品上行发挥了重要作用。2021年1月，拼多多在新华网、中国企业改革与发展研究会联合主办的2020中国企业社会责任云峰会上获评"精

---

[①]《国务院新闻办就消费扶贫行动有关情况举行发布会》，http://www.gov.cn/xinwen/2020-08/28/content_5538158.htm。

准扶贫优秀案例奖①。"多多农园"是拼多多扶贫助农的创新模式，通过培育和整合产业链中的电商平台企业（拼多多）、新农人引领的合作社、农业研究机构、建档立卡贫困户、政府五类利益相关主体，构建了闭环式电商帮扶新模式（见图8-2）。

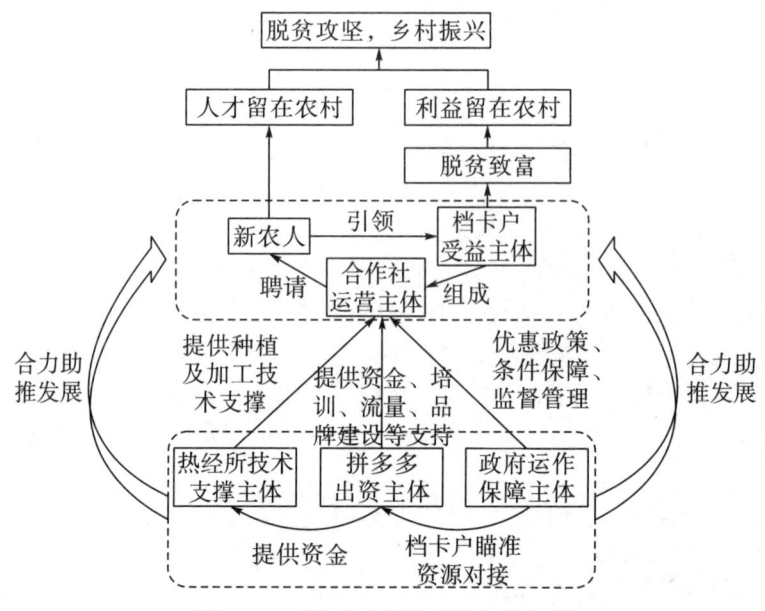

图8-2 "多多农园"项目运作机制

资料来源：根据公开资料整理而成。

1. 主要做法

完善帮扶产品供给和需求匹配机制。拼多多既是"多多农园"项目的发起方和组织者，也是帮扶产品市场平台功能的承担者。拼多多始终致力于优化平台"拼农货"体系功能，实现帮扶产品供给和需求精准匹配。拼多多平台在已有拼团购物模式基础上，打造"农货中央处理系统"这一核心平台，在该平台中，输入各大产区的信息，包括地理位置、特色产品、成熟周期等，同时，基于开拓性的交互方式和分布式AI支撑下的精准匹配，有效挖掘消费者可能存在的消费需求，将各类农产品在成熟周期内匹配给消费者，再通过社交裂变的方式代替广告和市场教育过程，将口碑传播的实践极限压缩，形成"货找人"替代"人找货"的营销模式。同时，加大技术支撑和资源倾斜，将电商大数据

---

① 《拼多多获评"精准扶贫优秀案例奖"》，http://www.xinhuanet.com/tech/2021-01/29/c_1127041564.htm。

应用到田间地头，指导基地产品品类选择，实现从"以产定销"向"以销定产"的转换，达到供给和需求有效匹配的效果。

孵化"新农商"。"新农商"是连接小农户和大市场的重要节点，拼多多始终重视新农人的培育。自2017年底起，拼多多全面践行"新农人本地化、利益本地化"策略，通过"多多大学"和"新农人返乡体系"，带动有能力特别是受过高等教育的青年人返乡创业。2018年，拼多多平台累计带动18390名新农人，其中超过11000名为返乡人才。在"多多农园"模式中，"新农商"以合作社为抓手，通过合作社连接"多多农园"各方相关主体。合作社由拼多多提供运营资金，主要承担收购建档立卡户生产的农副产品，打造和推广品牌，在拼多多平台销售，并将合作社盈余对建档立卡户进行分红等职能，由"新农商"负责合作社具体运营工作。

2. 实践成效

从直接效益来看，"多多农园"模式提高了帮扶产品供给和需求匹配的精准性，提升了产品附加值和竞争力。景兰咖啡董事长黄先生认为，在"多多农园"模式下，云南咖啡产业"以往只能是有什么豆子收什么豆子，以后是市场需求什么豆子就种什么豆子，云南咖啡在市场上的竞争力必将大幅提升"。

从溢出效应来看，"多多农园"电商扶贫模式直面核心问题，具有较强的可复制性和可持续性，推动了中国农村产业发展模式变革。著名扶贫专家李小云表示："'多多农园'瞄准了农业产业利益分配、农村人才留存等核心问题，该模式若成功，将推动很多农村发展方式发生转变，形成巨大变革。将密切关注'多多农园'的进展，希望它能真正变成助力中国乡村振兴和精准扶贫的大行动。"[①]

## 二、行政主体建设市场平台的典型实践

政府对经济发挥作用的主要路径有两类：一类是通过国有企业或国有控股企业发挥作用，另一类是通过行政干预或引导发挥作用。政府搭建消费帮扶市场平台，也主要通过两方面渠道来进行：一类是通过国有企业搭建消费帮扶平台，另一类是行政机关或事业单位通过购买服务或者直接搭建消费平台。

国有企业搭建消费帮扶市场平台的主力军是央企。如中国建设银行打造的消费帮扶"善融商务专区"。截至2021年6月30日，该专区入驻消费帮扶供

---

① 王淑娟：《创新模式"多多农园"落地云南》，《云南日报》，2019年4月23日第8版。

应商 5444 家,上架帮扶产品 6.53 万件,产品交易额超 530 多亿元[①]。经中国人民银行推荐,中国建设银行消费帮扶案例入选 2021 年全国消费帮扶助力乡村振兴优秀典型案例[②]。

行政机关或事业单位通过购买服务或者直接搭建消费平台的实践也比较丰富。如:脱贫地区农副产品网络销售平台是中华全国供销合作总社[③]按照中华人民共和国财政部、国务院原扶贫开发领导小组办公室的要求搭建的,致力于拓宽脱贫地区农副产品销售渠道(具体介绍见专栏 8-2);北京市消费帮扶双创中心采用"1+16+3+N"[④]的运营模式,实现线上线下同步展示展销,获得了"2019 年全国消费扶贫典型案例奖""全国消费扶贫示范单位"称号;2019 年 9 月,广东建成东西部扶贫协作产品交易市场,交易市场占地面积约 10 万平方米,采取政府搭台、适当补贴、企业唱戏、市场运作建设模式。脱贫攻坚期间,政府为该市场提供减免租金、产品推广等一系列帮扶措施,脱贫攻坚收官后,交易市场店铺免租政策从 2022 年起继续实行 3 年[⑤]。此外,还有政府部门和国企共同行动,合力打造的消费帮扶市场平台[⑥]。

专栏 8-2　脱贫地区农副产品网络销售平台——"832 平台"

为落实《国务院办公厅关于深入开展消费扶贫助力打赢脱贫攻坚战的指导意见》文件精神,全国供销合作总社按照中华人民共和国财政部、国务院原扶贫开发领导小组办公室的要求,搭建了贫困地区农副产品网络销售平台(简称"832 平台")。该平台是政府采购(中央预算单位、各级预算单位)的指定消费平台,"832"指产品货源来自 832 个国家级贫困县。平台集"交易、服务、监管"功能于一体,实现脱贫地区农副产品在线展示、网上交易、物流跟踪、

---

① 《帮发展　助循环　促振兴　建设银行推出国家乡村振兴重点帮扶县产品馆》,http://www.jj831.com/2021/0927/352594.shtml。

② 《关于推介 2021 年全国消费帮扶助力乡村振兴典型案例的通知》,https://www.ndrc.gov.cn/xwdt/tzgg/202112/t20211213_1307649.html?code=&state=123。

③ 中华全国供销合作总社是全国供销合作社的联合组织,是由国务院直接领导的行政机关。

④ 即搭建 1 个展示展销体验推介平台,建设 16 区消费帮扶分中心,打造线下、线上、社会动员 3 种营销模式,引入 N 个市场资源要素品牌对接,打通支援合作地区农副产品生产、运输、包装、销售等全产业链条。

⑤ 《广东东西部扶贫协作产品交易市场深入开展消费帮扶——消费市场大,发展信心足》,《人民日报》,2022 年 1 月 17 日第 4 版。

⑥ 《农业农村部办公厅　交通运输部办公厅　中国国家铁路集团有限公司办公厅关于开展客运场站服务区扶贫农产品展示展销共同行动的通知》,http://www.ghs.moa.gov.cn/tzgg/202012/t20201223_6358699.htm。

在线支付、产品追溯的一站式聚合。2019年10月，扶贫"832平台"正式上线。脱贫攻坚收官后，平台更名为脱贫地区农副产品网络销售平台。

1. 平台介绍

（1）供应商准入条件。为了确保令贫困地区和贫困人口受益，扶贫"832平台"供应商有严格的准入条件，要求供应商必须进入国务院扶贫办发布的《国家级贫困县重点扶贫产品供应商名录》。进入名录步骤如下：第一步，进入《消费扶贫产品名录》，生成审批码。第二步，使用审批码，在扶贫"832平台"中注册成为供应商，获得在平台销售产品的资格（具体操作流程见图8－3）。供应商获得入驻资格的基本条件包括：第一，供应商为企业、合作社等具备法人资格的市场主体；第二，具备明确的减贫带贫机制（具体减贫带贫要求由县级扶贫部门根据实际情况制定）；第三，企业注册地和商品来源为832个国家级贫困县。这一认证机制，从制度上保障了供应商对于贫困地区和贫困人口的减贫、带贫作用。

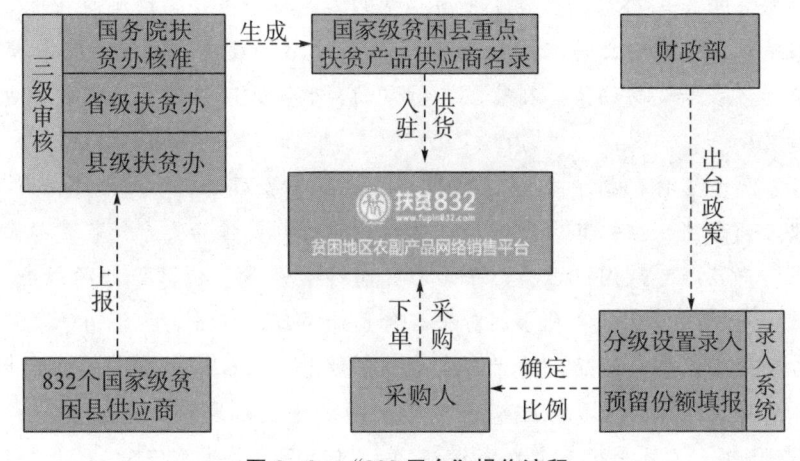

图8－3　"832平台"操作流程

（2）平台运营及收费标准。"832平台"目前由中华全国供销合作总社委托中国供销电子商务有限公司运营①。在平台对入驻企业收费方面，除收取2万元保证金外，实行"零收费"政策，即免除了商户的技术服务费和平台使用费。对于按商业原则产生的通道费（如银行服务费）等第三方费用，由平台按照实际发生额代为收取。当前，光大银行对"832平台"通道费给予了优惠减

---

① 《关于我们》，https://www.fupin832.com/list_article.shtml?nid=1050。

免政策，对公支付免收通道费。未来通道费收取标准以平台公布为准①。

（3）消费者构成。扶贫832消费者包括预算单位和非预算单位两种类型，其中，最具特色的是各级预算单位作为采购人参与消费扶贫。从公开资料来看，一般单位要求将预算10%~15%的农副产品采购份额用于扶贫消费。为了确保政府采购消费扶贫得到有力推进，财政部会定期通报（按月通报）各预算单位政府采购贫困地区农副产品有关工作情况，督促消费扶贫进度。与之对应，各省、市、区县也会在网上公开通报或报告各预算单位执行情况。截至2020年8月，扶贫"832平台"注册采购预算单位达37.8万家②。

（4）产品供需匹配机制。扶贫"832平台"提供直购和竞购两种供需匹配模式，并可以根据实际情况需要，为供给和需求双方提供其他灵活的交易模式。直购匹配模式是指采购方或者消费者根据购买需要，在平台上直接选定商品和供应商的采购行为，在价格方面，交易双方既可以采取一口价模式，也可以在线议价。竞购匹配模式又称为竞争性选购，类似于招标采购行为，由采购人或消费者根据采购需求在线发布商品竞购单，符合条件的供应商在规定时间内在线响应，最终由交易双方协商确定商品规格、数量、成交价格、交付时间、交付方式等交易细节。在货款支付方面，购买方既可以先货后款，也可以先款后货。

（5）质量监督机制。首先，制定《供应商管理办法》，规范供应商行为，保障供应商合法权益；其次，出台《禁售商品规则》作为平台销售产品负面清单，限定产品经营范围；再次，平台不定时开展质量、价格等专项核查工作，如2021年4月、7月、8月分别对平台食用油类目、肉蛋类、干菌子类目商品开展专项核查工作；最后，对于存在操作不规范、认证信息不实、质量未达标准、销售商品超出营业执照经营范围等问题的企业，发布处罚公示，如2020年4月、5月、7月先后三次发布供应商处罚公示，并采取下架商品、限期整改、暂停供应商账户、取消供应商资格等处罚措施。

2. 实践成效

"832平台"的搭建和运营，为脱贫地区农副产品供给和需求匹配提供了新的渠道，有效连接了脱贫地区市场主体与中央预算单位、各级预算单位和非政府采购领域单位，推动了贫困地区产业结构转型升级，提升了贫困地区产业

---

① 《保证金和结算管理规则》，https://www.fupin832.com/list_article.shtml?nid=1054。

② 《大力推进消费扶贫 全力做好扶贫832平台运营》，http://www.chinacoop.gov.cn/news.html?aid=1652774。

竞争力，为全社会广泛参与脱贫攻坚，为化解疫情对贫困地区产品销路带来的不利影响、推动精准扶贫目标顺利实现提供了支持。2020年，"832平台"全年累计交易额超过80亿元，公布企业日交易数据达25.8万余条，涉及23个省份、725个国家级贫困县、6847家贫困地区市场主体。截至2021年8月底，脱贫地区入驻企业由2019年10月份的41家激增至13040家，脱贫地区市场主体活力大大增强。

资料来源：根据脱贫地区农副产品网络销售平台（原贫困地区农副产品网络销售平台）官网等相关公开资料整理而成，实践成效中相关交易信息由课题组根据脱贫地区农副产品网络销售平台公示的交易明细计算所得。

## 三、社会主体建设市场平台的典型实践

社会力量建设消费帮扶市场的实践中，中华全国工商联合会"万企帮万村"行动打造的"联成e家"消费帮扶平台是典型案例之一（见专栏8-3）。这一探索始于国务院正式提出消费扶贫之前，具有开创性，是首个全国性消费帮扶平台，为后续扶贫商品认定、扶贫产品供应商认定、"832平台"的建立以及帮扶信息公示等提供了经验。此外，消费帮扶中的巢状市场也属于社会机制生成的市场。巢状市场理论由叶敬忠等与国外学者合作于2010年率先提出。巢状市场指以小农户生计资源为基础，在农村生产者和城市消费者之间形成的直接对接、实名、有相对固定边界以及具有一定认同和信任的相对于主流市场的另一种市场[1]。韩喜红等受该理论启发，构建了以村集体为组织载体，政府及社会各界多功能支援，小农户与扶贫消费者通过精品农产品直接对接的巢状市场消费帮扶模式。自2010年起，中国农业大学的一个研究团队在河北省太行山区的一个乡镇开展"巢状市场小农扶贫试验"，目标是通过发展适合贫困小农户特征的"另一种产业"，以及创造将农村贫困生产者和城市普通消费者直接联结起来的"另一种市场"——"巢状市场"，来探索瞄准深度贫困人口的"另一种脱贫途径"。"巢状市场"以生计资源为基础，贫困户的参与很普遍，因而生产可持续，同时，又以固定的消费者和较高的产品价格为保障，使贫困户的收入稳定而持续。然而，当前这种模式的实践较为鲜见，尚处于探索之中。

---

[1] 叶敬忠、贺聪志：《基于小农户生产的扶贫实践与理论探索——以"巢状市场小农扶贫试验"为例》，《中国社会科学》，2019年第2期，第148页。

专栏8-3　中华全国工商联合会消费帮扶市场平台——"联成e家"

"联成e家"消费帮扶平台是全国工商联官方消费帮扶平台，是"万企兴万村"（脱贫攻坚期间为"万企帮万村"）行动的一部分，旨在帮助帮扶地区生产农特产品，为帮扶地商家及爱心消费者提供第三方服务，从源头上服务于脱贫群体，完善市场对接机制（市场渠道扶贫），提高农民收入。

1. 平台介绍

（1）平台运营模式及收费标准。全国工商联消费帮扶平台采用委托运营的方式进行运营。当前，全国工商联"联成e家"消费帮扶运营中心由四川易田电子商务有限公司提供运营及技术支持。运营团队深入国家定点扶贫的832个县，一对一、点对点帮扶对接扶贫产品，上传至"联成e家"消费帮扶平台进行宣传、展示和销售。从帮扶村、脱贫户提供的农产品中，筛选"万企兴万村"台账管理系统中帮扶企业的帮扶产品，优先选择拥有适当规模且具有特色或良好口碑的产品（重点考虑在米、油、干货、特色产品方面进行选择，上述产品具有易包装、储存时间较长的优点）在消费帮扶平台上宣传、销售和管理。对于入驻模式，平台向入驻商家收取的费用包括平台使用费、技术服务费、保证金和其他费用①，平台使用费每店每月500元，一年6000元，保证金1万元/年，技术服务费以双方签署的补充协议中约定的经营类目对应的费率为准，具体技术服务费等于交易额乘以费率（见表8-6）。可以看出，该平台费用结构与京东平台类似。

表8-6　"联成e家"消费帮扶平台费用

| 费用名目 | 费用标准/费率 | 备注 |
| --- | --- | --- |
| 平台使用费 | 6000元/年/店铺，不足一年的，按500元/月/店铺收取 | 费用计算方式：店铺数量×费用标准 |
| 技术服务费 | 以双方签署的补充协议中约定的经营类目对应的费率为准 | 费用计算方式：交易额×费率 |
| 保证金 | 人民币10000元整 | 以一年为周期，到期后如不再续签，则退还 |

资料来源：《消费兴村平台服务协议》，http://m.ytlive.cn/component/forApp/ServiceAgreement.html。

（2）供应商准入条件。平台对入驻商家制定了严格筛选标准和流程：①供

---

① 《消费兴村平台服务协议》，http://m.ytlive.cn/component/forApp/serviceAgreement.html。

应商必须为"万企帮万村"台账内的企业,且具备要求的资质标准;②供应商属地为原国家级贫困县;③供应商经营产品符合平台产品类型要求,且具备相应资质标准①②③(扶贫属性证明函见图 8-4)。扶贫产品必须提供县级扶贫主管部门开具的证明和发票。对于供应商上传的扶贫产品,还创新制定并出台了"联成 e 家"消费扶贫平台扶贫属性标准④。

**扶贫属性证明函**(模板)

全国工商联联成 e 家消费扶贫平台:

　　经核查,兹证明＿＿＿＿＿＿＿＿＿＿＿＿(经营单位名称),所生产或经营的＿＿＿＿＿商品来自＿＿＿＿＿＿县,该县属于国家级(或省级)贫困县,且建档立卡贫困户参与商品的生产、经营商品原材料、生产加工、包装物流、土地流转、入股分红(环节根据实际情况增删)等环节。在贵平台上架商品均属于扶贫商品。现申请 产品入驻、开店 ,保证该企业在平台提交的一切资质文件属实。

(打印时颜色部分请删除)

特此证明!

申请人签字:

县扶贫办负责人签字:

县扶贫办盖章:

申请日期:

图 8-4 "联成 e 家"供应商上架商品帮扶属性证明函

(3)激励机制。对于供给端,平台同类产品允许多家供应商入驻销售,由爱心消费者自愿选购,扶贫产品在平台排序方式为系统默认销量排序。对于供应商与平台合作期间的产品入驻、商家宣传、产品发货、售后服务等行为须遵守平台各类管理办法,如有违反,可按照管理规定以及合同条款进行处罚,甚

---

① 《商家入驻流程》,http://m.ytlive.cn/component/forApp/enterProcess.html?_1650458705727=。
② 《平台招商基础资质标准》,http://m.ytlive.cn/component/forApp/platformStandard.html。
③ 《企业经营资质标注》,http://m.ytlive.cn/component/forApp/qualificationStandard.html。
④ 《关于限期上传产品扶贫属性卡的通知》,http://m.ytlive.cn/component/platNotice/platNoticeDetail.html?_1650118384310=&id=20。

至取消供应商入驻资格①。对于消费者，平台设置公示栏，实时公示各爱心企业、各爱心商会、各省工商联、各地区消费帮扶数据②，增强消费主体参与消费帮扶的自豪感。

2. 平台成效

消费帮扶平台根据运营管理制度严格监管商家产品质量及售价，推动贫困村农特产品走入市场的同时，保障爱心消费者的权益不受损害。③ 到2019年底，组织593个国家级贫困县的5308个单品进入"联成e家"消费帮扶平台。截至2022年4月20日，平台帮扶产品线上销售额累计达6812.48万元④。

## 四、不同类型供需对接平台的比较分析

### （一）不同类型消费帮扶市场平台优势分析

市场主体建立的消费帮扶市场平台的优势在于：其一，从平台建设和运营来看，政府不需要直接支出平台建设和运营成本，财政压力小；其二，辐射面广，市场消费帮扶平台的受众面广，潜在客户量大；其三，有利于脱贫地区产业接受市场考验，帮扶产品价格较为公道。

社会主体建立的消费帮扶市场平台的优势在于：其一，从平台建设和运营来看，与市场建立的消费帮扶平台一样，政府不需要直接支出平台建设和运营成本，财政压力相对较小；其二，从消费者结构来看，有利于调动民营企业和社会力量的积极性；其三，有明确的帮扶利益联结机制，对脱贫地区有明显的倾斜，对帮扶脱贫地区和脱贫人口成效较为直接。

行政主体建立的消费帮扶市场平台的优势在于：其一，从平台建设和运营来看，由财政资金承担建设和运营成本，大幅降低了入驻供应商需要支付的纯商业费用，更多地让利于帮扶对象；其二，从供应商准入条件来看，明确要求供应商与脱贫户、脱贫地区建立长期且相对稳定的利益联结机制，从制度上保

---

① 《关于消费扶贫平台的相关要求》，http://m.ytlive.cn/component/platNotice/platNoticeDetail.html?_1650463583611=&id=7。
② 《消费帮扶公示栏》，http://m.ytlive.cn/component/rankingList/rankingList.html?_1650464366267=。
③ 《联成e家消费扶贫平台说明》，http://m.ytlive.cn/component/platNotice/platNoticeDetail.html?_1650117534786=&id=3。
④ 《消费帮扶公示栏》，http://m.ytlive.cn/component/rankingList/rankingList.html?_1650464366267=。

障了脱贫地区和脱贫户受益；其三，从消费者结构来看，平台有相对稳定的保底消费额度，可以保障平台对供应商有足够的吸引力，有利于孵化脱贫地区供应商。

### （二）不同类型消费帮扶市场平台局限性分析

市场主体建立的消费帮扶市场平台的局限性在于：其一，从市场准入来看，对帮扶机制的强调较弱，市场准入门槛相对较高，一地只允许一家企业入驻；其二，入驻供应商纯商业费用较高，除了需要向平台缴纳基本的平台使用费、技术服务费、保证金外，还需要支付各类推广费用、通道费用等；其三，竞争激烈，消费帮扶供应商在市场机制建立的市场平台上面对的竞争对手数量多且实力较为强劲，消费者也难辨，信息识别成本较高，易陷入"柠檬市场"困境，不利于孵化期的帮扶产品供应商生存。

社会主体建立的消费帮扶市场平台的局限性在于：其一，从消费端看，由于当前消费帮扶市场平台建设日趋完善，政府消费帮扶购买也有了相对固定的平台，导致社会力量构建的消费帮扶平台对消费者吸引力下降；其二，从供给端看，由于平台消费者数量和消费能力有限，且入驻平台需要缴纳的纯商业费用又高于政府力量建设的平台，因此，对于商家而言，入驻平台的吸引力也相对较小。由于以上两方面，当前通过社会力量建立的消费帮扶市场总体发展较为薄弱。

行政主体建立的消费帮扶市场平台的局限性在于：其一，从平台建设和运营来看，财政全部或部分承担了平台建设和运营费用，有一定的财政成本压力；其二，平台的消费者以政府采购为主，与一般性市场消费有较大区别，供应商容易对平台订单产生依赖性。

## 第四节 完善消费帮扶供需匹配机制的主要路径

### 一、强化市场力量在构建供需匹配机制中的基础作用

#### （一）加强政策引导

当前，通过市场机制建立的消费帮扶市场平台从数量上看并不少，已经达数十个，但从质量上看，运行还十分不规范，鱼龙混杂，因此有必要加强政府

引导，规范消费帮扶市场平台运行，并建立常态化激励机制。其一，明确什么样的市场平台才属于消费帮扶市场平台，解决当前消费帮扶概念滥用的现象，提升规范化程度；其二，对通过市场机制建立的消费帮扶市场平台，和对消费帮扶发挥重要作用的平台，给予荣誉或税收优惠政策激励；其三，探索成立消费帮扶企业联盟，加强不同消费帮扶平台之间的联系，实现优势互补。

### （二）降低纯商业费用

脱贫地区企业入驻市场机制建立的消费帮扶平台，除了需要向平台缴纳平台使用费、技术服务费和保证金外，还面临名目繁多的推广费用、通道费用等。要完善供需匹配机制建设，有必要采取措施改变上述现象。其一，敦促平台优化帮扶产品在消费帮扶市场平台排序方式，尽可能采取按销量排名或按相关度排名等相对公平的排序方式，增加对消费帮扶店铺的流量支持，缓解供应商在平台流量推广费用方面的压力；其二，对脱贫地区帮扶产品供应商提供咨询和培训服务，帮助脱贫地区帮扶产品供应商节省代入驻费用；其三，降低平台使用费和技术服务费费率，直接给予平台财政补贴，让平台对脱贫地区帮扶产品供应商给予一定的优惠政策。

### （三）加强市场平台与供应商合作密切程度

尽管当前市场机制建设了一些消费帮扶市场平台，但与一般供应商相比，帮扶产品供应商竞争力还比较低，需要加强通过市场机制建立的消费帮扶平台与上游供应链之间的合作密切程度。其一，借助大型电商平台丰富的运营经验，向上游反向整合供应链，指导帮扶产品供应链开发更加符合市场需求的产品；其二，对上游供应链提供技术支持和金融支持，开发适合帮扶产品供应链的金融产品；其三，完善机制设计，促进市场平台与帮扶产品供应商建立更紧密的利益联结机制。

## 二、强化政府力量在构建供需匹配机制中的引导作用

### （一）完善资金保障机制

当前，通过政府力量建立的线上消费帮扶平台绝大多数都减免了供应商的平台使用费和技术服务费，也并未通过收取竞价排名等方式收取供应商推广费用，这极大地惠及了帮扶产品供应商，但在平台不断壮大的背景下，其需要支出大量的市场运营和维护费，面临如何确保稳定资金来源的问题，因而建立运

营资金保障机制十分必要。其一，通过立法或提前制定预算等方式，保障一定时间内财政帮扶资金用于消费帮扶市场平台建设的稳定性；其二，向社会大众或公益基金会募集支持资金，吸纳公益志愿者或志愿组织参与平台运营和维护，降低运营成本；其三，在衔接过渡期之后，按平台运营成本逐步向供应商收取低于普通市场的技术服务费，力求实现平台公益功能和自我造血功能的平衡。

### （二）规范标准制定

由于缺乏相对成熟的价格形成机制，消费帮扶产品定价具有一定的随意性，质量参差不齐，商品标识也不够规范，严重影响了消费者的购物体验感和回头购买率。因而在消费帮扶市场探索阶段，需要政府给予一定的规范。其一，完善扶贫产品标识；其二，引导帮扶产品制定合理价格，开展价格监督行动，对明显异于同类产品价格的商品，提供商品比价信息供消费者决策；其三，加强帮扶产品质量监管，及时处理消费者对帮扶产品质量问题的投诉，向社会公开帮扶产品质量抽查信息。

### （三）加强基础设施建设

脱贫攻坚期间，脱贫地区基础设施得到了极大改善，但是仍存在一定的短板，如 4G/5G 网络覆盖、快递网点覆盖、骨干市场建设等，需要通过以下举措加以改善：一是完善网络技术设施建设，加强脱贫地区 4G/5G 网络深度覆盖，降低网络使用费用；二是继续扩大电子商务进农村综合示范覆盖面，提高已建成的电商产业孵化园使用效率，加强脱贫地区电商人才培养；三是提升脱贫地区快递网点密度，为消费帮扶中农产品发货提供便利。

## 三、强化社会力量在构建供需匹配机制中的补充作用

### （一）探索可持续运营机制

社会作用建立的消费帮扶市场平台曾发挥过开创性作用，但在消费帮扶市场平台越来越多的背景下，通过社会力量建立的消费帮扶市场平台却遭遇可持续运营困境，"联成 e 家"平台消费者和供应商增速下降甚至萎缩。为帮助通过社会力量建立的消费帮扶市场平台得到可持续运营，首先，政府部门可以给予其一定的运营经费补贴，降低供应商的平台使用费和技术服务费，让利于帮扶对象；其次，对于企业社会责任给予更多的关注，对于积极参与消费帮扶的

企业，给予一定的表彰和曝光度；最后，把"联成e家"消费帮扶平台纳入政府消费帮扶采购平台，扩大平台消费规模，提升平台对优质供应商的吸引力。

### （二）扶持巢状市场发育

巢状市场概念提出至今虽然已有十余年，但是其在实践中一直没有成气候，提升消费帮扶巢状市场建设水平仍任重道远。巢状市场作为主流消费帮扶市场的补充，在促进城乡融合方面有独特作用。扶持巢状市场发育，可以从以下几方面着手：第一，设置巢状市场孵化基金，通过向社会组织或社会企业购买服务的方式，为巢状市场运营主体提供经费支持；第二，加强不同消费帮扶巢状市场之间的联系，推广行之有效的经验，扩大巢状市场社会影响力；第三，探索巢状市场准入标准和运行规范，推进巢状市场可持续运营。

### （三）提升公众对社会力量主导建立的消费帮扶平台的知晓度

当前，无论是全国工商联建设的主要面向"万企兴万村"民营企业的"联成e家"消费帮扶平台还是巢状消费帮扶市场，均没有被纳入中国社会帮扶网集成公布的消费帮扶平台，这不利于公众了解社会力量主导建立的消费帮扶市场平台。与此同时，由于社会组织本身运营经费有限，没有足够的经费展开宣传营销，也没有足够权威的行政力量背书，因此，公众对社会力量主导建立的消费帮扶平台知晓度不够。为了提升公众对社会力量主导建立的消费帮扶平台的知晓度，首先，可以将运营比较成熟的"联成e家"消费帮扶平台纳入中国社会帮扶网集成公布的消费帮扶平台，对于目前还不够成熟的巢状市场，则分批次逐步纳入；其次，加大对"联成e家"等社会力量主导建立的消费帮扶平台的舆论宣传力度，提高公众对平台的知晓度，扩大社会力量在消费帮扶市场平台建设中的作用。

## 四、增强不同类型消费帮扶供需匹配平台之间的互联互通

### （一）加强消费帮扶市场体系顶层设计

消费帮扶涉及主体类型多样、利益多元、环节复杂、人员广泛，需要加强顶层设计，在消费帮扶平台建设中尤其如此，这需要主要牵头和负责部门对消费帮扶工作进行统筹协调。当前，国家发展改革委、乡村振兴局、农业农村部等多部门都参与了对消费帮扶工作的组织工作，但彼此之间关系并未理顺，因此有必要理顺各部门关系，明确主要牵头和负责部门或单位，增强不同主体、

不同环节的协同，减少多头领导产生的不必要的内耗。

### （二）打造差异化错位发展的消费帮扶市场平台

根据不同消费帮扶市场平台的优势和局限性，可划分出各类平台不同的适用场景。市场机制建立的消费帮扶市场平台对于脱贫地区大中型供应商销售脱贫地区特色农副产品有优势，政府力量建立的消费帮扶市场平台对于政府等预算单位批量采购有优势，社会力量建立的消费帮扶市场平台对于脱贫地区小微型生产主体销售特色生态农产品有优势。因此，有必要根据不同市场平台的优势，打造差异化错位发展的消费帮扶市场平台体系。

### （三）提升消费帮扶市场体系开放化程度

当前，尽管有大部分消费帮扶市场平台被纳入了中国社会帮扶网的消费帮扶渠道集成通道，但对于如何认定消费帮扶市场平台或渠道尚缺乏明确的标准，导致一些有明确消费帮扶功能的市场平台无法进入中国社会帮扶网的消费帮扶渠道集成通道。因此，有必要提升消费帮扶市场体系开放化程度，增强市场活跃度。具体来说，首先，制定公开透明的消费帮扶市场平台认证标准和准入程序；其次，对于符合条件的市场平台，通过自愿申请、职能部门审核等程序，将其认定为消费帮扶市场平台，纳入中国社会帮扶网的消费帮扶渠道集成通道；最后，对于违规或不再能达到认定标准的平台，通过规范化程序，取消其消费帮扶市场平台资格，将其剔除出中国社会帮扶网的消费帮扶渠道集成通道。

# 第九章 消费帮扶长效机制的配套措施

构建消费帮扶长效机制，不仅需要供给侧和需求侧互动解决供需失配问题，还需要一系列的配套措施，维护脱贫地区以脱贫户为代表的小农户的利益，以确保消费帮扶减贫、带贫作用得到发挥，以及为消费帮扶长效机制提供良好的宏观运行环境等。

## 第一节 完善消费帮扶供应商和脱贫户利益联结关系

### 一、现行利益联结关系存在的问题

消费帮扶的核心目的是要实现减贫、带贫，由于现行的认定体系中，没有直接将小农户纳入消费帮扶政策体系，消费帮扶的减贫、带贫效应主要是通过间接作用实现的，所以，建立企业、合作社等扶贫产品供应商与小农户之间的利益联结机制格外重要。根据已出台的扶贫产品供应商认定条件，供应商与小农户之间的利益联结机制包括吸纳就业、要素入股分红、财政帮扶或补助资金形成的资产收益、土地流转、提供社会化服务、发展订单农业等具体形式。虽然政策指导文件中对扶贫产品和供应商提出了一定要求，但实际操作中认定标准仍显模糊，存在监督不严格、"公益溢价"[①] 实现机制不健全等问题，脱贫户的利益难以得到充分保障。现行机制存在的具体问题如下：

第一，规定的利益联结机制未受到严格监督，不严格的利益联结机制导致小农户的利益没有得到充分保护。有关部门扶贫干部指出，其实扶贫农产品没有严格界定，有些商家拉上少数贫困户入伙，或者从贫困户手中收购一点农产

---

[①] 指消费者愿意对公益程度更高的产品支付更高的价格，或者同等条件下，优先购买公益程度更高的商品。

品，就宣传自家卖的都是扶贫农产品[①]，形成消费帮扶"精英俘获"现象。更有甚者，在精准扶贫中，个别地方政府要求村村新建精准扶贫合作社，结果导致大量"空壳社"产生，苑鹏等（2019）曾随机调查了一家精准扶贫合作社的法人代表，该法人代表表示，注册扶贫合作社只是为了享受相关扶持政策，并无实质性运营活动[②]。同时，虽然消费帮扶供应商认定文件中，供应商与小农户之间的利益联结机制有多种，但现实实践中受消费帮扶市场化运行机制面临的不确定性与脱贫户能力有限性的影响，保底分红成为消费帮扶常见模式，该模式尽管可以保障贫困人口最低收益，但压缩了消费帮扶的减贫空间，帮扶对象无法全程或深度参与生产经营的各个环节，对加工、流通、销售等环节的利益分享程度较低[③]。

第二，脱贫人口产品售价与扶贫产品卖价之间价差大，中间环节费用占比高，脱贫户受益有限。笔者在调研中发现，尽管消费者普遍认为帮扶产品价格相对较高，但脱贫户销售产品的价格似乎并不显著高于普通产品。分析发现，产生这一现象的原因在于供应商掌握的中间流通环节溢价较高。如2021年8月，在消费帮扶"832平台"上，九寨沟县时令水果红脆李售价26.4元/公斤，而当地农户种植的红脆李价格一般为4~7元/公斤，中间流通环节溢价占消费者购买价格的七成以上，脱贫人口真正得到的实惠少。

第三，帮扶对象受益具体情况信息透明度不足，"公益溢价"[④] 实现机制不健全。消费帮扶既是市场行为，也是慈善行为，这意味着消费帮扶中的扶贫产品在遵循价值规律的基础上，根据消费者支付意愿，可以存在一定的"公益溢价"空间。但是，现有的政策注重消费帮扶总额，而对消费帮扶中小农户利益保护关注不够，"公益溢价"实现机制不健全。最明显的表现就是现有的消费帮扶平台对帮扶对象具体受益信息公布不足，几乎没有平台公布助农资金的用途和细节，消费者无法获得平台如何平衡商业利益和助农公益的信息[⑤]，尤

---

[①] 郑生竹、陆华东、李雄鹰：《求"包圆"，消费扶贫依赖症》，《半月谈》，2020年第15期，第37页。

[②] 苑鹏、曹斌、崔红志：《空壳农民专业合作社的形成原因、负面效应与应对策略》，《改革》，2019年第4期，第43页。

[③] 李丽：《消费扶贫的成效、问题与对策——基于"海南爱心扶贫网"的调查》，《新东方》，2019年第3期，第52页。

[④] 指消费者愿意对公益程度更高的产品支付更高的价格，或者同等条件下，优先购买公益程度更高的商品。

[⑤] 朱迪、郭冉、章超：《伦理消费视角下的我国新消费实践——对疫情期间电商助农的评估分析》，《新视野》，2022年第2期，第127页。

其是很难从公开信息中获知每一笔消费对于小农户的帮扶情况。进入扶贫产品供应商名录的市场主体不必详细公开自己具体的帮扶情况，这种信息不对称导致扶贫产品的"公益溢价"被稀释，而消费者信息难以有效获取，在扶贫产品供应商之间出现劣币驱逐良币的"柠檬市场"，致力于公益的市场主体无法享受到对应的"公益溢价"，反而可能因为公益负担重在竞争中处于不利地位。

## 二、完善利益联结关系的要点

由于小农户在全国性大市场交易中居于市场弱势，因此，通过扶贫产品供应商间接带动小农户的消费帮扶模式将始终占据重要地位，在未来，必须优化消费帮扶供应和脱贫户之间的利益联结机制，完善消费帮扶供应商和脱贫户利益联结关系。具体来说：

第一，进一步下放扶贫产品认定权限，提升帮扶对象话语权。现有的政策设计是以县级扶贫部门作为认定单位，这样具有可操作性，但是，县级扶贫部门没有足够的精力和监督能力来确保扶贫产品供应商和脱贫户之间的利益联结机制得到严格执行。因此，必须想方设法增强贫困人口在认定中的"话语权"，真正"赋权"给脱贫户，化解当前县级扶贫部门无力确保扶贫产品供给主体和脱贫户之间的利益联结机制得到有效实施的困境。同时，落实扶贫产品供应商淘汰机制，严格执行《政府采购贫困地区农副产品实施方案》中"对带贫益贫效果弄虚作假的供应商，将取消供应商资格"等规定[①]。

第二，健全消费帮扶"公益溢价"实现机制。当前消费帮扶"公益溢价"实现机制不健全，既与我国公益事业的发展相对较为滞后有关，也有缺乏现成的"公益溢价"实现机制建设经验的原因。我国慈善捐助行为过去主要是以捐款、捐物等形式进行，零星的公益消费如慈善拍卖、福利彩票也是西方发达国家的"舶来品"。部分交易平台销售的"公益宝贝"[②]属于较早的"公益溢价"实现机制探索，但消费帮扶在产品类型、帮扶对象、溢价幅度等方面存在很大差别，无法简单照搬。健全消费帮扶"公益溢价"实现机制的重点在于使消费帮扶交易中小农户的收益信息更加公开透明，提高信息对称程度。其一，借助区块链等技术手段，从制度上要求扶贫产品供应商在进入扶贫产品的交易环节

---

[①] 《关于印发〈政府采购贫困地区农副产品实施方案〉的通知》，http://gks.mof.gov.cn/guizhangzhidu/201908/t20190819_3367318.htm。

[②] 消费者在购买"公益宝贝"时，卖家预先设置成交后捐赠比例或具体金额，在交易成功后，相应数目的金额由商家捐赠给指定的慈善基金会。

时就公开带贫机制具体情况，在消费帮扶线上交易界面或者线下交易标签中，显示每一笔交易中小农户获益情况，让真正致力于公益的市场主体能够被消费者知晓。其二，在营造消费帮扶社会氛围过程中，引导消费端关注扶贫产品供应商带动小农户的信息。

## 第二节　协调企业类供应商和其他类型供应商之间的关系

### 一、企业类供应商和其他类型供应商之间关系存在的问题

根据扶贫产品认定方案要求，当前消费扶贫产品供应商主要分为企业类、合作社类和家庭农场类三类，并形成了"企业类主体＋市场""合作社类主体＋市场"和"家庭农场类主体＋市场"三类供应链模式。不同的供应主体会影响不同的生产方式，并形成不同的减贫带贫机制。理论上，按照消费帮扶政策设计初衷和中国特色农业现代化道路的实践要求，消费扶贫应该是更多地支持"合作社类主体＋市场"和"家庭农场类主体＋市场"这两类模式。但在实践中，大量动员起来的资源被导向以企业为主的市场主体，出现了异化为"消费扶企""消费扶商"的征兆。因此，需要协调好企业类供应商和合作社、家庭农场等其他类型供应商之间的关系。

首先，从已有交易来看，企业类扶贫产品供应商占据了消费扶贫绝大部分份额。2020年消费扶贫政府采购平台——"832平台"直接交易金额超过80亿元，通过对"832平台"中2020年平台交易明细数据的挖掘，发现企业类、合作社类和家庭农场类三类主体交易额合计占总额99.9%以上，其中企业类消费扶贫供应主体占据了93.57%的市场份额，处于绝对主导地位。合作社类和家庭农场类供应主体分别占比5.97%和0.41%，共同占比6.38%，大约仅相当于企业类的1/15[①]（见表9-1）。可以看出，消费扶贫的结果出现了偏离政策设计初衷的征兆，亟须提高"合作社类＋市场"和"家庭农场类＋市场"模式市场竞争力，同时，提高企业类市场主体进入消费扶贫产品供应商的门槛。

---

① "832平台"从2020年1月1日至2020年12月27日的交易数据。

表9-1 不同类型供给主体2020年度交易份额汇总

| 类型 | 交易总额（万元） | 所占交易份额 |
| --- | --- | --- |
| 企业类 | 784180.22 | 93.57% |
| 合作社类 | 49996.48 | 5.97% |
| 家庭农场类 | 3396.28 | 0.41% |
| 其他① | 531.82 | 0.06% |
| 总计 | 838104.8 | 100% |

注：企业类主要为公司，且不含集体资产管理公司；合作社类既包括合作社、联合社、合作社分社，也包括集体资产管理公司。

其次，从未来潜在交易来看，扶贫产品名录中企业类市场主体占据绝大部分商品比例。表9-2展示了第一至十批《消费扶贫产品名录》中43281家②消费扶贫供应市场主体的基本情况，通过统计发现，企业类市场主体数量占比59.40%、商品价值量占扶贫产品价值总量的87.57%，合作社类市场主体数量占比35.60%、商品价值量占比11.65%，家庭农场类市场主体数量占比4.82%、商品价值量占比0.71%。合作社类和家庭农场类供应商二者商品价值总量不足企业类的1/7。

表9-2 不同类型供给主体规模和减贫带贫效率情况

| 类型 | 数量（家） | 带贫成效（人） | 商品价值量（亿元） | 带贫1人所需销售额（万元/人） | 每万元产品带贫人数（人/万元） |
| --- | --- | --- | --- | --- | --- |
| 企业类 | 25708 | 7106097 | 11318 | 15.93 | 0.06 |
| 合作社类 | 15407 | 1824061 | 1505 | 8.25 | 0.12 |
| 家庭农场类 | 2086 | 95991 | 92 | 9.58 | 0.10 |
| 其他 | 80 | 10397 | 9 | 8.66 | 0.12 |
| 全样本 | 43281 | 9036546 | 12924 | 14.30 | 0.07 |

数据来源：笔者根据第一至十批《全国扶贫产品名录》信息整理、统计所得。若某一市场主体的多种产品同时进入同一批次的名录，且每种产品带贫人数相同，则可以认为每

---

① 其他类型情况包括：技术测试交易、主体类型不明确（如"瑞金市""供应商"）等。
② 数据处理过程中，删除了带贫人数为0或负、产品价值量为0等具有明显错误的条目。另外，考虑到本研究的目的是关注供应主体类型不同对扶贫效率的影响，所以，也删除了无法判断供给主体类型（如供给主体为人名字、地名）的条目。

种产品带贫的是同一批人。对于这种情况，在处理数据时商品价值量采用累加的方式计算，而带贫人数不进行累加。

最后，不同类型主体带贫效率差异大，企业类市场主体带贫效率[①]最低，《消费扶贫产品名录》中企业类主体带贫效率为15.93万元/人，即带贫1人需要销售15.93万元的扶贫产品。合作社类主体带贫效率为8.25万元/人，家庭农场类主体带贫效率为9.58万元/人，企业类市场主体带贫效率比合作社类市场主体低93.09%、比家庭农场类市场主体带贫效率低66.28%。再从总体来看，现有的消费帮扶供给侧市场主体带贫效率总体是较低的，平均为14.30万元/人。

## 二、协调企业类供应商和其他类型供应商之间关系的要点

防范消费异化为"消费扶商""消费扶企"，要从现有的消费帮扶产品认证体系着手。具体来说：

第一，对企业、合作社和家庭农场三类市场主体分类施策，提高企业类市场主体进入消费扶贫产品供应商的门槛，平衡合作社类和家庭农场类市场主体带贫能力强而市场竞争力弱的窘境。

对于企业类市场主体，最重要的是优化扶贫企业减贫、带贫机制，规范扶贫产品供应商认证体系，明确范围对象、标准条件、认定程序和权利义务，尤其是严格要求供应商减贫、带贫的人员规模和时长，防范消费帮扶中的"精英俘获"现象，形成有效减贫、带贫的利益联结机制。加强政府和社会对核心企业的监督，在核心企业主导供应链成员利益分配情形下，监督考核是保障脱贫地区人口分享消费帮扶红利的关键。

对于合作社和家庭农产类市场主体，应做好如下两方面工作：一是大力培育集体经济组织或者合作经济组织带头人市场经营能力，深入县级乃至基层一线讲解如何使用"832平台"等消费帮扶平台和窗口，借助东西部协作和对口支援等政策，降低贫困地区农副产品对接大市场的难度，帮助脱贫地区产品走向全国乃至走出国门，实现脱贫地区农产品顺利上行。二是提高集体经济组织

---

[①] 以市场主体"带贫1人所需扶贫产品销售额"作为帮扶效率衡量标准。探究不同类型消费帮扶供应主体的带贫效率是一个比较新的命题。为了探究不同类型供应主体的带贫效率，本书抛砖引玉，尝试提出了"带贫1人所需销售额"这一表现测度供应主体带贫效率的指标，即供应主体在《消费扶贫产品名录》中提供的消费扶贫产品价值除以减贫带贫人数。这一指标也可以用"每万元产品带贫人数"替代，二者互为相反数。

或者合作经济组织在《全国扶贫产品目录》中的比重，借助消费帮扶契机，在帮助贫困人口脱贫增收的同时，壮大脱贫地区农村集体经济。

第二，创造条件将帮助贫困人口直接对接市场纳入消费帮扶政策框架。要想贫困地区农副产品广泛与全国大市场对接，贫困人口不可能直接作为扶贫产品的主要供给主体，但是，可以尝试将其作为现有政策的补充。根据现有扶贫产品统计结果，销售14.3万元的扶贫产品才能带贫1人，而根据《中国农村贫困监测报告（2019）》，我国贫困地区人均第一产业净收入仅2794元，如果14.3万元的销售额能够直接被用于购买贫困人口的产品，消费帮扶效率肯定会发生质的飞跃。现有的政策框架中，消费帮扶供应主体主要有企业类、合作社类和家庭农场类这三类，脱贫户并没有直接被纳入消费扶贫产品供应主体。是否将小农户纳入消费帮扶直接供给主体的行列，实质上是公平与效率之间的权衡。小农户生产的商品本应是天然的扶贫产品，造成当前小农户被排斥于直接供给主体之外的主要原因是在现行政策设计下，公平与效率之间的矛盾难以调和。当前扶贫产品认定体系中，《全国扶贫产品名录》是唯一的扶贫产品发布平台，这一名录同时包括了扶贫产品和扶贫产品供应商。这一背景下，扶贫产品和扶贫产品供应商的认定没有剥离、全国扶贫产品与地方扶贫产品没有分开。如果要赋予小农户成为扶贫产品直接供给主体的权利，就不得不将脱贫地区小农户生产的产品直接纳入全国扶贫产品名录，这显然是缺乏效率的，也几乎是不可能的。而如果不将小农户纳入扶贫产品直接供给主体行列，又会在一定程度上损失公平。

探索将帮助贫困人口直接对接市场纳入消费帮扶政策框架，一个可能的方案是建立全国扶贫产品和区域扶贫产品两级扶贫产品体系，即在现有的扶贫产品认证体系中，补充区域扶贫产品认证目录，该目录主要服务于贫困人口直接对接市场"短链"交易的场景。具体来说，就是在现有《全国扶贫产品名录》的基础上，另外公布由各省市或区县制定的地区扶贫产品名录，如此一来，扶贫产品与扶贫产品供应商的认定、全国扶贫产品与地方扶贫产品认定就可以分开，缓解扶贫产品认定中公平与效率的矛盾，为小农户成为扶贫产品直接供给主体创造条件。具体来说，在扶贫产品认定环节，可以分别认定区域扶贫产品和全国扶贫产品两类，全国扶贫产品认定条件保持不变，区域扶贫产品只是在全国扶贫产品名录的基础上增加本县小农户[①]生产的农副产品。概言之，区域扶贫产品名录＝全国扶贫产品名录＋本地小农户生产的农副产品。在扶贫产品

---

[①] 也可以是政策帮扶对象，即在过渡期为脱贫户和边缘户，在乡村振兴战略中为相对贫困户。

供应商认定环节，规定凡是销售扶贫产品的市场主体都是扶贫产品供应主体，区别在于，全国扶贫产品的供应主体可以进入《全国扶贫产品名录》，非全国扶贫产品的供应主体（主要是小农户）不进入该名录，只是获得了消费帮扶市场的准入权和申请使用扶贫产品标志的资格权。如此一来，就能在不影响消费帮扶总体政策思路的前提下，将帮扶对象即脱贫人口直接对接市场纳入消费帮扶政策框架。

## 第三节 增强消费帮扶区域合作关系

### 一、现行消费帮扶区域合作关系存在的问题

消费帮扶区域合作机制有很大的潜力，但同时也存在问题。

第一个问题是脱贫地区本地市场和外地市场的关系问题，体现在学术界对于本地消费和跨区消费哪个占主导的分歧上。一类观点强调要用好本地市场，如杨旭（2017）等认为县域经济具有自循环的生态系统，县域内的产品很多自身就能消化，并且已形成了长期的经济生态闭环[1]。洪涛（2019）认为一线城市到四线城市市场红利呈现递增趋势，社区团购企业在三、四线城市具备更大的增长空间[2]。另一类观点强调，要发掘跨区消费潜力。如江苏开展"西货东送""东客西游"等活动，助推受援地区农产品销售和乡村旅游发展。广东东西部扶贫协作产品交易市场将按照"政府搭台、适当补贴、企业运作"的模式建立，所有铺面免三年租金，以降低扶贫产品成本[3]。

第二个问题是区域合作中，合作方式较为单一，地区间信息不通畅。东西部协作主要是指东部发达省市根据党中央和国务院的要求对西部省区发展的对口支持，是加强区域合作、优化产业布局、拓展对内对外开放新空间的大布局，是实现先富帮后富、最终实现共同富裕目标的大举措[4]。消费帮扶是东西

---

[1] 杨旭：《如何打造电商精准扶贫的"供销"方案——供销合作社电商扶贫的优势、实践与思路》，《农业网络信息》，2017年第9期，第23页。
[2] 洪涛：《2019中国农产品电商上半年分析报告》，《农业工程技术》，2019年第21期，第15页。
[3] 《广东将开办东西部扶贫协作产品交易市场》，http://dara.gd.gov.cn/mtbd5789/content/post_2606569.html。
[4] 《习近平在东西部扶贫协作座谈会上强调 认清形势聚焦精准深化帮扶确保实效，切实做好新形势下东西部扶贫协作工作》，http://www.xinhuanet.com/politics/2016-07/21/c_1119259129.htm。

部协作的重要内容，但当前消费帮扶区域合作中，合作方式主要为帮扶地区组织单位采购脱贫地区农产品，合作方式较为单一，甚至存在"为买而买"现象。

## 二、完善消费帮扶区域合作关系的要点

市场经济的发展总是伴随着高度分工，脱贫地区产业不可能永远只在本地销售，在我国东西部协作帮扶等对口帮扶制度下，完善消费帮扶区域合作，应注意如下要点：

第一，要充分利用本地市场，但也要深入开拓外地市场乃至国际市场，国内中东部地区是消费帮扶的主要目标市场。一是巩固扩大本地市场尤其是本省市场，巩固拓展脱贫攻坚成果任务较重的省份的各类公共机构和农贸市场、促使商超等各类流通企业优先采购省内农产品，确保本省农产品就地取材、就近销售；二是大力开拓外地市场，组织脱贫地区消费帮扶市场主体赴国内大中城市展示推介，强化后续跟踪对接，确保意向订单转为购销合同。依托外贸服务企业面向欧洲、东南亚等潜在目标市场国家出口农产品，构建帮扶产品海外销售通道。

第二，优化区域合作方式，最主要的是优化东西部协作中区域合作方式。一是加强顶层设计，完善消费帮扶区域合作机制。发挥东西部协作党政联席会议等桥梁作用，对口帮扶结对地区开展产业合作洽谈，建立成熟的商务合作机制。脱贫地区派驻干部在对口帮扶城市商务、农业、扶贫等部门挂职锻炼，建立友好合作关系。二是深入开展市场调研，充分了解目标城市市场需求和产品准入标准。脱贫地区市场主体前往目标城市摸清市场需求，吃透目标城市产品准入标准，对标目标城市市场准入标准完善产品供给，梳理目标客户对象目录，与帮扶省份大中院校、大型超市、酒店、机关企事业单位签订意向合作协议，把需求菜单转化为生产订单。三是构建"以销定产"信息双向沟通机制。如，对于帮扶地区帮扶单位采购的情况，由脱贫地区地方政府职能部门或供销社等提前制定产品名录和预期销售价格清单，帮扶单位根据清单反馈其需要的产品和数量，再由脱贫地区地方农业农村局或中间主体组织生产，帮扶单位有某种产品需求也可以主动告知；对于能够大致预测销量的产品，也可以提前提供参考信息方便脱贫地区安排生产。

## 第四节　其他主要配套措施

### 一、当前制约构建消费帮扶长效机制的其他因素

通过消费帮扶提高脱贫人口收入、促进脱贫地区产业发展是一项系统工程，需要方方面面因素的配合，除了前文已提到的内容外，主要还存在如下制约因素：

第一，土地资源利用率低。土地流转比例偏低，土地流转市场需求不足。从对脱贫地区 1016 户受访农户样本土地流转意愿情况所做的调研来看，仅 29.04% 的受访农户有土地流转行为，其中有一部分为代耕、代种等非合约流转，脱贫户样本仅有土地流转行为的比例更低，为 26.15%。2021 年，全国土地流转比例已稳定超过 1/3[①]，与这一比例相比，脱贫地区土地流转比例明显偏低。脱贫地区土地流转比例偏低的原因是土地流转市场需求不足。近年来有研究指出，壮大我国农地流转市场的主要矛盾在于需求不足，而不是供给不足[②]。本书的调研发现，这一情况在脱贫地区同样成立，而且更为普遍。受访样本中，对于正在经营的承包土地，尽管有 68.79% 的农户在当地现有的土地流转价格下不愿意流转，但仍有 31.21% 的农户愿意按照当地一般土地流转价格将土地流转出去然而没有找到承包方（见表 9-3）。

表 9-3　不同类型农户对现有经营土地流转的意愿情况

| 是否愿意流转现有经营土地 | 全样本 | 脱贫户 | 一般户 |
| --- | --- | --- | --- |
| 愿意流转 | 31.21% | 31.27% | 31.13% |
| 不愿意流转 | 68.79% | 68.73% | 68.87% |

数据来源：根据实地调研数据整理所得。

第二，相关主体互动不充分。消费帮扶之间主体多元，不同主体有不同的行为逻辑，各主体之间利益存在一致性，但也有较大利益诉求冲突，导致主体互动不充分。具体表现在：其一，帮扶单位的消费主要是短期行为，将购买扶

---

[①] 本报调研组：《耕地问题调查》，《经济日报》，2022 年 2 月 14 日第 1 版。
[②] 李江一、秦范：《如何破解农地流转的需求困境？——以发展新型农业经营主体为例》，《管理世界》，2022 年第 2 期，第 84 页。

贫产品视为政治任务，缺乏与脱贫地区和脱贫人口的深度互动；其二，非营利性线上销售平台缺少经营业务的自主性、积极性[1]；其三，扶贫产品供应商与脱贫人口之间联系不紧密。

第三，对消费帮扶认识的科学性不足。尽管中央文件和各级政府多次强调了消费帮扶对于巩固拓展脱贫攻坚成果和推进乡村振兴、构建新发展格局的重要意义，也指出这是一种市场化的帮扶方式，但是社会各界对消费帮扶的认识仍存在一定的模糊性，科学性不足。其一，对消费帮扶性质认识的争议。本书研究综述（见表1-3）对学术界关于消费帮扶的性质问题存在的争议进行了详细梳理，发现存在"慈善论""市场论""政府论"和"多重属性论"等多种观点。其二，对消费帮扶可持续性信心不足。社会各界对消费帮扶信心不足与对消费帮扶性质认识不清密切相关，正是因为把消费帮扶视为一种只能由政府主导或慈善主导的行为，而没有认识到长期来看消费帮扶最基本的属性是市场属性，才会产生消费帮扶"能够解决一时之需，但并非长远之计"[2]的观点。

## 二、完善其他配套措施的要点

完善消费帮扶其他配套措施，主要还需要在以下几方面提升：

第一，针对脱贫地区特点完善脱贫地区农村土地所有权、承包权、经营权三权分置改革实施方案。农地"三权"分置改革是党的十八大以来我国农村土地产权权力结构的重构，在这场影响深远的变革中，要充分考虑脱贫地区的特殊性。其一，针对脱贫地区土地流转需求不足问题，深入分析当地土地流转需求不足的根源，通过"内培"和"外引"培育市场主体，保护租赁土地经营权市场主体的合法权利。其二，完善土地流转市场建设，提供便利化的土地流转市场，让脱贫地区土地流转供给和需求更好匹配，优化脱贫地区资源配置。

第二，完善消费帮扶主体互动关系。可以从如下几方面入手：其一，中央政府做好顶层设计，明确各类主体权责边界。其二，组建消费帮扶联盟（协会），组织协调龙头企业、农产品供应基地、物流公司、电商企业等各类利益相关主体共同构建消费帮扶长效机制。其三，积极完善以中国社会帮扶网为代表的第四方服务平台，集成展示各类信息。

---

[1] 随学超、耿献辉：《供应链视角下消费帮扶长效性机制探索——基于H高校对L县的消费帮扶案例分析》，《安徽行政学院学报》，2021年第6期，第67页。

[2] 叶兴庆、殷浩栋：《从消除绝对贫困到缓解相对贫困：中国减贫历程与2020年后的减贫战略》，《改革》，2019年第12期，第13页。

第三，提升社会各界对消费帮扶重要性的科学认识。事实上，我国当前阶段的消费帮扶既不是纯粹的市场行为，也不是单纯的慈善行为或政府行为，而是三重属性的辩证统一。首先，市场属性是消费帮扶的基本属性。政策文件中反复强调，消费帮扶是在"同等条件下"优先采购贫困地区的产品和服务[①]，"同等条件下"这一前提表明，消费帮扶是市场竞争中的行为，并不是"包买包卖"，价值规律是消费帮扶需要服从的基本规律。同时，消费帮扶只有将市场属性作为基本属性，才能可持续进行。其次，市场力量是消费帮扶的先导力量。政府会在市场不能够（如交通等基础设施）、不愿意（如偏远地区物流等公共服务）、不充分（如生态产品"柠檬市场"、前期消费力量薄弱）发挥作用的领域，助力贫困地区小农户与现代农业有机衔接，实现贫困地区产业可持续发展。再次，慈善属性是消费帮扶又一属性。在市场经济条件下，即使未来贫困地区产业进一步得到发展，脱贫地区小农户的市场弱势地位也依然难以根本改变，有必要长期发挥消费扶贫慈善属性，通过"以购代捐""以买代帮"等形式，建立并巩固有助于脱贫地区小农户发展的消费方式。最后，消费的动机在于需要，消费扶贫的三重属性分别对应着物质需要、社会需要、精神需要。消费扶贫三重属性在不同的阶段有不同的地位。精准扶贫阶段，由于消费帮扶的政府属性表现最为明显，所以各界对消费帮扶可持续性存疑，到新发展阶段，要明确消费帮扶最基本的属性是市场属性，因而帮扶产品与市场的运行需要基本符合价格规律。

---

① 《国务院办公厅关于深入开展消费扶贫助力打赢脱贫攻坚战的指导意见》，http://www.gov.cn/gongbao/content/2019/content_5361792.htm。

# 第十章　研究结论及展望

## 第一节　主要研究结论

本书主要研究新发展阶段消费帮扶长效机制，阐述了消费帮扶相关理论基础和演进历程，分析了当前制约构建消费帮扶长效机制的主要矛盾及其原因，基于此，从供需适配的视角下提出了构建消费帮扶长效机制的分析框架，并对消费帮扶供给优化机制、需求扩大机制和供需匹配机制三大具体机制进行了展开分析。本书主要研究结论有如下六点：

第一，消费帮扶具有多重属性。消费帮扶行为具有区别于普通市场经济行为的特殊属性。它既具备市场行为属性，又具备慈善行为属性，还涉及政治因素，是市场行为、慈善行为和政府行为三重属性的辩证统一。由于消费帮扶具有特殊的属性，其能够调动政府、市场和社会三种力量共同参与。根据主导力量的不同，我国消费帮扶先后经历了社会主导型、政府主导型和市场主导型三个阶段。脱贫攻坚期间，在以脱贫攻坚统揽经济社会发展全局的背景下，我国依托脱贫攻坚体制机制，形成了以驻村工作队制度、结对帮扶制度、行政动员制度这三大制度为支撑的政府主导型消费帮扶模式。脱贫攻坚收官后，政府主导型消费帮扶难以为继，开启了向市场主导型消费帮扶的转型之路。

第二，构建消费帮扶长效机制面临的主要矛盾是供需失配。尽管我国在消费帮扶从政府主导型向市场主导型迈出了坚实的步伐，但是，产业发展有其自身规律，消费帮扶在转型过程中仍面临诸多矛盾，其中，供给和需求失配是制约构建消费帮扶长效机制面临的主要矛盾。消费帮扶供需失配体现在供给和需求规模、空间结构、品类结构、质量结构和时间结构失配五方面。消费帮扶供需失配的原因有帮扶对象有效供给水平低、政府性消费比例过高和供需匹配机制不完善三个方面，分别对应着消费帮扶供给侧、需求侧和供需对接环节。解决这三方面的问题，是化解消费帮扶供需失配矛盾、构建消费帮扶长效机制的着力点和主要任务。

第三，构建消费帮扶长效机制需要供给侧和需求侧有效联动。针对供给和需求失配的三大原因，本书构建和阐释了以消费帮扶供给优化机制、需求扩大机制和供需匹配机制为主要内容，以市场主导下"政府－市场－社会耦合"为核心模式的消费帮扶长效机制。其中，供给优化机制对缓解消费帮扶供需失配问题的作用是全面的，能够全方位促进消费帮扶供给和需求规模、空间结构、品类结构、质量结构和时间结构适配，需求扩大机制有助于缓解供给和需求的总量失配矛盾和空间结构失配矛盾，供需匹配机制对缓解消费帮扶供需失配问题的作用主要体现在结构方面，其能够促进供给侧和需求侧的空间结构、品类结构、质量结构、时间结构适配。

第四，构建供给优化机制的重点是壮大脱贫地区市场主体。根据消费帮扶供给主体不同，消费帮扶供给类型可以分为帮扶对象直接供给和中介组织带动供给两类。基于大量对脱贫地区生产力发展情况一手调研数据的分析，发现通过脱贫地区小农户直接与全国性的大市场对接的可行性低，必须通过一定的中介组织带动，才能广泛实现对脱贫地区产品和全国性大市场的对接。现行政策体系下，通过中介组织带动的供给方式是消费帮扶的主流供给方式，构建消费帮扶供给优化机制的重点是壮大脱贫地区市场主体，提升市场主体有效供给能力。

第五，构建需求扩大机制的重点是扩大非政府性消费。根据消费帮扶动力不同，消费帮扶中的消费需求可以分为政府采购、慈善消费和市场消费三类。新发展阶段，需求扩大机制的重点是扩大慈善消费和市场消费这两类非政府性消费的规模。其原因在于：一方面，经过脱贫攻坚，政府部门的消费帮扶需求潜力已经得到了较好开发，未来扩大潜力有限，只能着眼于优化需求质量；另一方面，尽管消费帮扶慈善消费和市场消费的培育过程较为缓慢，但二者不仅有较大的开发潜力，而且对于提升脱贫地区产业市场竞争力的效果更可持续。

第六，构建供需匹配机制的重点是加强市场化供需平台建设。消费帮扶产品供需匹配的方式主要有行政化供需匹配和市场化供需匹配两种。脱贫攻坚期间，时间紧、任务重，为了在短期内帮助脱贫地区产品走向全国，借助脱贫攻坚体制机制，行政化供需匹配方式成为消费帮扶供需对接的主要方式。新发展阶段，市场化供需匹配方式成为新发展阶段消费帮扶供需匹配的主流方式。消费帮扶市场化供需匹配平台是商品交易的场所或平台，构建供需匹配机制的重点是加强市场化供需匹配平台建设，即消费帮扶市场建设。

## 第二节 未来研究展望

尽管笔者对供需适配视角下消费帮扶长效机制的研究花费了巨大的精力，但由于时间、精力、能力有限，仍存在不少可以进一步深入研究的内容。

第一，可以更加广泛地运用供需适配的研究视角。消费帮扶之所以在实现供需适配过程中有特殊性，是因为消费帮扶有着区别于普通市场经济行为的特殊属性。它既具备市场属性，又具备慈善属性，还涉及政治因素。事实上，随着越来越多的消费者对伦理消费行为认同感的加强，伦理消费可能出现在越来越多的消费领域，政府、市场和社会力量共同作用实现供需适配的领域也将更加广泛，如生态产品价值实现、低碳产品产业等。

第二，可以对如何扩大脱贫户在消费帮扶产业链中的收益展开更深入研究。构建消费帮扶长效机制，面临着公平与效率的权衡。最公平的做法应该是直接购买脱贫户农产品，从而最大限度保障脱贫地区和脱贫户利益。但是，要使脱贫地区和脱贫户融入全国性大市场，在当前的客观条件下无法实现，因而目前采用了以扶贫产品供应商为中间组织，连接小农户和大市场的方式。这是面对主要矛盾而不得已接受的选择，但也为保障脱贫户利益带来隐忧。在未来，当消费帮扶运行更加稳定时，可以进一步探索如何扩大脱贫户在消费帮扶产业链中的收益。

第三，应进一步对各类型消费帮扶市场平台展开深入研究。本书通过研究发现，不同的市场运行模式对于消费帮扶产业链中各主体利益分配有极大影响，甚至也左右着消费帮扶的可持续性。随着数字经济的快速发展，低成本设计和运营市场平台也具备了可能性，这是脱贫地区融入全国性大市场的重要契机，也是一个值得继续深入研究的课题。

# 附　录

## 附录一　脱贫地区脱贫户/非贫困户农业生产情况问卷

_____省_____市（州）_____县（市、区）_____镇（乡）_____村_____组

村属性：_____①贫困村；②非贫困村　　日期：___年___月___日

访问员：_____被访人：_____联系方式：_____

### 一、家庭基本情况

1. 家庭类别：_____①非贫困户；②已脱贫贫困户（脱贫年度：_____年）

2. 您的年龄：_____岁

3. 您的性别：_____①男；②女

4. 您的民族：_____
①汉族；②藏族；③彝族；④苗族；⑤白族；⑥回族；⑦壮族；⑧傣族；⑨侗族；⑩其他_____

5. 您的婚姻状况：_____
①未婚；②已婚（含再婚）；③离异；④丧偶；⑤其他_____

6. 您的文化程度：_____
①小学及以下；②初中；③高中；④中专/职高/技校；⑤大专；⑥本科及以上

7. 您的职业：_____
①党政工作人员（含村组干部）；②企事业单位工作人员；③个体工商从

业人员；④专职农民、牧民；⑤兼业农民；⑥学生；⑦自由职业者；⑧已退休；⑨下岗、失业；⑩其他_____

8. 您家户籍人口_____人，常住人口_____人；具有劳动能力_____人，其中常年（指半年以上）在家务农_____人，常年（指半年以上）在外打工_____人；丧失劳动能力人数_____人，其主要原因是_____①因病；②因残；③年纪大了；④懒惰；⑤其他_____

9. 家中是否有人曾经或现在担任村干部_____①是；②否

10. 您家承包地_____亩，流转土地_____亩（流出为正，流入为负），实际经营土地面积_____亩，宅基地_____m²。当前是否有土地流出意向：_____①是；②否

11. 家庭成员基本情况：您家的户主为成员_____（序号）

| a. 与受访者关系 0. 本人 1. 配偶 2. 父母 3. 子女 4. 子女配偶 5. 祖父母 6. 孙子女 7. 兄弟姐妹 8. 其他亲戚 | b. 年龄（岁） | c. 性别 1. 男 2. 女 | d. 政治面貌 1. 中共党员 2. 共青团员 3. 民主党派 4. 群众 5. 其他 | e. 健康状况 1. 正常 2. 体弱 3. 慢性病 4. 急性大病 5. 残疾（含智障） | f. 教育程度 1. 小学及以下 2. 初中 3. 高中 4. 中专/职高/技校 5. 大专 6. 本科及以上 | g. 农业就业状况 1. 全职务农 2. 兼业农民 3. 完全非农 4. 无业 5. 退休 6. 学龄前或在校 7. 其他 | h. 本地就业情况 1. 本乡（镇）就业 2. 本县（区）就业 3. 本市（州）就业 4. 本省就业 5. 省外就业 6. 不适用 | i. 2020年收入（元） |
|---|---|---|---|---|---|---|---|---|
| 成员1: | | | | | | | | |
| 成员2: | | | | | | | | |
| 成员3: | | | | | | | | |
| 成员4: | | | | | | | | |
| 成员5: | | | | | | | | |
| 成员6: | | | | | | | | |
| 成员7: | | | | | | | | |

## 二、产业发展情况

【如果受访者从事种养殖业,则回答;如果不从事种养殖业,则不回答】

1. 您家 2020 年农产品市场价值_____元,实际销售收入_____元。您种植(养殖)是以_____为主要目的?①销售;②自给自足【跳至"三、农业生产经营情况"部分】;③兼有。是否有人帮助联系销售渠道_____①是;②否。是否有人包产品销售_____①是;②否。您销售农产品是_____①通过集体经济组织销售;②通过专业合作社销售;③通过经纪人销售;④自己或亲人在网上开淘宝店、微店销售;⑤"公司+农户"订单农业;⑥帮扶人或帮扶单位购买;⑦自己零售;⑧其他_____。产品售价相同的条件下,您是否希望消费扶贫以订单农业的形式开展_____①是;②否。

现在该产业是否还在继续做?_____①是;②否。如果没有继续做了,原因是什么?_____①缺资金;②缺技术;③缺劳动力;④产业发展不符合市场需求;⑤其他_____。是否在企业、合作社、大户的带领下发展产业?_____①是;②否。通过哪些方式带动的?(可多选)_____①村集体经济;②合作社;③大户;④扶贫企业;⑤其他_____。

是否加入了合作社(成为社员)?_____①是;②否【跳至"三、农业生产经营情况"部分】。是否入股合作社?_____①是;②否。如果入股合作社,通过什么方式入股的?(可多选)_____①扶贫产业发展资金;②土地入股;③技术入股;④其他_____。目前合作社的经营情况如何?_____①非常好;②较好;③一般;④不太好;⑤已倒闭。您是否参与了合作社的生产经营活动?_____①是;②否。合作社是否给您家分红?_____①是;②否。是否行使过投票表决权_____?①暂未②很少;③偶尔,④经常。加入合作社后,享有以下哪几项服务:_____①农资采购服务;②技术指导与培训;③标准化生产管理;④产品加工销售;⑤农业设施建设;⑥信息服务;⑦就业支持;⑧小额贷款服务。您认为加入合作社对家庭收入增长效果如何?_____①非常小;②比较小,③一般;④比较大,⑤非常大。

加入合作社后增加的各类收入:

| 收入类别 | 金额(元) |
| --- | --- |
| ①2020 年土地流转向合作社的租金收入 |  |
| ②2020 年合作社股金分红收入 |  |

续表

| 收入类别 | 金额（元） |
|---|---|
| ③2020年合作社务工收入 | |
| ⑤2020年合作社农产品销售收入 | |
| ⑥2020年合作社二次返利收入 | |
| 合计 | |

## 三、农业生产经营情况

表1　种植业生产经营收入情况

| 耕种农作物种类 | 种植面积（亩。种植面积之和≥实际经营面积） | 2020年总产量（公斤。所有面积产量之和，而非每亩产量） | 销售数量（公斤） | 2020年市场价格（元/公斤） |
|---|---|---|---|---|
| | | | | |
| | | | | |
| | | | | |
| | | | | |
| | | | | |

表2　养殖业生产经营收入情况

| 养殖牲畜种类 | 养殖数量（头，只，等等） | 2020年出栏数量（公斤） | 销售数量（公斤） | 2020年市场价格（元/公斤） |
|---|---|---|---|---|
| | | | | |
| | | | | |
| | | | | |
| | | | | |
| | | | | |

表3 农业生产经营支出情况

| 生产经营性支出种类 | 支出总额（元） | 数量 | 单价 |
| --- | --- | --- | --- |
| 种子 | | | |
| 农药 | | | |
| 肥料1 | | | |
| 肥料2 | | | |
| 肥料3 | | | |
| 购买/租用农机 | | | |
| 农忙时雇人 | | | |
| 其他 | | | |
| 总计 | | | |

## 附录二　消费帮扶供应商有效供给水平情况调查问卷

尊敬的先生/女生：

　　您好！感谢您百忙之中抽出时间支持我们的调查。本问卷仅用于学术研究，保证不用于任何商业目的，请您放心并尽可能按照实际情况回答。请在以下各题相应的选项处打"√"。再次感谢！

　　核心概念说明：消费帮扶供应商是指进入《消费扶贫产品名录》获得认证的扶贫产品供应商，具备明确的减贫带贫机制，是消费帮扶交易的直接供给主体。消费帮扶供应商有效供给能力是衡量消费帮扶有效供给水平的核心变量，包括市场感知能力和产品供给能力两个方面。市场主体市场感知能力是一个多维度概念，主要指市场主体感知市场变化的能力。本问卷从市场主体对市场变化的态度、渠道创新能力和市场行情敏锐度三个方面测度市场主体市场感知能力。市场主体有效供给能力也是一个多维度概念，主要指市场主体感知到市场变化后，及时有效提供产品的能力。本问卷从市场主体供给的产品和服务的规模性、稳定性、独特性和价格竞争力四个方面测度市场主体的产品供给能力。

### 一、受访对象和受访市场主体基本信息

1. 您的性别？
   A. 男　　　　　　　　B. 女
2. 您的年龄？
   A. 20 岁及以下　　　　B. 21~30 岁　　　　C. 31~40 岁
   D. 41~50 岁　　　　　E. 51~60 岁　　　　F. 61 岁及以上
3. 您的受教育程度
   A. 初中及以下　　　　B. 高中　　　　　　C. 专科
   D. 本科　　　　　　　E. 硕士及以上
4. 您所在的企业/合作社/家庭农场的名称为＿＿＿＿＿＿。
5. 您所在的企业/合作社/家庭农场的性质为＿＿＿＿＿＿。
   A. 国有企业　　　　　B. 民营企业　　　　C. 集体经济组织
   D. 农民专业合作社　　E. 家庭农场　　　　F. 其他
6. 根据经营环节分，您所在的企业/合作社/家庭农场属于哪一类型经营主体？

A. 生产类经营主体　　　　B. 流通类经营主体
C. 生产性服务经营主体　　D. 纵向一体化经营主体
E. 其他

7. 企业/合作社/家庭农场主要生产经营哪一类型产品？[多选题]

　　A. 粮食类　　　　　　B. 蔬菜类　　　　　　C. 水果类
　　D. 畜牧类　　　　　　E. 水产类　　　　　　F. 旅游类
　　G. 一、二、三产业融合　H. 手工艺品　　　　　I. 农副加工
　　J. 中药材　　　　　　K. 其他_____

8. 您所在的企业/合作社/家庭农场的注册地为_____。

9. 您在当前企业/合作社/家庭农场中工作的年限为_____。

　　A. 小于1年　　　　　B. 1～3年　　　　　　C. 4～6年
　　D. 6～9年　　　　　E. 10年及以上

10. 您对本企业/合作社/家庭农场的经营状况了解程度如何？

　　A. 非常了解　　　　　B. 比较了解　　　　　C. 一般
　　D. 不太了解　　　　　E. 非常不了解

11. 您的工作岗位为_____。

12. 您的职务在企业/合作社/家庭农场中属于？

　　A. 高层管理者　　　　B. 中层管理者　　　　C. 基层管理者
　　D. 普通员工

13. 您个人的年收入_____。

　　A. 低于2.4万元　　　B. 2.4万～6万元　　　C. 6万～12万元
　　D. 12万元以上

14. 您所在的企业/合作社/家庭农场2020年营业额为_____。

　　A. 20万元以下　　　B. 20万～50万元　　　C. 50万～500万元
　　D. 500万元以上

15. 您所在的企业/合作社/家庭农场2019年营业额为_____。

　　A. 20万元以下　　　B. 20万～50万元　　　C. 50万～500万元
　　D. 500万元以上

16. 您所在的企业成立年限_____。

　　A. 小于3年　　　　　B. 3～5年　　　　　　C. 6～8年
　　D. 9年及以上

17. 您所在的企业/合作社/家庭农场成员有多少人？

　　A. 小于5人　　　　　B. 5～10人　　　　　　C. 11～20人

D. 21~30 人　　　　E. 31~40 人　　　　F. 41~50 人
G. 50 人以上
18. 您所在的企业/合作社/家庭农场带动农户多少户？
A. 10 户以下　　　　B. 11~50 户　　　　C. 51~100 户
D. 100 以上

## 二、消费帮扶供应商有效供给能力及其相关影响因素

| 序号 | 测度项 | 选项 ||||||
|---|---|---|---|---|---|---|---|
| | | 非常不赞同 | 不赞同 | 基本不赞同 | 中立 | 基本赞同 | 赞同 | 非常赞同 |
| 企业家才能 |||||||||
| 1 | 我所在市场主体的管理者有强烈的提升有效供给能力的意愿 | | | | | | | |
| 2 | 我所在市场主体的管理者为提升组织供给能力采取了实质性措施 | | | | | | | |
| 3 | 我所在市场主体的管理者是从产品主要销售地区引进的 | | | | | | | |
| 生产力水平 |||||||||
| 4 | 我所在的市场主体具备良好的电子商务能力 | | | | | | | |
| 5 | 我所在的市场主体具备领先的生产技术 | | | | | | | |
| 6 | 我所在的市场主体能够对先进技术进行良好的使用 | | | | | | | |
| 7 | 我所在的市场主体拥有非常丰富的土地、资金要素 | | | | | | | |
| 8 | 我所在的市场主体拥有独特的自然生产条件 | | | | | | | |
| 组织模式 |||||||||
| 9 | 我所在的市场主体形成了有效的组织管理模式 | | | | | | | |
| 10 | 我所在的市场主体拥有灵活的生产经营机制 | | | | | | | |
| 11 | 我所在的市场主体具备良好的关系管理能力 | | | | | | | |
| 市场机制运行环境 |||||||||
| 12 | 本地区聘请劳动力十分便利 | | | | | | | |

续表

| 序号 | 测度项 | 非常不赞同 | 不赞同 | 基本不赞同 | 中立 | 基本赞同 | 赞同 | 非常赞同 |
|---|---|---|---|---|---|---|---|---|
| 13 | 本地区土地流转十分便利 | | | | | | | |
| 14 | 本地区融资十分便利 | | | | | | | |
| 15 | 本地区数字化、信息化程度很高 | | | | | | | |
| | 社会力量作用环境 | | | | | | | |
| 16 | 政府为本地区消费帮扶供应商建设了专门的销售平台或渠道 | | | | | | | |
| 17 | 社会各界积极踊跃购买经过认定的消费帮扶产品 | | | | | | | |
| 18 | 一线城市或对口帮扶地区为帮扶产品供应商提供了市场准入指导或便利条件 | | | | | | | |
| | 政府力量作用环境 | | | | | | | |
| 19 | 政府为本地区涉农市场主体开拓国际市场或发达地区市场提供咨询服务和支持 | | | | | | | |
| 20 | 政府为本地区涉农市场主体发展提供了强大的基础设施（高标准农田、网络基础设施、物流基础设施等） | | | | | | | |
| 21 | 政府为本地区涉农产业发展提供了良好的品牌保护政策 | | | | | | | |
| 22 | 政府为本地区帮扶产品和帮扶产品供应商认定提供了非常便利的条件 | | | | | | | |
| | 市场感知能力 | | | | | | | |
| 23 | 我所在的市场主体能够把市场相关变化视为发展的机会 | | | | | | | |
| 24 | 我所在的市场主体具备渠道创新能力 | | | | | | | |
| 25 | 我所在的市场主体能够敏锐发现行情变化 | | | | | | | |
| | 产品供给能力 | | | | | | | |
| 26 | 我所在市场主体供给的产品或服务具备规模性 | | | | | | | |
| 27 | 我所在市场主体能够稳定供给的产品或服务 | | | | | | | |

续表

| 序号 | 测度项 | 选项 ||||||
|---|---|---|---|---|---|---|---|
| | | 非常不赞同 | 不赞同 | 基本不赞同 | 中立 | 基本赞同 | 赞同 | 非常赞同 |
| 28 | 我所在市场主体供给的产品或服务具备独特性 | | | | | | | |
| 29 | 我所在市场主体供给的产品或服务具备价格竞争力 | | | | | | | |

## 附录三 消费者消费帮扶意愿和行为调查问卷

消费帮扶是消费扶贫的升级,指社会各界通过消费脱贫地区和脱贫人口的服务与产品,为脱贫人口实现可持续脱贫提供帮助,是一种市场化的帮扶方式。

扶贫产品是指进入《消费扶贫产品名录》获得认证的产品,一般由原贫困地区和原贫困人口生产,通过消费帮扶专区、专馆、专柜(如"832平台"、"e帮扶"、消费扶贫专柜、电商平台扶贫馆等)专门的渠道供应。

1. 您的性别?
   A. 男　　　　　　　　B. 女
2. 您的年龄?
   A. 20岁及以下　　　　B. 21~30岁　　　　C. 31~40岁
   D. 41~50岁　　　　　E. 51~60岁　　　　F. 61岁及以上
3. 您的受教育程度?
   A. 初中及以下　　　　B. 高中　　　　　　C. 专科
   D. 本科　　　　　　　E. 硕士及以上
4. 您的婚姻状况?
   A. 已婚　　　　　　　B. 未婚　　　　　　C. 其他
5. 您工作单位性质为_____。
   A. 政府机关　　　　　B. 国有企事业单位(含高校)
   C. 大型民营企业　　　D. 个体户　　　　　E. 其他_____
6. 您购买过扶贫产品吗?
   A. 经常购买(累计购买5次及以上)
   B. 偶尔购买(累计购买了1~4次)
   C. 从未购买
7. 您是否愿意在未来一年内主动购买扶贫产品?
   A. 非常愿意　　　　　B. 比较愿意　　　　C. 一般
   D. 比较不愿意　　　　E. 非常不愿意
8. 您如果购买扶贫产品,主要是因为哪些因素(限选3项)?

A. 扶贫效果（脱贫地区和脱贫人口受益）

B. 产品外观（产品包装、色泽、大小等）

C. 产品质量（新鲜程度、口感等）

D. 产品生态性（绿色、生态、非工业化生产等）

E. 产品特色（地理标志产品、地方特色产品）

F. 购买便捷性

G. 产品价格

H. 政治任务（工作单位要求）

I. 其他

9. 总体来说，我认为扶贫产品对帮扶脱贫地区和脱贫人口稳定脱贫的效果非常好。

  A. 非常赞同　　　　　B. 比较赞同　　　　C. 一般

  D. 比较不赞同　　　　E. 非常不赞同

10. 总体来说，我认为扶贫产品的质量非常好。

  A. 非常赞同　　　　　B. 比较赞同　　　　C. 一般

  D. 比较不赞同　　　　E. 非常不赞同

11. 总体来说，我认为扶贫产品的外观（如包装、色泽、大小等）非常差。

  A. 非常赞同　　　　　B. 比较赞同　　　　C. 一般

  D. 比较不赞同　　　　E. 非常不赞同

12. 总体来说，我认为扶贫产品非常生态健康。

  A. 非常赞同　　　　　B. 比较赞同　　　　C. 一般

  D. 比较不赞同　　　　E. 非常不赞同

13. 总体来说，我认为扶贫产品非常有地方特色。

  A. 非常赞同　　　　　B. 比较赞同　　　　C. 一般

  D. 比较不赞同　　　　E. 非常不赞同

14. 总体来说，我认为购买扶贫产品非常方便。

  A. 非常赞同　　　　　B. 比较赞同　　　　C. 一般

  D. 比较不赞同　　　　E. 非常不赞同

15. 与同类产品相比，我认为扶贫产品价格实惠。

  A. 非常赞同　　　　　B. 比较赞同　　　　C. 一般

  D. 比较不赞同　　　　E. 非常不赞同

16. 在力所能及的范围内，我会经常帮助他人。

A. 非常赞同 B. 比较赞同 C. 一般
D. 比较不赞同 E. 非常不赞同

17. 您是否有参与精准扶贫的工作经历?

A. 是 B. 否（跳至本问卷第 19 题）

18. 您参加过何种形式的精准扶贫工作?

A. 曾经到原贫困地区参加扶贫工作三个月以上

B. 曾参加过单位组织的扶贫活动

C. 其他

19. 您家常住人口有几人?

A. 1 人 B. 2 人 C. 3 人
D. 4 人 E. 5 人 F. 6 人及以上

20. 过去三年您全家年均税后总收入_____。

A. 低于 5 万元 B. 5 万~10 万元 C. 10 万~20 万元
D. 20 万~50 万元 E. 50 万元以上

# 附录四　脱贫地区农业生产情况村问卷

_____省_____市（州）_____县（市、区）_____镇（乡）_____村_____组

村属性：_____①贫困村；②非贫困村　　日期：_____年___月___日

访问员：_____被访人：_____从事农村工作年限：_____联系方式：_____

## 一、村基本情况

本村距离县城_____公里，本村距离乡镇政府驻地_____公里。本村是否为贫困村？_____①是；②否。若是贫困村，退出时间_____①2016年；②2017年；③2018年；④2019年；⑤2020年。村庄地形地貌属于_____，全村耕地_____亩，全村灌溉耕地面积_____亩。本村自然生态资源_____①非常好；②较好；③一般；④较差；⑤极差。村庄适合生产生活情况_____①极适合；②较适合；③一般；④不太适合；⑤极不适合。

本村人口情况统计：

| 年份 | 户数（户） | 其中：汉族（户） | 人口（人） | 其中：汉族（人） | 劳动力（人） | 其中：外出打工（人） |
|---|---|---|---|---|---|---|
| 2014 | | | | | | |
| 2020 | | | | | | |

本村村民的主要收入来源为_____（可多选，按重要性先后顺序填写）①种植业；②养殖业；③自主经营；④务工收入；⑤土地流转、股息、利息；⑥其他_____。

其经营组织形式为_____①公司+农户；②公司+合作社+农户；③合作社生产；④专业大户；⑤小农户生产；⑥公司一体化经营。

主导产业确定方式_____①传统优势产业；②县域优势产业；③一乡一品；④专业机构推荐；⑤其他_____。

本村人均纯收入分年度统计：

| 年份 | 2014 | 2015 | 2016 | 2017 | 2018 | 2019 | 2020 |
|---|---|---|---|---|---|---|---|
| 人均纯收入（元） | | | | | | | |

## 二、村集体经济发展情况

| 年份 | 2014 | 2015 | 2016 | 2017 | 2018 | 2019 | 2020 |
|---|---|---|---|---|---|---|---|
| 村集体经济资产（万元） | | | | | | | |
| 其中：村集体经济公益性资产（万元） | | | | | | | |
| 村集体经济负债（万元） | | | | | | | |
| 村公资金（万元） | | | | | | | |
| 转移性支付（万元） | | | | | | | |
| 村集体经济总收入（万元） | | | | | | | |
| 其中：村集体经济经营性收入（万元） | | | | | | | |
| 村集体经济财产性收入（万元） | | | | | | | |
| 村集体经济组织分红（元） | | | | | | | |
| 公益性支出（元） | | | | | | | |
| 村集体经济组织管理费用（万元） | | | | | | | |
| 村集体经营净收益（万元） | | | | | | | |

村集体经济组织形式_____①经济联合社；②股份经济合作联合社；③公司；④村委会；⑤其他_____。

村集体经济组织主要开展以下哪些经营性业务_____（可多选）①生产性服务；②组织劳务；③经营第一产业；④旅游业；⑤其他_____。

您认为发展壮大村级集体经济，最需要上级提供哪些支持？_____（多选）①教育培训好村干部；②出台集体经济发展倾斜政策；③扶持发展项目；

④培养致富带头人；⑤其他_____。

您认为您所在村今后经济发展的主要障碍是_____（多选）①劳动力短缺，成年人多进城打工；②资源匮乏，基础设施较差；③国家的政策扶持缺乏；④缺乏人才；⑤交通不方便；⑥市场信息获取滞后，导致盲目种植；⑦其他_____。

### 三、生产、生活条件变化

2014年以来，您所在村庄的总体状况（生产生活条件）有何变化？_____①明显改善；②较大改善；③一般；④没有改善。若没有变化，原因是_____。

本村是否有快递点（或电子商务配送点）_____①是；②否。本乡是否有快递点_____①是；②否。

| 哪一年开始有硬化道路通过本村 | 哪一年开始稳定供电 | 哪一年开始手机网络稳定覆盖 | 哪一年开始宽带网络覆盖 | 哪一年开始通自来水（或安全水源） | 哪一年开始通天然气 |
|---|---|---|---|---|---|
|  |  |  |  |  |  |

选项：①2014年之前；②2014年；③2015年；④2016年；⑤2017年；⑥2018年；⑦2019年；⑧2020年；⑨目前尚未开通。

## 附录五　脱贫地区一线帮扶干部关于消费帮扶的调研问卷

＿＿＿＿省＿＿＿＿市（州）＿＿＿＿县（市、区）　日期：＿＿＿＿年＿＿月＿＿日

访问员：＿＿＿＿被访人：＿＿＿＿联系方式：＿＿＿＿

工作单位＿＿＿＿工作职务（岗位）＿＿＿＿已参加工作＿＿＿＿年

是否有驻村帮扶经历＿＿＿。①是；②否。如果有，该村为＿＿＿镇（乡）＿＿＿村

村属性：＿＿＿①贫困村；②非贫困村

1. 您是否购买过消费扶贫产品＿＿＿①是；②否。

2. 品质、价格相同的条件下，相对于普通商品，您是否更愿意购买扶贫产品？＿＿＿①是；②否；③看情况，如果产品是需要的就愿意购买。

3. 如果扶贫产品更加生态、种养周期更长，但比普通产品贵10%，您愿意购买吗？＿＿＿①是；②否；③看情况，如果产品是需要的就愿意购买。

4. 如果您所在的单位用工会资金统一组织购买对口帮扶村的扶贫产品，您内心反对吗？＿＿＿①是；②否。

5. 如果您所在的单位统一组织购买对口帮扶村的扶贫产品（非强制），您愿意购买吗？＿＿＿①是；②否；③看情况，如果有需要的就愿意购买。

6. 您是否帮助贫困人口联络过销售渠道＿＿＿①是；②否【跳至第7题】。如果是，具体帮助方式是＿＿＿①在朋友圈发布扶贫产品信息；②对接单位和同事帮助购买；③直播带货；④其他＿＿＿＿。

7. 您认为脱贫户产品销路对于可持续脱贫重要程度如何？＿＿＿①非常重要；②比较重要；③一般；④不太重要；⑤非常不重要。

8. 您认为农副产品销路扩大对于本地区乡村特色产业发展重要程度如何？＿＿＿①非常重要；②比较重要；③一般；④不太重要；⑤非常不重要。

9. 您认为当前贫困地区特色产业发展最大的难点在于？＿＿＿。①生产环节；②流通环节；③销售环节；④其他＿＿＿＿。

10. 您认为建立消费帮扶长效机制最大的障碍是什么？＿＿＿①产品品质差；②产品供给量小，无法实现规模化；③产品供给不稳定；④扶贫产品价格高；⑤没有建立常态化产销对接渠道；⑥扶贫产品名录公众知晓率低；⑦消费

者公益意识弱、购买意愿低；⑧"强买强卖"不得人心；⑨其他_____。

11. 您对于建立消费帮扶长效机制有什么建议吗？

_____

# 主要参考文献

## 一、图书

[1] 中共中央马克思恩格斯列宁斯大林著作编译局. 马克思恩格斯选集：第1卷 [M]. 北京：人民出版社, 2012.

[2] 中共中央马克思恩格斯列宁斯大林著作编译局. 马克思恩格斯选集：第2卷 [M]. 北京：人民出版社, 2012.

[3] 中共中央马克思恩格斯列宁斯大林著作编译局. 马克思恩格斯文集：第5卷 [M]. 北京：人民出版社, 2009.

[4] 中共中央马克思恩格斯列宁斯大林著作编译局. 马克思恩格斯文集：第7卷 [M]. 北京：人民出版社, 2009.

[5] 《马克思主义政治经济学概论》编写组. 马克思主义政治经济学概论 [M]. 2版. 北京：人民出版社, 2021.

[6] 厉以宁. 股份制与现代市场经济 [M]. 南京：江苏人民出版社, 1994.

[7] 恰亚诺夫. 农民经济组织 [M]. 萧正洪, 译. 北京：中央编译出版社, 1996.

[8] 杜宁. 多少算够——消费社会与地球的未来 [M]. 毕聿, 译. 长春：吉林人民出版社, 1997.

[9] 黄宗智. 华北的小农经济与社会变迁 [M]. 北京：中华书局, 2000.

[10] 施镇平. 资源配置与市场机制 [M]. 上海：立信会计出版社, 2000.

[11] 陈昕. 救赎与消费——当代中国日常生活中的消费主义 [M]. 南京：江苏人民出版社, 2003.

[12] 舒尔茨. 改造传统农业 [M]. 梁小民, 译. 北京，商务印书馆, 2006.

[13] 尹世杰. 消费经济学 [M]. 2版. 北京：高等教育出版社, 2007.

[14] 蒋永穆, 纪志耿. 社会主义和谐社会的利益协调机制研究 [M]. 北京：经济科学出版社, 2011.

[15] 斯科特. 农民的道义经济学东南亚的反叛与生存 [M]. 程立显, 刘建, 译. 南京: 译林出版社, 2013.

[16] 范德普勒格. 新小农阶级: 帝国和全球化时代为了自主性和可持续性的斗争 [M]. 潘璐, 叶敬忠, 译. 北京: 社会科学文献出版社, 2013.

[17] 白世贞, 詹帅, 霍红. 农产品市场体系研究 [M]. 北京: 科学出版社, 2016.

[18] 森. 伦理学与经济学 [M]. 王宇, 王文玉, 译. 北京: 商务印书馆, 2017.

[19] 颜廷武. 连片特困地区农户融入农产品供应链问题研究 [M]. 北京: 人民出版社, 2017.

[20] 陈锡文. 读懂中国农业农村农民 [M]. 北京: 外文出版社, 2018.

[21] 宋洪远. 转型的动力中国农业供给侧结构性改革 [M]. 广州: 广东经济出版社, 2019.

[22] 黄宗智. 中国的新型小农经济: 实践与理论 [M]. 桂林: 广西师范大学出版社, 2020.

[23] 国务院扶贫开发领导小组办公室综合司, 国务院研究室农村经济研究司. 电商扶贫添动能 [M], 北京: 中国言实出版社, 2021.

[24] 黄晓渝, 蒋永穆, 任泰山. 中国社会组织演化: 过程、动因及政策 [M]. 北京: 光明日报出版社, 2021.

## 二、期刊

[1] 程恩富, 汪桂进. 论消费需求与经济增长 [J]. 消费经济, 2000 (1): 6−9.

[2] 甘绍平. 论消费伦理——从自我生活的时代谈起 [J]. 天津社会科学, 2000 (2): 9−14.

[3] 汤在新. 宏观调控的理论基础——马克思的均衡和非均衡理论 [J]. 教学与研究, 2001 (2): 5−11.

[4] 李功奎, 应瑞瑶. "柠檬市场"与制度安排——一个关于农产品质量安全保障的分析框架 [J]. 农业技术经济, 2004 (3): 15−20.

[5] 王瑜, 应瑞瑶. 垂直协作与农产品质量控制: 一个交易成本的分析框架 [J]. 经济问题探索, 2008 (4): 128−131.

[6] 郁建兴, 高翔. 农业农村发展中的政府与市场、社会: 一个分析框架 [J]. 中国社会科学, 2009 (6): 89−103.

[7] 洪银兴, 郑江淮. 反哺农业的产业组织与市场组织——基于农产品价值链的分析 [J]. 管理世界, 2009 (5): 67-79.

[8] 许继芳, 周义程. 公共服务供给三重失灵与我国公共服务供给模式创新 [J]. 南京农业大学学报 (社会科学版), 2009 (1): 82-86.

[9] 卫兴华. 尹世杰教授的消费经济思想和我国当前的消费问题 [J]. 消费经济, 2012 (6): 16-20.

[10] 聂文静, 李太平, 华树春. 消费者对生鲜农产品质量属性的偏好及影响因素分析: 苹果的案例 [J]. 农业技术经济, 2016 (9): 60-71.

[11] 彭军, 乔慧, 郑风田. Gresham 法则与柠檬市场理论对我国农产品适用性的讨论——基于演化博弈的分析 [J]. 农林经济管理学报, 2017 (5): 573-587.

[12] 纪宝成. 关于深化供销社综合改革的几点理论认识 [J]. 商学研究, 2017 (6): 33-38.

[13] 史正富. 现代经济学的危机与政治经济学的复兴 [J]. 东方学刊, 2018 (1): 62-70.

[14] 黄季焜. 农业供给侧结构性改革的关键问题: 政府职能和市场作用 [J]. 中国农村经济, 2018 (2): 2-14.

[15] 程民选, 冯庆元. 供需动态平衡视角下的供给侧结构性改革——兼论其微观基础与制度保障 [J]. 理论探讨, 2019 (1): 81-87.

[16] 高帆. 乡村振兴战略中的产业兴旺: 提出逻辑与政策选择 [J]. 南京社会科学, 2019 (2): 9-18.

[17] 蒋永穆, 戴中亮. 小农户与现代农业: 衔接机理与政策选择 [J]. 求索, 2019 (4): 88-96.

[18] 叶敬忠, 贺聪志. 基于小农户生产的扶贫实践与理论探索——以"巢状市场小农扶贫试验"为例 [J]. 中国社会科学, 2019 (2): 137-158.

[19] 叶兴庆, 殷浩栋. 从消除绝对贫困到缓解相对贫困: 中国减贫历程与2020年后的减贫战略 [J]. 改革, 2019 (12): 5-15.

[20] 彭贝贝, 周应恒. 信息不对称情况下地理标志农产品"柠檬市场"困境——基于淘宝网"碧螺春"交易数据的分析 [J]. 世界农业, 2019 (5): 91-95.

[21] 周业安. 2010—2019: 消费主义的这十年 [J]. 人民论坛, 2020 (3): 52-57.

[22] 杨卫. 中国特色社会主义分配制度体系的三个层次 [J]. 上海经济研究,

2020 (2): 36-42.

[23] 程竹, 陈前恒. 小农户种植多样化行为的社会互动效应——基于社会网络视角 [J]. 财经科学, 2020 (2): 106-119.

[24] 冯志轩, 李帮喜, 龙治铭, 等. 价值生产、价值转移与积累过程: 中国地区间不平衡发展的政治经济学分析 [J]. 经济研究, 2020 (10): 4-21.

[25] 贺聪志, 叶敬忠. 小农户生产的现代性消费遭遇——基于"巢状市场小农扶贫试验"的观察与思考 [J]. 开放时代, 2020 (6): 45-60.

[26] 黄祖辉. 农业农村优先发展的制度体系建构 [J]. 中国农村经济, 2020 (6): 8-12.

[27] 蒋永穆, 王瑞. 农业经营主体的结构性分化——一个基于要素配置方式的分析框架 [J]. 求索, 2020 (1): 132-140.

[28] 吴重庆. 小农户视角下的常态化扶贫与实施乡村振兴战略的衔接 [J]. 马克思主义与现实, 2020 (3): 8-15.

[29] 范欣, 蔡孟玉. "双循环"新发展格局的内在逻辑与实现路径 [J]. 福建师范大学学报 (哲学社会科学版), 2021 (3): 19-29.

[30] 江亚洲, 郁建兴. 第三次分配推动共同富裕的作用与机制 [J]. 浙江社会科学, 2021 (9): 76-83.

[31] 刘天佐, 廖湘莲. 消费扶贫协同治理研究——基于"制度—结构—过程"分析框架 [J]. 世界农业, 2021 (3): 46-58.

[32] 邱海平. 关于新发展格局战略思想的几点认识 [J]. 当代经济研究, 2021 (1): 14-16.

[33] 全世文. 消费扶贫: 渠道化还是标签化? [J]. 中国农村经济, 2021 (3): 24-45.

[34] 周绍东, 陈艺丹. 新发展格局与需求侧改革: 空间政治经济学的解读 [J]. 新疆师范大学学报 (哲学社会科学版), 2021 (6): 104-112.

[35] 谢伏瞻. 中国经济学的形成发展与经济学人的使命 [J]. 经济研究, 2022 (1): 4-15.

[36] BAE J, CAMERON G T. Conditioning effect of prior reputation on perception of corporate giving [J]. Public relations review, 2006, 32 (2): 144-150.

[37] FIELD J A. Consumption in lieu of membership: reconfiguring popular charitable action in Post-World War Ⅱ Britain [J]. VOLUNTAS:

International journal of voluntary and nonprofit organizations，2016，27（2）：979-997.

## 三、报纸

[1] 卫兴华. 两种含义的社会必要劳动时间辨析［N］. 人民日报，2014-09-12（7）.

[2] 叶敬忠. 农业产业化应为小农留出空间［N］. 中国社会科学报，2015-07-24（4）.

[3] 陆娅楠. 城里来消费 乡村得实惠［N］. 人民日报，2019-01-21（10）.

[4] 顾仲阳. 消费扶贫，在共赢中谋长远［N］. 人民日报，2019-02-19（5）.

[5] 高培勇. 持续推进供给侧结构性改革［N］. 人民日报，2019-04-25（10）.

[6] 刘守英. 中国农业的转型与现代化［N］. 光明日报，2020-07-14（11）.

[7] 顾仲阳. 消费扶贫，让"头回客"变"回头客"［N］. 人民日报，2020-07-17（18）.

[8] 林丽鹂. 以数字经济促供需适配［N］. 人民日报，2020-10-21（19）.

[9] 孙伶伶. 持续推进消费扶贫行动［N］. 经济日报，2021-01-02（6）.

[10] 蒋永穆. 统筹兼顾供需两侧 让扩大内需成为强力引擎［N］. 四川日报，2021-01-11（10）.

[11] 杜海涛. 让消费扶贫行稳致远［N］. 人民日报，2021-02-03（19）.

[12] 乔金亮. 脱贫地区如何接续发展特色产业［N］. 经济日报，2021-04-14（11）.

[13] 黄群慧. 推动需求侧管理与供给侧改革有效协同［N］. 经济日报，2021-05-12（6）.

# 后　记

　　大国小农是中国的基本国情农情，小农户大量且长期存在，既是中国的国情，也是中国与一般农业发达国家不同的地方。消费帮扶在决战决胜脱贫攻坚之际受到前所未有的重视，与脱贫地区小农户和和现代农业发展脱节所形成的产销矛盾密切相关。自1978年农村改革以来，农户成为微观核算主体，我国农业生产力大幅提升，农产品从卖方市场向买方市场的格局转变，小农户的供给与大市场的需求矛盾逐渐凸显，成为我国"三农"问题的本质方面之一。脱贫地区往往地处偏远，绝大部分建档立卡脱贫人口以小农户形式存在，脱贫地区小农户和现代农业发展脱节现象更为严重，作为卖方的小农户甚至面临着"买方垄断"难题。产业发展是稳定脱贫的根本之策，脱贫地区尤其是原深度贫困地区要实现乡村特色产业发展壮大，必须有效解决小农户和现代农业发展脱节的问题。作为一名生于农村、干过农活、关注"三农"的科研工作者，自然也对这一问题充满了热情。

　　本书能够顺利完成，最感谢的人是恩师蒋永穆教授。蒋永穆教授既是我的硕士生导师，也是我的博士生导师。七年熏陶，把我从对马克思主义政治经济学一无所知的小白，转变为一名愿意去探索的马克思主义学者。蒋永穆教授是一位真正的师者，毫不夸张地说，蒋老师是我世界观、人生观、价值观的再造者，把我从个人的小世界中拽出，具备更高的视野，看到个人的渺小，看到世界的广博，也看到知识分子肩上的社会责任。而我，也仅仅是蒋老师影响过的众多学生之一。在此，真诚地向蒋老师道一句：谢谢！

　　还要感谢政治经济学专业博士生论文选题研讨会这一平台，以及依托此平台为本研究提供过指导的中国人民大学的邱海平教授、辽宁大学谢地教授、南开大学何自力教授、南京大学葛扬教授等；感谢在本书选题、研究和修改过程中，提供过重要指导的四川大学张衔教授和蒋和胜教授，西南财经大学李萍教授，四川师范大学曾令秋教授，四川省社会科学院郭晓鸣研究员、张克俊研究员，四川农业大学杨锦秀教授，中国人民大学刘守英教授，四川省委党校胡雯教授等校内外专家；感谢杨少垒、纪志耿、马文武、卢洋、唐永、张晓磊、赵苏丹、万腾、杜婵、何媛、薛蔚然、李璇等同门的大力支持；感谢我的同学何瑞宏博士，为调研提供渠道；感谢好友龙婷玉博士和岳丽霞博士为本书校对所作的贡献；感谢四川大学出版社梁平老师和陈克坚老师高质量的编审工作；感谢家人的陪伴和辛苦付出！

　　以消费为手段，解决市场经济条件下小农户尤其是欠发达地区小农户的支持问题，是一个有益尝试。专著的完成不是结束，而是另一段历程的开始，对学术的探索没有终点。正如马克思所言："在科学上没有平坦的大道，只有不畏劳苦沿着陡峭山路攀登的人，才有希望达到光辉的顶点。"[①] 唯愿自己不忘初心，在平凡生活中不懈追求。

王　瑞

2024 年 9 月 22 日

---

[①] 中共中央马克思恩格斯列宁斯大林著作编译局：《马克思恩格斯全集（第四十三卷）》，人民出版社，2016 年，第 13 页。